著作权法

(第三版)

Copyright
Law

张今 著

图书在版编目（CIP）数据

著作权法/张今著.—3版.—北京：北京大学出版社，2020.11
21世纪法学规划教材
ISBN 978-7-301-31776-1

Ⅰ.①著… Ⅱ.①张… Ⅲ.①著作权法—中国—高等学校—教材 Ⅳ.①D923.41

中国版本图书馆CIP数据核字（2020）第203175号

书　　　名	著作权法（第三版） ZHUZUOQUANFA（DI-SAN BAN）
著作责任者	张　今　著
责 任 编 辑	孙战营
标 准 书 号	ISBN 978-7-301-31776-1
出 版 发 行	北京大学出版社
地　　　址	北京市海淀区成府路205号　100871
网　　　址	http://www.pup.cn
电 子 信 箱	law@pup.pku.edu.cn
新 浪 微 博	@北京大学出版社　@北大出版社法律图书
电　　　话	邮购部 010-62752015　发行部 010-62750672　编辑部 010-62752027
印 　刷 　者	北京虎彩文化传播有限公司
经 销 者	新华书店
	787毫米×1092毫米　16开本　18.5印张　360千字
	2015年8月第1版　2018年8月第2版
	2020年11月第3版　2022年12月第5次印刷
定　　　价	49.00元

未经许可，不得以任何方式复制或抄袭本书之部分或全部内容。
版权所有，侵权必究
举报电话：010-62752024　电子信箱：fd@pup.pku.edu.cn
图书如有印装质量问题，请与出版部联系，电话：010-62756370

丛书出版前言

秉承"学术的尊严,精神的魅力"的理念,北京大学出版社多年来在文史、社科、法律、经管等领域出版了不同层次、不同品种的大学教材,获得了广大读者好评。

但一些院校和读者面对多种教材时出现选择上的困惑,因此北京大学出版社对全社教材进行了整合优化。集全社之力,推出一套统一的精品教材。

《21世纪法学规划教材》即是本套精品教材的法律部分。本系列教材在全社法律教材中选取了精品之作,均由我国法学领域颇具影响力和潜力的专家学者编写而成,力求结合教学实践,推动我国法律教育的发展。

《21世纪法学规划教材》面向各高等院校法学专业学生,内容不仅包括了16门核心课教材,还包括多门传统专业课教材,以及新兴课程教材;在注重系统性和全面性的同时,强调与司法实践、研究生教育接轨,培养学生的法律思维和法学素质,帮助学生打下扎实的专业基础和掌握最新的学科前沿知识。

本系列教材在保持相对一致的风格和体例的基础上,以精品课程建设的标准严格要求各教材的编写;汲取同类教材特别是国外优秀教材的经验和精华,同时具有中国当下的问题意识;增加支持先进教学手段和多元化教学方法的内容,努力配备丰富、多元的教辅材料,如电子课件、配套案例等。

为了使本系列教材具有持续的生命力,我们将积极与作者沟通,结合立法和司法实践,对教材不断进行修订。

无论您是教师还是学生,在使用本系列教材的过程中,如果发现任何问题或有任何意见、建议,欢迎及时与我们联系(发送邮件至bjdxcbs1979@163.com)。我们会将您的意见或建议及时反馈给作者,供作者在修订再版时进行参考,从而进一步完善教材内容。

最后,感谢所有参与编写和为我们出谋划策提供帮助的专家学者,以及广大使用本系列教材的师生,希望本系列教材能够为我国高等院校法学专业教育和我国的法治建设贡献绵薄之力。

北京大学出版社
2012年3月

简 目

1 第一章 著作权法律制度概述
- 1 第一节 著作权
- 4 第二节 著作权法
- 9 第三节 我国著作权法的历史
- 11 第四节 著作权在社会经济中的地位

13 第二章 著作权的客体
- 13 第一节 作品的概念
- 32 第二节 作品的类型
- 45 第三节 不受著作权法保护的作品

55 第三章 著作权的归属
- 55 第一节 著作权归属的原则
- 58 第二节 著作权归属原则的例外
- 61 第三节 具体作品的著作权归属：创作者著作权
- 80 第四节 具体作品的著作权归属：法人著作权

103 第四章 著作权的内容
- 103 第一节 著作人格权
- 119 第二节 著作财产权
- 160 第三节 著作财产权的保护期

172 第五章 邻接权
- 172 第一节 邻接权的概述

176	第二节　表演者权
184	第三节　录制者权
191	第四节　广播组织权
195	第五节　出版者权
196	第六节　邻接权的保护期限

199　第六章　著作权的限制

199	第一节　著作权限制概述
205	第二节　正当使用
229	第三节　法定许可

238　第七章　著作权的利用和集体管理

238	第一节　著作权的许可
242	第二节　著作权的转移
245	第三节　著作权集体管理

256　第八章　著作权的侵权与救济

256	第一节　侵害著作权的行为
264	第二节　互联网上侵害著作权的行为
281	第三节　侵害著作权的法律责任

细 目

1	第一章　著作权法律制度概述
1	【本章导读】
1	第一节　著作权
1	一、著作权的概念
2	二、著作权与版权
3	三、著作权与工业版权
4	第二节　著作权法
4	一、前著作权时期的出版特许权
5	二、现代著作权制度的产生
7	三、著作权国际保护体系
9	第三节　我国著作权法的历史
9	一、著作权法的产生和发展
11	二、《著作权法》新一轮修订
11	第四节　著作权在社会经济中的地位
13	第二章　著作权的客体
13	【本章导读】
13	第一节　作品的概念
13	一、作品的一般定义
16	二、独创性
23	三、思想与表达二分法
29	四、作品的组成要素
32	第二节　作品的类型
33	一、一般作品
41	二、特殊作品

45	第三节　不受著作权法保护的作品
45	一、官方文件
46	二、时事新闻
47	三、历法、通用数表、通用表格和公式
48	理论探讨　计算机艺术字体是否应受著作权保护

55　第三章　著作权的归属

55	【本章导读】
55	第一节　著作权归属的原则
55	一、创作作品的公民是作者
56	二、法人视为作者
57	三、作者身份的确认
58	第二节　著作权归属原则的例外
58	一、继承著作权
59	二、国家著作权主体
61	第三节　具体作品的著作权归属：创作者著作权
61	一、演绎作品的著作权
66	二、合作作品的著作权
69	三、汇编作品的著作权
73	四、原件所有权转移的作品的著作权
80	第四节　具体作品的著作权归属：法人著作权
80	一、视听作品的著作权
88	理论探讨　由美术作品改编的动画人物形象及动画片的著作权问题
94	二、职务作品的著作权
98	三、委托作品的著作权

103　第四章　著作权的内容

103	【本章导读】
103	第一节　著作人格权
103	一、著作人格权概述
108	二、发表权

110	三、署名权
112	四、修改权
114	五、保护作品完整权
119	第二节　著作财产权
119	一、著作财产权概述
122	二、以有形方式利用作品的权利（广义的复制权）
134	三、以无形方式利用作品的权利（传播权）
148	理论探讨　信息网络传播行为再思考
154	四、演绎权
160	第三节　著作财产权的保护期
160	一、保护期的概念
161	二、一般保护期
161	三、特殊保护期
166	理论探讨　著作财产权体系的反思与重构

172　第五章　邻接权

172	【本章导读】
172	第一节　邻接权的概述
172	一、邻接权制度的产生与发展
174	二、邻接权和作者权的关系
176	第二节　表演者权
177	一、表演者权的主体和客体
179	二、表演者权的内容
182	三、表演者与录制者、著作权人的关系
184	第三节　录制者权
184	一、录制者权的主体
185	二、录制者权的客体
187	三、录制者权的内容
189	四、录制者与著作权人、表演者的关系
191	第四节　广播组织权
192	一、广播组织权的内容
194	二、广播组织与著作权人、音像制作者的关系

195	第五节　出版者权
196	第六节　邻接权的保护期限

199　第六章　著作权的限制

199	【本章导读】
199	第一节　著作权限制概述
199	一、著作权限制的含义
200	二、著作权限制的根据
202	三、著作权限制的立法
205	第二节　正当使用
205	一、正当使用的概念
206	二、正当使用的具体情形
207	理论探讨　数字环境下的版权补偿金制度
221	理论探讨　著作权例外中的图书馆使用
229	第三节　法定许可
229	一、法定许可的含义
231	二、编写出版教科书法定许可
232	三、报刊转载法定许可
233	四、制作录音制品法定许可
235	五、播放作品法定许可
236	六、通过网络向农村提供特定作品法定许可

238　第七章　著作权的利用和集体管理

238	【本章导读】
238	第一节　著作权的许可
238	一、著作权许可的概念
239	二、几种著作权许可使用合同
242	第二节　著作权的转移
242	一、著作权的转让
244	二、著作权的继承
245	第三节　著作权集体管理

245	一、集体管理的概念
246	二、著作权集体管理组织
247	三、著作权集体管理组织与著作权人的关系
248	四、集体管理组织的职能
249	理论探讨　期刊业数字化发展过程中的版权困境与治理

256　第八章　著作权的侵权与救济

256	【本章导读】
256	第一节　侵害著作权的行为
256	一、侵害著作权行为的概念
257	二、侵害著作权行为的种类
264	第二节　互联网上侵害著作权的行为
264	一、侵害信息网络传播权行为的概念
265	二、网络服务提供者实施的侵权行为
266	三、网络服务商共同侵权
272	理论探讨　网络上第三人版权责任的构成要件 ——兼评索尼案"实质性非侵权用途"标准
280	理论探讨　抄袭他人文章的观点，是否侵犯著作权
281	第三节　侵害著作权的法律责任
281	一、侵害著作权的民事责任
283	二、侵害著作权的行政责任
284	三、侵害著作权的刑事责任

第一章

著作权法律制度概述

【本章导读】 著作权也称为版权,是近代印刷技术的进步带来的一个产物。自英国《安妮法》建立起现代意义的著作权法之后,著作权制度随着传播科技的发展成长起来,并形成两大体系:大陆法系的作者权体系和英美法系的版权体系。著作权是民事权利,但同时著作权法关系到社会文化的可持续发展,又被称为"文化宪法"。本章是著作权和著作权法律制度的概述,介绍著作权的概念和著作权法律制度的产生、发展和现状,世界各国著作权法律制度概况,我国著作权制度的历史沿革,以及著作权在现代社会经济中的作用。

第一节 著 作 权

一、著作权的概念

著作权是作者或者其他权利人对其创作的作品及相关客体享有的专有权。文学艺术和科学作品是著作权产生的法律事实,没有文学、艺术和科学创作成果就没有著作权,因此著作权也称为文学艺术产权。

在我国,著作权有狭义和广义之分。狭义的著作权是作者对作品所享有的权利,也可以称为作者权。从客体来讲,作者权是指以作品为对象的权利。广义的著作权还包括邻接权或相关权,即作品传播者享有的权利,如表演者对其表演、录制者对其制作的音像制品、广播电视组织对其播放的节目以及出版者对其出版物的版式设计享有的专有权。广义的著作权是作者权+邻接权,从主体看,著作权人包括作者、传播者,从客体来看,既包括各类文学艺术作品,也包括对作品的表演、录音录像制品、广播电视节目等。本书所称的著作权是广义的,包括作者权和作品传播者的邻接权。

著作权的权利内容是精神权利和经济权利的合一。精神权利仅指作者就其所创作的作品中体现的人格利益所享有的权利,在立法上也称为著作人格权、著作人身权。经济权利,是指作者和其他著作权人所享有的因作品而获得经济利益的权利,立法上称之为著作财产权。

二、著作权与版权

著作权,又称为版权,我国立法文件上将二者视为同义语。① 但是从词源和法律传统看,著作权和版权这两个术语是存在差异的,两者分别代表了不同的哲学基础和立法理念,并由此而形成了两种不同的有关保护作品的法律制度——版权体系和作者权体系。版权对应英文 copyright,最初是指以稿本为基础的出版商特权,即图书出版商掌握的对稿本进行印刷出版的特权。后来通过立法确立了作者对稿本享有权利,出版商得到作者同意可以印刷出版图书,并向作者支付报酬。此后,版权即指复制之权,禁止他人非法复制的权利。现代版权体系的"版权"概念则涵盖作品创作者的权利和作品传播者的权利。著作权的概念来自"作者权""著作者权",对应英文短语 author's right,意指作品创作者的权利。与版权不同的是,著作权概念的范围较小,仅指作者的权利,而不包括作品传播者的权利,著作权之外,也没有一个能涵盖作者权利和邻接权的上位概念,所以大陆法国家的成文法都并称"作者权与邻接权",只有法国例外,创造了一个文学艺术产权的概念,统领作者权和邻接权。②

版权体系存在于英美法系,以英国和美国为代表。在英美国家保护作品的法律称为版权法,在英国和美国的立法和社会生活中有一种根深蒂固的理念:"最为根本的是,版权是一种财产权利形式。"这种认识反映了版权制度最初脱胎于出版商特权——保护出版商对稿本进行复制的专有权的真实面目。基于版权为财产权的根本理念,版权法中当然不设保护作者人格权利的规范,因此英美法系版权法是纯然的财产法。大陆法国家"作者权法"的哲学基础是"作品是作者人格的反映""作者权是作者控制作品使用的一种自然权利"。受这一哲学思想的支配,作者在作品上的人格利益是必受保护的。在制度构建上,作者权的内容分设为人格权和财产权两类权利,作者权之外又专设邻接权来保护作品传播者和不构成作品的劳动成果的权利。

版权和著作权所反映的两种立法观念和制度设计上的差异,自保护著作权国际公约诞生以后开始逐步地缩小。在进入著作权国际保护体系的过程中,两大法系的

---

① 《中华人民共和国著作权法》(以下简称《著作权法》)第 57 条规定:本法所称的著作权即版权。
② 德国著作权法的名称为《著作权法与邻接权法》,意大利著作权法的名称为《关于著作权及与其行使相关的其他权利法律》。参见《十二国著作权法》,《十二国著作权法》翻译组译,清华大学出版社 2011 年版。

国内立法为了符合国际公约的标准,经过法律修订、增补和协调,呈现出相互借鉴和接近的趋势。今天,在经济全球化的环境下,著作权作为图书、影视、软件、网络等文化产业共存和发展的基本前提,著作权产业对于国民经济生产总值的贡献率不断增长的事实,使得"版权"和"作者权"以及"著作权"的称谓留下的更多的是形式上的差别。

我国《著作权法》从名称到体例更接近于作者权体系。1949年以前我国的法律多仿效日本、德国,清末时期"著作权"的概念由日本引进,此后即成为正式法律用语。中华人民共和国成立以后,法律文件混用"版权"和"著作权",1979年我国开始著作权法的起草工作,其间该法的名称几经反复,立法最终采用《著作权法》的名称,并在该法的附则明确规定"本法所称的著作权即版权",从而使得两个术语之间的法律之争画上了句号。但在学理上,著作权和版权的差异仍然存在,对两者的选用一定程度上反映了研究者的学术背景及对著作权制度的理解。

三、著作权与工业版权

著作权是知识产权的一个重要类别,和工业产权共同构成知识产权。著作权和工业产权划分的标准主要在于,二者对象所属的领域和作用不同。

工业产权的对象是工商业领域内用以满足物质生产和生活实用性的发明创造或识别性标记,这些对象所形成的权利有专利权、商标权,以及制止不正当竞争行为的权益。广义的工业产权还包括以商业秘密、地理标志、植物新品种等为对象的权益。著作权的对象,是产生于文学、艺术和科学领域内的作品,其主要是向社会传播文化知识和丰富人类的精神生活,基于作品形成的权利有作品创作者的权利和作品传播者的相关权利。

从权利角度看,著作权和工业产权也有区别。首先,著作权具有的独占性和排他性程度弱于工业产权。著作权只排斥那些对个人有独创性的表达未经许可的利用,但不能排斥他人独立完成的与之相近似甚至相同的作品取得著作权。所以,只要是独立完成而非抄袭他人之作,就同样表现形式的作品而言,允许多个著作权并存。工业产权的独占性和排他性远比著作权强。相同技术方案或者设计构思,尽管是"英雄所见略同",法律只能赋予其中一个以独占权,并排除其他人就同一表现形式再享有同样权利的可能,发明创造专利权只赋予就其发明创造最先提出专利申请的人,商标权赋予最先申请该商标注册的人。其次,著作权是自动产生的。只要发生作品完成这样的法律事实,作者就依法取得著作权。工业产权则需要对法律事实加以法律确认,即由特定的机构依据法定程序对发明创造、商标标志进行技术评价或审查,符合条件的予以登记注册后,确认权利。

工业产权和著作权的划分是一种传统的知识产权分类方法,两者在现代新技术科技成果面前,界限已经不那么分明,而是出现了互相渗透、交叉融合的趋势。如计算机程序、集成电路布图,很难将它们准确地划入哪一传统分类中去,这些对象在其产生的活动领域上难以区分是文学艺术的还是工商业的,在权利内容上和保护方式上著作权与工业产权互相吸收,从而形成了一个亦此亦彼新的权利分支——工业版权。

第二节 著作权法

知识产权制度是近代科学技术与商品经济发展的产物。就著作权而言,其产生和发展与人类传播科技的进步关系密切。从历史沿革看,著作权制度经历了由出版特许权到现代著作权的发展历程。

一、前著作权时期的出版特许权

著作权史的研究表明,出版与著作权在历史上的确有过密切的关系,著作权是近代印刷术的产物。在印刷术发明以前,作品不可能大量复制出售,书籍以手抄本的形式复制,这是一个缓慢而艰苦的过程,手抄的费用很高,总数也有限。加上能够获得作品又识文断字的人数量有限,因而不存在禁止复制、翻印,保护稿本的社会需求。那时,尽管作者有某种维护自身创作成果的意识,但也只是对文学盗窃行为进行道义上的谴责,并不产生法律上的后果。在很长一个历史时期,落后的复制手段成为保护作品的天然屏障。

造纸术和印刷术的发明及应用使世界发生了革命性的变化,长达千年的手抄稿本时代结束了,大量廉价的印刷图书一方面使得作者的思想得以传播,另一方面也使作品的载体——图书成为商品,大众书籍消费市场的形成,使图书出版发行活动有利可图,图书出版行业出现了激烈的竞争,各种盗版牟利的行为也随之产生。为了控制书籍的翻印,出版商不得不寻求一种手段保护他们的利益。最初出版商组织建立起行会,制定内部规则以确保印刷出版图书的权利由特定的出版商专有,其他出版商不得擅自翻印。但这些规则只能约束本行会的成员,而不能消除行会以外的出版商印刷出版图书的威胁。于是,出版商们又进一步寻求公权力来保护图书印刷利益,这样就产生了出版特许权制度(Stationer's Copyright,也译为出版商版权)。出版特许权是封建君主给予出版商的独占性经营权,它由王室乃至教会势力授予出版商,往往限于一本书。出版商取得的保护为在相当短的期间内他人不得复制。作为对价,出版商则要根据王室或教会的要求审查和控制某些书籍的传播。迄今为止,欧洲发现最早的出版特许权产生于15世纪的威尼斯共和国。15世纪至19世纪,罗马、法国和英国的封建统治者都曾向印刷出版商授予出版特许权。这个时期的出版特许权不过是封建王权、专营特权在印刷出版行业的体现而已。

中国早在宋代就出现了类似出版特许权的官府令。1068年北宋年间,为保护《九经》监本,朝廷曾下令禁止一般人擅自刻印。在以后的几个世纪里,由朝廷官府将印制某一书稿的权利特许给印刷商,被保护的书籍上载明"申报上司,不许复版",对擅自翻版的,当受"追版劈毁,断罪施刑"处罚的做法一直在施行。但是中国自宋代起的这种印刷特令并没有最终形成制度,更没有发展成为现代著作权法律。

出版特许权的实质是一种专营制度,而并非现代意义的著作权制度。这是因为,首先,特许权制度的核心是对图书印刷产生的利益进行分配,以保护出版商对图书印刷出版的垄断权,特许权的受益人是出版商。文学艺术作品没有被当做保护对象,此项特权也很少授予作者。其次,特许权的取得不是基于创作行为,而是封建政权的授予,并且这种特权的授予是与书籍审查联系在一起的。

尽管出版特许权与现代意义的著作权制度有着本质区别,但是出版特许权在图书出版发行的市场利益分配上逐渐朝着有利于作者的方向发展,最终成为孕育现代著作权制度的胚胎。

二、现代著作权制度的产生

(一)版权制度的诞生

根据版权历史研究,版权的概念早于著作权概念的产生,近代版权制度发端于英国。

随着资本主义经济的发展,出版商特许权引起社会各界的不满和反对,与此同时,作者团体作为资产阶级的一部分也提出了保护其创作物的要求,他们主张作品应当得到法律的保护。最终,出版商特权被取消了。1710年,在各方利益团体的推动下,英国终于颁布了一项保护版权的法律,这部法律的名称是"为鼓励知识创作而授予作者及稿本购买者就印刷书籍在一定时期内之权利的法"(An act for the encouragement of leaning by vesting the copies of printed books in the authors or purchasers of such, copies during the times therein mentioned)。由于该法的名称较长,后人以当时在位的英国女王的名字命名这部法律,称其为《安妮法》(The Statute of Anne)。《安妮法》的出现大幅度改变了原本存在于作者、出版商、读者之间的利益分配格局。作者对创作物的财产权从出版商公会所享有的特权中分离出来,独立地享有同意或禁止他人出版其作品的权利。出版商在法定期限内对他们出版的书籍享有翻印、再版和销售的权利。社会大众所获得的回报,是出版商在一定的保护期间届满后不得再就其出版的书籍主张任何权利。

《安妮法》的最大变革就是废除了出版特权,印刷出版书籍不再是出版商公会的特权。不管是书商还是印刷商,也不管他们是否为同业行会的会员,都可以通过民事权利的转让,从作者那里获得某书的专有权。[①] 由于该法案废除了君授特权,确认了作者对其作品享有的权利,标志着以保护作者利益为宗旨的版权制度的诞生。《安妮法》因而被奉为现代版权法产生的标志,英国也因此成为现代版权法的发源地。

美国版权法在理论和实践上都直接秉承英国传统。1787年的美国宪法授予国会"确保作者和发明者在有限的时间内享有对其作品和发明的专有权,以此推动科学和实用技术的进步"。根据宪法授权,美国于1790年通过了第一部联邦版权法。该法的目的在于"通过保证作者在规定期限内拥有对其诸如地图、表格、著作之类作品的权利以鼓励人们创作"。1909年,美国国会颁布了第二部版权法,该法扩大了版权保护的对象,规定"所有由作者创作的作品"都是版权的客体,还延长了版权的保护期限,使得版权保护期最长可达56年。1976年美国国会通过了经过大幅修改的第三部版权法,也就是现行《美国版权法》。美国的版权制度反映了鲜明的实用主义特点。立法者认识到,版权保护能够促进知识和信息交流,而鼓励出版又有利于言论自由。知识的传播同时也有助于确保人民通过更多渠道享受社会和经济发展的利益。

(二)作者权制度的诞生

大陆法国家保护作品及创作者的法律称为作者权法。作者权法律制度起源于法国。法国也曾经历过出版特许权时期。18世纪末法国大革命时期废除了特许权制度,并代之以自由财产权。1791年法国颁布的该领域第一部法令名为《表演权法》,该法律认可戏剧作品创作者对戏剧表演的财产权利。两年之后,法国又颁布了全面的《复制权法》,该法令将保护范围扩大到书籍、戏剧作品和设计、雕塑等文学艺术作品,保证作者终生享有发行和销售作品的专有权利。受大革命时期"天赋人权"理论的影响,法国的法律认可文学艺术"产权"。著作权是作者对其作品的使用进行控制的个人的不可剥夺的权利,将作品创作者置于保护的中心地位。1957年,上述两部法律经过修改后成为《文学艺术产权法》,1992年被编入《知识产权法典》。

---

① 〔西班牙〕德利娅·利普希克:《著作权与邻接权》,联合国译,联合国教科文组织、中国对外翻译出版公司2000年版,第17页。

《法国著作权法》的产生晚于英国《安妮法》近百年,但它却是著作权法发展进程中的巨大进步。首先,法国的法律是以作者为中心,赋予作者对其作品享有产权。其次,这些法律将作者权的保护范围由图书复制扩大到了作品的表演方面,提升了著作权的保护水平。再次,《法国著作权法》以作者和产权概念为中心的理论导致了后来对作者精神权利的承认,精神权利后又成为著作权的组成部分。

在法国建立作者权制度以后,作者权概念在欧洲国家得到进一步发展。德国早期著作权法于1845年制定。1871年著作权法成为全德国统一的法律的一部分。现行德国著作权法名为《关于著作权与邻接权的法律》(简称《德国著作权法》),该法于1965年颁布,后来又经过多次改革。法国、德国的作者权法被欧洲大陆国家接受,后被拉美国家以及非洲国家和东欧许多国家所采纳,从而形成了英美版权体系之外的作者权体系。作者权使著作权变成一种有助于自然人的作者对其作品的使用进行控制的个人的不可剥夺的权利。相比之下,英国、美国等通用的"版权"制度,一直旨在从商业角度对作品的使用进行规范。[1]

三、著作权国际保护体系

(一)有关作者权的国际公约

欧美国家著作权制度的建立使本国作品得到保护。然而,作品具有公共物品属性,其传播利用可在多处同时出现由无数人共享,使著作权保护不可能仅仅局限于作品产生国的领土内。为了使本国作品在国外得到保护,同时也在国内保护外国作品,欧洲国家首先以双边对等条约的形式来解决跨国作品的保护问题,双边条约大多是在欧洲国家之间签署的。之后,为弥补双边条约的不足,以适应图书和音乐市场的国际化要求,欧洲各国以多边条约形式建立了一个国际保护体系,这就是1886年缔结的《保护文学和艺术作品伯尔尼公约》(Berne Convention for the Protection of Literary and Artistic Works,以下简称《伯尔尼公约》)。《伯尔尼公约》的缔结标志着著作权国际保护体系的建立,从其缔结之日起,《伯尔尼公约》以其所载的最低限度保护标准,成为各国国内立法统一化的决定因素,很多国家在参加该公约之前,就将其作为国内法的渊源。[2]

自1886年原始文本形成后,《伯尔尼公约》经历了几个阶段:1908年柏林修订文本;1928年罗马修订文本;1948年布鲁塞尔修订文本;1967年斯德哥尔摩修订文本;

---

[1] 参见〔西班牙〕德利娅·利普希克:《著作权和邻接权》,联合国译,联合国教科文组织、中国对外翻译出版公司2000年版,第23页。

[2] 同上书,第467页。

1971年巴黎修订文本。经过一系列的修订和补充,《伯尔尼公约》成为一个世界范围内的统一体系,成为著作权国际保护的事实上的标准。

根据最新文本(即1971年巴黎文本),《伯尔尼公约》包括引言、正文和附录。正文分为两大类条款,第一类是实质性或基础性条款,用以规定著作权保护的实体问题,另一类是行政性条款,用以处理行政管理问题。附录是关于发展中国家的特别规定。有关《伯尔尼公约》实质性条款的具体内容将在以下相关章节中予以介绍。

20世纪末,为了应对新技术、新使用方式以及新市场带来的挑战,制定新的著作权保护规范的要求日益迫切。1996年12月世界知识产权组织制定的《世界知识产权组织版权条约》(WIPO Copyright Treaty,简称WCT)和《世界知识产权组织表演和录音制品条约》(WIPO Performances and Phonograms Treaty,简称WPPT)终于获得通过。两个条约有关著作权与邻接权的新规范集中于数字技术,特别是互联网方面的问题,故又被称为"互联网条约"(Internet Treaties)。《世界知识产权组织版权条约》与《伯尔尼公约》有着特殊关系,被视为《伯尔尼公约》的组成部分,是《伯尔尼公约》第20条意义下"授予作者的权利比公约所授予的权利更为广泛,或其中包括并不违反本公约的其他条文"的专门协定。《世界知识产权组织版权条约》共25条:第1条至第14条是实质性条款,第15条至第25条是行政管理条款。另附议定声明9条,是对条约规定所作的进一步解释。

至20世纪80年代中期,著作权国际保护领域的工作主要由以世界知识产权组织为核心的一些联合国专门机构,如联合国教科文组织负责,世界贸易组织并不涉足知识产权问题。由于知识产权与国际贸易关系密切,而知识产权国际保护不力已经对国际贸易构成了严重影响,在关贸总协定乌拉圭回合谈判时,发达国家提出加入知识产权问题的谈判。自1989年开始,乌拉圭回合就知识产权实质问题进行谈判,随后于1991年通过了知识产权问题的协定,于1994年最终形成了《与贸易有关的知识产权协定》(Agreement on Trade-Related Aspects of Intellectual Property Rights)(简称《知识产权协定》或者"TRIPs协定")被纳入《建立世界贸易组织协定》。就TRIPs协定与《伯尔尼公约》的关系而言,TRIPs协定所有规定不减损缔约方在《伯尔尼公约》下应承担的义务。在实质性条款方面,相比《伯尔尼公约》,TRIPs协定强调了对新技术作品,如计算机程序和数据汇编的著作权保护,还规定了对作品传播者进行保护。除了著作权,TRIPs协定规定的知识产权还涉及商标、地理标志、专利、未公开信息等,从而使其成为迄今为止最具综合性的知识产权多边协定。

(二)有关邻接权的国际公约

《伯尔尼公约》是以文学艺术作品和作者权为保护对象的著作权国际条约,并未涉及作品传播者如表演者、录音制品制作者的权益保护。为了保护表演者、录音制品制作者与广播组织在传播作品过程中所产生的合法权益(邻接权或者相关权),1961年在国际劳工组织、联合国教科文组织及世界知识产权组织的共同主持下,约20个国家在罗马订立了《保护表演者、录音制品制作者与广播组织公约》(International Convention for the Protection of Performers, Producers of Phonograms and Broadcasting Organizations)(简称《罗马公约》)。《罗马公约》是专门规定邻接权的重要国际公约,继《罗马公约》之后涉及邻接权方面的国际条约与协定还有:TRIPs协定、《世界知识产权组织表演和录音制品条约》《视听表演北京条约》(简称《北京条约》)。

《世界知识产权组织表演和录音制品条约》是世界知识产权组织主持制定的两个互联网条约之一,其重点解决互联网环境下作品传播者权利的保护问题。《北京条约》是世界知识产权组织于2012年6月在北京举行的关于保护音像表演的外交会议上所通过的一项国际条约,其宗旨是保护表演者对其视听表演的权利。

上述著作权国际公约的实质性条款在将在本书相关章节中加以介绍。

第三节 我国著作权法的历史

一、著作权法的产生和发展

中国是造纸术和印刷术的发明地,但是中国却没有自发产生著作权制度。自宋代以后,中国虽然也有过对某些书籍"版权所有,翻印必究"的官府榜令、告示,但这种对书籍翻印的行政保护并没有形成一种制度,更没有发展成现代著作权制度。

我国历史上第一部系统的著作权法是1910年清政府颁布的《大清著作权律》,这部法律的制定是为了履行中国和美国签订的《中美通商行船条约》中方给予美国人著作权的承诺。从积极一面来说,这一中美条约是现代著作权制度引入中国的开端。《大清著作权律》参考了东西各国的著作权法,兼有大陆法和英美法的特点,但受日本、德国影响最深。《大清著作权律》虽未及实施,但作为我国第一部著作权法在我国的著作权立法历史上产生了深远的影响。一方面,《大清著作权律》奠定了我国著作权法的基础,此后历次著作权立法,无不受到这部法律的影响。后来,北洋政府和国民政府相继颁布过著作权法,基本沿袭《大清著作权律》的内容和架构。1928年,国民党政府公布实施了《著作权法》和《著作权法施行细则》,现行于我国台湾地区的"著作权法"就是在该法基础上经过数次修订而成的。

中华人民共和国成立后，很长时间没有一部著作权法。有关行政管理部门发布的条例、决议等行政法规主要涉及稿酬、图书出版事项。1984年文化部颁布《图书、期刊版权保护试行条例》，该条例对国内图书期刊作品的著作权作了一些原则规定，在一定程度上解决了文字作品著作权保护问题。1986年，广播电影电视部颁布的《录音录像出版物版权保护暂行条例》对音像制品给予了一定保护。1986年颁布的《民法通则》用一节的篇幅专门规定知识产权，公民、法人享有著作权（版权），依法有署名、发表、出版、获得报酬等权利。在民事责任部分，又设专条对侵害知识产权的民事责任作了明确规定："公民、法人的著作权（版权）受到剽窃、篡改、假冒等侵害的，有权要求停止侵害，消除影响，赔偿损失。"《民法通则》是我国的民事基本法，在基本法中对知识产权的基本类型和内容以及保护方法作出原则规定，以立法的方式明确了知识产权法的性质和地位，为知识产权保护提供了重要的法律依据，也为著作权立法奠定了坚实的基础。

经过长达11年的立法过程，1990年9月7日在第七届全国人民代表大会常务委员会第十五次会议上通过了中华人民共和国第一部《著作权法》。该法于1991年6月1日起实施。随即，又颁布了国务院通过的《著作权法实施条例》和《计算机软件保护条例》。

《著作权法》实施以后，对我国的经济文化建设和社会生活产生了深刻的影响，也促进了我国与世界各国的科学技术、文化、教育等领域的交流。经过十多年的实践，社会生活与国际交往也对《著作权法》提出了新的要求，为了进一步完善我国的著作权保护制度，促进经济、科技和文化的发展繁荣，并适应我国加入世界贸易组织的进程，《著作权法》进行了第一次修改。2001年第九届全国人大常委会第二十四次会议通过了《著作权法修正案》，修订后的《著作权法》扩大了著作权保护的客体，增加了著作权人的权利，调整了法定许可使用作品的范围，增加了对技术措施和权利管理信息的保护，明确了著作权集体管理组织的地位，增加了司法机构对侵权行为采取临时措施的规定，加重了对侵害公共利益侵权行为的制裁。2010年全国人大常委会再次对《著作权法》作了修订，删除了原第4条第1款，增设了关于著作权出质的规定。

《著作权法》第一次修改之后，我国还加快了与《著作权法》配套的行政法规的建设。2004年12月国务院颁布《著作权集体管理条例》，2006年7月国务院通过了《信息网络传播权保护条例》。加上已经颁布的《著作权法实施条例》《计算机软件保护条例》，除了民间文学艺术作品保护条例尚未制定，我国著作权法律体系已基本完备。

我国著作权法律制度从建立到完备，与我国积极加入国际著作权保护体系是分不开的。1980年，早在知识产权法制建设起步之时，我国就加入了《成立世界知识产权组织公约》。1992年，在实施《著作权法》的第二年，我国决定参加《伯尔尼公约》。

按照《伯尔尼公约》的规定，该著作权国际公约于1992年10月15日对我国生效。2001年我国加入世界贸易组织的TRIPs协定，2007年6月加入《世界知识产权组织版权条约》和《世界知识产权组织表演和录音制品条约》。上述国际条约既是推动我国《著作权法》制定和修改的国际背景，也是我国《著作权法》所遵循的国际标准。

二、《著作权法》新一轮修订

《著作权法》实施之后进行过两次修改，但都限于被动性和局部性，未能完全反映和体现我国社会经济发生的深刻变化。近20年来我国市场经济制度确立，文化产业繁荣发展，经济与社会结构的变动，形成了社会利益多元化的格局，著作领域出现了一些新情况、新问题，有待于通过修改完善《著作权法》予以解决：一是传播领域的科学技术迅猛发展，数字和网络技术的广泛运用，大大改变了作品的创作和传播方式，法律的一些现有规定已经无法适应实践需要。二是经济全球化进一步深入，著作权保护已经成为国际经济贸易中不可回避的一个重要问题。现行《著作权法》部分规定有必要与我国近年来加入的国际条约以及民法等法律进一步做好衔接。三是现行《著作权法》对著作权保护不够，难以有效遏制侵权行为，不足以激励创作者的积极性；著作权授权机制和交易规则不畅，难以保障使用者合法、便捷、有效地取得授权和传播使用作品。①

根据国务院2011年的立法计划，国务院著作权行政管理部门原国家版权局于2011年7月正式启动了《著作权法》修订工作。为顺利推进法律修订工作，原国家版权局专门成立《著作权法》修订工作领导小组和《著作权法》修订工作专家委员会，广泛征求社会各界对立法工作的意见和建议，委托国内法学领域影响较大的三家教学科研单位分别起草"著作权法修订专家意见稿"。著作权法修订草案初稿形成后，原国家版权局通过专函和网络发布等方式，向社会公众和立法、司法、行政部门以及社会团体征求意见。党和国家机构改革后，司法部会同中央宣传部对国家版权局法律修订送审稿进行进一步修改，形成了《中华人民共和国著作权法修正案（草案）》（2020年4月），该修正案草案已经国务院同意，提交全国人大常委会审议。

第四节 著作权在社会经济中的地位

传统的著作权法与小说、音乐、绘画、电影等文学艺术作品密切相关，肩负着调整

---

① 国家版权局：《关于〈著作权法〉（修订草案送审稿）的说明》，2012年12月。

文学艺术创作者对其精神产品的财产关系和人身关系的社会任务。在当今知识经济时代,一方面由于计算机程序、电子数据库、视听作品等具有重大产业意义的产品成为著作权保护的对象;另一方面,掌握和运用知识产权的主体也在扩展,从创作者个人到利用著作权开展商业活动的投资者,著作权法已经成为对工商企业、个人创业和人们日常生活产生重要影响的法律,从这一意义上讲,著作权已不限于民事活动领域,而是渗透到社会经济文化领域的各个方面。

著作权法又被称为"文化宪法",它维护文学艺术创造成果的价值,促进改革文化产业的发展。文化产业是指从事文化产品和文化服务的经营性活动,主要包括但不限于图书出版业、影视音像业、广播电视业、软件开发、互联网行业、信息咨询服务业等多个行业。文化产业作为经济与文化的结合体,以知识、信息等文化资源为特殊生产要素,以娱乐、休闲、体验为消费方式,其所创造的价值在国内生产总值中所占的比重不断上升。在一些发达国家,文化产业已成为最具有创造财富和就业潜力的支柱产业之一,为国民经济发展和社会福利作出了突出贡献,如美国的电影和传媒业、日本的动漫产业、韩国的网络游戏、德国的出版业、英国的音乐产业,对国民经济的贡献具有重要的作用。近年来,我国文化产业日益壮大,图书报刊、数字出版、广播影视、文化娱乐、信息网络、计算机软件等产业的发展速度远远超出了传统的文化产业和制造业。文化事业已不仅是精神文明的重要领域,而且与经济结合带动了物质文明的建设和发展,成为一个新的产业门类。

作品的创作和传播不仅需要人类的智慧、技能和天赋,还需借助于现代科技对文化资源进行再创造与提升,还需要通过知识产权的利用和保护,产生出能够满足社会大众文化需求的文化产品。文化产业中的大部分产品都涉及知识产权,书籍报刊、电影电视、音乐、美术等,大都属于著作权的保护客体、专利权的保护客体或者是商标权的保护客体,其中最主要的是著作权保护的文学艺术和科学作品。文化传播服务也与著作权密切相关,音乐制作、文艺演出、大众娱乐、网络传播,无不涉及著作权的利用和交易。所以文化产业也称为著作权产业。

著作权法作为调整作品创作、传播和使用过程中财产关系的基本规范,不仅对于激发民族创作热情,提高民族创新能力具有直接的作用,而且对民族文化的未来具有重要的意义。随着数字和网络技术的快速发展和广泛运用,社会文化需求将不断增长,文化市场的安全和公平竞争更加需要法律的保障。著作权通过保护文化产业各环节参与者的利益分配激励创作,鼓励作品的传播,通过防止和制裁侵权盗版行为促进和维护文化市场的公平竞争秩序,保障文化产业健康有序发展。

第二章

著作权的客体

【本章导读】 著作权的客体是作品。作品是著作权的核心要素,也是学习著作权法的重点和难点所在。本章阐释作品的含义,分析作品的构成要件,各种类型的作品,以及某些不受法律保护的表达形式。本章中涉及的著作权法的基本概念,例如"独创性""思想与表达二分法",是著作权法基本范畴,对于理解何谓作品具有重要意义。在介绍各种作品类型时,又运用"独创性""思想与表达二分法"加以具体分析。

第一节 作品的概念

一、作品的一般定义

作品是著作权法的核心概念,著作权的逻辑起点以及著作权法律关系的中心点。作品的概念包括内涵和外延两个方面。定义是通过揭示概念的内涵,抽象出事物的共同本质加以概括形成一定的语言表达,外延则是通过划分事物的种类或列举事物的普遍存在方式来反映事物的适用范围。法律对作品这一概念普遍采用定义加范围的方法加以规定。《伯尔尼公约》如此,主要国家著作权法亦如此。例如《伯尔尼公约》第2条规定:"'文学艺术作品'一词包括科学和文学艺术领域内的一切作品,不论其表现方式或形式如何",再通过示例列出作品的范围"诸如书籍、小册子及其他著作;讲课、演讲……"。我国《著作权法实施条例》第2条规定了作品定义:"著作权法所称作品,是指文学、艺术和科学领域内具有独创性并能以某种有形形式复制的智力成果",《著作权法》第3条规定:"本法所称的作品,包括以下列形式创作的……作品",列举了文字作品;口述作品;音乐、戏剧……;美术、建筑作品;摄影作品;电影作品等8个种类的作品。按照逻辑学,定义是明确概念内涵的逻辑方法,列举并不是一种严格意义上的定义方式。鉴于作品的概念源自美学、文学,法律对于作品本质属性的抽象概括不能脱离于美学、文学的土壤,因而用从本源上揭示作品内涵,描述作品类型的方法来勾勒出作品的概念,是一种恰当的途径。

对于作品的内涵我们可以从两个方面进行解读:独创性表达、文学艺术科学领域。

著作权保护的作品是具有独创性的表达。从美学角度看,作品的本质是人类创造的客观存在物,它的外在表现是语言、文字、图形等符号媒介。文学艺术作品无论诗歌、戏剧、小说还是音乐、绘画、雕塑,它们的产生源于特定的社会文化背景与作者对现实生活的所思所想。而一旦作者创作完成作品,作品的内容和形式便和作者意图表达的思想情感密切联系,凝聚着作者的个性和风格。从这个意义上讲,作品是作者创造的物品,是作者思想情感的表达。科学技术作品也在作品范畴之中,但不同于文学艺术作品,它是基于特定技术或功能目的对信息、符号经过加工或赋予特定意义的一种独创性表达。科学技术作品如地图、工程设计图等,其独创性体现在信息或符号的选择和编排上,虽然具有功能性和技术性但科学技术类作品的表达形式和普通作品一样,可以是文字、线条色彩或声像,因此,只要存在自由选择和创造性的空间,并将作者的个性印记在成果上,科学技术作品同样是具有独创性的表达,构成作品。科学技术作品是最初受著作权保护的文学艺术作品之外新增的作品类型,因而它的独创性表达与文学艺术作品的独创性有所差异,应当区别对待。但科学技术作品和文学艺术作品有一个共性,它们都是以符号媒介为载体的智力表达,或是经过作者加工而赋予特定意义的表达。与此相对应,不是源于人的能动作用的自然物,即使外观形式具有审美价值或有用性也应排除在作品之外,不属于著作权保护的对象。这样我们可以得出第一个合理的结论:作品是由人的智力创造或经过人的加工赋予特定意义的客观产物。

作品的创作活动必须是在文学、艺术和科学技术领域以内进行。因为人类创作的智力成果范围的广泛性,成果的载体和形态也纷繁多样,但是作品是文学艺术和科学领域内的创作成果,即作品是具有欣赏价值,不被要求具有实用功能。从美学术语角度来说,就是审美的"无功利性"。所谓无功利性,即指一个物品没有任何实用功能,而只能作为欣赏对象而存在,例如小说、诗歌和绘画、雕塑,它们唯一的功能(或称价值)就是被人所欣赏。与此相对的实用物品,比如一件家具、一台电子产品,一件衣服,它们都有具体的实用功能,有具体的实用目标,这些物品在本质上是具有功利性的。因此,在概括作品定义时进行领域限定的意义在于,划分作品和非作品的界限,目的是区别文学艺术产权和工业产权。著作权保护只给予那些文学、艺术和科学领域内的作品,而排除实用性或功能性物品。在现实的具体场景中,有许多物品既是实用对象,也是审美对象。建筑作品就是一个明显的例子,还有其他各种实用艺术品。这是否可以说,实用物品也可以成为作品?应该说,当实用物品具有美感时,当它被作为艺术品欣赏时,人们看到的不再是它的实用功能,而是它优美的造型、和谐的色彩线条等审美特性时,实用物品的这种艺术表现成分即已构成作品而可以受到著作权保护。由此,我们可以得出第二个结论:作品存在于文学、艺术和科学领域内,作品主要的是纯粹的、被感知和欣赏的精神产品,也包括兼具审美价值和实用功能的物品。实用物品是否可以成为作品,取决于其是否具有艺术特性,是否能够成为审美对象而存在。这样,实用物品的艺术创作部分也可成为受著作权保护的作品。

关于"以有形形式复制"。《著作权法实施条例》第2条作品定义中还规定了一个条件"能够以某种有形形式复制"。从字面意思看,有形形式复制可以理解为,以某种物质材料将独创性的表达固定下来。按照这个条件,只有固定在有形的物质介质之上的表达,才可以成为作品而获得著作权法的保护。那些没有负载于物质介质上的表达不能获得著作权保护。这样的规定似乎没有必要,首先从最一般意义来讲,每种艺术都有自己的表达媒介和物质材料,离开表达媒介就无法进行创作,例如没有语言文字就无法进行文学创作。但是作为载体的物质材料不是构成作品的要素,法律不会因为能否通过纸张、磁盘固定或者质量如何而影响作品的认定。如果思想或情感没有外化的表达形式,也无法通过某种物质载体进行固定,只能说明作品根本不存在。进一步而言,著作权保护的是有形的表达而非它的有形化载体。作品所必需的是采取一定的表达形式使得他人能够感知。可感知性完全可以在不借助实物(载体)的情况下获得,这在数字化创作时代已不罕见。在实务中,通常并没有将有形形式复制或加以固定作为作品受保护的前提条件,除非个别情况下有所要求。正因为如此,"有形形式复制或固定性"在绝大多数国家法律中都没有规定,《伯尔尼公约》也找不出相类似的条款。只有美国对受保护作品提出了一个条件"固定在物质载体上"[1],并因此成为《美国版权法》中一项非常特殊的制度设计,这归根结底与美国的版权保护体制及历史发展有密切的关系。[2]

---

[1] 《美国版权法》第101条规定:作品"固定"在物质载体上,指经作者同意将作品体现在复制品或录音制品上,其长期性和稳定性足以允许在不短的时间内感知、复制或以其他方式传播作品。有正在传送的声音、图像或两者构成的作品的录制与其传送同步进行的,就本法而言,视为"固定"。引自《美国版权法(附英文文本)》,孙新强、于改之译,中国人民大学出版社2002年版,第1页。

[2] 参见李明德:《美国知识产权法》(第二版),法律出版社2014年版,第255—266页。

通过上述分析,可以对作品的概念作出如下界定:著作权法所称作品,是指文学、艺术和科学领域内具有独创性的表达。该定义中"独创性表达""文学、艺术、科学领域内"是作品的基本特征或构成要件,是作品概念的核心要素。以这两种要素界定作品概念是一种普遍的做法。例如《日本著作权法》,该法第2条第1款第1项将作品定义为:"作品,是指文学、科学、艺术、音乐领域内,思想或者感情的独创性表现形式。"《德国著作权法》第2条第1款规定:"属于受本法保护的文学、科学、艺术作品特别是指:……",第2款规定:"本法所称作品只指个人智力创作成果"。德国以两个富有逻辑关联性的条文指明作品是文学艺术和科学领域内个人独创性的表达。《意大利著作权法》第1条规定:"具有独创性的文学、音乐、平面艺术、建筑、戏剧和电影领域内的作品,无论其表达方法或者形式,均受本法保护",同样是从"独创性表达"和"领域限定"两个方面界定作品。我国《著作权法》修订过程中,本领域专家学者认为,现行《著作权法》没有给出作品的定义,虽然《著作权法实施条例》第2条界定了作品的构成要素,但不够准确和精炼,进而提出在此基础上应对作品的定义加以完善,建议此处条文修改为"本法所称的作品,是指文学、艺术和科学领域内具有独创性的表达"。此建议条文得到学界普遍赞同,立法部门的修订建议稿采纳了其中部分建议。不管《著作权法》最终能否将作品定义为"独创性表达",都不会动摇"独创性表达"这种科学表述的理论根据。

作品的概念如此重要却很难以一个抽象的定义完整描述确切的含义,接下来让我们通过独创性、表达和思想的区分,来进一步理解什么是作品。

二、独创性

(一)独创性的含义

独创性,又称原创性(originality),是指作品源于作者并能体现作者个人特征的本质属性。"Original"这一术语,开始意指"无来源的、独立的、第一手的",进入艺术美学后,这个词可以被用作具有"在特征或风格上是新奇的或新鲜的"等赞美之意的术语了。[①] 著作权法上的有关作品及其相关概念,如独创性、创作、审美价值均来源于美学,因此需要我们借鉴美学理论来认识和理解独创性的含义。

独创性的基本含义是指作品是独立创作的,并能体现作者的个人特性,可以从创作过程和创作结果两个方面来理解:(1)独立完成。从创作过程看,作品源自于作者的智力创作活动,具有独立性。独立,即作品不是对现有作品的复制、抄袭,也不是按

---

① 参见〔美〕伊恩·P.瓦特:《小说的兴起》,高原、董红钧译,生活·读书·新知三联书店1992年版,第7页。

照既定规则或常规进行操作、推演的结果。独立创作可以是从无到有的原创,也可以是在已有作品基础上的再度创作,如将小说改编成电影剧本,将英文原著翻译成中文。独立创作并不排除作者的创作灵感受到已有成果的影响,也不妨碍创作者在已有作品的基础上进行再创作。实际上,每一个作品的创作源泉都来自前人的作品,任何原创都是建立在创作者的生活感受和已有知识积累的基础之上。只要作品来源于作者,其新创作的部分能够体现作者的个性特征就足够了。独创性也不包含新颖性,它只要求自己独立创作了作品,而不管他人是否创作过同样的作品。(2)具有一定程度的个性。创作是作者对现实世界的观察感悟,到内心酝酿和构思,再诉诸一定形式的艺术表达,这就决定了作者对现实生活并不是客观记录、被动模仿,而是一种主动的发现和探索,充满了能动性、多样性,因而创作成果也必然烙印作者的手摸足印,成为与众不同的特有的"这一个"。每一个具体的作品只要由作者个人独立完成的,具有能够辨识出的属于作者特有的东西,如语言和逻辑、选择和编排等,就是具有独创性的作品。由于独立创作是一种事实行为,这个过程是否真实存在,既无法复原也难以证明,所以更多地是从结果推定,即从已经存在的作品来确定其是否具有独创性,如果已产生的结果表现出差异性,具有辨识度,就证明该作品是作者独立创作完成,是可受保护的独创性成果。

"独创性"是作品的应有之义,只要具有最低限度独创性的作品就可以受著作权保护。然而,法律没有给出也无法给出独创性的准确的定义,理论上的解释也是众说纷纭,莫衷一是,以至于独创性成为著作权法中最基本而又最复杂的一个问题。《伯尔尼公约》是著作权领域最重要的国际公约,对于独创性,《伯尔尼公约》只是间接或隐含地提出了一般性要求。《伯尔尼公约》第2条第1款对"受保护的作品"进行定义和罗列,而没有明确何为"独创性"。权威解释认为,"文学和艺术作品"这一定义的表述本身蕴含了"智力创作"以及"个人创作""创作"这些与"独创性"相兼容的用语。《伯尔尼公约》未能给出独创性的定义,目的是将这样一个存在不同标准,差异极大的概念留给国内法自行确定其确切特征和基本标准。在国内法层面,各国著作权法大都明确了对智力创作的要求,如《日本著作权法》第2条将作品定义为"思想或情感的独创性表现形式",《德国著作权法》第2条第2款的作品一词仅指"个人的智力创作",《英国版权法》第1条指明版权作品首先是"独创性文字、戏剧、音乐或艺术作品",《美国版权法》第102条第1款规定:版权保护,给予固定的独创作品。尽管多数国家著作权立法中存在"独创性"用语,但是却没有规定独创性或者智力创作的具体含义。《美国版权法》第101条解释性条款对版权法的基本术语、概念作出定义,但该条却没有对独创性的释义。美国众议院关于1976年版权法的报告谈到个中原因时指出,对"独创性作品"一词,有意没有界定,是打算不加变化地将法院依据现行版权法律而确定的独创性标准纳入法律,这一标准既不包括新颖性、创造性和美学的要求,也不打算扩大版权保护所要求的标准。① 不仅美国,其他国家著作权法也鲜见独创性概念的释义。可见,独创性是一个需要进一步释义的概念,原则上所有的释义都同样有效,这也说明,独创性是用来指导、评价作品是否可受著作权保护的一个原则性条件,是赋予司法进行自由裁量的一把尺度。

独创性含义及标准极大的差异不仅存在于不同的法律传统之间,甚至也存在于相同的法律体系、不同时期内受保护的对象之中。总体上看,大陆法系国家倾向于较高水平的独创性,强调作品与作者之间的联系。但欧共体国家间在独创性要求上也存在较大差异,以英国、爱尔兰为代表,他们要求的作品的独创性,是指作品是作者的技能、劳动和努力的结果而不是拷贝他人的劳动成果,作品只要是具有独创性的,就有资格获得版权保护。法、意、比、荷、卢等欧洲大陆国家,他们要求的独创性是指作品必须是作者个性的表达,例如法国独创性的经典表述是"作者个性的烙印",只要打上作者个性的烙印的作品创造出来,不问是从无到有创造出来的,还是凭注释已有的作品创造出来的。很少见否定一项作品具有独创性。② 德国则采用较高的独创性标准,成为对独创性要求最为严格的国家。《德国著作权法》限定了受保护的作品仅为"作者个人的智力创作",要求作品不仅要源于作者,还必须是体现作者个人鲜明的个性,它不应该只是一个普通的、平庸的东西,而是具有一定创作水准的个人精神创造。20世纪90年代,欧盟在著作权领域颁布了一系列有关特定客体的立法,随之建立起统一的独创性概念,在1996年通过的欧洲议会与欧盟理事会《关于数据库法律保护的指令》(以下简称《欧盟数据库指令》为了达到统一标准的目的,规定了"作者个人智力创作"的概念③,也就是所谓的"欧洲独创性标准"。根据《欧盟数据库指令》的规定,有些国家降低了授予保护的门槛,有些国家提高了标准。实务中,一些国家通过重新解释或赋予新含义重新塑造独创性的含义,法国的传统理论认为独创性是作者个人的烙印,这是形成独创性的基础。在《欧盟数据库指令》颁布之前法国即通过判例重新解释独创性,提出了"作品中反映的作者个性已由个人智力投入这一客观观念所取代,是作者有效的选择、取舍和编排而不是作者个性的特殊性质塑造了作品,使得作

---

① 李明德:《美国知识产权法》(第2版),法律出版社2014年版,第243页。
② 沈达明编著:《知识产权法》,对外经济贸易大学出版社1998年版,第66页。
③ 《欧盟数据库指令》第3条第1款规定:"根据本指令,凡在选取和安排材料方面体现了作者个人智力创作的数据可受到著作权保护。在决定是否授予保护时,不能采用任何其他标准。"

品具有个性"①。德国素以严格的独创性著称,主要是针对文学艺术创作领域,面对新类型作品的涌现,德国司法判例确定了"小硬币"标准。所谓"小硬币"就是零钱、一点点的意思,这个概念实际上降低了独创性水平。根据"小硬币"的观念,计算机程序、数据库、普通照片、目录清单、菜单等个性不强而具有实用功能的作品,都可以得到著作权保护。德国学者将这一转变称之为创作水准向着提高竞争法的保护标准、降低著作权在"小硬币"方面的保护要求的世界性趋势作出让步。② 与此同时,欧盟法院在统一标准的过程中也发挥了重要作用。欧盟法院通过解释欧盟著作权领域的法律,确认并发展了独创性概念。现在,"欧洲独创性标准"的轮廓被阐释为:独创性是作者自己的智力创作,该规则适用于所有客体;当作者可以进行自由和创作性选择并将自己的个人印记印在作品上时,便会出现作者自己的智力创作;当表达是由技术或功能用途决定时,例如只有一种表达思想的方式或者表达是由特定目的预先确定的,而这个特定目的受严格的规则所约束,没有留出选择自由和创造性选择空间的,则没有独创性。③

普通法国家版权体系倾向于较低的独创性。英国的传统以"技能和劳动"为基础,只要作品源自作者,作品是一定技巧、劳动、判断力和投入的产物,就可以获得版权保护。这与版权的底层逻辑相吻合,版权保护是使作者在作品上的创作投资免受不公平竞争的影响。美国法沿用了英国法的观念和逻辑,独创性的要求类似于英国的"技能和劳动",作者只要在作品创作的过程中付出了劳动、技能和判断,就可以获得版权保护。按照这个逻辑,美国版权法上独创性被形容为"汗水理论"(sweat of the brow doctrine)或"辛勤收集"(industrious collection doctrine)。"汗水理论"反映了以投资、劳动和市场价值论证版权保护必要性的一种思路。在很长一段时期,美国联邦法院一直采取"汗水理论"认定某些信息汇编的独创性,只要不是抄袭现有材料,所有的信息汇集都能构成汇编作品,如电话号码簿、节目表、商业目录、火车时刻表等,因为它们是制作者付出了劳动技巧和判断而得到的成果,构成版权法保护的作品。20世纪90年代初期,联邦最高法院在"费斯特(Feist)出版公司诉乡村电话公司"一案,否定了"汗水理论""辛勤收集"原则,取而代之的是"最低限度的创造性"。最高法院在该案中拒绝了对原告电话公司的白页目录给予版权保护。在阐述原创性时,法官

---

① See Andreas Rahmatian, Originality in UK Copyright Law: The Old "kill and Labour" Doctrine Under Pressure, International Review of Intellectual Property and Competition Law, January 2013.
② 〔德〕M.雷炳德:《著作权法》,张恩民译,法律出版社 2005 年版,第 116 页。
③ See Thomas Margoni, The Harmonisation of EU Copyright Law: The Originality Standard, Global governance of intellectual property in the 21st century, May 2016.

指出,版权的必要条件是原创性,原创性是可版权的宪法条件。原创性包括两个方面:作品是由作者独立创作的,而不是从其他作品复制的;作品至少具有最低限度的创造性,从而将原创性概念与作者的创造性结合了起来。在 Feist 案中,独立创作没有争议,因为没有关于原告复制任何其他作品的指控。焦点在于原告的信息汇编是否具备必要的创造性。法官指出,必要程度的创造性尽管很低,甚至是微量的,但必须要有,作品应当"至少有最低程度的创造性"。Feist 一案被认为是美国版权法独创性标准转变的标志,在 Feist 案影响下,版权体系"技能和劳动"的独创性要求在理论表述上有所提高。

综而观之,独创性概念难以给出恰当的定义,各种努力也只是尝试了一些近似的说法。可以说,问题的解决不是在概念层面,而是在解释和运用层面,独创性及其判断标准只有在具体作品的判定中才能彰显其应有的意义。

基于独创性定义的难度,从理论和实践层面考虑,独创性的判定是事后的、被动的和个案的。著作权产生于作品创作完成之时,无须经过审查或登记等程序,因而著作权取得之时无须进行独创性的认定。只有在发生著作权争议或者著作权侵权纠纷的时候,才有可能对涉案作品的独创性作出事实上的认定,以便解决因该作品而产生的著作权纠纷。这又一次表明独创性判断是一个带有主观认识的问题,只有在具体作品的情况下,通过作品的类型、用途等多方面因素的综合考量来作出评判。正如我国最高人民法院指出的,独创性标准是一个主观标准,虽然可以总结出一些客观因素尽量减少判断者的随意性,但无法否认现行几乎一致的做法是采用属于主观概念的独创性,且审判机关逐案判断一部作品应否享有著作权保护。实践中,受到人们关注的独创性问题的讨论,无一不是由具体的著作权纠纷案件引发而来的。法院只能根据作品类型和具体案情对涉案的每一个具体作品是否具有独创性分别进行认定。

(二)独创性与相关概念

1. 独创性与审美价值、美感

法律上的独创性和艺术上的审美价值不同。独创性是作品受法律保护的质的规定,而难以成为是否具有艺术价值的量的判断标准。作品的艺术标准和审美价值起源于人的主观能动性,难以适用客观的判断标准,正如美学家所言,美不是事物本身的属性,它只存在于观赏者的心里。每一个人心里见出一种不同的美。[①] 著作权法教授也表明了相同的观点,在文化上有价值的、好的或者美的东西事实上并不属于某些

---

① 朱光潜:《西方美学史》,金城出版社 2010 年版,第 512 页。

客体的真实特征,而仅仅属于人们根据主体的积极感受对被评价客体的某种主观评价。① 既然美学价值、美感,是一种主观方面的心理作用,那么这样的问题就应由读者和艺术家去评论,而不是由法律、法官去评判。艺术本身不具有法律上的可诉性,艺术价值和审美价值不能成为法官审理案件时判断是否应受著作权保护的标准。拿音乐来说,音乐家认为流行音乐远没有古典音乐那么具有创造性,因为流行音乐的市场导向使歌曲之间的差异很小,相比之下,古典音乐则具有更大的艺术驱动力,在创作上表现出更大的多样性。对法官而言,则应回避流行音乐和古典音乐的艺术判断,采取法律上的独创性原则平等对待流行音乐和古典音乐。任何作品只要来源于作者,带有作者特有的个性特征,具有多样性,就能够满足独创性的要求,平等地受到著作权保护。将审美价值排除于作品构成要件之外,并不会影响作品的保护,因为谁都不会去复制粗糙的绘画,抄袭文法不通的文章,因此即使承认它们有著作权,也没有社会危害性。相反,把艺术价值或审美价值作为判断标准,要求作品具有创作高度时,由于人们的判断标准不同,对于什么能够构成作品就会变得不明确,可能会陷入应该加以保护的作品不能得到保护的境地。②因此,满足独创性的要件就应当解释为:创作了和他人作品不同的东西。

2. 独创性与新颖性、创造性

新颖性是对象获得工业产权保护应当满足的条件。工业产权所规范的技术领域是一个讲究效率的世界,保护的对象是解决技术问题的产品和方法,其先进性是通过不断积累经验朝着一个方向前行的,可选择性是有限的。因此,如果承认某种技术享有排他权,就会妨碍其他人积累经验以及所有利用该技术的行为。所以授予专利权的条件设置了较高程度的进步性和应当具备的"唯一性"(新颖性),以防止授予的权利超出必要的限度。与新颖性、创造性适用对象相比较,著作权法所调整的对象是文学艺术领域的创作和作品,这是一个丰富多彩的世界,这个领域的对象如何加以表现,其可选择的表达千差万别,具有丰富的多样性。因此,即便认定某种表现形式、表达拥有排他权,也并不影响其他人进行不同的表现,也就不会对文学艺术的繁荣发展造成不利影响,因此著作权法的独创性并不要求与已有作品相比是新颖的、前所未有的,即使一个作品和先前作品或另一个作品相似,只要该相似是偶然的,不是复制而来,就可满足独创性要求。举例来说,有两位作者各自独立地撰写了相似的经济学论文,两个作品可能都不是唯一的,但却是原创的,因而各自享有其作品的著作权。概

---

① 〔德〕M. 雷炳德:《著作权法》,张恩民译,法律出版社 2005 年版,第 46—47 页。
② 〔日〕田村善之:《日本知识产权法》,周超等译,知识产权出版社 2011 年版,第 412 页。

括而简要地说,独创性要求比新颖性、创造性要低,独创性的意义在于识别度、多样性,创造性和新颖性的意义在于进步性和唯一性。

3. 独创性原则和独创性判断标准

独创性是对作品本质的描述,是作品可受保护的一般性要求。这个意义上的独创性是著作权的基本原则,其功能在于区分智力创作成果与非智力创作产物。独创性原则的法律规范形式,蕴含于作品的概念、作品构成要件之中,是一个普遍的、抽象的概念。独创性判断标准则是具体的、可操作性的规则或规范。判断标准来自法律观念、实践经验的积累和总结所形成的准则、程式、惯例等具体的可操作的方法,这一整套方法、准则构成了独创性的判断标准。独创性判断标准是运用于个案之中的一系列规则体系,它既以独创性原则为依据,又须对原则加以补充后按照具体作品的情景作出判定。因而判断标准的主要适用场所是司法裁判活动。法院在侵权诉讼、权属争议过程中,判断作品是否具有独创性要分别作品的类型、表达形式等进行个案判断。

可见,独创性原则和独创性标准是两个不同层次的概念,前者是抽象的、模糊的,后者是原则的填补和具体化;前者是作品本质属性的规定,后者是具有可操作性的规范。举例来说,在文学艺术作品中,小说是一种影响最大的文学体裁,小说用语言文字描绘社会生活,刻画人物的性格和内心活动,描述故事情节。小说的独创性主要地表现在语言文字的选择运用之美,文字是否准确、精炼、生动,富于形象性。建筑作品属于艺术范畴,兼具实用功能和审美功能,且艺术性受到实用功能制约,因而建筑的审美特点或独创性主要表现在建筑的结构、平面、线条、色调所体现的建筑造型之美。即使同一种类但体裁不同的作品,创作空间的不同也会形成不同的独创性判断标准。例如小说和论文两种文体的独创性表达是不同的,小说中的人物可以虚构,故事可以编造,情节可以杜撰,这些无一不是作者将自己对现实世界的主观反应和内心情绪借助艺术媒介来表现自己的思想情感。论文是表述学术研究成果的一种文体,其中研究对象(问题)、议论、论证、见解,都要围绕真实的问题进行清晰准确、科学合理的阐述并给出论者的见解,来不得半点的虚伪和编造,并且论文在行文体例上有一定规范可循,不可随意改变。这便可以说明,独创性是作品的本质属性,也是所有受保护作品的普遍属性。而艺术种类不同,作品体裁不同,独创性的表现形式或者作品的美感却有各自的法则,独创性的空间或者独创性高度取决于作品的种类、体裁,也取决于作品的主题、题材等因素。不同种类的作品,有着不同样式的独创性,这是一个普遍现象。对于每一个作品而言"独创性问题是一个应结合具体实际加以考虑的问题,不能以同一种方式来估价所有作品的独创性"[①]。具体情境下作品独创性的分析,还将在以下作品的种类以及著作权归属部分进一步阐述。

三、思想与表达二分法

(一)思想与表达二分法的含义

思想与表达二分法是一个与作品概念相关的原则,其含义为,著作权只保护对于思想观念的独创性表达而不保护思想观念本身。思想、情感、观念可以被任何人自由使用,一旦通过一定的形式表达出来,受著作权保护的是表达形式而不是思想本身。举例来说,和谐、仁爱这一中国传统文化的核心价值观属于思想观念,以这种"思想"为主题的创作存在于不同艺术门类,体裁各异的作品之中,可谓百花齐放、绚丽多彩。北京奥运会主题歌《我和你》通过"我和你"紧密相连来表达人与人、人与自然、人与世界的和谐共荣,把中华文化的核心理念"和谐""仁爱"等精神蕴含其中。任何人都可以同样的主题进行创作,可以写成小说,可以绘制美术作品、摄影,也可以拍摄影视剧等。而体现思想或情感的特定表达形式,诸如《我和你》的歌词、乐曲,学术论著中的判断、推理、论证,作者对这些外在的表达形式享有著作权,任何人不能将其抄袭剽窃而作为自己的作品。

著作权语境下的"思想""观念"来自英文"idea",相对应的"表达"来自英文"expression",都是和作品有关的概念。这里的"思想"并非指思维活动、理性认识等与客观存在相对应的主观意识,而是指存在于作品中的,透过作品可以被感知的作品所传达的观念、想法或情感。"表达",也称为"表现形式",是作品中思想内容借以外化的符号媒介,通过外观化的符号媒介,他人得以进入作品的世界,从中感受作品所再现的客观现实和了解作者的思想、情感。将作品区分为思想和表达,来源于美学领域的内容和形式二分法。所谓二分法,就是把文学或艺术作品分为内容和形式两个部分。作品的形式,首先是指具体艺术作品的形式,它包含两个方面:一是内容的结构模式,即作品中各种要素或部分的内在联系和组织;二是形象外观,即借以传达内容的物质手段的组成方式,如修辞手段、描写技巧、叙述方式。在分析作品的内容时,通常使用题材、主题等概念。题材是构成作品内容的基本材料,是作品内容的基础。认识一部作品的内容,首先是把握它的题材,即它反映的是怎样一种具体时间、地点、条件下的生活现象。主题,则是作品所反映的一定生活现象的社会意义和艺术家对于

[①] 〔西班牙〕德里娅·利普希克:《著作权与邻接权》,联合国译,联合国教科文组织、中国对外翻译出版公司2000年版,第44页。

这种生活现象的认识与评价。① 内容和形式二分法是美学的一种理论方法,由于内容与形式在客观上具有一定的区别,从它们的区别中来把握事物的本质和多样的形态是可能的,也具有区分的必要性。但是又不能把内容和形式机械地割裂开来看成不相关联的两个方面,那就不能正确地理解内容,也不能正确地理解形式。正确的理解是,内容和形式是统一体的两个方面,二者彼此内在地不可分离地联结着,作品是内容和形式共同组成的整体。借鉴美学的内容和形式二分法,著作权法的"思想"相当于"内容",大致包括主题、体裁、题材之类,而"表达"相当于"形式",包括结构、符号(语言、词汇)等因素。思想和表达之间的关系也如同艺术作品的内容与形式的辩证关系,二者既对立又统一,是一个辩证的统一体。就思想和表达的本意而言,表达自身便包含着思想,没有无表达的思想,也没有无思想的表达,每一个概念都包含着对方,二者即是相互对立的又是统一的。思想和表达这种相互作用的关系,表现在创作过程中,作者通过生活实践,在大量生活素材的基础上形成一定的创作意图,必然就要求这种创作意图得到适当地体现,越是富于创造性的选题、构思,要将它完美妥帖地表现,就越是困难。因此,凡是思想有新意、有创造性,表达形式必然具有独创性。从作品样式看,思想和表达同样存在这种相互制约关系,作者从生活中摄取得来的某种题材和主题,往往只有用某种体裁才能使它们得到最充分的表现:具有广阔的社会画面和深刻的内心生活的题材,只有按照其需要以长篇小说的形式才能使它的内容得到充分的展示。反过来,不同的艺术形式影响、制约着题材的选择和形象的塑造。要求一种样式(例如雕塑)去表现只适用于另一种样式(例如戏剧)的内容,就会违反特定艺术形式自己的特殊规律,导致创作活动的失败。②

思想和表达的区分为我们提供了一种认识作品本质的理论工具,任何作品既包含思想情感又包含思想情感的表现形式,著作权法对作品的保护并非是保护作品中所有成分,对于受保护的成分,借用"思想"和"表达"进行适当区分。作品中思想表现为抽象的、概括的、笼统的存在,而表达是具体的、细化的,可直接感知的。在此意义上,表达可看成是作品的同义语,"作品是表达""表达即作品"就是这个意思。思想与表达二分法的实际功能在于,合理地界定著作权保护的范围,防范和限制著作权不恰当地向公共领域扩张私人权利。因此,思想和表达两个术语不能简单地从语义上加以理解,而在服务于著作权保护宗旨的前提下,为实现私有财产和公共领域的和谐发展,在作者权利与公共利益友好相处的语境下,思想和表达应从更深层面被赋予新的

---

① 王朝闻主编:《美学概论》,人民出版社 1981 年版,第 208—209 页。
② 同上书,第 230 页。

含义。

区分思想和表达,在著作权国际公约和一些国家著作权法均有所体现。《伯尔尼公约》第 2 条虽未指明思想与表达二分法,但公约指南对该条所作的解释指出:"思想本身是不受著作权保护的。但这一思想一旦被阐述或表达出来,就存在对借以表现这一思想的文字、符号、线条等的著作权保护,换句话讲,能受到保护的是表现形式而不是思想本身。"TRIPs 协定是首个将思想与表达二分法写进国际公约文本中的国际组织文件。TRIPs 协定第 9 条明言:"版权的保护仅延伸至表达方式,而不延伸至思想、程序、操作方法或数学概念本身。"国内法层面,《美国版权法》是唯一一个对思想和表达作出明确规定的法律,该法第 102 条规定:"本法保护的作品,是指以现在或者未来开发的有形形式固定的具有原创性的作品,直接或借助于机械设备可以感知、复制或者传播的作品。""任何情形下,都不得将对原创作品的保护延伸至思想、程序、过程、系统、操作方法、概念、原理、发现,不论这些内容在作品中以何种形式阐述、说明、解释或体现。"我国《著作权法》没有明言思想与表达二分法,但《著作权法》第 5 条明确著作权法保护不适用于时事新闻、立法、通用数表、通用表格和公式。其他国家著作权法也大都区分思想和表达,并把前者排除在著作权保护之外,从而体现了思想与表达二分法原理。我国的《计算机软件保护条例》则明文规定:软件著作权的保护不延及开发软件所用的思想、处理过程、操作方法或者数学概念等。尽管明文规定思想与表达相区分的法律比较少见,但是在著作权领域,人们普遍一致的看法是,著作权只保护创造的形式而不保护作品中所含的思想。①

实践中,思想与表达二分法应用在著作权侵权纠纷案件中。当著作权作品被利用了,被控侵权作品与受著作权保护作品存在相似之处,就需要区分作品中哪些是抽象的思想,哪些是具体的表达,以便保护表达形式而排除对思想的保护。

(二)作品中属于"思想"的范畴

作品中可划归属于思想的因素是主题、题材、事实和素材等。

1. 题材和主题

题材是作品反映的社会现象或具体事物。题材存在于社会生活之中,丰富多彩的社会生活为创作提供了源泉,任何一部作品都是一个具体的生活方面、生活现象,如战争题材、历史题材,而社会生活的多样性和丰富性又决定了题材的广阔性。题材来源于生活,也是经过作者选择、提炼、加工过的生活素材,因而题材成为作品内容的

---

① 〔西班牙〕德里娅·利普希克:《著作权与邻接权》,联合国译,联合国教科文组织、中国对外翻译出版公司 2000 年版,第 40 页。

基本材料,是作品内容的基础。主题是作品通过描绘现实生活或塑造艺术形象所表现出来的意义,也就是贯穿于作品的中心思想。主题的含义实质上是指作品所反映的生活现象的共同本质和作者对这些生活现象的认识和评价,正如人们从一些具体作品的主题所包含的共性出发,提炼某些作品是爱国主义的、反封建的、爱情的主题。文学和艺术作品的主题往往通过人物、情节或形象、画面等自然地流露出来。在科学作品中,主题则以抽象的方式通过理性思维来表现。

题材和主题是作品内容构成的两大要素。任何作品都不可能没有主题,因为作者进行创作和研究不可能漫无目的,而主题依靠题材来表现。大自然和社会生活为创作提供了丰富多彩的素材和创作灵感,任何人都可以从客观世界现实生活中发现、提取自己熟悉的题材进行创作,如果将题材和主题给予专有权利,就会束缚思想的传播并因此会阻碍智力创造力的自由发挥,会妨碍其他作品的创作。

2. 事实和素材

事实是某一事物的发展过程和规律。素材是未经加工的原始材料。素材作为创作题材的原始材料,是一些感性的、分散的、零碎的生活现象。事实和素材对于文学创作来说都是必不可少的,二者之间并无多大区分。生活中某些现象、典型事件是客观事实,又是文学创作的素材,作者在生活素材的基础上归纳、提炼、选择出适当的题材,将自己对社会生活某一方面、某一现象的评价、经验、看法以某种特定形式表达出来,就成了作品。可见,任何作品不论独创性高低,其中包含的事实、使用的素材总是向所有人开放的,相同的事实和素材可见诸形形色色的作品中,任何人都不能对事实和素材享有专有权利。

(三)作品的表达形式

作品中可划归属于表达的因素有符号媒介、结构。

1. 符号媒介

符号是作品全部内容赖以显现的手段或媒介。作为表达方式的第一要素,符号在不同类型的作品中有着不同的表现形态。文字作品的符号媒介为书面的文字语言。"文学是语言的艺术",语言作为文学的表达方式有极大的表现力,可以表现出各种情、景、人物以及大千世界千差万别的变化。文学艺术作品的描写技巧、叙述方式、修辞手段,抒情和议论等语言文字的具体运用,是体现作者艺术风格的重要方面。科技论文、科学理论著作属于文字作品,其外部表现形式的语言体现为概念、判断等。美术作品的物质手段为线条、色彩、明暗等绘画形式,视听作品的表现手段则是一系列镜头画面。每一类作品都有自己独特的符号媒介,正是符号即表达形式的不同使文学艺术作品得以分门别类。

2. 结构

作品的结构是指题材的各种因素或部分的内部联系和组织。作品所要表达的主题,必须通过材料的剪裁、加工和组织,按照轻重主次符合逻辑的完整过程得以体现。在一部作品中,作者利用结构(布局),将语言、色彩、线条、旋律和节奏等符号通过各种不同的体裁、表现形式呈现出作品的内容。如同创作中构思和传达是紧密联系着的那样,作品中的符号媒介和组织结构亦相互结合。组织构造和符号媒介都是体现作品独创性的重要方面。

如前所述,主题、题材等要素构成了作品的思想内容。符号、结构构成了作品的表现形式。思想和表达密不可分地结合在一起,共同构成了作品这一统一体。但为了说明著作权保护的范围,却可以通过思维的分析能力来将这两个密切联系的方面加以区分。在将二者分别考察的同时,应当避免机械地、僵化地将二者割裂开来。

(四)思想与表达二分法的界分

1. 区分思想和表达的方法

思想表达两分法是著作权法的一项基本理论工具,这一点无可置疑。然而掌握这一理论工具并加以运用却不是那么容易。这首先是因为,任何表达都不可能与一定的思想观念截然分离,既不存在不体现任何思想观念的表达,也不存在不借助任何表达形式的思想观念。凡是作品都是表达形式与内容、内容与思想观念相统一的整体。其次,对于作品的内容而言,哪些成分属于思想观念的范畴,哪些成分属于表达的范畴,并没有固定的统一的尺度。作品的种类不同,思想和表达的分界点或者区分方法有所不同。"思想"和"表达"的分界,是针对具体作品在特定个案中进行研判的。因此,在司法实践中,什么是受保护的表达,什么是不受保护的思想观念,就成了判定侵权与否的关键。

区分思想和表达,需要通过一定的方法使这一抽象原则得以贯彻落实。司法实践和经验总结得出的一系列区分方法,对我们具有重要的启示意义。

(1)字面复制法。早期印刷复制时代,著作权的保护仅仅及于作品的物理形式,思想和表达的区分也相对简单。对文字作品而言,禁止字面复制,就足以达到保护的目的。这一时期以文字作品为主,表达形式就是作者所用的词语和形之于外的手稿,除此之外,都是"思想"的范畴而不受著作权保护。除了对文字作品的字面复制以外,所有借鉴和利用作品的行为如节略、翻译、改编都是合法行为。与此相应,著作权就是复制之权,不包括演绎权。这个时期的二分法是真正的两分法,一个作品中除了被具体化的精确的语言和物理形式之外的东西,其他成分都不在保护范围之内。

早期作品类型简单,决定了思想与表达区分法的简单化。随着作品范围的扩大,区分法丰富而复杂起来。后来发展的区分法统称为非字面复制法。

（2）抽象测试法。这种区分思想与表达的测试方式是由美国著名的汉德法官在1931年判决的一个案件中提出的。该案件的原告创作了一个戏剧作品，被告拍摄了与该戏剧故事相似的电影。两部作品都是讲犹太人和爱尔兰人两个家庭的孩子相好的故事。由于宗教冲突和种族意识差异，两个家庭起初都不同意孩子的婚事，闹出了各种戏剧性的故事，最后经过孩子们一番努力，两家终于和好。汉德法官指出，对文学作品进行版权保护很关键的一点，就是作者所享有的权利不应该仅仅局限在作品的文字上，否则，剽窃者很容易就可以通过一些无关紧要的改动来逃避侵权责任。一旦文字上的占用不再成为检验的标准，我们就应该着眼于作品整体性的考虑。[①] 所谓抽象测试法就是，在判断两部作品是否具有实质相似性时，就原告作品和被告作品进行一系列层次不等的抽象和摘要，然后进行比较。如果两部作品相似之处处于高层次的中心思想、主题、故事结构，就不构成实质性相似，不存在侵权。如果两部作品相似之处是在低层次的故事进展、具体事件、人物关系等具体细节上，就构成实质性相似，有可能构成侵权。对此，汉德法官指出，就任何一部作品，尤其是戏剧作品来说，有相当多具有普遍性的模式能够适用于每一部作品，而具体的事件在不同作品中却应该是不一样的。在对作品进行深入的抽象提炼，到最后剩下的就只有关于这出戏是什么的最一般性的描述了，有些时候甚至用它的标题就可以加以说明。[②] 在这一逐层次的抽象摘要过程中，有一个受保护或者不受保护的"分界点"。分界点以上层次的事物是不受保护的"思想"，分界点以下层次的事物是受保护的"表达"。至于思想和表达的分界点究竟在哪里，又必须根据作品的种类、性质、特点等个案处理。在该案中，汉德法官认为，两部作品在情节中具有相似性，但相似之处是共同采用的罗密欧与朱丽叶式的故事模式和戏剧套路，而这些是处于公有领域的任何人可以自由借用的"思想"。因此判定被告不构成侵权。

抽象测试法的出现标志着思想和表达区分方法进入相对成熟阶段，并在此后对司法实践产生了重要影响。

2. 思想和表达的合并

在一些情况下，当思想和表达混合在一起密不可分时，著作权保护既不给予思想，也不给予表达。

思想和表达合并，是指由于表达方式具有有限性，当特定思想只有有限的表达方

[①] 李响：《美国版权法：原则、案例及材料》，中国政法大学出版社2004年版，第295页。
[②] 同上。

式,甚至只有唯一表达方式时,思想与表达密切关联以至于混合在一起,因为思想不应受著作权法保护,所以思想的表达也不应该受到著作权法的保护。

著作权保护的是思想观念的表达,然而并不是所有的表达都能够受著作权保护。当特定思想的表达方式有限或者思想和表达二者合并时,为了避免让思想获得保护,即使那些具有表达性的成分,也被视为"思想"而拒绝给予保护。否则,保护了唯一性表达或有限的表达,就等于保护了所表达的思想。"合并原则"作为两分法的辅助规则,划定受保护的和不受保护的界限,防止一个作者仅仅通过对思想的有限表达享有著作权而独占这一思想。

合并原则主要适用于事实作品、功能作品,如计算公式、历法、通用数表。《著作权法》第 5 条第(3)项规定:"本法不适用于历法、通用数表、通用表格和公式。"即表明《著作权法》不能保护这些思想与表达合并的事物。《计算机软件保护条例》第 29 条规定:"软件开发者开发的软件,由于可供选用的表达方式有限而与已经存在的软件相似的,不构成对已经存在的软件的著作权的侵犯",也是合并原则的反映。

与合并原则相关的另一个原则是"情景原则",也叫"必要情景"。根据情景原则,由于主题或者中心思想相同,故事的情节场景必定会发生,则必要情景不受保护。例如讨论某些话题,描写某些题材必然有一些固定的套路、背景事件、角色类型、故事情节,这些可能是属于表达的范畴,但是随着主题或题材而必然发生的,则不受著作权保护,他人使用同样场景进行的创作不构成侵权。情景原则适用于所有作品,特别是文学作品如小说、戏剧、影视剧。例如,枪战片不可避免地有搏斗、追杀等场面,谍战题材的作品必然伴随有卧底、暗杀、招降纳叛等情节。而爱情题材中世仇家族男女相爱也是普遍情节。这些必要场景是特定题材难以避免或者是普通模式,它们不受著作权保护,即使雷同也并不能算抄袭剽窃。

四、作品的组成要素

任何作品都是由各个部分结合而成的一个整体,包括素材、片段、角色、标题,每一个组成部分都与作品密不可分。独创性既体现在作品整体构思上,也体现在各个部分的特性当中。当作品的一部分与作品分开使用或者未经授权而被使用时,作品的部分是否能作为独立作品受著作权保护?要回答此问题,首先应了解构成作品的基本要素。

(一)作品与素材

素材是客观存在的生活现象,是创作作品的源泉和基础材料。或者说素材是在作者进入创作活动之前的准备阶段从生活经验中得出来的各种印象,包括史料、民间传说、新闻事件、人物和情景等。它与具体的创作意图没有直接的联系,因而带有不确定性。它只是供进一步选择、概括和加工而形成主题和题材的原始材料。因此,素材属于公共领域,人人均可以自由使用,并不受特别的保护。以新闻事实为素材加工、提炼出某一现实题材,创作出报告文学,根据历史事件、人物生平创作人物传记,这些作品含有的新闻事件、史料、人物生平等素材可以为人们自由地加以利用,使用素材创作出作品的行为不存在侵犯他人著作权的问题。

素材又是一个相对的概念,它和作品之间并不是泾渭分明的。经过选择、概括和加工的素材形成了作品的主题和题材,为了表现主题、挖掘题材,作者是以自己特有的视角,以个人的思想观点情感意见运用素材,这样的内容就不再是纯粹的素材了。例如历史小说、人物传记、案例评析这样的体裁,都是利用和包含了大量原始素材创作而成,即使其中的素材也因为加入了作者的创作成分,不再是纯粹的原始素材。如果使用不当可能构成侵权。

(二) 整体与部分

每一个作品都是一个独立的整体,它通常由若干具体的部分所组成。作品的独创性,一方面体现在其整体布局上,另一方面也常常体现在其中各个部分表现出的个性中。在作品的片段拥有了作品特征(独创性)的情况下,该片段也是法律意义上的作品。因此,作者对其作品的著作权不仅限于作品的整体,还往往涉及作品的一部分。例如,辞典作为汇编作品,汇编者享有整体上的著作权,其中具有独创性的义项(词典中同一条目内按意义列举的项目,它包括释义和例句,是组成辞典的最小单位)也享有著作权。① 对辞书中的义项进行抄袭会构成侵权。再如一篇学术论文,仅仅抄袭了其中具有独创性的一段或几段,也是抄袭行为,构成对该论文著作权的侵害。

作品中的角色形象是作品的重要组成部分。一些作品塑造的形象十分典型,其知名度甚至超出了作品本身,因此会产生这类角色形象是否可作为独立作品受著作权保护的问题。作品中的角色有两种:文字角色、美术角色。文字角色是指用语言文字刻画的、概念化的人物形象,如鲁迅笔下的"孔乙己"、巴尔扎克笔下的"高老头"。美术角色是指以绘画塑造的视觉可感知的形象,如"三毛""米老鼠"和"唐老鸭"等。文字角色和美术角色都可以脱离开作品而单独使用,但从著作权保护来看,美术角色更容易获得保护。原因在于一个美术角色本身就是美术作品,它既是整部作品的独创性部分,又是整部作品的象征。当这些角色形象被用于商业性使用如作为商标或

---

① "辞书作品具有独创性的义项受著作权法保护",参见孙建主编:《知识产权名案评析》,中国法制出版社1998年版,第137页。

者商品装潢,使用者应当得到著作权人的授权许可,否则有可能侵害作品的著作权。文字角色由于是用文学语言刻画和塑造的,而代表角色的几个文字符号很难受到著作权保护。

(三)作品标题

标题是作品的名称,也是作品的组成部分。作品的标题不只文字作品有,音乐作品、美术作品等也有标题。标题使作品具有个性特色,并能追忆和提示作品内容,同时还有一种识别能力,可避免同其他作品混淆,还可在作品和作品已获得的成功的作者之间建立起联系。① 作品的标题多为简短的语汇,通常无法体现独创性,也不构成一部完整的作品,因此标题本身不是作品。即使标题并非常用词汇,尚可满足独创性条件,也不适宜给予著作权保护。试想,如果作品标题可以享有著作权,将造成其独立于作品著作权,同一个作品,作品标题和作品正文分别有两个著作权,这不符合逻辑,也不符合法律规定。因此标题不适宜用著作权法保护。② 当这类标题与作品分开使用或者未经作者授权而被使用导致作者合法利益受到损害时,可以考虑适用《反不正当竞争法》给予保护。除此之外,大部分作品的标题、名称,通常使用惯常用语、通用词汇对作品内容加以概括,这类标题直观地反映作品的内容,其唯一的作用是指代作品,例如"指南""教程""百科全书"之类的书名。在作品创作活动中,不同作者基于各自的创作可以产生标题或名称完全相同但形式、内容不同的作品,作者也因此对各自创作的作品享有著作权。对这类作品标题更不适宜适用著作权法调整。总之,作品标题被恶意使用,引起混淆、造成作者名誉损害的行为构成不正当竞争,可适用《反不正当竞争法》的保护。

"五朵金花"作品名称著作权案③

2002年,昆明市中级人民法院审理了一起案件:原告于1959年创作了电影文学剧本《五朵金花》,享有对该作品的著作权。被告(某卷烟厂)在1983年以"五朵金花"为名向国家商标局申请商标注册获准,"五朵金花"牌香烟至今仍在生产、销售。2002年,原告以著作权侵权、不正当竞争为由将被告诉至法院。本案的主要争议焦点为:

---

① 〔西班牙〕德利娅·利普希克:《著作权和邻接权》,联合国译,联合国教科文组织、中国对外翻译出版公司2000年版,第86页。
② 国家版权局办公室《关于作品标题是否受著作权保护的答复》1996年7月17日,权办〔1996〕59号。
③ 云南昆明市中级人民法院民事判决书(2002)昆民六重字第02号。

《五朵金花》电影剧本作品的名称是否单独受著作权法保护。对此，法院认为，电影文学剧本《五朵金花》的名称不能单独受著作权法保护。第一，"五朵金花"作为作品的名称并不具备单独成为一部独立完整的文学作品应当具备的要素。第二，"五朵金花"一词并不构成《五朵金花》电影剧本的实质或者核心部分。第三，被告的行为既不损害原告的著作权，也不妨碍原告行使其著作权。因此，被告使用"五朵金花"作为其卷烟产品注册商标的行为不视为违反《著作权法》的规定。原告主张被告的行为侵犯其著作权的诉讼请求，法院不予支持。

第二节　作品的类型

立法上关于著作权客体的规定，通常在作品定义之后，再罗列作品的具体类型，国际公约和国内立法概莫如此。我国《著作权法》第3条规定了作品一般定义后，列举性规定了8项类型化作品，第9项规定"法律、行政法规规定的其他作品"。这一做法与《伯尔尼公约》十分相似。《伯尔尼公约》第2条第1款以"定义加列举"从两个方面规定了作品的范围，第一个方面是限制性的，某一作品要成为文学或艺术作品，它必须是文学、科学和艺术领域内的成果；第二个方面是开放性的，某一成果的表现形式或方式，对于是否受到保护是无关紧要的，在罗列作品类型时公约使用"诸如"的用语，意味着作品范围是一系列示例，而没有限定作品的范围。实际上，《伯尔尼公约》的作品名单自首次规定以后不断扩充，在以后各次修订会上都陆续加进新类型的作品，1908年补充了舞蹈和建筑作品，1928年补充了口述作品，1948年补充了电影作品和实用艺术作品。与作品类型扩张趋势相适应，我国《著作权法》第3条第(9)项"其他作品"的兜底规定，为新的作品类型进入著作权保护预留了空间。

作品分类的基本依据是作品的表达媒介或者说表现形式。在文学艺术领域里，不同艺术门类和作品类型既有共性又相互区分，艺术领域里呈现出多种多样的样式形态，从不同的标准出发，会有不同的分类结果。比如，从艺术作用于人的不同感官的角度，人们把艺术分为视觉艺术、听觉艺术和视听综合艺术；从使用的物质手段的角度，人们把艺术分为造型艺术、表演艺术、语言艺术和综合艺术。物质手段即表达媒介或表现形式，是每一种艺术所依赖的创作手段，离开表达媒介，作品无以产生，更无法以特定形态而存在。以表达媒介为标准，一些艺术门类和一些艺术作品的内容与形式具有共性，可以归纳为一类，而与另一些具有共性的艺术作品相区别。例如，诗歌、小说等语言文学以书面文字为表达符号,绘画则靠色彩、线条刻画事物,音乐的基本媒介是声音。而每一类艺术种类内部还可以再分析、归纳出一些不同的样式,通常称之为体裁。不同表达媒介造就了艺术之间的根本差异。因此,以各门艺术所使用的符号媒介来划分艺术种类、作品类型即为一般标准。

以符号媒介或物质手段作为艺术门类作品分类的标志,也符合艺术发展和作品类型扩张的历史。一个新的艺术品种的出现,是与发现新的物质手段分不开的,最显著的例子,是电影这个艺术品种对摄影技术及其材料的依存。一个艺术门类里面样式、体裁的分化也是如此。油画的出现依赖于相应的颜料与工具的发明;中国的水墨画与特殊的纸张、笔墨的运用密切相关。在著作权客体不断扩张的历史上,作品类型及品种的增多,常常与复制和传播手段的增多相一致。因而可以认为,随着技术的进步和发展,新的符号媒介和表达手段的发现和利用,将会使作品的类型及样式不断出新,文学艺术领域的表达将日益丰富多彩。

著作权法上作品的类型化也以表达媒介为基本依据,这是由其保护客体是文学艺术领域的作品而决定的。表达媒介或表现形式具有的法律意义在于,不同的表达媒介(作品类型)对应着不同的保护规则,以文字语言为表达媒介的作品,专有权的核心是禁止他人非法复制作品的权利,音乐、舞蹈等视听、视觉艺术作品最基本的权利是控制表演行为,等等。

《著作权法》第3条列明了八种类型的作品,《著作权法实施条例》第4条对其中大多数作品又作出具体的解释。按照上述法律、行政法规规定,我国著作权保护的作品大体上分为一般作品和特殊作品,一般作品是指各种表现形式的文学艺术作品、科学作品,特殊作品是指计算机软件、民间文学艺术作品和实用艺术作品。

一、一般作品

《著作权法》第3条规定了8种类型的作品及第(9)项概括规定的作品类型,除第8项"计算机软件"外,其他8个种类的作品均属于一般作品。概括地说,一般作品是原作或者"原始作品",而不是直接派生于已有作品或者已有客体的衍生物。

(一)文字作品

语言文字是人类表达思想情感的基本手段,也是进行文学艺术创作最重要的媒介。文字作品是文学艺术和科学领域内最普遍的一种作品类型,各国无一不将文字作品列为第一类受保护的作品。《伯尔尼公约》第2条"受保护的作品"将书籍、小册子和其他文字作品,列为作品的第一种类型,并指出,这类作品无疑是最主要的一类作品,即使在数量上不是,在种类上也是。我国《著作权法》上的文字作品是指小说、诗词、散文、论文等以文字、数字形式表现的作品,以文字表现的技术说明书,以数字表现的用以说明问题、表述事实的统计资料、数据,以及以符号表现的盲文都属于文字作品。总之,各种以书写形式表现的作品,不论采取何种符号借以固定,都属于文字作品。文字作品的物理介质主要是纸张。当代由于现代科学技术的发展,文字作品的物质介质有了磁带、光盘、胶片等等。介质的拓展和更新使文字作品涵盖的范围有所扩大,如计算机程序可视为文字作品。然而介质的拓展并未改变文字作品的本质,凡以语言文字为符号媒介表达思想情感的可读形式,均为文字作品。

（二）口述作品

口述作品,是指即兴的演说、授课、法庭辩论、即席讲话等以口头语言形式表现的作品。口述作品的特征为口头性、未以物质载体固定。口头性,强调作品由口述行为完成,区别于以文字进行创作。口述作品也可以用文字记录下来,但口述作品被记载,其作品的口头性没有因此改变。口述作品未被记载,也不影响作品的存在。

口头语言成为"口述作品"应当满足独创性条件:完整的论述/叙述结构(主题、一事、一理);独创的语言表述形式(连贯、清晰);口述的场合和环境(并非自言自语)。只有这样才不至于将生活中零散的、随意的、常用的语言都作为口述作品而给予著作权保护。

口述作品的著作权保护,各国法律规定并不一致。一些国家通常要求以固定作为受保护的先决条件,例如《美国版权法》规定,作品必须是"固定"在一定的物质媒介上的有形形式,而未经任何载体固定的口述内容无法受著作权保护。《伯尔尼公约》早期受保护作品的名单中并没有口述作品,1928年罗马修订会议将口述作品纳入可保护范围,但这一要求对成员国而言是选择性的。同时,保护口述作品的公约义务是有限的,并不延及所有的口述内容。《伯尔尼公约》将口述作品规定为"讲授、演说、讲道和其他同类性质的作品",这一限定可以表明,只有在公众面前或向听众发表的比较正式或经慎重考虑的一类口头表述才被涵盖在口述作品的范围内。

我国将口述作品确定为保护对象,这与我国大量民间文学艺术作品以口头形式存在有着密切关系。长期以来,我国各族劳动人民创造了丰富多彩的故事、寓言、诗歌、笑话、劳动号子等形式的口头文学,构成了我们民间文学艺术的重要组成部分。如20世纪50年代湖北宜昌长江航运装卸工人黄声笑在工人当中口头演唱的长篇叙事诗《站起来了的长江主人》[①],从思想内容看,它歌唱码头工人翻身做主人后扬眉吐气、为建设新国家而忘我劳动的精神面貌。从表达形式看,它具有完整的叙述结构体

---

① 钟敬文主编:《民间文学概论》,上海文教出版社1980年版,第122页。

现主题,有连贯、生动的语言抒发感情,还有与口头表达相适合的场合加以传唱(劳动场所、群众集会等),完全符合作品的构成要件,即属于典型的口述作品。

口述作品面临的法律难题,不在于这类作品是否具有独创性,而是如何保护这类作品。口述作品未以任何物质媒介加以固定,一旦发生被剽窃或复制,权利人很难举证,司法机关也很难取证来证明创作成果的存在。一些国家不保护未固定的口述作品,也是考虑到诉讼中举证困难问题。随着传播和复制技术的不断发展,将口述作品记录下来,固定于一定物质媒介的方式越来越多,现实当中也很少出现未加"固定"的口述作品。因此,我国保护口述作品,在司法实践中并没有引起多大麻烦。

(三)音乐、戏剧、曲艺、舞蹈、杂技艺术作品

概言之,音乐、戏剧、曲艺、舞蹈、杂技之类的艺术作品,是通过听觉、视觉而感受的艺术形态,在艺术分类上属于视听艺术和视觉艺术。这一类艺术作品又具有综合性,作品直接诉诸听众、观众的是"表演",而被表演的作品和作者"隐藏"在表演的背后。著作权法对于这类作品的定义也往往从"供演出""供表现"的角度进行界定。因而认识这一类著作权客体时,特别应当注意作品和作品传播的区分。

1. 音乐作品

音乐作品,是指歌曲、交响乐等能够演唱或者演奏的带词或者不带词的作品。音乐作品的表现形式为乐谱,即以书写形式表现音符、节奏、旋律等元素的曲谱,可以是带词的歌曲作品,也可以是不带词的纯乐曲作品。《伯尔尼公约》将音乐作品定义为"配词或未配词的乐曲",这意味着,任何伴随乐曲的词句同乐曲一起作为音乐作品受到保护。当词曲相分离时,这些歌词即转换成文字形式,进入文字作品的范畴。

2. 戏剧作品

根据《著作权法》的规定,戏剧作品,是指话剧、歌剧、地方戏等供舞台演出的作品。① 这个定义采用了不同于其他类型的作品以表达形式为标准,而是从作品的功能"供舞台演出"来界定戏剧作品。应该说明,戏剧和戏剧文学,是两个不同的概念。戏剧是一门综合艺术,是由各种要素组成的,其中包括文学剧本、音乐、舞蹈、美术,甚至还有建筑要素,在这个层面上戏剧是平行于文学的一个艺术门类。这个意义上的戏剧,是创作出来在观众面前表演的,而不是作为书面文字被动地由个别读者阅读或欣赏。② 而剧本就是所谓的戏剧文学。剧本除供戏剧演出使用以外,同时也具有阅读功能。所以从作品类型看,只要戏剧作品转换成文字形式,不论是对白、歌词、情节描

---

① 《著作权法实施条例》第 4 条第(4)项。

② 参见〔澳〕山姆·里基森、〔美〕简·金斯伯格:《国际版权与邻接权——伯尔尼公约及公约以外的新发展》(第二版),郭寿康、刘波林、万勇、高凌瀚、余俊译,中国人民大学出版社 2016 年版,第 362 页。

述或舞台说明,它们都将进入文字作品的范畴。①

我国《著作权法》上的戏剧是指戏剧文学,即供舞台演出使用的剧本。这与《伯尔尼公约》认为戏剧是指"用于剧院上演的一类作品"相一致。将戏剧作品限定为"剧本"的法律意义在于:戏剧作品创作者和著作权人是剧作家,戏剧作品著作权的主要内容是表演行为。具体而言,当说到戏剧创作时,无不是和剧作家联系在一起的,戏剧创作是指剧本的写作。如话剧《雷雨》是曹禺先生的代表作,《茶馆》是老舍先生的代表作。同一个剧本可以被不同的演出团体在不同时间和地点演出,但无论演出多少次,被演出的戏剧作品始终是同一个。戏剧的演出即一整台戏,是剧本的二度创作,舞台创作人员的表演以及美工、音乐等,可以纳入另一种著作权保护方式——相关权的保护,而不是主张戏剧作品的著作权。从权利救济的角度看,将戏剧作品限定为剧本而不是一整台戏,更有利于在著作权纠纷案件中,进行"实质性相似"的比对。整台戏中的其他要素难以进行比对,且不可量化,只有依照剧本来主张著作权,才可能使"一整台戏"获得保护。

3. 曲艺作品

曲艺作品是指相声、快书、大鼓、评书等以说唱为主要形式表演的作品。曲艺作品属于我国传统的文艺形式,为广大群众所喜闻乐见。曲艺作品一般有两种表现形式,一种是以脚本为基础,由演员加以表演,这种形式与戏剧作品别无二致。脚本可以作为戏剧作品给予保护,表演者的表演则通过邻接权给予保护。一种是没有脚本作基础,由表演者即兴编排后固定为一个用来表演的模式,这种情形犹如口述作品。表演者既享有对口述作品的著作权,也可以通过邻接权保护其表演活动。

4. 舞蹈作品

舞蹈作品,是指通过连续的动作、姿势、表情等表现思想感情的作品。舞蹈作品实际上是指对舞蹈的设计,舞蹈设计可以是以舞谱记录下来的书面形式,因为只有舞谱才能使人领会到准确的舞蹈形态。但录制设备的产生明显地改变了这一问题的基线,舞蹈形态可以书写形式以外的形式固定下来,如录像、拍摄下来,甚至可以是表演者即兴创作的演出将动作形式固定下来。《伯尔尼公约》将哑剧与舞蹈作品并列在一起,理由是哑剧也是以连续的动作、姿势和表情为表达形式的。对于舞蹈作品的表现方式,《伯尔尼公约》并没有要求舞蹈作品必须以书写形式固定下来,这样国内法保护的舞蹈作品可以是舞谱的书写形式,也可以保护未固定的这类作品。与戏剧作品同

---

① 参见〔澳〕山姆·里基森、〔美〕简·金斯伯格:《国际版权与邻接权——伯尔尼公约及公约以外的新发展》(第二版),郭寿康、刘波林、万勇、高凌瀚、余俊译,中国人民大学出版社2016年版,第362页。

样道理,舞蹈作品并不是指演员的舞台表演。演员的表演是一种二度创作行为,可以受到表演者权(邻接权)的保护。

5. 杂技艺术作品

杂技艺术作品,是指杂技、魔术、马戏等通过形体动作和技巧表现的作品。《著作权法》对杂技艺术作品的保护,主要是保护杂技艺术中的艺术成分,而不是杂技表演中的技巧成分。例如,杂技表演中的翻腾、跳跃、爬杆、钻圈、顶碗,魔术表演中的掩饰性动作、技术方法,属于"思想"的范畴,不能获得著作权保护。否则,将这些技巧专属于某些人,排除他人使用,就会妨碍杂技艺术的发展和创新。进一步说,技巧、技能类表演都不能获得著作权保护,体育比赛虽然具有很强的娱乐性和观赏性,但它们主要是竞技战术、技巧的展示和博弈,而不是对事先创作的作品的表演,因而体育比赛不能获得著作权保护。

(四)美术、建筑作品

美术,建筑,包括绘画、书法、雕塑等作品,属于造型艺术。

1. 美术作品

美术作品是指绘画、书法、雕塑等以线条、色彩或其他方式构成的有审美意义的平面或立体的造型艺术。与文学作品相区别,美术作品是另一类不同的艺术表现形式,它们是用来静态观看和欣赏的作品,而不是文学作品那样用来阅读,或像戏剧作品或乐曲那样用来表演的作品。

美术作品又分为平面造型艺术和立体造型艺术。平面造型艺术是指运用线条、色彩、明暗,在二维空间构造的平面表现形式,如素描、油画、版画、书法等。书法,作为一种表现文字本身的独特艺术,虽是文字排列却和识文断字关系不大,虽有文字意义却不是为了传情达意。书法通过汉字形体的线条、空间构造表现出各种形体姿态,情感意兴、气势力量,成为中国特有的一种造型艺术。立体造型艺术是指运用木、石、混凝土等物质材料,在三维空间范围内构造的雕塑。雕塑、铸像、纪念碑等属于造型艺术作品,即以立体形式表现的作品。

2. 建筑作品

建筑作品属于造型艺术,是指以建筑物或者构筑物形式表现的有审美意义的作品。建筑和实用艺术品相似,二者都以实用与审美相结合为其特点。著作权保护的建筑作品,是有关建筑物的艺术设计,而排除实用功能。建筑的审美性主要体现在其形体构造和内部空间所表现的造型美。形体构造,是组成建筑形象的点、线、面,按照形式美的构图规律造成的完整结构,显示出图案般的美和有机的组织性,并形成某种风格。内部空间,由墙壁、屋顶、地面组合等围合体。内部空间不但是被使用的,同时也有很大的艺术表现力,其形状、大小、方向、开放或封闭、明亮或黑暗都会使人产生美的感受。与建筑艺术相对的,那些千篇一律"普通而平庸"的建造物,被排除在著作权保护之外。因著作权法不保护实用功能,建筑方法和技术手段也不受著作权的保护。此外,建筑作品是指建筑物或构筑物,与此有关的设计图纸、建筑模型是作为图形作品、模型作品保护的。

(五)摄影作品

摄影作品,是指借助器械在感光材料或者其他介质上记录客观物体形象的艺术作品。摄影是照相机出现以后一种新的记录客观事物的技能和方法。传统的摄影活动必须借助于照相机、胶卷、相纸,随着技术的发展,记录影像的方法和介质不再限于照相机和胶卷,计算机内存、光盘等设备和介质都可以记录和储存影像,例如通过录像机拍摄后截取其中静止的图像、利用计算机制作的单幅图像等等,这些影像都可以被固定、存储和复制,从而构成摄影作品。

我国《著作权法》规定的摄影作品是指记录客观物体形象的"艺术作品"。这应当理解为摄影须有达到一定程度的独创性。用照相机记录客观物体,是每一个经过简单训练的人都可以实际操作的,按下快门就可以完成。但照相机带给人类的不仅仅是记录,还给人们提供了广阔的创作空间。对同一客体进行拍摄、记录,不同的摄影师所取得的影像可能完全不同。创作一幅有艺术性的摄影作品,摄影师首先要确定主题(反映什么),作出构图设计(勾勒草图),再实地通过光线、角度、距离等拍摄因素进行有个性的选择,还要对拍摄的图像进行后期处理。可见按下快门是瞬间的,但却是摄影师长期研究实践的获得的经验和技能。这些个性化的思考、观察、实践构成了摄影作品的独创性。相对应的,那些通用的、基本的记录客观事物的方式,如,证件照片的拍摄有统一标准,其画面是相同的(正面、头部占2/3画面),并服务于相同的使用目的,自动拍照等纯粹的普通摄影,这种没有体现独创性的照片不属于摄影作品。

自《伯尔尼公约》缔结时起,摄影作品就在保护范围内,但直至1948年以后,《伯尔尼公约》第2条才正式以条文明确列举摄影作品。在多次修订《伯尔尼公约》的过程中,是否将摄影作品纳入作品的范围存在着较大的分歧。很多国家认为,只要这些作品具有与其他类作品同等程度的独创性或者个人智力创作性,就应被作为文学或艺术作品受到保护。但就摄影作品而言,界定这一要求的确定内容却存在很大困难,因为担心保护范围会扩展到诸如人物或时间的自动拍照等纯粹的平庸摄影。[①] 直到

---

① 参见〔澳〕山姆·里基森、〔美〕简·金斯伯格:《国际版权与邻接权——伯尔尼公约及公约以外的新发展》(第二版),郭寿康、刘波林、万勇、高凌瀚、余俊译,中国人民大学出版社2016年版,第387页。

1948年布鲁塞尔修订会议,《伯尔尼公约》才将摄影作品纳入作品名单,规定为"摄影作品和以类似摄影的方法表现的作品",其中并没有附加任何智力创作或个人创作要求。这意味着,摄影作品给予著作权保护,关于摄影的独创性问题交由各国内法自行解决。由于摄影作品在公约中的地位特殊,有关它的保护期的规定也很特别。公约对摄影作品和实用艺术作品规定了较短的保护期,"自作品创作产生后的25年",各成员国对摄影作品的保护不得低于该特别保护期。

（六）电影等视听作品

视听作品,是指由一系列有伴音或者无伴音的连续画面组成,并且能够借助技术设备被感知的作品,包括电影、电视剧和其他以类似制作电影的方法创作的作品。电影是视听作品的代表和主要形态,故可用电影作品来指代大部分视听作品。以电影为代表的视听作品是一门综合艺术,除了技术手段外,电影还涉及文学、音乐、美术等多种艺术门类。小说、剧本是电影中的文学因素;电影插曲、主题歌是电影中的音乐因素。可以说,电影是利用现代摄影技术手段,以戏剧、绘画艺术为基础,综合和汲取了各门艺术的一些表现方式和方法发展起来的一门新的艺术种类。

电影有着接近于绘画的造型艺术的表现力,但电影的画面不是静态的,也不是一般的绘画的连续排列,电影的每一个画面与其他画面之间有机的连接、相互的依赖是通过蒙太奇手法剪辑和组接而成。电影与戏剧有着历史渊源,而且故事片本身也具有戏剧的属性。然而,电影可以运用拍摄和剪接等技巧加以处理,从而电影具有了不同于戏剧的能够超越时间和空间的表现力、人物刻画细腻和事件描述深刻的特点。可见,电影是技术与艺术结合的产物。电影的符号媒介是活动的画面。电影的基本构成要素是声音、画面和运动,其中最重要的因素是画面。而电影镜头（一个连续拍摄的画面单位）的剪辑与组接叫"蒙太奇",它是电影重要的表现手段和叙事手段。[①]

著作权客体中的电影作品是指拍摄完成的,通过屏幕可观看的连续的活动的画面。在著作权法中也有将电影称为"活动图片""活动画面"(motion pictures)的说法。[②]电影作品的构成应具备两个要素:一是连续的画面;二是以机器设备播放可呈现的连续画面。《伯尔尼公约》对电影作品的表述为"电影作品和以类似摄制电影的方式表现的作品"。《伯尔尼公约》使用"表现的"一词,用以强调电影作品的表现形式是连续的画面、声音、效果,只要投射到银幕或屏幕上的视觉画面和声音组合,就是电影作品,而不论它们是录制在胶片上还是其他介质上。相较而言,我国《著作权法》上电

[①] 蒙太奇是法语"montage"的译音,意为构成、组合、装配,引申在电影就是剪辑和组合。
[②] 参见〔德〕M.雷炳德:《著作权法》,张恩民译,法律出版社2005年版,第152页。《美国版权法》第102条(a)(6)"电影及其他视听作品"原文为"motion pictures and other audiovisual works"。

影作品的定义为"电影作品和以类似摄制电影的方法创作的作品",《著作权法实施条例》更进一步将电影作品定义为"摄制在一定介质上,由一系列有伴音或者无伴音的画面组成,并且借助适当装置放映或者以其他方式传播的作品"。这样一来,我国的电影作品不仅有"表达形式"的要求,还有"摄制在一定介质上"的创作方法的限定。照此,一部作品要构成电影作品,必须在表现形式和创作方法上都满足条件,仅有类似于电影作品"活动画面"的表现形式,而创作方法却不同于"类似摄制电影的方法创作的"作品,难以被认可构成视听作品,从而使得一些视听类作品无法归入电影作品的范围之中。

除电影外,电视剧也是一种主要的视听作品。电视剧的制作采用类似于电影制作的方式,很多用于制作电影作品的工序也在制作电视作品的过程中使用,如蒙太奇手法。随着科技的飞速发展,视听内容的制作和播放已经发生了巨大的改变。一方面许多视听类作品不再使用摄像机进行拍摄,也没有"摄制在一定介质上",而是采用电脑,甚至移动终端来制作。如动画片一般是在电脑中进行人物和场景绘制、编辑和特效合成,网络短视频更多的是手机拍摄或制作,它们都没有使用传统摄影机或摄像机"摄制"完成。又如,音乐电视(MV)、微电影(原创短片),甚至动态图片都是视听内容的新形式。从观看效果来看,这些视听内容与传统电影都是"由一系列有伴音或者无伴音的画面组成",呈现给人们的视觉感受是活动影像,也需要借助适当装置放映或者传播。此外,人们看电影也不再局限于实体影院,美术场馆的展映、电脑播放、在线播放、移动终端都是观看电影的途径。凡此种种,都促成了电影类作品的定义发生改变,电影及类似作品的概念将被"视听作品"的概念所取代。视听作品是一个更为宽泛的概念,可以涵盖电影、电视剧、短视频以及其他带有动态画面的作品,只要符合一定程度独创性的条件,这些以连续动态画面为表现形式的创作物都属于视听作品。

(七)工程设计图、产品设计图、地图、示意图等图形作品和模型作品

此类作品属于科学作品,又分为图形作品和模型作品。

图形作品,包括工程设计、产品设计图纸,草图、地图、示意图等平面图形。工程设计图、产品设计图是为施工、生产绘制的技术图纸。这些图纸看上去类似于美术作品的线条表现形式,但与美术作品的根本区别是,技术图纸是技术工程实施方案的符号表现形式,是为产品制造和工程施工而设计的蓝图,不能有半点主观任意,否则,就会在施工和生产过程中无法实施。著作权给予技术图纸的保护,仅限于以各种形式复制图纸的行为。根据图纸进行施工和制造工业产品的行为已不属于复制,不适用《著作权法》去规范。

地图、示意图等图形作品,是指反映地理地貌、说明事物原理或者结构的图形。

地图是以图形表示地理、地形及其人文因素的空间分布。现在许多生活地图在外观上形似于美术作品,由线条、色彩等因素构成,然而地图作品通过线条、色彩、形体等符号传达真实、准确的地理地形实况,地图作品的独创性体现在,如何从专业测绘设备所获得的地理信息中收集、编辑地图数据,以及设计或选择特定的图形符号传达地理地形信息。这是地图作品作为科学作品与文学艺术作品的根本不同。

模型作品是指为展示、试验或者观测等用途,根据物体的形状和构造,按照一定比例制成的立体作品。如建筑模型、产品模型等。作为科学作品的模型作品,其本身并无艺术性,既不同于雕塑、建筑立体艺术作品,也不同于实用艺术品。

关于这一类作品的性质,《伯尔尼公约》第2条第1款"受保护的作品"的定义作出了清楚的区分:设计图、草图和造型作品是与地理、地形、建筑或科学有关的非文学艺术作品。

(八)法律、行政法规规定的其他作品

我国《著作权法》第3条最后一项是"法律、行政法规规定的其他作品",主要是指除上述所列作品以外的将来可能出现的新的作品形式。随着科学技术的进步和经济社会的发展,人类的创作成果必将日益丰富,属于文学艺术领域或者科学领域里的作品会以新的形式出现,有可能超出《著作权法》列举的作品的表现形式。因此,有必要为这类作品留有余地。

《伯尔尼公约》第2条"受保护的作品",是一个开放性条款,"诸如"一词出现在列举之前,表明这不是一种详尽列举,被列举的作品只是对"文学和艺术作品"这一表述所涵盖的客体的示例而已。因此有可能还有未被列举的其他类作品,它们仍有资格受到公约保护。事实上,作品名单从《伯尔尼公约》文本首次列举开始一直在不断扩充,以后各次修订会议上陆续增加新种类的作品。例如,建筑作品、口述作品、电影作品和实用艺术作品,都是在传播技术发展中陆续被吸收进作品名单的作品。

二、特殊作品

(一)计算机软件

计算机软件是相对于硬件而言的一个概念,是指计算机程序及其文档。根据我国《计算机软件保护条例》第3条的定义,计算机程序,是指为了得到某种结果而可以由计算机等具有信息处理能力的装置执行的代码化指令序列,或者可以被自动转换成代码化指令序列的符号化指令序列或者符号化语句序列。文档,是指用来描述程序的内容、组成、设计、功能规格、开发情况、测试结果及使用方法的文字资料和图表等,如程序设计说明书、流程图、用户手册等。

计算机软件是功能性的表达形式，即以有限的表达形式体现的具有操作性的功能。软件的价值在于功能的执行，只要被搭载到计算机上，就可以对机器发出指令，执行特定的目标。软件先天的功能性使之完全区别于文学艺术领域内的作品，而计算机软件被纳入著作权保护对象，开始仅仅只是存在这样一种客观需要而已。20世纪60年代，计算机软件的商业价值日益明显，由于软件先天的实用性特点，人们首先为它想到的法律保护是授予专利权。然而，单纯的思维方法和算法不受专利保护，专利权的审查周期长，保护期限短等制度原因，使得软件的专利保护一直障碍重重。后来，美国开始尝试用著作权法保护计算机软件，著作权保护模式才产生重大影响并发展成为国际主流模式。计算机软件进入著作权法之后，人们发现这种选择还是有其合理性的。首先，软件是用字母、数字及符号表达出来的，与文字作品的表达形式相似，同时，软件可通过纸张、磁盘、光盘等有形介质加以固定，这也与文字作品须借助物质载体传达思想情感别无二致。其次，软件法律保护的基本要求是防止他人非法复制和抄袭，这也正是著作权保护的核心。尽管软件被纳入著作权的保护对象，但对于这种保护模式却一直存有争议。著作权建立在"思想与表达二分法""不保护实用性要素"之基本理论之上，而对于软件来说，真正的精髓在于算法和技术功能，这些属于思想范畴的东西无法得到著作权保护。还有，著作权提供的保护期限较长，而软件产品的更新换代较快，在市场上的实际寿命通常只有几年。保护期过长不仅未能给权利人带来实际的经济利益，反而会对技术更新产生阻碍作用。

最终将计算机软件纳入著作权保护的国际公约是TRIPs协定。TRIPs协定规定，计算机程序作为文字作品受到著作权保护。《世界知识产权组织版权条约》也作了相同规定。我国《著作权法》第3条将计算机软件列为作品之一，同时考虑到软件作品的特殊性和复杂性，《著作权法》第59条规定，计算机软件的保护办法由国务院另行规定。国务院于1991年6月发布了《计算机软件保护条例》，随后历经2001年、2011年及2013年三次修订。

(二) 民间文学艺术作品

《著作权法》第6条规定，民间文学艺术作品的著作权保护办法由国务院另行规定。这一规定至少表明，民间文学艺术作品是著作权保护的对象，但由于民间文学艺术作品与一般文学艺术作品差异较大，无法适用《著作权法》对一般文学艺术作品的规定，须进行专门立法。

民间文学艺术作品，一般是指由某一民族或某一地区的群体或个人创造的体现该民族或地区共性和传统的文学艺术表达，如民间传说、民间诗歌、民间音乐、民间舞蹈、民间戏曲等。民间文学艺术主要是文学的研究对象，同时又与民俗学、民族学、社会学等社会科学有着密切的关系。在文学研究中,民间文学是和作家文学相对应的。作为一种特殊的文学形式,民间文学作品在创作、流传、表现形式等方面和作家文学有许多不同,其特点可以概括为集体创作、口头流传、变异性大、延续性长。在创作上,作家文学的创作大都是个人的产物,而民间文学艺术的创作则具有集体性的特点,是群众共同创作活动的产物;在流传上,作家文学通过文字符号的印刷得以传播,而民间文学则以口头相传或口传心授的方法延续和保存;在表现形式上,作家文学以文字为工具,其作品类型主要是小说、散文、诗歌等,而民间文学主要是口头的,类型有神话、传说、歌谣、故事、谚语以及民间音乐、民间戏剧、民间曲艺等艺术表现形式。

民间文学艺术作品的保护最早由发展中国家提出,原因在于,发展中国家拥有丰富的民间文学艺术遗产,但没有充分地开发和利用。而发达国家利用发展中国家的民间文学艺术开发出具有商业价值的文化产品,再将这些产品纳入私权保护范围,从而形成了不公平的局面。其次,在民间文学艺术的商业性开发利用过程中,往往会发生歪曲、篡改的行为,损害了民间文学艺术的纯洁性,伤害了民间文学艺术保存地居民的感情。为了保护对民间文学艺术权利人享有的权利,防止发生他人无偿利用和歪曲、篡改的行为,由非洲国家倡导,发展中国家响应,1971年《伯尔尼公约》终于列入了一条保护民间文学艺术的条款。由于很难准确地定义民间文学艺术作品,《伯尔尼公约》第15条第(4)款为民间文学艺术作品获得公约保护规定了三项条件:(1)必须是一部未发表的作品;(2)必须是作者不明的作品;(3)应有充分理由推定,这一作者是本联盟某一成员国的国民。符合这三项条件的即可作为民间文学艺术作品给予著作权保护。

尽管《伯尔尼公约》确认了对民间文学艺术作品的保护,但利用著作权制度给予其保护存在许多难以克服的困难。首先,民间文学艺术作品是代代相传,并没有清楚的可以确认的单个作者,权利主体难以确定;其次,民间文学艺术作品是口头的,并没有固定在有形物质载体上,无法满足固定性要求;再次,民间文学艺术作品是一个渐进发展和缓慢发展的过程,注重过去对现在的影响,更青睐忠实的复制而不是创新,因而可能难以满足作品的独创性条件;最后,民间文学艺术作品的创作期限比较久远,通常的著作权保护期限对民间文学艺术作品的保护而言仍然不足。可见,传统的著作权制度并不适合于民间文学艺术作品的保护,如果将该类作品纳入著作权法体系进行保护,需要对著作权法的规则作出一些修订和补充,以适合民间文学艺术作品的特殊属性。正因为如此,民间文学艺术作品国际保护制度建立的过程并不顺利,而且到目前为止并没有比较完善的民间文学艺术作品国际保护制度。我国《著作权法》已经实施30年,但仍未制定民间文学艺术作品保护条例,原因也在于此。

(三) 实用艺术作品

实用艺术作品是具有实际用途的艺术作品。在实用艺术品成为著作权客体之前，其以具有一定艺术性的实用物品的形式存在，例如绘画、图案或雕塑等艺术作品应用于地毯、窗帘或灯具等实用物品，还有一些体现在家具、电器等日用品的形状、外观上，这些形状或外观表现出某种艺术成分。这些物品代表了艺术成分与工业成分不同程度地融合为一体，都属于实用艺术作品。和普通作品相比，实用艺术作品不仅具有艺术性，还具有实用功能，其艺术性和实用性关系表现为，艺术性体现于实用物品之中，物品借助于艺术性而富有美感。

实用艺术作品介于艺术和工业设计之间，因而既可以是作品也可以是工业品外观设计。如果一件实用艺术品受著作权保护，那么，按照《著作权法》的要求，著作权保护涉及该实用艺术品的艺术成分而不保护功能性成分。从作品的角度看，实用艺术品是一件依托于实用物品的艺术创作；如果实用艺术品符合工业品外观设计的条件，可以给予专利权的保护。按照《专利法》，外观设计是指对产品的形状、图案或者其结合以及色彩与形状、图案的结合作出的富有美感并适于工业应用的新设计。从外观设计的角度看，实用艺术品是一种富有美感的产品设计，兼具艺术性与实用性。可见，实用艺术作品和外观设计在"第一性"上本是同一个存在对象，二者之间的界限很难划分，选择不同的保护方式便成为不同法律关系上的权利客体：著作权法上的实用艺术作品或者专利法上的外观设计。

由于实用艺术作品兼具艺术性和实用性，利用著作权法给予保护有可能超出物品的艺术性而将专有权扩张到物品的实用性方面造成保护的不当扩张。为了防止著作权保护方式不当而扩大到实用性方面，"可分离性"便成为实用艺术作品获得著作权保护的前提原则。"可分离性"是指，受保护的艺术性能够与物品的实用性分离开来，能够独立于物品的实用性而存在。分离原则的形成和发展来自司法实践，立法上明确规定"可分离性"的是《美国版权法》第101条。第101条规定，实用物品的设计应视为绘画、图形或雕塑作品，但只有且仅以该设计中所含之绘画、图形或雕塑的特征可使其区别于且能独立于物品的实用功能而存在者为限。这一规定的目的就是想在可获版权保护的实用艺术作品与不可获版权保护的工业品外观设计之间，划出一条尽可能清楚的线。[①]

由于实用艺术作品的特殊性，各国对其采用了不同的处理方法。《伯尔尼公约》缔结时没有关于实用艺术作品的任何规定，后来的修订文本将实用艺术作品列入作

---

① 李明德：《美国知识产权法》，法律出版社2014年版，第818页。

品名单中,同时《伯尔尼公约》第 2 条第 7 款又规定:各成员国可自行以立法决定本国法律对实用艺术品、工业品外观设计、模型等的适用程度,以及这些艺术品、设计、模型的受保护条件。据此,公约对实用艺术作品和外观设计的保护作出两项保留:一是成员国自己决定对二者的保护方式及范围,如果就它们作为艺术作品给予著作权保护的,必须遵守有关最短保护期的标准,即自该作品创作完成之日起 25 年。二是实行互惠,如果在来源国仅作为外观设计保护的,在其他国家只能请求给予同等保护。这使得实用艺术作品成为唯一一种建立在互惠基础上的特殊作品。

我国 1991 年实施的《著作权法》没有实用艺术作品的规定。某些富有美感的工业品涉及可以依照《专利法》申请外观设计专利权。1992 年 9 月,我国加入《伯尔尼公约》之前,颁布了《实施国际著作权条约的规定》,该《规定》第 6 条规定了保护外国人的实用艺术作品。2001 年《著作权法》修订之后,无论是外国人的实用艺术作品,还是本国人的实用艺术作品都可以得到保护,其法律依据是《著作权法实施条例》关于美术作品的规定:美术作品是指绘画、书法、雕塑等以线条、色彩或者其他方式构成的有审美意义的平面或者立体的造型艺术作品。该定义中,"有审美意义的平面或者立体造型艺术作品"可以容纳实用艺术品的艺术成分,从而使实用艺术作品作为美术作品获得著作权保护。

第三节　不受著作权法保护的作品

《著作权法》规定了受保护作品的类型,同时还规定了某些不受《著作权法》保护的作品。这就是《著作权法》第 5 条的规定。

一、官方文件

官方文件是指法律、法规,国家机关的决议、决定、命令和其他具有立法、行政、司法性质的文件,以及上述文件的官方正式译文。官方文件不在著作权保护之列是国际通行的做法。《伯尔尼公约》第 2 条第 4 款规定,官方文件以及这些文件的正式译本的保护由国内立法确定。大多数国内法都拒绝对法律及官方文件给予著作权保护,《德国著作权法》第 5 条规定:"法律、条例、官方文件、布告、判决书以及判例要旨不享受著作权保护。"《日本著作权法》第 13 条将宪法、法令及官方文件列入不以权利为目的的作品。

法律及官方文件排除在著作权客体之外的主要原因并非是缺乏独创性,相反,法律和官方文件是具有独创性的文字表现形式,完全符合作品的形式要件。不给予官方文件以著作权目的的保护,是因为法律法规及类似文件是用来管理国家和社会,要求人们普遍遵守的社会规范。它传播得越广泛,越为人们所了解,才越能达到其作为社会规范的目的。其次,国家机关是由国家税收支持的,其职能是为全体纳税人服务,包括制定官方文件,因此,国家机关制定的官方文件理应为全体社会成员所有,人人可以自由使用。基于上述社会利益的考虑,法律及官方文件的复制、传播和利用不应受到著作权的控制。

法律及官方文件包括国际公约、国际组织的文件、政府间组织的文件及其正式译文。如世界知识产权组织制定的知识产权国际公约及文件、决议,世界贸易组织的文件和决议,均不享有著作权。这些文件的官方译文,如某一政府部门翻译和出版的国际公约中译本,也是没有著作权的。但如果是个人翻译和发表的国际公约的中文译本属于非官方文件,构成翻译作品,可享有著作权,他人进行使用时应当注明出处,指明作者(译者)姓名。根据同样道理,在素材的选择和编排方面具有独创性的法律法规汇编、案例选编,是受著作权保护的汇编作品。

二、时事新闻

时事新闻是指通过报纸、期刊、广播电台、电视台和网络等媒体报道的单纯事实消息,包括文字新闻和图像新闻。时事新闻是客观存在和发生的事实,即通过简单的文字或者机械记录手段将客观现象或者事实记录下来,其信息内容也直接涉及国家、社会公众、国际社会乃至人类的经济政治、文化和社会生活,其传播的价值就在于向整个社会传递某一新近发生的事实情况。著作权国际公约和各国著作权法均将时事新闻排除在著作权法保护范围之外。《伯尔尼公约》第2条第8款明言:本公约的保护不适用于单纯消息报道性质的日常新闻或者各种事实。《伯尔尼公约》对此规定作出的进一步解释是,《伯尔尼公约》不保护单纯的新闻或各类事实,因为这类内容并不具备作品所必需的独创性要件。我国《著作权法》第5条第(2)项规定:"本法不适用于时事新闻",《著作权法实施条例》第5条进一步解释:时事新闻,是指通过报纸、期刊、广播电台、电视台等媒体报道的单纯事实消息。从法理讲,时事新闻,不是作品而是事实。对事实的报道是"发现"而不是"创作",只有时间上的先后,不属于独立创作。遵循新闻报道的规律,对新近发生的事实的报道须具备时效性、真实性、准备性,能够以概括的方式,简明扼要的语言,迅速及时地说明在何时何地,因何人,以何种方式,发生了何事的客观情况。这样的时事新闻几乎不可能有独创性表达的空间,不存在替代性的表达方式。因而时事新闻的唯一性表达以及表达与事实合并在一起的特性,导致其难以受到著作权的保护。从公共政策角度讲,及时客观地了解国内外时事资讯，并从中获取信息知识，是每一个社会成员的基本权利。如果对时事新闻都赋予著作权的话，势必会使新闻报道传播的成本大大增加，还将使公众的基本权利的实现受到妨碍。

时事新闻不受著作权保护，但也不可以随意抄袭和盗用。新闻报道的价值不在于独创性，而在于其作为"新"闻的时效性，在新闻材料的有效期间内，未经许可地利用他人采集的新闻，或者不正当地使用而为自己牟利，这种行为可以视为不正当竞争行为，新闻出版者可以提起不正当竞争之诉。例如"电视节目表案"[①]，按照时间顺序编排的电视节目预告表要求适用《著作权法》予以保护显然不当，因该预告表缺乏独创性不构成作品。但电视节目预告表是电视台通过复杂的专业技术性劳动制作完成，专业的广播电视报社是通过向电视台付费才预先知道一周节目安排，按照商业惯例，其他报纸通常只转载两天以内的节目预告，为电视台留下适当的市场空间，使其投资得到回报。如果其他人未经许可转载电视节目一周的预告，虽不构成著作权之侵害，但构成不正当竞争。

应当指出的是，时事新闻和新闻类作品的不同。时事新闻通常是创作新闻作品或其他作品的事实材料，以时事新闻为背景或素材进行深度报道、跟踪报道而形成的新闻作品，不仅有事实，而且包含了作者的分析、议论、建议，构成具有独创性的新闻作品，属于受著作权保护的文字作品或者摄影作品。因此，对于新闻类作品来说，应当注意区分其中单纯事实、消息和在事实基础上具有独创性的创作，避免因时事新闻不受著作权保护而否认新闻类作品的著作权。现在，随着新闻媒体的竞争日益激烈，新闻报道不仅仅是单纯事实消息，对单纯事实消息加以评述、分析、评论，体裁多样、深度调查的新闻报道日益增多，对于这些新闻类作品更应当区分"单纯事实消息"和"新闻作品"，前者不适用著作权保护，后者则可以享有著作权。

三、历法、通用数表、通用表格和公式

历法、通用数表、通用表格和公式不受保护。这首先是从社会利益角度出发对公有领域的保留。公有领域是指能够为所有人自由使用的材料，包括客观事实、真实事件、通用表达和超过保护期的作品。历法、数表、通用表格和公式是经过历代人民群众发现和总结出来的有价值信息，它已经成为全人类共同的财富，理应由世人共同享用。其次，根据著作权的原理，历法、数表、通用表格和公式的表达方式，是唯一性的表达方式，不存在独创性表达的可能性，对有限表达或唯一性表达，不适于给予著作权保护。

---

① 参见"广西广播电视报社诉广西煤炭工人报社电视节目预告表使用权案"，(1994)柳地法民终字第127号。

著作权不予保护的对象（考题）①

我国《著作权法》不适用于下列哪些选项？

A. 法院判决书
B. 《与贸易有关的知识产权协定》的官方中文译文
C. 《伯尔尼公约》成员国国民的未发表且未经我国有关部门审批的境外影视作品
D. 奥运会开幕式火炬点燃仪式的创意

【评析】 本题考点是《著作权法》不予保护的对象。答案是ABD。《著作权法》第5条明确排除"法律、法规、国家机关的决议、决定、命令和其他具有立法、行政、司法性质的文件，及其官方正式译文"获得著作权保护。A项法院判决书、B项官方译文，都属于上述规定中的官方文件，是不受著作权保护的对象。C项是影视作品，虽尚未上映（发表），但作品自创作完成即享有著作权。D项中的"创意"属于思想范畴，是不受著作权保护的。应当说明的是，法律等官方文件不受著作权保护，并非文本本身不具备独创性，而是出于公共政策方面的考虑，允许对它的自由使用更符合社会利益。时事新闻、历法与通用数表等对象被排除在外，则是因为其本身无法满足独创性，或者是非表达性元素，根本不应该给予著作权保护。

理论探讨

计算机艺术字体是否应受著作权保护②

2008年6月份，北大方正集团旗下的北京北大方正电子有限公司以其具有自主知识产权的字体著作权被侵犯为由，向北京市海淀区人民法院提起诉讼，将广州宝洁有限公司（以下简称"宝洁"）告上了法庭。方正电子诉称，其在2008年年初，发现宝洁在其生产的"飘柔"洗发水等多款产品的包装、标识中使用了方正电子的倩体字"飘柔"。方正电子认为，倩体"飘柔"二字属于中国《著作权法》所保护的美术作品，宝洁公司未经许可，擅自在其产品上使用了方正电子公司享有著作权的倩体"飘柔"二字，

---

① 2011年国家司法考试题。
② 张今：《计算机艺术字体的可版权性》，原载《人民法院报》2011年10月12日第7版。

构成对单字美术作品著作权中复制权、发行权的侵犯。

一审过程中单字是否属于《著作权法》所保护的美术作品,成了双方争议的焦点。与此同时,学界就是否应赋予字体以著作权保护众说纷纭。特别是,在单字形体设计是否应受著作权保护的问题上,学界的争论更是激烈。此案引发讨论的著作权问题实质是:中文字体及其单字能否构成作品,如何判断计算机艺术字体的独创性和审美意义。本书对上述问题的见解如下:

一、保护什么——具有审美意义的汉字艺术表达

1. 字义、字形与字体——思想与表达

思想表达两分法是著作权法的基本原理,指著作权只保护作品的原创性表达,而不保护表达反映的思想。两分法的功能在于,划分一部作品中"受保护的要素"和"不受保护的要素",确定著作权保护的对象。讨论计算机字体的著作权,首要解决的是,可以给予著作权保护的对象是什么,对此,须运用两分法分析和解构汉字的属性。

汉字单字具备三重属性:一是字义,即汉字作为信息交流媒介所表达的意思;二是字形,即汉字固有的写法;三是字体,即汉字写法的不同表现形态,如手写的楷书、行书,印刷的宋体、黑体等。

在日常生活中说到汉字,通常是指字义层面的文字,即表达思想情感、传递信息的符号系统,此种意义的汉字属于不受著作权保护的"思想"的范畴。

字形,是汉字的固有写法。同一个汉字,其写法有一定规范,不能随意改变,如偏旁部首不可缺少,上下结构不能颠倒,先里后外、先上后下的写法也不能无序,否则就是错别字或者使人难以辨认。因此,字形是有限的或者唯一的表达方式,无法获得著作权保护。

字体,是汉字的不同书写风格和艺术表现。汉字在字形规范的前提下,间架结构的搭配,笔画的粗细、弯度等外观形态具有无限的想象和创作的空间,可以有丰富多样的表达形式,因此书法成为我国特有的美术作品。

可见,即使给予计算机艺术字体著作权保护,受保护的也仅是字体,而不涉及汉字的写法,更不涉及汉字的字义。因此,保护字体的著作权不会造成对汉字的垄断,也不会妨碍人们对汉字的使用。

2. 单字、字库、软件——美术作品、数据库、计算机程序

著作权保护的美术作品中包括书法。计算机艺术字体与书法作品一样,都是汉字书写艺术的表达形式。二者的区别在于作品的展示及利用方式上的差异:计算机字体是经过数字化处理后存储于光盘中,通过计算机屏幕显示、下载和打印的方式重复和再现;书法作品通过展示手稿或复制件,字帖的影印等方式重复和再现。但这只

是复制方式的不同,并不影响著作权对复制行为的控制。

　　字库是含有相同特征的字体单字的集合物。由于汉字字库是按照国家规定的汉字数量和字形规范制作的,在内容及数量的选择和编排上不具有独创性。因此计算机字库并非汇编作品,而是数据库。

　　字库软件是一组对字库数据进行编译调用的计算机程序,计算机安装了字库软件后可以在应用程序和操作系统中显示并打印相应的字体。字库软件受软件著作权保护。

　　单字、字库和字库软件分别对应的是美术作品、数据库、计算机程序,三者之间的关系是:单字由字体设计师逐个绘制,绘制的过程是作品的创作;字库是将绘制好的单字转换成计算机代码、数据文件形式的集合物;字库软件是一组指令代码,供用户在计算机上显示、调用字库及单字。使用字库软件在计算机上调用和显示单字,是对作品的接触和利用。一个字库软件光盘,内含两个以上的著作权客体——单个的艺术字体和计算机程序。但是它们各自具有独立性,软件著作权保护的是字体文件的程序代码,美术作品著作权保护的是具有审美意义的单字艺术表达。

二、为何保护之一——计算机艺术字体具有独创性

　　1. 字体独创性的判断

　　著作权法保护的作品须具备独创性,即独立创作又具有个性特征。字体设计是一门综合艺术,既要求字形规范,又要求字体具有艺术特色能够产生美的视觉效果。计算机艺术字体和书法作品一样,是以线条和结构组成的平面造型艺术。字体的创意可体现柔美、优雅或庄重、古朴,也可营造现代时尚、个性趣味,字体设计通过安排笔画位置、变化线条造型,使文字具备了或柔和优雅,或苍劲古朴,或随意洒脱的不同面貌和特征,经过设计的每一款字体具有不同的外观形态,形成一种特有的艺术风格,即可满足作品独创性的要求。

　　2. 独创性与创作过程

　　独立创作且具有最低限度的创造性,这两个方面互相结合,构建起著作权保护的基本标准。"独立创作",关注的是有无创作行为或作品产生的过程;"最低限度的创造性",关注的是最终结果即对象本身。由于每个作者都是独特的,只要是独立创作,都会把个性特征烙印在作品中。因此,从作品亦即对象本身寻找个性特征是判断独创性有无的主要方法。分析计算机字体的独创性,应当关注该字体是否具备个性特征,是否明显不同于现有字体,而不应当孤立地追问其制作过程中是否存在创作行为。一款字体只要具有特色鲜明的形体外观,而这种独特性是独立创作而产生的,就足以证明该字体具备独创性。

3. 独创性与创作工具

著作权法保护的对象是体现在作品上的独立创作和有个性的最终结果,它与作品表现的物质材料无关,也与实现作品的技术和手段无关,一个创作成果是以何种工具实现的,不应对著作权产生影响。比如摄影作品、电影作品,是通过机器制作的作品的代表,其制作技术从最初的电子设备发展到现代数字设备。在这些作品刚刚出现时也受到过能否成为作品的质疑,但终因其符合独立创作且具备最低限度创造性的要求而在著作权法中占据一席之地。既然不以摄影作品、电影作品的制作借助于计算机和数字技术而否认其作品性,那么,何以苛责计算机艺术字体的独创性呢?

计算机艺术字体的创作过程加入了计算机和软件的运用,但计算机和软件是辅助性的,并没有代替也不可能代替设计师对字体的造型设计。字体设计通常从手绘字稿到形成六千多个单字的字库,每个单字都经过多次修改,每一次修改都是靠设计师对字体美感的把握,最终完成的字体是设计师取舍、安排和组合的结果。因此,在科学技术辅助创作的领域,只要人类行为在作品的形成过程中发挥了主导作用,创作出的作品仍然可以获得著作权保护。

4. 独创性与技术标准

技术标准是同一行业共同使用的既定的客观准则,体现为数据指标。计算机艺术字体的设计和制作,没有一个既定标准可遵循,也不可能依据既定标准进行。计算机艺术字体的设计先是设计师手绘数百多个汉字的手稿,分解出基本笔画,再根据基本笔画和偏旁部首组成合体字,由于每一个字的偏旁部首比例不同,仅仅将基本笔画拼接不可能完成新单字的创作,必须根据重心、留白和结构的匀称进行修改调整。合体字之外还有几百个独体字须单独绘制。字体设计依据的是设计师主观的审美眼光,这种主观选择的结果因时而异,以致字体的修改也会表现出差异。这一过程完全是主观的创作活动,其结果也必然是体现独特风格的创作成果。

其实,正确区分了字形和字体,就可以理解字形才是通用的形式法则,而字体是汉字的艺术表达,字体设计者依照汉字标准的写法设计字体,只要独立创作且制成的字体具有独特风格,就可以享有著作权。

三、为何保护之二——计算机艺术字体具有审美意义

1. 字体审美意义的判断

具有"审美意义"是构成美术作品的又一条件,但"审美意义"并没有客观标准。著作权法上"审美意义"的要求,可以看做是独创性判断的另一种视角,只要创作者将其独特的美学观点以视觉可感知的形式表现出来,即符合最低限度创造性的要求,就可以成为美术作品。

计算机艺术字体以汉字书法为根基,通过线条的变化、结构的搭配和组合以及实画和虚白的布置,表现出汉字的美感。因此,计算机艺术字体只要在外观形态上明显不同于公有领域的通用字体,并且为字体使用者接受和喜爱,其审美意义就应当得到承认。

2. 审美意义与实用功能

计算机字体属于实用艺术作品,既具有传递信息的实用性,又具有视觉美感的艺术性。实用艺术品受著作权保护的前提是"可分离性",即,如果实用艺术品的实用性和艺术性不可分离地交织在一起,则无法构成独立的作品。

"可分离性"是一个抽象的标准,主观性很强。为了避免受主观的影响,人们试图将可分离标准建立在客观的普通观察者如何认知之上:如果物品的外观能够激起消费者的注意,引起其对美的感知,该设计即满足了可分离性标准。如果存在多种设计,设计之间的变化差异代表的是不同的美学选择,而不是实用方面的必然结果,该设计具有作品性。

计算机艺术字体能够满足"可分离性"的条件。首先,汉字字体品种日趋多元化,既有楷、宋、黑等通用字体,也有多种个性化的字体,既有已成为公有物的字体,也有反映现代美学观念的新型艺术字体,丰富多样的字体完全可供使用者自由选择。其次,将优美的字体用于产品,能够产生外观吸引力,发挥了汉字以形表意、以形取胜的功能,且该外形设计可增加产品实用方面的竞争力。由此可见,汉字字体的审美意义和字义的实用性是可以分离的,具有审美意义的艺术字体可构成独立的作品,获得著作权保护。

知识产权的保护对象(考题)[①]

根据《与贸易有关的知识产权协议》,下列哪些选项应受到知识产权法律的保护?(不定项选择)

A. 独创性数据汇编

B. 动植物新品种

---

① 2006年国家司法考试题。

C. 计算机程序及电影作品的出租权

D. 疾病的诊断方法

【评析】《与贸易有关的知识产权协定》简称TRIPs协定，其保护的对象包含所有类型的知识产权，即著作权及相关权(邻接权)、商标、地理标记、工业品外观设计、专利、集成电路布图设计、未披露信息(商业秘密)，每一类知识产权又有具体的保护对象。A项独创性数据汇编属于著作权保护的对象，B项动植物新品种属于专利法或其他专门制度保护的对象，C项计算机程序及电影作品的出租权属于著作权的内容，以上三项当选。D项"疾病的诊断方法"是TRIPs协定及国内法明确排除在专利保护对象以外，故不应选。

著作权保护对象(考题)①

牛博朗研习书法绘画30年，研究出汉字的独特写法牛氏"润金体"。"润金体"借鉴了"瘦金体"，但在布局、线条、勾画、落笔以及比例上自成体系，多出三分圆润，审美价值很高。牛博朗将其成果在网络上发布，并注明"版权所有，未经许可，不得使用"。羊阳洋公司从该网站下载了九个"润金体"字，组成广告词"小绵羊、照太阳、过海洋"，为其从国外进口的羔羊肉做广告。关于"润金体"及羊阳洋公司的行为，下列哪些选项是正确的？

A. 字体不属于著作权保护的范围，故羊阳洋公司不构成侵权

B. "润金体"具有一定的独创性，可认定为美术作品而受著作权法保护

C. 羊阳洋公司只是选取了有限的数个汉字，不构成对"润金体"整体著作权的侵犯

D. 羊阳洋公司未经牛博朗同意，擅自使用"润金体"汉字，构成对牛博朗著作权的侵犯

【评析】 本题考点为著作权保护的对象。受著作权保护对象应具备的核心要件是具有一定独创性，汉字的独特写法即字体，虽然没有单独列入《著作权法》的作品清单之中，但是具有艺术创造写法独特的汉字可以作为美术作品受到著作权保护。《著

---

① 2017年国家司法考试题。

作权法实施条例》第4条规定,美术作品,是指绘画、书法、雕塑等以线条、色彩或者其他方式构成的有审美意义的平面或者立体的造型艺术作品。本题中的汉字写法,在线条、笔画、比例上与众不同,形成造型独特,具有审美价值的字体,符合作品独创性的要求,可作为美术作品享有著作权。因此A项错误,B项正确。

羊阳洋公司未经牛博朗的许可,从该网站下载了九个"润金体"字,组成广告词"小绵羊、照太阳、过海洋",该行为已经构成了对美术作品的复制,侵犯了字体著作权人的复制权。艺术字体的使用范围主要是商业性使用,如广告中使用、商标上使用、宣传促销中使用,这些场景中对字体的使用通常少量使用即可满足使用需求,故不因使用数量少而改变商业性使用的性质和未经许可使用他人作品对著作权的侵害,故C选项错误,D选项正确。本题答案BD。

第三章

著作权的归属

【本章导读】 著作权归属是指著作权归谁所有及权利的行使。著作权属于作者,各国著作权法均贯彻了这一原则。我国《著作权法》上的作者,包括创作作品的公民和被视为作者的法人、非法人组织。除作者外,没有作者身份的人可以通过权利转移成为著作权继受主体。在著作权归属的意义上,作品可分为原始作品和派生作品,独创作品和为他作品。本章的内容安排按照《著作权法》第二章第二节"著作权归属"的体例,阐述著作权归属的原则,原则的例外规定,具体作品的著作权归属及权利行使。其中,对两大法系主要国家的相关立法给予评介,以便读者更全面地了解与著作权归属有关的法理及实际做法。

第一节 著作权归属的原则

著作权归属的基本原则是,著作权属于作者。谁是作者,作者身份如何确认,是与著作权归属密切相关的问题。我国《著作权法》第 11 条是著作权归属的一般规定,该条规定了"著作权属于作者"的原则,作者身份的推定制度,以及"法律另有规定"的情形。一般规定的主要功能是阐明著作权主体的基本问题,即谁可以成为著作权法上的"作者",如何证明作者的身份。

一、创作作品的公民是作者

《著作权法》第 11 条第 1 款开宗明义规定"著作权属于作者",紧接着第 2 款规定"创作作品的公民是作者"。《著作权法实施条例》第 3 条第 1 款规定:"著作权法所称创作,是指直接产生文学、艺术和科学作品的智力活动。"创作活动是著作权原始取得的根据,以此为根据将作者确定为创作作品的自然人,具有充分合理的理论根据。创作,是将思想和情感以客观可感知的形式传达出来,是从构思到表达完成的过程。思想和情感人皆有之,要将头脑中的思想情感运用文学艺术语言传达出来形成作品,便是一个创造性的实践过程,并非人人皆能为之。作品的创作必须借助于一定的表达媒介,把心中所思所想主观的东西外化地表现出来,为他人所感知。这种智力创作活动唯有人类才能够践行,其他任何生命体、社会组织,都不可能为之。因此,作者身份的自然人属性具有天然合理性。由于创作是一种事实行为,因而与人的行为能力、意思表示无必然联系,即使是未成年人或有精神障碍的人,只要从事了创作的事实并因此产生了创作成果,也能够成为作者。

以自然人为核心的作者概念建立于一系列理论根据之上:劳动理论,人们就其创作的财产享有权利,这是一项与生俱来的权利;公平正义的理论,各人应得的归各人,谁播种谁收获;基本权利,创作者对其创作的作品享有的精神权利和财产权利系基本权利。总而言之,自然人作者观具有充分的法理基础,理论上是完美的,法律上具有无可置疑的正当性。

二、法人视为作者

除了自然人作者之外,我国确认法人或者其他组织的作者身份。按照《著作权法》第11条第3款的规定:"由法人或者其他组织主持,代表法人或者其他组织意志创作,并由法人或者其他组织承担责任的作品,法人或者其他组织视为作者。"这一规定表明我国认可拟制作者,视为作者的法人和创作作品的自然人并列为著作权法上的作者。自然人和法人均为著作权法的适格权利主体。

法人能否视为作者,各国立法选择不同,理论上更是存在很大差异。大陆法国家(作者权体系)坚守作品是作者人格之表达的立场,认为作者必须是自然人,因而以"作品归属于创作作品之人"为原则,排除了企业、机构等法人及其他组织可"视为作者"。即使是雇佣作品,著作权实际由法人享有和行使,但作者仍然是作为雇员的自然人,再由雇员将著作权转移给雇主。按照德国法的规定,为履行雇佣劳动关系或者公共雇佣关系的义务而创作作品,雇员为该作品的作者,雇主想从作者那里取得某些权利,就必须按照法律规定通过合同得到授权。由于考虑到著作权保护的很大一部分作品产生于雇佣劳动关系,而雇主对雇佣作品的使用是通常现象,并非个别,德国将"雇佣作品的作者"规定在《德国著作权法》"著作权中的权利转移"一节当中,表明法人只有通过各种使用权的许可才能取得著作权,从而即坚持了创作人原则,又解决了雇佣作品的著作权及其行使问题。普通法国家(版权体系)一直倾向于根据智力成果所涉及的劳动和技巧的程度而给予创作的投资者和组织者以相当的保护,因而在

"作品归属于创作作品之人"的原则外,借用法律拟制制度,创设了"视为作者"原则,使雇主、委托者直接占据作者的位置而成为版权的原始主体。例如,《美国版权法》第201条规定,作品为雇佣作品的,雇佣或委托作品创作的其他人视为作者,享有版权中的一切权利,但各方以签署的书面文件作出明确相反规定的除外。据此,在雇佣作品和某些委托作品的情况下,雇主被视为作者,作品的原始著作权属于雇主而非从事实际创作的雇员,除非双方有相反的约定。

由于国内法上的差异难以协调,《伯尔尼公约》实际上没有界定谁是"作者",也没有明确规定完成智力创作的人可否是法人。更明白地讲,《伯尔尼公约》没有明确提到国内法可否将命令进行作品创作并承担费用的自然人或法人视为"作者"的问题。[①] 在《伯尔尼公约》的修订进程中曾经试图增加作者身份的定义,也都被否决了。有关作者身份、法人可否视为作者,《伯尔尼公约》完全交由国内法自行确定。

我国《著作权法》确认法人或者其他组织在符合一定条件的情况下,可视为作者。因而,"视为作者"的法人和"创作作品的公民"共同成为著作权法上的作者。将法人视为拥有原始著作权的作者,符合著作权产业和市场交易的客观需要。随着文化产品的产业化、市场化,法人组织在文化产品生产和经营中的地位日显重要。与大众文化娱乐密切相关的音乐录制、影视制作、图书出版和演出,大多是在各类文化公司的运作下进行的。与科学技术有关的计算机软件、工程技术作品、数据库的研发设计,通常是在法人确定研发目标,组织研发队伍,提供资金及各种物质技术保障的条件下进行的,作品创作完成后的推广应用以及商业风险和产品责任,也都由法人组织独立承担。因此,确认法人为作者,使之享有原始著作权,有利于作品的投资创作和市场交易,有利于促进文化产品的创作和传播以及促进社会文化科学教育事业的发展。

三、作者身份的确认

认定作者的身份,通常情况下以作品上的署名为准。《著作权法》第11条第4款规定:"如无相反证据,在作品上署名的公民、法人或者其他组织为作者。"以作品上的署名人推定为作者,即只要某人的姓名以通常方式出现在作品上,在没有相反证据的情况下推定此人为该作品的作者是国际通行规则。《伯尔尼公约》第15条第(1)款对"作者身份的推定"作出了一般规定:"……作者,如果其姓名以通常方式出现在作品上,在没有相反证据的情况下,被推定为该作品的作者。"这里所言"通常方式"应当以

---

① 参见〔澳〕山姆·里基森、〔美〕简·金斯伯格:《国际版权与邻接权——伯尔尼公约及公约以外的新发展》(第二版),郭寿康、刘波林、万勇、高凌瀚、余俊译,中国人民大学出版社2016年版,第309页。

作品的种类、作品的利用形态等确立的习惯而定。例如音乐作品的"作词""作曲"系作者,戏剧作品的"剧作家"是作者,计算机软件作品中作者的称谓则为"软件开发者",摄影师、雕塑家、画家这些称谓都是不同类别作品的作者称谓。

根据署名识别作者比起证明创作作品的过程要简便可行得多,但署名也有较为复杂的情况,如没有从事创作而在作品上署名,合作作品但署名者为一人,因而会发生在作品上署名的并不是作者,真正的作者却未被署名的情况。在这种情况下,作者身份应当根据证据进行认定,被告要推翻这一法律推定,也必须提供相反证据。另外,某些特定种类或者特定用途的作品,不宜在作品上给作者署名,署名方式受到一些限制,但作者身份可以通过其他方式确认,并且不损害作者的其他权利的,应当允许。

第二节　著作权归属原则的例外

根据《著作权法》第11条第1款的规定,著作权属于作者,本法另有规定的除外。著作权归属的基本原则是著作权属于作者,"另有规定"是原则的例外,例外之下著作权既不属于创作作品的自然人作者,也不属于法律拟制的法人作者,而是由作者以外的人取得著作权。"本法另有规定"即指《著作权法》第19条规定,即作者以外的人可以通过继承、受让、接受赠与取得著作权,成为著作权的继受主体。

一、继承著作权

《著作权法》第19条第1款规定,著作权属于公民的,公民死亡后,著作财产权依照《继承法》的规定转移。根据《继承法》第3条的规定,公民死亡遗留的个人合法财产包括著作权中的财产权。按照财产继承转移著作权的有几种形式:通过法定继承转移,即作者死亡后,其著作权中的财产权以《继承法》规定的继承顺序,由其继承人继承;通过遗嘱继承转移,即作者死亡后,其著作权中的财产权由作者遗嘱中指定的法定继承人继承;通过遗赠转移,即在作者死亡后,其著作权中的财产权由其遗嘱中指定的法定继承人以外的公民、法人或者其他组织继承;通过遗赠抚养协议转移。即作者死亡后,其著作权中的财产权由遗赠抚养协议中指定的享有受遗赠权利的抚养人或者集体所有制组织继承。

著作权的继承、转移是指著作财产权的继承、转移。著作人身权可否随著作财产权一起转移给继承人享有和行使,问题比较复杂,不可一概而论。一般来讲,关乎人格利益的著作人身权是不可转让、不能继承的,但由于著作人身权的标的是作品,权利的行使和保护皆因作品的使用而起,且著作人身权并非纯粹的人身利益,而是嵌入一定的财产利益。因此,分别而论,作者的署名权当然是不能继承、转移的,作者的修改权、保护作品完整权,可以由作者的继承人保护其不受侵犯(行使权利),作者的发表权则可有条件地继承。即作者生前未发表的作品,如果作者未明确表示不发表,其继承人可以发表。作者生前表示不让发表的,继承人不得发表。

二、国家著作权主体

在特定条件下,国家可以成为继受著作权人,承受法人著作权。著作权转移给国家所有的几种形式:根据《著作权法》第 19 条第 2 款规定,著作权属于法人或者其他组织的,法人或者其他组织变更、终止后,其财产权利由承受其权利义务的法人或者其他组织享有;没有承受其权利义务的法人或者其他组织的,由国家享有。在这种情况下,国家成为该"法人作品"的继受著作权人。接受作者赠与、遗赠取得著作权,即作者生前将其作品捐献给国家,或作者死亡后其作品通过遗赠捐献给国家。接受无人继承的著作权,即作者的著作权无人继承,又无受遗赠人接受遗赠的,该著作权由国家所有。国家作为著作权人的,一般由国家著作权行政管理部门或者国家图书馆负责维护和行使有关作品的著作权,《著作权法实施条例》第 16 条规定,国家享有著作权的作品的使用,由国务院著作权行政管理部门管理。从作品利用的角度考虑,无继承人或作者身份不明的"无主作品",可以由国家图书馆予以管理并提供给公众无偿使用,从而有效地发挥作品的利用价值。

未成年人作者的著作权(考题)①

小刘从小就显示出很高的文学天赋,9 岁时写了小说《隐形翅膀》,并将该小说的网络传播权转让给某网站。小刘的父母反对该转让行为。下列哪一说法是正确的?

A. 小刘父母享有该小说的著作权,因为小刘是无民事行为能力人

B. 小刘及其父母均不享有著作权,因为该小说未发表

C. 小刘对小说享有著作权,但网络传播权转让合同无效

D. 小刘对该小说享有著作权,网络传播权转让合同有效

---

① 2009 年国家司法考试题。

【评析】 本题考点为未成年人著作权的行使。著作权是通过事实行为取得的权利,因此著作权会归于未成年人。事实上,未成年人创作作品并且取得著作权的情况并不少见。本题中,小刘9岁时写了小说,依据创作的事实而取得著作权。但小刘是限制民事行为能力人,《民法典》规定年龄为8周岁以上的未成年人为限制民事行为能力人,小刘9岁,应为限制民事行为能力人,不能独立进行著作权交易这样的民事活动,须由法定代理人来管理。C项的说法正确,当选。

外国人的著作权(考题)[①]

甲无国籍,经常居住地为乙国,甲创作的小说《黑客》在丙国首次出版。我国公民丁在丙国购买了该小说,未经甲同意将其翻译并在我国境内某网站传播。《黑客》要受我国《著作权法》保护,应当具备下列哪一条件?

A. 《黑客》不应当属于我国禁止出版或传播的作品
B. 甲对丁翻译《黑客》并在我国境内网站传播的行为予以追认
C. 乙和丙国均加入了《保护文学艺术作品伯尔尼公约》
D. 乙或丙国加入了《保护文学艺术作品伯尔尼公约》

【评析】 本题考查外国人作品的保护。答案D。《伯尔尼公约》为著作权国际保护规定了基本原则,我国遵循《伯尔尼公约》,按照互惠原则和地域原则对待外国人作品在中国的著作权保护。具体而言,根据国与国之间所签订的协议或者共同参加的国际条约来确定外国人作品的保护,或者作者所创作的作品首先出版地来确定给予著作权保护。本题中只有D项表述符合《著作权法》第2条规定的给予外国人作品著作权保护的条件,是正确答案。

---

① 2010年国家司法考试题。

第三节　具体作品的著作权归属：创作者著作权

一、演绎作品的著作权

（一）演绎作品的含义和特征

演绎作品是在已有作品基础上创作出的新作品。我国法律没有使用"演绎作品"一词，而是代之以"改编、翻译、注释、整理已有作品而产生的作品"。按照《著作权法》第12条的规定，改编、翻译、注释、整理已有作品而产生的作品，即为"演绎作品"。典型的演绎作品如文学作品改编的影视剧、长篇小说的缩写、译文译著等。演绎是一种在现有作品基础上进行的创作行为，演绎作品是演绎创作所产生的独立于原作的新作品，从这个意义上讲，演绎作品又被称作"派生作品""二手作品"。

演绎作品具有以下特征：

（1）利用性。演绎作品是根据已有作品从事新的创作而产生的作品，与演绎作品相对应的是原作、已有作品。多数演绎作品基于原作而产生，但也有些演绎作品是在改编或翻译作品上产生的，如根据翻译的外国文学作品改编的戏剧、电影，就是二次演绎作品。演绎作品的方式主要有改编、翻译、注释和整理。不同的演绎方式利用的作品类型也有不同。

改编是一个比较概括的概念，适用于所有类型的作品，只要为其他用途而对作品的表达形式进行变更的，都属于改编。如小说改编成剧本是典型的改编。只改变用途而不改变作品类型，如将科学专著改变成科普读物，将长篇小说改写成微缩小说，也属于改编。

翻译，是指将原作品使用的语言改变为另一种语言或者符号加以表达。能够被翻译使用的作品主要是文字作品。翻译产生的新作品是译著译文，包括文字作品、口述作品转换为其他媒介，例如新闻报道的手语表达。将计算机编程的书面指令转换成一种机读语言、将一种计算机程序改写成与另一种计算机兼容的程序，是否属于著作权法上的翻译，各国内法规定不一。德国等主要国家大多将翻译作品限定为在不同的人类语言文字中进行转换。例如，德国的雷炳德教授认为，翻译是把作品转化为另外一种语言或者以另外一种使用口语的形式来表达。[①] 我国《计算机软件保护条例》将计算机软件作品的翻译权规定为"即将原软件从一种自然语言文字转换成另一

---

① 参见〔德〕M.雷炳德：《著作权法》，张恩民译，法律出版社2005年版，第255页。

种自然语言文字的权利",也是将翻译限定在不同的人类语言的相互转换。

注释和整理。注释,是指对原作品进行释义、解读,阐明原作品的含义。被注释的作品一般是古代的文字作品。注释通常不会像改编和翻译那样对原作进行全盘改动,而只是涉及原作中的个别字、词、句,从而较大程度地保留了原作的面貌。整理,一般是指对内容散佚、层次不清的作品所作的梳理、加工等工作,目的是让作品便于查阅。被整理的主要是古籍,即已经散佚的古文底本。

除上述几种较为常见的演绎方式外,将文学作品拍摄成电影电视剧,也是一种演绎行为。具体内容在视听作品部分详述。

概言之,演绎是在已有作品或原始作品基础上的创作。虽然任何作品都是建立在已有作品的基础上,或多或少利用已有作品的思想、主题而产生,但这些作品均已对思想、主题赋予创作者的特定表现形式,因而其作品被看成是原始作品、原作。演绎作品之所以区别于原始作品,是因为演绎作品直接来源于已有作品,它不仅使用了某一个已有作品所表现的思想或主题,而且吸收了这些思想或主题的可辨别的表现形式。[1] 犹如翻译须忠实于原作,小说的电影改编,须反映原作的故事主线、基本情节乃至于人物的经典语言,这样的使用是对原作独创性内容、表达元素的利用。因而演绎作品对已有作品的依赖性更大,是对原作品的全盘利用。

还应当区分对已有作品的演绎使用与引用。这两种使用都是在创作时借用他人的作品,但是,首先,两种使用的目的不同,演绎是在他人作品基础上创作新作品,先作品是作为基础作品而存在于新作之中,有明显的承继关系;引用,是为自己的相关论述提供证据或者争议的对象而指出他人作品。其次,呈现形式不同,演绎作品中原作品和新作品融为一体;引用中,引用部分与原创部分具有很强的区别性,引用是对原创的补充,注明来源出处,必须符合学术规范。最后,适用的场景有所不同,演绎使用是文学艺术创作中的常态;引用则广泛存在于学术领域。

演绎使用与自由使用。自由使用的概念来自德国,《德国著作权法》专门对作品的自由使用与作品的改编作出了区分。按照德国的理论,演绎作品是对被使用作品的独创性内容予以全盘接受并且在接受的同时还体现了某种独创性,也就是说,演绎使用既利用了原作品的思想、主题,也利用了原作品的独创性表达。自由使用则是从被使用作品的独创性内容获得创作灵感,原作品的独创性隐含在新作品中,并且与新作品的独创性相比原作已经黯然失色。因此自由使用产生的作品是一个完全独立的

---

[1] 参见〔澳〕山姆·里基森、〔美〕简·金斯伯格:《国际版权与邻接权——伯尔尼公约及公约以外的新发展》(第二版),郭寿康、刘波林、万勇、高凌瀚、余俊译,中国人民大学出版社2016年版,第408页。

作品。①

（2）独创性。演绎作品的第二个特征是独创性。与普通作品相比，演绎作品的独创性更为重要。演绎作品并非对已有作品的简单借用或变相模仿，演绎者对已有作品的重新创作做出了独立的智力贡献，这是取得演绎作品著作权的根据。缺乏独创性的成果、复制已有的作品，即使复杂而细密，也不足以产生可享有著作权的演绎作品。重新创作的基础作品有没有受著作权保护与演绎创作的独创性也不相干，无论已有作品享有著作权保护还是处于公有领域，只要重新创作出的成果符合独创性条件都是受著作权保护的演绎作品。

演绎作品应当实行怎样的独创性标准，理论界提出了一个实质性区别标准，即演绎作品与原作之间必须具有实质性的变化、重大的差异，使他人能够识别出其与原作是两部不同的作品。按照德国的理论，演绎作品的独创性要求高于"小硬币"标准。缺乏独创性的添加"佐料"、删减、翻译机器的翻译结果，例行公事般地翻译商业信件、节目单、菜单，对某个表述予以简略或者对文字进行校对，音乐变调、集锦都不是演绎。② 美国联邦法院也通过判例指出，演绎而产生的作品只要有了实质性的变化，就达到了独创性的标准。③

演绎作品的独创性体现在原作品表现形式的更改方面，也体现在对原作品结构、体例的更改方面。作品的类型不同，演绎的手法不同，演绎作品的独创性也各有不同。以改编为例，改编是指在不改变已有作品的实质内容的前提下，将作品由一种类型改变成另一种类型。在文学和艺术领域，改编活动十分活跃。文学作品的改编有充分的创作空间，不仅可以将原作改编成新的艺术形式，还可以改变事件的叙述顺序，改变部分情节等等。可以说，对于文学作品的改编，不同改编者创作的结果会大相径庭。从法律上讲，改编活动只存在一点限制，不得歪曲篡改原作。在此前提下，改编者具有充分的创作自由和创作空间。再说翻译，翻译是将作品从一种语言转换成另一语言。面对同样的原文，是直译还是意译，使用什么样的词汇、术语，因译者不同完成的译本也各不相同。翻译作品具有充分的创作空间使译者的人文素养、专业水平和语言能力得以自由发挥，从而形成不同版本的译文译著。

需要说明的是"整理"的独创性。整理作品列入演绎作品是我国《著作权法》所独有的，他国法律尚未见有明文规定。《伯尔尼公约》第 2 条第 3 款"派生作品"的规定、第 12 条"改编权"的规定，均提到"整理"（arrangements）一词，都是特指"音乐编曲"，

---

① 参见〔德〕M. 雷炳德：《著作权法》，张恩民译，法律出版社 2005 年版，第 257—258 页。
② 同上书，第 159—162 页。
③ 李明德：《美国知识产权法》（第二版），法律出版社 2014 年版，第 254 页。

即对基本音乐旋律补充不同的和声或者配以不同的乐器,而不是指文献整理意义上的整理作品。即使将 arrangements 解释为文献整理,整理作为演绎创作的一种形式,也是有疑问的。对内容零散、层次不清的作品进行条理化、系统化的加工,目的是让公众了解原作的真实内容,整理者的工作在一定程度上与文物修复相似,需付出艰辛的劳动,需要专业的思维和技能,但其目的是尽可能地还原作品的面目、原意而非传达整理者的想法,因此整理的作品上很难体现整理者的智力创造和独特个性。实际上,相比于创造一件新作品,整理者的贡献更多地是便于人们了解原作者的已有作品,这应该是属于作品的传播而非创作。因此,对整理活动和整理作品的保护更适宜的是给予相关权或者制止不正当竞争的保护,而不必置于演绎作品之中给予著作权的保护。事实上,德国等一些国家的立法中已经作出了此种规定。①

综上所述,具有独创性是演绎作品能够获得著作权保护的根本原因,而利用性是演绎作品区别于原始作品的特点。只有利用性与独创性结合在一起,直接来源于已有作品的创作才能成为特殊类型的演绎作品。

(二)演绎作品的著作权

1. 演绎作品的著作权归属

演绎作品的著作权由演绎者享有。根据《著作权法》第 12 条规定,改编、翻译、注释、整理已有作品而产生的作品,其著作权由改编、翻译、注释、整理人享有,但行使著作权时不得侵犯原作品的著作权。"不得侵犯"或曰"不得损害"并不是指进行演绎创作之时须事先征得原作者的同意,而是指在行使演绎作品著作权时,不得侵犯原作品的著作权。也就是说,演绎作品的使用,应当征得原作品著作权人和演绎作品著作权人的许可。通常情况下,"双重许可"实际执行的方式是,原作者许可他人对其作品进行演绎时,包含了演绎作品的使用方式和范围的,演绎者在许可合同允许的范围内自行使用或者许可第三人使用演绎作品时,无须再经过原作者的许可。如果原作者有明确的相反意思表示,或者使用人以许可合同约定以外的其他方式使用演绎作品时,使用人必须经过演绎者和原作者双重许可。

"双重许可"区分了演绎作品著作权的取得和权利的行使。法律意义在于,演绎作品的利用,须同时征得原作品著作权人和演绎作品著作权人的许可。对此,《德国著作权法》的规定明确而具体,值得参考借鉴。《德国著作权法》第 23 条规定:"只有取得被演绎作品或者被改编作品的作者的同意,才可以将演绎后的或者改编后的作品

---

① 《德国著作权法》第 70 条第 1 款规定:"将不受著作权保护的作品或者文字整理出版并且明显体现了科学活动的成果,又与迄今为止已知的作品或者文字有着根本区别的科学版本,按照本法第一章规定给予保护。"参见〔德〕M.雷炳德:《著作权法》,张恩民译,法律出版社 2005 年版,第 737 页。

予以发表或者利用。在涉及电影改编、按照美术作品的图纸与草图进行施工、对建筑作品的仿造、数据库产品的演绎与改编的情况下,从事演绎物或者改编物制作之时就需得到作者的同意。"① 规定中清楚地区分了演绎作品权利的产生和演绎作品权利的利用。相比之下,我国《著作权法》第 12 条,"改编、翻译、注释、整理已有作品而产生的作品,其著作权由改编、翻译、注释、整理人享有,但行使著作权时不得侵犯原作品的著作权",则间接地表明,"不得侵犯"是指演绎作品的使用。进一步解读后方可得出,演绎作品著作权的产生不依赖于原作品著作权人的许可,演绎作品的使用须同时得到原作品著作权人和演绎作品著作权人的许可。

使用演绎作品时应当尊重原作品作者的著作人身权。演绎作品应当表明从何作品演绎而来,还要标明原作品名称和作者姓名。并不得侵犯原作品作者的其他人身权。

2. 演绎作品著作权的限制

未经许可创作的演绎作品,是否会获得演绎作品著作权?我国《著作权法》没有给出明确的答案。未经许可创作的演绎作品与经许可创作的演绎作品不同,前者带有侵权属性,按照《著作权法》第 47 条第(6)项的规定:"未经著作权人许可……以改编、翻译、注释等方式使用作品的",构成侵权行为,未经许可的演绎活动亦为侵权演绎行为,非法演绎行为所产生的演绎作品亦可称为非法演绎作品或侵权演绎作品。非法演绎作品带有侵权属性,但与抄袭、剽窃等一般的侵权产物不同,它毕竟是演绎者重新创作的新作品。如何处理非法演绎作品的特殊性,对非法演绎作品是否给予著作权保护?

本书认为:根据著作权自动取得原理和作品构成要件,演绎作品一旦创作完成即产生著作权,其著作权与是否获得许可没有关系。演绎作品的著作权也是自动产生,不管创作过程中是否得到原作品作者的许可,在原作品上再度创作都会产生新作品,只要其具有独创性,其创作部分即受著作权保护。如前所述,相对于原作品著作权,演绎作品的权利指向的是利用作品的市场,而非创作活动。现实中广泛存在着为个人学习研究和欣赏目的翻译、改编活动,还有某些借用原作品进行滑稽模仿的娱乐活动,类似这种借用原作品的行为,一般都属于侵权阻却的合理使用行为。《著作权法》第 47 条第(6)项规定的"未经著作权人许可……以改编、翻译、注释等方式使用作品的"行为,附加了"本法另有规定除外",该"另有规定"便是著作权法上权利的限制。这意味着,某些未经许可的使用作品的行为不受原作品著作权的限制,而是适用权利

---

① 参见〔德〕M.雷炳德:《著作权法》,张恩民译,法律出版社 2005 年版,第 717 页。

限制的相关规定。

未经许可创作的演绎作品的著作权是受限制的权利,其著作权人有权禁止他人未经许可使用该演绎作品,但自己不得擅自使用或授权他人使用该演绎作品。由于未经许可创作的演绎作品的著作权保护,通常发生在作品利用阶段,当该作品因为发表、使用产生纠纷的时候,应如何确定非法演绎者应承担的责任,是责令非法演绎者停止使用演绎作品,还是以罚代禁,允许非法演绎者继续使用但须向原作著作权人支付合理的赔偿费用。本书认为,应当综合考虑原作者和演绎者对演绎作品的贡献大小以及原作品和演绎作品对于社会文化和经济发展的价值大小,具体情况具体分析。如果演绎者对演绎作品的贡献占主导地位,并且演绎作品对于丰富社会文化产品或促进社会经济发展具有较大的价值,应当允许以罚代禁,即以提高赔偿额的方式作为停止侵权行为的责任替代方式,在原作品著作权人获得适当赔偿的情况下,允许演绎作品的发表和使用。

二、合作作品的著作权

(一)合作作品的含义及构成条件

合作作品是指两个以上作者共同创作完成的作品。按照广义解释,只要是两个以上作者的贡献结合在一起成为一个整体,就是合作作品;按照狭义解释,合作作品是指多位作者参与创作、每个人的贡献融入整体之中无法辨认、不可分割,参与创作者可以享有同一个著作权的作品。我国《著作权法》上的合作作品是广义的合作作品,根据《著作权法》第13条,合作作品是两人以上合作创作的作品,包括不可分割使用的合作作品和可分割合作作品。对于合作作品的界定,域外立法也分为两种情况。一种是合作作品必须是不可分割的。例如在德国,合作作品仅指不可分割的合作作品。《德国著作权法》第8条第(1)款规定,当多人共同创作一部作品时,个人不能就各自创作部分进行单独利用的,他们就是该作品的合作作者。此外,《德国著作权法》第9条规定了"作品的结合":"当多名作者为把各自作品一起进行利用的目的而相互联系在一起时,任何作者都可以要求其他作者按照诚实信用原则准许自己对相互结合的作品进行利用和修改"。可以看出,德国法上的合作作品类似于我国的不可分割使用的合作作品,"结合作品"类似于我国的可分割使用的合作作品。与德国做法相同的还有日本、我国台湾地区的著作权法。另一种做法即和我国的规定一致,合作作品是可以分割使用的。例如法国《著作权法》L. 113-3条规定:"合作作者的参与属不同种类的,在无相反约定时,只要不妨碍共同作品的使用,任一合作者均可分别使用其个人贡献部分。"①与法国的规定相同的还有《西班牙著作权法》。美国的做法值得一提。《美国版权法》第 101 条将合作作品定义为"合作作品,指由两个或者更多的作者为使其各自的创作形成统一整体中不可分割或者相互依存的部分而共同完成的作品。"其中,"相互依存"的合作作品是指作者分头创作再加以合并,各部分形成相互关联、互为依赖的单位。例如歌剧或歌曲的词与曲。②可见,美国版权法上的合作作品并不以不可分割为条件,各个合作者创作的部分具有相互依存关系的亦可形成合作作品。上述第二种立法例,与我国《著作权法》大体相同,合作作品分为不可分割使用的合作作品和可分割合作作品。

合作作品的构成应满足两个条件:

(1) 共同创作的意思。共同创作的意思即合作意图。合作作者之间须有共同创作的意图,为同一部作品参与创作并预料到每个人的创作将成为整部作品的一部分。合作意图是共同创作的基础,合作作品即在"就共同任务达成一致以及隶属于某个共同思想指引的基础之上"完成的作品。③ 共同创作的合意可以在创作之前形成,也可以在创作之中加入。如果创作者之间在创作目的、合作方式上缺乏共同创作同一个作品的意图,即使出自不同作者之手的作品形成了一个整体,也不能看成是合作作品。这样的例子如,为旧词谱新曲而形成的歌曲,将多个作者的作品汇编而成的文集,皆因作者之间不存在共同创作一部作品的意思而不构成合作作品。

(2) 共同创作的行为。合作者的参与必须以创作的形式进行。创作,是直接产生作品的智力劳动,仅仅为他人创作进行组织工作、提供咨询意见、物质条件,或者从事其他辅助活动等一般性劳动,均不视为创作。此外,仅仅提供素材、想法也不是创作。参与创作的形式是多样的,以文字作品的共同创作而言,按照分工协作,执笔者是创作者,进行构思、拟定写作大纲、提出写作基本思路、提出主要观点、进行重大修改、最终审定,同样也是创作。

不视为合作作品的特例。在我国,有一种传记文体不被视为合作作品,即自传。自传是记述自己的生平事迹的一种传记文,一般以第一人称讲述,传记的署名作者是"我"。但自传的创作不乏以"我"口述,他人记录整理代书的方式而产生,这在文体明星、成名企业家的自传中颇为常见。这种情况下由他人参与创作的自传是否属于合作作品呢?对此《最高人民法院关于审理著作权民事纠纷案件适用法律若干问题的

---

① 黄晖、朱志刚译:《法国著作权法》,载《十二国著作权法》,清华大学出版社 2011 年版,第 65 页。
② 〔美〕谢尔登·W.哈尔彭、克雷格·艾伦·纳德、肯尼思·L.波特:《美国知识产权法原理》(第三版),宋慧献译,商务印书馆 2013 年版,第 65 页。
③ 〔德〕M.雷炳德:《著作权法》,张恩民译,法律出版社 2005 年版,第 186 页。

解释》有所涉及,第14条规定:"当事人合意以特定人物经历为题材完成的自传体作品,当事人对著作权权属有约定的,依其约定;没有约定的,著作权归该特定人物享有,执笔人或整理人对作品完成付出劳动的,著作权人可以向其支付适当的报酬。"这一规定合乎情理且符合实际,自传体以第一人称撰写,自传的内容是个人生平经历,这是引起读者和社会关注的兴趣点,既关乎"我"的人格利益,也须由"我"对内容的真实性为自己负责、为社会负责。

(二) 合作作品的著作权

1. 不可分割作品的著作权归属和行使

根据《著作权法》第13条规定,两人以上合作创作的作品,著作权由合作作者共同享有。不可分割的合作作品是共同创作产生的一个作品,该作品是一个权利客体,作品之上仅有一个著作权,每一个作者仅有一个不可分割的整体利益。合作作者共同享有的权利存在于发表权和财产权之上。对于作品的使用(发表),合作作者应当协商一致,按照合作作者达成的共识许可他人使用作品。在意见不一致,又无正当理由时,任何一个合作者不得阻止其他合作者行使除转让以外的其他著作权。因作品使用获得的报酬,或者合作作者单独行使著作权获得的收益应当合理分配给所有合作者,有约定的按约定分配,没有约定的,应当按照各个合作者在创作中参与的份额进行分配。合作作者享有在合作作品上署名的权利。在合作作品上写上名字的人被推定为合作作者,推定效力不仅可以对抗第三人,还可以对抗合作作者,在有相反证据的情况下,在作品上署名的人可能不是合作作者,未在作品上署名的人可能成为合作作者。合作作者的署名顺序应当由合作者自行协商,按照协议的结果确定作者排序,无法协商一致或者发生署名纠纷的,可按照以下司法原则处理:有约定的按约定确定署名顺序;没有约定的,按照创作作品付出的劳动、作品排列、作者姓氏笔画等确定署名顺序。[①]

合作作品著作权受到侵害的时候,任何合作作者都可以自己的名义单独提起诉讼,请求停止侵权行为和赔偿损失。法院可以不追加其他合作作者作为共同原告,因为合作者对合作作品有共同权利义务,单独合作者既然出面维护合作作品的著作权,必然尽力维护所有合作者的共同权利,因而单独诉讼行为能够对其他合作作者发生效力。

2. 可分割作品的著作权行使

我国的合作作品是一个广义的概念,包括可以分割的合作作品和不可以分割的

---

① 《最高人民法院关于审理著作权民事纠纷案件适用法律若干问题的解释》(2002年10月12日)第11条。

合作作品。按照作品的概念及其构成条件来看，可分割使用的合作作品，是指相对于某个作品整体来说，在表达形式上可与整体相分离而独立存在且符合作品独创性的创作成果。可分割作品的作者可以单独享有著作权，许可他人使用或者自己使用该部分作品。《著作权法》规定了可分割作品的单独使用，第 13 条第 2 款规定："合作作品可以分割使用的，作者对各自创作的部分可以单独享有著作权，但行使著作权不得侵犯合作作品整体的著作权。"根据这一规定可以推出，可分割作品的合作作者对合作作品享有"双重著作权"，他既是合作作品的共有著作权人，又对作品的特定部分单独享有著作权。由于可分割作品处于合作作品之中，每个人的创作都是彼此联系的合作作品的一部分，作品整体中往往"你中有我，我中有你"，因此单独使用应满足什么条件，应如何避免对合作作品整体的影响，有关问题需要进一步阐明。

可分割作品的作者单独使用权限于特定部分，作者只对自己创作的部分以及整体作品享有权利，对于其他作者创作的部分，无权控制其使用，也不能向使用人主张权利。例如，歌曲是典型的可分割作品，很多优秀歌曲的歌词犹如一首诗，这样的歌词可以用来朗诵、阅读，当然也可以汇集出版。同样，离开歌词的乐曲也有广泛的单独使用的场合，例如作为背景音乐等。

第三人在利用可分割作品时不能因不当使用而影响作品整体的著作权。这里特别指出，"分割使用"不等于"割裂使用"。分割使用是指在不改变原作外貌的条件下，将可分割部分单独地另行使用；割裂使用，是第三人在使用可分割作品时，通过歪曲篡改，扭曲了共同创作的原意和初衷，对整部作品造成不良影响的行为。例如现实中某些对经典革命歌曲的"恶搞"，利用乐曲填上低俗不堪的歌词，加上夸张搞怪的动作表演，这种"恶搞"构成割裂使用，不仅有损于经典作品的形象，还可能侵害作者精神权利。

三、汇编作品的著作权

（一）汇编作品的特征和种类

1. 汇编作品的概念和特征

汇编作品指汇编若干作品、作品的片段或者不构成作品的数据或者其他材料，对其内容的选择或者编排体现独创性的作品。与普通作品不同的是，汇编作品是通过对其他作者的作品或者资料、数据进行选择、编辑、编排而产生的。典型的汇编作品有选集、百科全书、名录等。汇编作品的创作不仅要付出辛勤汗水，还有将汇集在一起的内容进行选择、编辑、编排的智力创造。对现有作品、信息的选择并非漫无目的的抽取，而是根据汇编物的主题或用途确定选择哪些，舍弃哪些。对选取得到的内容进行编排,也不是机械的、惯常的组合排列,而是按照特定主题和用途进行分类、编排,进而形成内容特色鲜明,体例清晰完整的汇编作品。以著名的古代散文选《古文观止》为例,该选本是康熙年间吴楚材、吴调侯叔侄二人编选评注的,它精选古代散文200余篇,上起东周,下至明末,入选作品大都比较优秀,可以代表作品或作家的思想与艺术风格,且对同一题材作品的选材,从不同角度着眼,少有雷同。鲁迅高度评价其"选本所显示的,往往并非作者的特色,倒是选者的眼光"。

汇编是一种智力创作活动,汇编作品应当具有独创性。这在《伯尔尼公约》里有特别的规定。《伯尔尼公约》对于其他受保护作品没有明言"智力创作",而在汇编作品中明确提出了"智力创作"要求。《伯尔尼公约》第2条第5款规定:百科全书和选集等文学或艺术作品的汇编物,如果因其内容的选择和编排而构成智力创作物,应受到相应的保护,但这种汇编物中包含的单件作品的著作权不受影响。对汇编作品提出这一要求被认为是必要的,因为汇编的作者身份与被汇编作品的作者身份相反——不大可能容易看清楚。① 也就是说,汇编作品很是特殊,其独创性不易识别。如前所述,汇编作品的独创性体现在选择和编排两个因素,每一个方面都涉及一定的技巧、水平和特色。

对于汇编作品的独创性,《伯尔尼公约》和国内立法均用"选择、编排"两个术语。但需要注意的是,"选择和编排"不应理解为两个结合之意,而是"或者"的意思。② 我国《著作权法》第14条对汇编作品的规定为"对其内容的选择或者编排体现独创性的作品",表明汇编只要表现出其中一种成分即构成智力创作。

值得一提的是,"选择""编排"是文学艺术作品共有的创作手段,任何作品的创作离不开对主题、素材、资料的选择和内容结构的编排,尤其是新出现的非典型作品如"春晚"、大型综艺节目,更是各种艺术门类荟萃,集多种形态作品为一体,这是否意味着所有的作品都可视为汇编而成的作品,该如何区分汇编作品与其他作品呢?

作品的创作都离不开对素材、主题的选择,内容结构的编排。然而作品的类型不是根据创作手段而是以其独立的表现形式或方法为区分标志的。《著作权法》按照"表现形式"规定了9类作品,文学作品以语言为表达手段,绘画作品以线条、色彩、形体表现人的思想情感,等等。如果"选择""编排"不能形成某种独立的表达形式,就无法归入《著作权法》规定的9类作品。以电影类作品为例,电影作品"选择"(使用)小

---

① 参见〔澳〕山姆·里基森、〔美〕简·金斯伯格:《国际版权与邻接权——伯尔尼公约及公约以外的新发展》(第二版),郭寿康、刘波林、万勇、高凌瀚、余俊译,中国人民大学出版社2016年版,第421页。
② 参见〔德〕约格·莱因伯特、西尔克·冯·莱温斯基:《WIPO因特网条约评注》,万勇、相靖译,郭寿康审校,中国人民大学出版社2008年版,第421页。

说、编剧、美术等多种基础作品,运用"蒙太奇"手段将所有基础作品"编排"为电影的表现方式——连续的活动画面。电影画面中已显现不出基础作品的原有表现形式,更无法直接读取原有作品。与此不同,汇编作品的选择、编排,对于各单件作品并不做任何改动而是将原作品"复制"到汇编作品里,单件作品在汇编物中依旧保持原始形态,可以被直接读取。汇编作品的表现形式,则完全取决于单件作品的表现形式,汇编者从单件作品的作者那里取得复制这些作品的授权,汇编活动并不会产生不同于单件作品的表现形式。可见,如果"选择""编排"仅作为创作手段而不能形成某种独立的表达形式,就不能成为《著作权法》规定的9类作品中任何一种典型作品,但却可以凭借选择或编排具有独创性而成为汇编作品。换而言之,汇编作品是各种具有独立表现形式的典型作品之外的一种"另类"。回溯《伯尔尼公约》受保护作品的立法沿革,可以更清楚地发现汇编作品与传统文学艺术作品的区别。《伯尔尼公约》第2条共分8款,第1款是基本条款,该款第一部分规定了文学和艺术作品的一般定义,第二部分列举了一系列示例,以说明属于定义范围内的作品种类。之后,第3款规定了派生作品,包括翻译、改编等,称为派生作品是将它们与第1款的原始作品区分开来;再后,第5款又规定了汇编作品,并附有特别条件,汇编本身须构成智力创作。由此可见,汇编作品是传统的文学艺术作品以外的一种特殊作品形态。

2. 汇编作品的种类

汇编作品可以分为集合作品和信息汇编两种类型。所谓集合作品,是指由若干作品或作品片段汇编集成的作品。常见的集合作品有期刊、选集、百科全书、辞典、摄影集等。在这类汇编作品中,包含一系列独立享有著作权的单件作品,集合作品是多件独立的作品可分地集合在一起形成的汇编物。以期刊为例,数十篇题目各异、风格不同的文章,经过编辑的选择、编辑、编排,在整体上形成一期刊物即典型的汇编作品。集合作品汇编的对象既可以是单件作品也可以是作品的片段,既可以是同类作品,也可以是不同种类的作品,如配有精美摄影作品的文集、诗选。集合作品既有不同作者作品的汇编,也涉及同一作者作品的汇编,很多汇编作品仅由同一作者的作品构成。

集合作品由若干独立的作品汇集成一个整体,看上去类似于"可分割使用"的合作作品。但集合作品和合作作品是有区别的:其一,集合作品中的单件作品是独立创作的,作者之间没有合意,每一个作品都是独立存在的;其二,集合作品有一独立于作者之外的汇编者,汇编者一般不参与单件作品的创作,而只是负责选择、编辑、编排工作。

信息汇编,也称为数据汇编,是对不享有著作权的事实、数据等材料的选择、分类、组合而形成的作品。信息、数据本身不受著作权保护,但对事实、信息的选择、编排具备独创性的却可以产生汇编作品。例如法律汇编、判例汇编、企业名录等信息汇编,以及各专业电子数据库,都可以因为选择和编排方面具有独创性而成为汇编作品。信息汇编的价值在于其内容庞大,及时更新,方便获取。汇编者如何从众多信息中选取有价值信息,对选择获得的信息进行主题分类有序编排,此一过程不仅需要付出投资和劳动,也包含很高的技巧和智力创作。

（二）汇编作品的著作权归属

根据《著作权法》第14条规定,汇编作品的著作权由汇编者享有,但行使著作权不得侵犯原作品的著作权。汇编者对汇编作品享有的著作权独立于被汇编作品的著作权,该著作权存在于汇编作品的整体,即被选择的作品及其编排之上。第三人使用汇编作品,须经汇编者的许可,并支付报酬。汇编作品的使用通常是数字化复制、网络传播,例如一些电子期刊网、聚合媒体将期刊进行数字化处理后在线向公众提供作品,用户在线浏览或下载的内容所呈现的是期刊作品的原貌。这种对汇编作品的复制应当得到汇编者的许可,否则将会侵害汇编作品的著作权。

汇编者行使著作权时不得侵犯原作品的著作权。"不得侵犯"指明汇编作品的著作权和原作品的著作权之间存在区别。汇编权（复制权）是作者的专有权利,汇编者对他人享有著作权的作品进行汇编时,应当取得原作品作者的许可。汇编作品完成后,第三人使用汇编作品不仅要获得汇编作品著作权人的许可还应获得被汇编作品著作权人的许可。后一种使用许可一般通过汇编者与使用人签订的许可使用合同一并解决,但前提是,被汇编作品的作者与汇编者之间业已存在使用许可关系,并且该使用方式在许可使用的范围内。如果汇编者未取得被汇编作品作者的授权而另行使用作品,或者许可第三人使用汇编作品,例如杂志期刊社未经作者许可将期刊文章置于微信公众号、允许电子期刊网利用期刊作品,则构成对被汇编作品作者的著作权的侵犯。

信息汇编的著作权由汇编者享有。信息、数据的汇编作品的主要产品形态是数据库,特别是电子数据库。信息或数据属于不再受著作权保护或者原本不享有著作权保护的客体。但是,被汇编的信息、数据是否存在著作权,或者不享有著作权,对信息汇编的著作权没有影响,只要信息数据的选择或编排具有独创性,即构成汇编作品。也就是说,信息汇编的保护层面在于独创性表达,而非被表达的内容。以数据资料集合而成的数据库来说,目的在于使用户便捷有效地获取所需的信息资料。对于用户而言,真正有价值的是数据信息本身,但是如何便捷有效地获取信息同样重要,这是能够获取信息内容的前提条件。因此,数据库的制作者对于其提供的信息数据在选择、编排方面赋予其独创性的,构成汇编作品,汇编者享有著作权。

应当指出,数据库是一个更为宽泛的概念,既包括数据汇编也包括具体的数据内容。对于数据汇编来说,真正有价值的是其内容,采用著作权保护数据汇编,只能保护到其有独创性的选择和编排,如果能够避开这种独创性的选择编排,即使从数据库中复制大量内容,也可能并不构成对著作权的侵害,而数据库的保护需要关注其中的信息数据内容。因此,数据库的全面保护仅有著作权法是难以承担的,还需要适用反不正当竞争法、侵权责任法保护信息数据的劳动投资和正当利用。

四、原件所有权转移的作品的著作权

(一) 作品原件的所有权

《著作权法》第18条规定:"美术等作品原件所有权的转移,不视为作品著作权的转移,但美术作品原件的展览权由原件所有人享有",这一规定针对作品原件所有权和作品著作权的关系问题。作品原件是指承载作品的物质材料,例如美术作品的原件是纸张、画布等。作品原件也是作品的物质载体,绝大多数作品都是有一定物质载体承载的。作品的物质载体即原件具有两个方面的属性,一方面是物质实体,另一方面承载着一定的表达形式,离开载体,表达形式无从呈现、固定,而没有表达形式,载体物亦不成为作品的原件。美术作品的原件有其独特的价值,它可以作为买卖、赠与的标的物,是艺术品交易中十分活跃的一部分。美术作品原件还存在两种权利:一是财产所有权,其指向作品的物质载体,权利内容是对作品物的占有、使用、收益、处分的权利。一是著作权,其指向作品,权利内容是使用作品的专有权。当作品原件在作者手中时,所有权和著作权合为一体,均由作者享有。然而,当美术作品原件或复制件因售与、赠与而转移给他人时,所有权和著作权便发生分离,作品原件的所有权由合法受让人取得,作品的著作权,包括财产权利和人身权利,依然属于作者。换句话说,购买一件美术作品并不意味着获得该美术作品的著作权。正如《著作权法》规定的,美术作品原件所有权的转移,不视为作品著作权的转移。

(二) 作品原件的著作权

"著作权不随物转"的例外。美术作品原件所有权的转移,不导致作品著作权的转移,但展览权例外。由于美术作品的艺术价值和经济价值集中体现在原件上,因此作品著作权和作品载体物难以分离。一方面购买者收藏美术作品,是为了欣赏、品鉴原件的艺术价值或公开展示作品原件,而展览权属于著作财产权。另一方面,对于作者来说,虽然并没有因作品物的转移而丧失著作权,但因为在行使权利时离不开原件,也可能与原件所有人发生冲突。可见,绝对的实行"著作权不随物转"不利于美术作品的创作和利用。因此,《著作权法》第18条的但书规定:"美术等作品原件所有权的转移,不视为作品著作权的转移,但美术作品原件的展览权由原件所有人享有。"这一规定对于作品的所有权和著作权的冲突上采用了简洁的处理方式,美术作品原件所有权转移的,该作品原件所有权和展览权由原件所有人享有。作者仍享有作品复制件的展览权和以其他方式使用作品的专有权。

除展览权外的其他权利。美术作品的原件转移后,合法受让人可以依法处分该美术作品原件,如将书法、绘画进行拍卖或者赠与他人,这是受让人作为原件所有权人依法享有的权利,作者无权干预。这就是所谓"发行权用尽"。与之相关的是,美术作品的作者能否从作品原件拍卖所得的售价中获得一定收益。美术作品原件的不断转让,可能带来作品售价的不断提升,如果价值提升部分的一定比例由作者一方取得,就是所谓"追续权"的收益。有关追续权的问题将在本书相关章节再做详细介绍。

需要说明的是,上述"但书"规定只适用于美术作品,其他作品如书信、照片等,因涉及个人信息、私人活动,属于隐私范畴,受到民法人格权保护。即使该书信、照片已合法转移,收信人、收件人仍负有保护写信人通信秘密和隐私的义务,如公开展示使用的,须征得书信人或者继承人同意。

《开国大典》油画案[①]

画家董××创作了大型油画《开国大典》,该画原作现保存于中国革命博物馆。董××于1973年去世,其妻子及子女四人为合法继承人。1999年中国革命博物馆将《开国大典》原作底版提供给上海某公司制作金箔画,向社会公开发行。董××的妻子和子女发现此事后,将中国革命博物馆和上海某公司诉至法院,称原告是董××的合法继承人,依法享有油画《开国大典》著作权中的使用权及获得报酬权,被告未经原告许可,复制发行《开国大典》金箔画,侵害了原告享有的著作权。对此,法院认为,中国革命博物馆收藏《开国大典》原作,其作为作品原作物权的所有者,依照法律规定仅享有原作的展览权,著作权的其他权利归著作权人享有。未经著作权人的许可,中国革命博物馆无权以著作权人的身份授权他人使用其收藏的作品。中国革命博物馆在明知法律规定的情况下,以营利为目的,擅自许可另一被告将油画《开国大典》制作成金箔画并发行,该行为侵害了原告所享有著作权中的使用权及获得报酬权,应承担停止侵害、消除影响、公开赔礼道歉及赔偿损失的责任。

---

① 张林、董沙贝、董沙雷、董一沙诉上海广元艺术工艺品有限公司、北京工美集团有限责任公司、中国革命博物馆著作权侵权纠纷,北京市第二中级人民法院民事判决书(2002)二中民初字第690号。

钱钟书书信手稿拍卖案[①]

钱钟书及其配偶杨季康、其女钱瑗与李国强系朋友关系,三人曾先后向李国强寄送私人书信共计百余封,上述信件由李国强保存。2013年5月间,中贸圣佳公司发布公告表示其将于2013年6月21日下午举行"也是集——钱钟书书信手稿"拍卖活动,公开拍卖上述私人信件。为进行该拍卖活动,中贸圣佳公司还将于2013年6月8日举行相关研讨会、于2013年6月18日至20日举行预展活动。同一时期中贸圣佳公司网站中还登载了多篇介绍涉案公开拍卖活动、鉴定活动以及拍品中部分书信手稿细节内容的媒体报道文章,部分文章中以附图形式展示了相关书信手稿全貌。此后杨季康向法院提出诉前申请,请求责令中贸圣佳公司及李国强立即停止相关侵权行为。法院经审查依法于2013年6月3日作出禁止中贸圣佳公司实施侵害著作权行为的裁定。中贸圣佳公司随即发表声明:"决定停止2013年6月21日'也是集——钱钟书书信手稿'的公开拍卖。"

杨季康于裁定作出后15日内诉至法院称,虽然法院于本案诉前作出停止侵权裁定后,中贸圣佳公司停止了对涉案书信手稿的拍卖,但李国强作为收信人将涉案书信手稿交给第三方的行为以及中贸圣佳公司在司法裁定前为拍卖而举行的准备活动,已经构成对自己的著作权和隐私权的侵犯,给自己造成了严重伤害。为使自身权益受到永久性保护,故诉至法院请求判令中贸圣佳公司与李国强立即停止侵犯自己隐私权、著作权的行为,公开赔礼道歉,赔偿因侵害著作权给自己造成的50万元经济损失,支付15万元精神损害抚慰金,支付自己为制止侵权所支出的0.5万元合理开支。中贸圣佳公司辩称,其已履行了审查义务,无法预见到涉案行为存在侵权可能性,且诉前裁定作出后并未实施拍卖行为,亦未进行预展活动,仅将相关拍品拍摄成为数码照片,刻制成三份光盘向三位鉴定专家提供,故并未侵权。李国强辩称已于2013年4月21日,将涉案书信等转让给案外人,故自己与涉案拍卖活动无关。

法院经审理认为,涉案书信均为写信人独立创作的表达个人感情及观点或叙述个人生活及工作事务方面的内容,是以文字、符号等形式表达出来的文学、艺术和科学领域内的智力成果,符合作品独创性要求,构成我国《著作权法》保护的作品。钱钟书、杨季康、钱瑗分别对各自创作的书信作品享有著作权,应受我国《著作权法》保护。

---

① 中贸圣佳国际拍卖有限公司与杨季康等著作权权属、侵权纠纷一审民事判决书(2013)二中民初字第10113号。

杨季康、杨伟成(钱瑗的配偶)作为钱瑗的继承人,有权依法继承钱瑗著作权中的财产权,依法保护其著作权中的署名权、修改权和保护作品完整权,依法行使其著作权中的发表权。鉴于杨伟成书面表示同意杨季康单独在本案中主张相关权利,故杨季康依法有权主张涉案钱瑗的相关权利。同时,杨季康有权依法继承钱钟书著作权中的财产权,依法保护其著作权中的署名权、修改权和保护作品完整权,依法行使其著作权中的发表权。涉案相关书信均为写给李国强的私人书信,内容包含学术讨论、生活事务、观点见解等,均为与公共利益无关的个人信息、私人活动,属于隐私范畴,应受我国法律保护。钱钟书、杨季康、钱瑗各自有权保护自己的隐私权不受侵犯。杨季康作为钱钟书、钱瑗的近亲属和继承人有权就涉案隐私权问题提起本案诉讼。

中贸圣佳公司作为涉案拍卖活动的主办者,已通过召开研讨会等方式将钱钟书、杨季康及钱瑗的书信手稿向相关专家、媒体记者等披露、展示或提供,且未对相关专家、媒体记者不得以公开发表、复制、传播书信手稿等方式侵害他人合法权益予以提示,反而在网站中大量转载,其行为系对相关书信著作权中的发表权、复制权、发行权、信息网络传播权及获得报酬的权利的侵害,依法应当承担停止侵权、赔偿损失的法律责任。中贸圣佳公司未经杨季康许可,擅自向鉴定专家、媒体记者等展示、提供并放任相关人员在互联网上传播钱钟书、钱瑗、杨季康三人的私人书信及相关隐私,还对相关信息进行了大范围集中转载和传播,构成对相关权利人隐私权的侵害,造成了不良影响,依法应承担停止侵权、赔礼道歉、支付精神损害抚慰金的法律责任。李国强作为收信人,负有保护写信人通信秘密和隐私的义务,况且杨季康已于信中明确要求其将手中书稿信札等妥为保藏。基于此,李国强作为收信人,未经权利人同意擅自以转让或其他方式使得涉案书信手稿对外流转,且未对受让人及经手人等作出保密要求和提示,导致后续涉案侵权行为发生,亦构成对杨季康涉案隐私权的侵害,依法应与中贸圣佳公司承担连带责任。

合作作品的著作权(考题)[①]

甲提供资金,乙组织丙和丁以乡村教师戊为原型创作小说《小河弯弯》。在创作中丙写提纲,丁写初稿,丙修改,戊提供了生活素材,乙提供了一些咨询意见。下列哪

---

① 2007年国家司法考试题。

些选项是错误的?

A. 甲提供资金是完成创作的保障,应为作者

B. 乙作为组织者并提供咨询意见,应为作者

C. 戊提供了生活素材,应为作者

D. 丁有权不经甲、乙、丙的同意发表该小说

【评析】 本题考点为合作作品的著作权归属。根据《著作权法》第11条第2款的规定,创作作品的公民是作者。《著作权法实施条例》第3条第2款规定,为他人创作进行组织工作,提供咨询意见、物质条件,或者进行其他辅助工作,均不视为创作。本题中,甲仅仅提供资金,未参与创作,不是作者;乙作为组织者,也未参与创作,不是作者;戊仅仅提供生活素材,未参与创作,不是作者。因此A项、B项、C项是错误的,当选。

本题中的作品是合作作品,由丙、丁共同创作完成。《著作权法实施条例》第9条规定:"合作作品不可以分割使用的,其著作权由各合作作者共同享有,通过协商一致行使;不能协商一致,又无正当理由的,任何一方不得阻止他方行使除转让以外的其他权利,但是所得收益应当合理分配给所有合作作者。"本题中,《小河弯弯》的作者是丙、丁二人,丁有权自行将小说发表,只不过取得的收益应与丙合理分配。因此D项正确,不当选。

合作作品的著作权(考题)①

甲、乙合作创作了一部小说,后甲希望出版小说,乙无故拒绝。甲把小说上传至自己博客并保留了乙的署名。丙未经甲、乙许可,在自己博客中设置链接,用户点击链接可进入甲的博客阅读小说。丁未经甲、乙许可,在自己博客中转载了小说。戊出版社只经过甲的许可就出版了小说。下列哪一选项是正确的?

A. 甲侵害了乙的发表权和信息网络传播权

B. 丙侵害了甲、乙的信息网络传播权

C. 丁向甲、乙寄送了高额报酬,但其行为仍然构成侵权

---

① 2015年国家司法考试题。

D. 戊出版社侵害了乙的复制权和发行权

【评析】 两人以上合作创作的作品,著作权由合作作者共同享有。合作作品不可以分割使用的,其著作权由各合作作者共同享有,通过协商一致行使;不能协商一致,又无正当理由的,任何一方不得阻止他方行使除转让以外的其他权利,但是所得收益应当合理分配给所有合作作者。本题中小说系不可分割使用的合作作品,未经乙同意,甲可以行使除转让以外的其他权利。甲通过信息网络发表和传播作品,并未侵犯乙对合作作品享有的著作权。因此 A 项错误。丙对甲的博客设置链接,用户在点击链接后进入被链网站即甲的博客阅读小说。对于丙来说,如果其设置搜索或者链接服务时,明知或者应当知道所链接的作品是侵权作品,丙应当承担侵权责任。由于甲将小说上传至其博客并不构成对乙的著作权的侵害,因此丙设置链接的行为,既不侵犯甲、乙的信息网络传播权,也不属于与甲共同侵犯乙的著作权。因此 B 选项错误。丁未经许可擅自将该小说在自己博客中转载,侵犯了甲、乙著作权中的信息网络传播权,虽向甲、乙寄送了高额的报酬,但是并不影响其未经许可使用他人作品的侵权行为的性质。因此 C 选正确。甲作为合作作品的著作权人之一,有权不经乙的同意,将小说许可戊出版社出版,戊出版社合法取得该小说的复制发行权。因此 D 项错误。本题答案 C。

演绎作品的著作权(考题)①

居住在 A 国的我国公民甲创作一部英文小说,乙经许可将该小说翻译成中文小说,丙经许可将该翻译的中文小说改编成电影文学剧本,并向丁杂志社投稿。下列哪些说法是错误的?

A. 甲的小说必须在我国或 A 国发表才能受我国《著作权法》保护

B. 乙翻译的小说和丙改编的电影文学剧本均属于演绎作品

C. 丙只需征得乙的同意并向其支付报酬

D. 丁杂志社如要使用丙的作品还应当分别征得甲、乙的同意,但只需向丙支付报酬

【评析】 本题考点为演绎作品著作权及综合知识。《著作权法》对具有本国国籍

---

① 2012 年国家司法考试题。

作者的保护是基于作品的完成,不论其是否发表,也不论其居住何地。本题中甲是中国公民,其创作的作品不论是否发表,享有著作权。故 A 选项错误,当选。将英文小说翻译成中文小说,再将中文小说改编成电影文学剧本都是演绎创作,翻译、改编所产生的新的作品属于演绎作品。B 项表述正确,不选。使用演绎作品应当取得原作者和演绎者的双重许可,并向各位作者支付报酬,故 C 项表述错误,当选。D 项表述前半句正确,后半句错误,故该选项表述错误,当选。本题答案 ACD。需提请注意的是,本题要求选出错误的表述,这是司法考题中较为常见的答题要求,一些考生很容易在这里丢分。回答此类问题时首先要看清楚问题,先对选项逐一进行正误判断,然后复读问题,再按照要求将错误选项填入答题纸。

汇编作品的著作权(考题)①

某出版社出版了一本学术论文集,专门收集国内学者公开发表的关于如何认定和处理侵犯知识产权行为的有关论文或论文摘要。该论文集收录的论文受我国《著作权法》保护,其内容选择和编排具有独创性。下列哪一说法是正确的?

A. 被选编入论文集的论文已经发表,故出版社不需征得论文著作权人的同意

B. 该论文集属于学术著作,具有公益性,故出版社不需向论文著作权人支付报酬

C. 他人复制该论文集只需征得出版社同意并支付报酬

D. 如出版社未经论文著作权人同意而将有关论文收录,出版社对该论文集仍享有著作权

【评析】 本题考点为汇编行为及汇编作品的著作权,答案为 D。汇编是将若干作品、作品的片段或者其他材料进行选择、编排,汇编所产生的新的作品叫作汇编作品。汇编有著作权的作品,应当经过原作品著作权人的许可,并支付报酬。在行使汇编作品著作权时不得侵犯原作品的著作权。根据上述原理和《著作权法》的规定,ABC 三个选项是错误的,其中,A 项和 B 项错误明显,干扰作用不强,应立即排除。C 项涉及汇编作品的使用,具有较强的干扰作用。由于汇编作品包含了若干作者的原作品,他人复制汇编作品整体的,不仅要征得出版社同意并支付报酬,还应当取得原作品作者的许可和支付报酬。当然在实践中,原作品作者行使权利的方式是灵活的,作者可以

---

① 2012 年国家司法考试题。

先将原作品使用权授权给汇编者(出版社),出版社在许可他人使用汇编作品时,同时代表原作者授权第三人使用。因而C项表述是错误的,不选。D项是正确说法,但也有一定模糊性。汇编作品和演绎作品一样,在作品构成上只要满足独创性条件即可取得著作权,即使汇编行为、演绎行为事先没有取得原作品著作权人的许可,也不影响汇编物、演绎物的著作权的取得。但是,在行使汇编作品或者演绎作品著作权,即对作品进行使用时,汇编人、演绎者应当取得原作品著作权人的许可。因此,D选项"如出版社未经论文著作权人同意而将有关论文收录,出版社对该论文集仍享有著作权"的说法是正确的。

第四节 具体作品的著作权归属:法人著作权

本节讲述的作品包括电影类作品、职务作品、委托作品。几种作品有一个共同特征,均属于"为他作品"。为他作品或为他创作意指,作者创作的作品是为了完成制片人、雇主、委托人交付的工作,在作者与"他"之间都存在着某种相似的基础法律关系。在为他创作的情境下,创作者和使用者是分离的,作者既不能完全按照个人意志进行创作,也无须承担创作成本和经济风险,作者是在介入了资本、市场导向、消费需求等外部因素的情况下完成被交付的任务。因此"为他作品"的著作权并不属于创作作品的作者,而是由"视为作者"的法人或者非法人组织享有著作权。

一、视听作品的著作权

(一)视听作品的性质及特点

我国《著作权法》及有关法律文件中尚无"视听作品"一词,而是以"电影作品和以类似摄制电影的方法创作的作品"这一概念指代电影、电视剧等视听类型的作品。以"视听作品"取代"电影作品和以类似摄制电影的方法创作的作品"在学术界已形成共识,并随《著作权法》第三次修订进入公众视野。考虑到视听作品的称谓来源于电影作品的发展,电影作品是视听作品中占比很大的一种作品形态,按照"举重明轻",集中阐述电影作品能够明晰其他视听作品的问题,故以下部分多以电影作品代称视听作品,如无特别说明两者指向同一类型的作品。

1. 电影作品保护的历史沿革

视听作品是对电影、电视剧、录像作品的统称。以电影作品为代表的视听作品是

20 世纪初叶形成的一种新的艺术门类,被称为艺术与技术结合的产物。19 世纪末电影工业诞生之初,电影片是以摄影领域的科技产物而不是以艺术的形式被接受的。摄影师拍摄真实事件的"新闻片"、某一活动过程的记录,虽然有的带有一些简单的戏剧情节,但这种活动影像从内容上说还谈不上是艺术作品,当然也不存在专门为电影片创作的剧本、音乐、布景等复杂的分工流水线,拍摄者往往自己兼做编剧和导演。当电影进入大众娱乐生活后引发了两个方面的问题,从而使电影走进著作权法的视野。一是电影损害了已有作品的权利,二是非法放映、翻印影片侵害了合法的电影放映的利益。最初要求对电影给予保护的是那些抱怨电影使用了他们作品的剧作家。[①] 20 世纪初,在法国的提议下,《伯尔尼公约》开始关注电影作品,提出建议的是剧作家而不是电影摄影师,起因是戏剧作品被复制成电影而遭受侵权。法国的提案被正式采纳后,1908 年的《伯尔尼公约》将文学和艺术作品作者的权利扩展到"电影摄制权",并将这个权利纳入新的一条即第 14 条中。该条从作者权利的角度规定,文学或艺术作品的作者,享有授权进行下列使用的专有权:对该作品进行电影改编和复制以及发行经过这样改编或复制的作品,以及公开放映经这样改编或复制的作品。[②]如此一来,公约间接地确认电影片本身可以构成受保护的作品。到了 1948 年,《伯尔尼公约》修订会议终于将电影作品增补为独立的作品,纳入《伯尔尼公约》第 2 条第 1 款的作品名单之中。1967 年《伯尔尼公约》增订了第 14 条之二,从电影作品创作者的角度规定了其著作权的归属问题。寻踪《伯尔尼公约》的发展轨迹可以发现,电影作品的保护历经从文学艺术作品的衍生品到独立的作品类型,著作权归属从已有作品的随从到电影创作者或制片者的独立权利。法律制度的变迁印证了电影产生发展的历史。

作为新兴的视觉艺术,电影是利用现代摄影技术手段,以戏剧、绘画艺术为基础,综合和汲取了各类艺术的一些表现方式和方法发展起来的一门艺术种类。在技术和艺术的共同作用下,电影有其特殊的技术手段和艺术表现形式。电影的艺术表现形式是特有的活动着的画面。画面是电影语言的基本构成单位,没有画面也就没有电影艺术。蒙太奇是电影艺术特有的技术手段,运用蒙太奇技术和表现方式,不同的画面被有机地穿插、分切与组合在一起,呈现给观众一种形象生动丰富和感染力强大的视觉盛宴。

[①] 参见〔英〕帕斯卡尔·卡米纳:《欧盟电影版权》,籍之伟、俞剑红、林晓霞译,中国电影出版社 2006 年版,第 8 页。

[②] 《伯尔尼公约》第 14 条。参见《保护文学和艺术作品伯尔尼公约(1971 年巴黎文本)指南(附英文文本)》,刘波林译,中国人民大学出版社 2002 年版,第 66 页。

2. 电影作品内部的复杂关系

电影的拍摄制作过程包含了多种复杂关系,使得电影作品具有多重属性。从电影作品和已有作品的相关性来讲,电影作品属于演绎作品。通常电影作品是根据小说、戏剧、剧本等已有作品改编摄制而成的,属于改编作品。现代电影的制作一般包括两种情形,一种是先选择一部小说或戏剧,将其改编成电影剧本,再根据剧本拍摄电影。此时小说或戏剧是原作品,电影剧本是第一代演绎作品,电影是第二代演绎作品;另一种是直接编写一部电影剧本,根据剧本拍摄电影。此时电影剧本是原作品,电影是演绎作品。根据已有作品制作的电影作品属于演绎作品,一些国家对此作出了明确规定。例如《美国版权法》第101条规定:"演绎作品是指依据一部或多部已有作品创作完成的作品,例如……改编成的电影……"《日本著作权法》第2条第(11)项规定:"二次作品,是指通过……改编成剧本、而摄成电影或者其他改变方法创作的作品。"[①]我国《著作权法》第15条没有明示电影作品是小说、剧本的演绎作品。第12条演绎作品的规定也没提到"摄制"属于演绎的一种,但这并不影响电影作品属于演绎作品的自然属性。

从参加创作的人数看,电影作品属于合作作品。电影作品是由多个创作者的成果复杂结合与叠加而成的合作作品。电影的拍摄从剧本到导演,从音乐创作到演唱、演奏,从演员到化妆师、摄影、美工,从现场拍摄到后期配音、剪辑,甚至有时包括舞蹈、特技,综合了多方面的艺术创作和凝聚了众多艺术工作者的贡献。从这个意义上讲,电影作品无疑是一种典型的合作作品。一些国家著作权法明文规定电影作品是合作作品,法国和日本均从多人参加创作的角度确认电影作品为合作作品。如《法国知识产权法典》第L.113-7条规定:"完成视听作品智力创作的一个或数个自然人为作者。如无相反证明,以下所列被推定为合作完成视听作品的作者:剧本作者,改编作者,对白作者,专门为视听作品创作的配词或未配词的乐曲作者,导演。"《日本著作权法》第16条规定:"电影作品中……负责制作、导演、演出、摄影、美术等工作、对电影作品整体制作作出了独创性贡献的人,都是电影作品的作者。"我国《著作权法》第15条规定"编剧、导演、摄影、作词、作曲等作者享有署名权",实际上从合作作者的角度肯定了电影作品是合作创作的作品。

从制作者和创作者的关系看,电影作品具有委托作品/职务作品的属性。一般情况下,电影的主创人员接受制片公司委托参与电影拍摄,双方之间的关系是特别委托

[①] 《日本著作权法》所指的二次作品,就是我国《著作权法》中所指的演绎作品。参见《日本著作权法》,李扬译,载《十二国著作权法》,《十二国著作权法》翻译组译,清华大学出版社2011年版,第363页。

关系。少数情况下，导演等主创人员是制片公司的职员，参与电影拍摄是为了执行所在单位交付的工作任务。电影作品创作中的雇佣关系或委托关系，对电影片拍摄的影响力表现在：拍摄电影需要投入大量资金和物资设备。制作者是发起电影的创作，为电影制作筹措资金，承担电影拍摄的物资保障和财务责任；电影拍摄类似于工业品生产，制作者是协调和管理各部门、各环节的组织者、管理者；在拍摄进程中，选择演员、拍摄场地、工作进度等重大事项，制作者是项目总负责人；电影拍摄完成后上映许可，拷贝发行等所有市场运作和相关财务责任，亦由制作者承担。由此看来，电影等视听作品事实具有雇佣作品的属性。因而一些国家根据雇佣作品规则对待电影作品，将雇主（制作者）视为电影作品的作者，用一个简单清晰的法律来处理电影作品内部的复杂关系。

电影作品内部的复杂关系，反映在电影著作权归属上，各方主体会产生不同的要求，从而影响着电影作品著作权的归属和利益分配。谁是电影作品创作者，电影著作权给予作者还是制片者，如何分配电影作品的经济利益，各国对此采取了不同的解决方法。而每一种方法都与电影作品中基础法律关系有着密切关系。

(二) 视听作品的著作权归属

电影等视听作品著作权要解决的问题是，在作出创造性贡献的所有人当中确定谁是作者，著作权归谁享有。由于电影作品的特殊性，各国大都对电影作品或视听作品著作权进行特别规定。

1. 两种不同的电影著作权制度

(1) 作者权国家的电影著作权。作者权国家严格按照"著作权属于作者"和"创作人原则"，认为作品与创作人有着密不可分的联系，只有创作作品的人才是作者，才能享有著作权。基于电影作品是一种合作作品，那些参与电影制作并作出创作性贡献的人应当成为作者。因此，有些法律通过罗列一个合作作者的名单来确认电影作品的作者。法国法律规定，如果没有相反证据证明，剧本作者、改编者、导演、对白作者、作曲者，都是视听作品的合作作者。[①] 在意大利，合作作者的名单包括原著作者、编剧、作曲者和艺术导演。[②] 另有一些国家如德国，法律上没有确定合作作者的名单，而是允许在具体案件中确定电影作品的作者。

然而"著作权属于作者"必须面对两个问题：一是，众多合作作者共同享有电影著

---

① 《法国知识产权法典》第L.113-7条，黄晖译，载《十二国著作权法》，《十二国著作权法》翻译组译，清华大学出版社2011年版，第66页。

② 《意大利著作权法》第44条，费安玲、魏骁、陈汉译，载同上书，第268页。

作权,该权利当如何行使,如果合作作者无法协商一致,势必影响电影的发行利用,何况众多个体的协商耗时费力极其低效;二是,制作者虽不是电影作品的艺术贡献者,但是制作者投入了大量的资金及物质技术条件对电影拍摄进行组织和管理,还承担着电影面世后商业运作可能出现的经济风险,该如何保护制作者作为电影产业投资者的利益?于是,作者权国家建立了一套"法定许可""推定许可"的制度,使电影作品的作者,在与制作者签订拍摄合同之日起即将电影的经济权利转让给制片人行使。德国法律规定,取得电影著作权的作者,有义务将电影作品、对电影作品的各种独占性使用权授予电影制作人。①法国法律规定,除作曲者之外,制作者同电影作品作者签订了合同,即导致视听作品独占使用权转让给制片者。②意大利、西班牙、比利时等国著作权法也都采取上述法定转让或使用许可对电影作品的创作者及著作权归属作出规定。

概言之,作者权国家的做法是,首先确认共同创作人为电影作者,再通过"推定许可"的制度安排,将电影著作权集中于制作者手中。这种迂回的态度和做法反映了创作者原则及作者人格权理论对制度设计的强大约束,而著作权法又不得不面对电影产业市场规律作出的灵活处置。

(2) 版权法国家的制片者版权。美国、印度等一些版权法国家,电影作品属于雇佣作品,电影制片人被视为电影作品的作者,享有电影作品的原始著作权。以美国为例,雇佣作品属于"视为作者"的典型例子。按照"视为作者"原则,并非实际创作者的法人或者自然人可以被授予作者身份。既然电影作品属于雇佣作品,制作者作为雇主当然对其作品享有版权。制作者作为雇主,发起并组织电影的制作,负责商业运作、后续市场开发和相关财务责任,而导演、演员、音乐作者等创作人员和其他辅助人员是受雇于制片人的雇员。这种雇佣关系下创作完成的电影作品,制片人居于作者地位成为电影作品唯一的版权所有人。因此《美国版权法》并不存在电影作品的专门规定,而是在雇佣作品的版权所有权条款中规定,"作品作为雇佣作品的,雇主或委托创作的其他人,视为作者,享有版权中的一切权利"③。印度的做法和美国相同,电影作品是雇佣作品,在无相反约定的情况下,雇主(制作者)是电影作品的原始著作权所有人。④

---

① 《德国著作权法》第89条第1款,载〔德〕M.雷炳德:《著作权法》,张恩民译,法律出版社2005年版,第743页。
② 《法国知识产权法典》第L132-24条,黄晖译,载《十二国著作权法》,《十二国著作权法》翻译组译,清华大学出版社2011年版,第84页。
③ 参见《美国版权法》第201条(b),载《美国版权法》,孙新强、于改之译,中国人民大学出版社2002年版,第41页。
④ 《印度著作权法》第2条(d)款(v)项、第17条,载《十二国著作权法》,《十二国著作权法》翻译组译,清华大学出版社2011年版,第224页、第230页。

版权法国家将电影制片人(雇主)作为电影作品的唯一作者的做法,明显有利于权利的集中,有利于电影作品的创作、发行和利用。当然,它也是版权体系将版权视为纯粹财产权,权利可以自由转移的必然的制度选择。

《伯尔尼公约》没有规定电影作品的著作权归属,也没有对两种体系的分歧作出决断。根据《伯尔尼公约》的规定,对于电影作品的著作权人,允许国内法自行决定谁应该成为权利人。公约还同时规定了"合法化推定"。根据《伯尔尼公约》上述规定,在没有相反或特别约定的情况下,那些已经参与电影作品制作的作者,实际上被推定为已同意电影制作者以正常方式使用电影作品。[①]这种处理方法表明,完全依照"创作者原则"确认电影作品的著作权人困难重重,而考虑在创作者范围之外确认并非创作者的法人具有作者身份,将电影著作权实际赋予制作者,不仅缓和了两种制度的对立关系,也为各成员自行确定电影版权的所有者留下自由选择的余地。

2. 我国的电影作品著作权

(1) 电影作品的整体著作权。我国《著作权法》第15条规定:"电影作品和以类似摄制电影的方法创作的作品的著作权由制片者享有,但编剧、导演、摄影、作词、作曲等作者享有署名权,并有权按照与制片者签订的合同获得报酬。电影作品和以类似摄制电影的方法创作的作品中的剧本、音乐等可以单独使用的作品的作者有权单独行使其著作权。"这一规定通过整体著作权和个别著作权相结合的方式处理电影著作权的归属和权利行使。首先,该条明确了对视听作品进行组织制作并承担责任的制作者是视听作品的著作权主体,享有视听作品的整体著作权。参与创作的编剧、导演等主创人员与制作者之间无论是职务关系还是委托关系,均不影响电影作品著作权归制作者享有,但创作者有署名权和获得报酬的权利。其次,电影作品中的剧本、音乐等可以单独使用的作品的作者有权单独行使其著作权。

通常认为,我国电影著作权与美国的制片人版权制度类似。实际上,我国的电影著作权具有兼收并蓄的中国特色。一方面,著作权立法将电影著作权直接配置给制作者,另一方面,确认编剧、导演等主创人员是电影作品的合作作者并享有署名权。这种处理方法既不完全等同于美国将电影制片人视为作者,把电影版权授权这些人,也不同作者权法系国家确认实际创作人是作者,但将经济权利"推定转让"给制作者的制度设计。理解《著作权法》第15条的电影作品著作权,还须结合《著作权法》第11条著作权归属的一般规定,才能够认清立法初衷和制度本意。如前所述,《著作权法》

[①] 《伯尔尼公约》第14条之二第2款。参见《保护文学和艺术作品伯尔尼公约(1971年巴黎文本)指南(附英文文本)》,刘波林译,中国人民大学出版社2002年版,第68页。

第11条是著作权归属的一般规定，具有统领和指导具体规定的作用。该一般规定中"视为作者"是确定作者身份的一项规则，是从作者身份角度预先确定某些作品的著作权归属，当一部作品满足"法人主持，代表法人意志创作，并由法人承担责任"的条件，该作品即由"视为作者"的法人或非法人组织享有著作权，属于"法人作品"。显然，电影作品的创作完全符合"法人作品"的各项条件，电影作品著作权由法人或非法人组织的制作者享有，正是一般规定中"视为作者"的具体情形之一。当然，"视为作者"是为解决著作权归属而设立的法律概念，将制作者视为作者而赋予其原始著作权，并不意味着制片者就是创作者，仅仅意味着让制作者居于作者的位置来掌握权利和行使权利。这样看来，《著作权法》第15条确立的电影作品著作权由制作者享有，主创人员的作者身份不受影响的制度设计，更类似于美国的制片人版权，同时也体现了创作者原则，是对两种著作权制度兼收并蓄的做法，这种做法也完全符合《伯尔尼公约》的规定。

（2）电影作品的个别著作权。电影作品中的个别著作权存在于电影中的剧本、音乐、美术等作品之上。这些作品分为两种类型：一类是在电影拍摄前已经存在作品，即"已有作品"；另一类是为了某个电影而专门创作的作品，即"为他作品"。

已有作品，是指在电影作品创作之前业已存在的作品。例如，小说、剧本等文学作品，在电影、电视剧拍摄之前就已经由作者独立创作出来，有的早已出版发行。影视作品拍摄时，已有作品作为"原著"而引入电影制作，先是被改编成剧本再进行电影拍摄。又如，绘画、摄影等美术艺术作品经常被用于电影、动画片的制作，因而成为影视片的已有作品。一般讲，已有作品在创作时间上早于电影作品的拍摄，并且作家独立创作并不为其他作品而服务。为了拍摄电影、电视剧等而使用已有作品的，制片者应取得原作品作者的许可并支付报酬。

小说、剧本等已有作品单独行使著作权主要是对作品另行使用、做其他使用。如果是小说，作者可授权出版社以其他文字出版发行其作品，如果是剧本，编剧可将其另行改编为舞台剧，等等。某些作品虽然可能是专为拍摄电影所作，也可以做其他使用，只要不与电影作品著作权的行使相冲突即可。比如，小说拍摄成电影后还可以授权拍摄电视剧。这些单独使用的做法，实践中一般不存在争议。值得讨论的是，小说、剧本等在先作品的作者是否可以对电影作品行使使用权，即能否控制电影作品的使用。澄明这一问题必须对作品的使用分别而论。其一，涉及电影作品的放映发行等符合电影商业运作的正常使用，无须原作者的许可。这是因为，放映、发行是拍摄电影片的目的，制作电影的目的是放映。制片者向已有作品的作者取得小说的改编权拍摄电影，就是为了将拍摄的电影投入放映、发行。对于作者来说，作品被改编的目的、改编成影视片的使用方式具有合理的预期,并能够基于此决定许可使用的范围和许可费。因此,一旦作者授权许可其作品的电影改编,即意味着允许制片者在合同目的之下使用电影作品,无特别约定的,不得反对制片人在电影正常商业运作下对电影作品进行放映、发行。其二,电影作品的二次使用,需经过原作品作者的许可。"二次使用"一般是指拍摄合同目的之外的其他利用方式,主要是改编,例如将电影、电视剧改编成舞台剧,将电影改编成图书、绘本。二次使用是对作品的演绎,所产生的新作品会带来新的市场和产生无法预期的收益。原作品的作者许可制片者拍摄电影时,无法预估也不可能将未来因素考虑进去进而借此获得对价。此外从原作品的声誉和作者精神利益的角度看,二次演绎有可能使作品获得社会影响,作者可能有所顾虑并不希望他人对作品再次改编,或者顾虑二次改编会导致原作品被歪曲、丑化或不良影响,这本是作者维护自身精神权利的做法。因此,如果一件根据已有作品拍摄的电影作品被改编的,不仅须电影著作权人的许可,还必须经过原作品的作者的同意。

"为他作品"是指为了电影作品而专门创作的作品。电影、电视剧中的音乐、美术作品往往是在影视创作计划启动之后根据拍摄要求而创作的,在创作时间和创作目的上均服从于影视拍摄的目的,在主题、风格、形式上与影视剧高度契合。例如,人们耳熟能详、脍炙人口的许多歌曲当初是为电视剧量身定制的,动画片中角色形象美术作品是根据作品的主题特别设计的。原作者行使为他作品的个别著作权时,应当注意两个方面:第一,单独使用的对象是原始作品。作者可单独利用的对象或者交易的标的是原始作品,不应旁及该原始作品二次创作产生的演绎作品。例如,画家为动画片绘制的人物形象草图、设计手稿,在动画片制作过程中已被添加新的创作元素,最终固定和反复呈现在动画片的人物形象是一个经过二次创作的美术作品。属于原始设计草图的演绎作品,著作权由制片者享有。原作者可单独行使著作权的是设计草图,对动画片中最终呈现的人物形象美术作品则不能主张"单独使用"的权利。第二,"单独使用"系存在于原始作品之上的权利。著作财产权每一项使用权对应着不同类型的作品,作品类型不同使用方式不同。电影作品以放映、发行、播放为主要使用方式,文字作品、美术作品的使用方式主要是复制、发行、改编。可单独使用作品的作者根据其作品类型对作品加以使用或进行著作权交易,但不应在原作品使用方式之外进行使用,例如,为电影而创作的唱腔设计,作曲者的单独使用可以是录制唱片、现场表演、电台播放等,但是放映含有音乐的电影片,是对电影作品的放映,如若这般,显然超出了作品之上应有的权利范围。第三,单独使用不应与为他创作的目的相冲突。作者在单独使用原作品时,应当在影视制作合同的范围以外使用,合同约定不明的,作者仅可以非影视制作的方式利用其作品,即不应再授权他人在影视作品中使用其作品,作者的单独使用亦不应与影视摄制合同的目的相冲突。

理论探讨

由美术作品改编的动画人物形象及动画片的著作权问题①

引子:大头儿子和小头爸爸著作权侵权纠纷案

中央电视台制作的动画片《大头儿子和小头爸爸》(以下简称"大头儿子")是一部由若干小故事组成的系列剧,根据儿童作家郑春华的同名小说改编而成。该剧播出后,剧中的主角大头儿子、小头爸爸和围裙妈妈成了家喻户晓的动画人物。这三个人物的雏形最初形成于1994年,当时央视委托刘某根据小说中人物形象的基本描述绘制三个主角人物的形象,但未明确著作权归属及使用事宜。1995年,以刘某绘制的铅笔草图为基础,央视进一步设计和再创作,制成了符合动画片标准造型的三个主要人物形象即"大头儿子""小头爸爸""围裙妈妈"的设计图,并据之制作播出了动画片《大头儿子和小头爸爸》。2013年,央视动画有限公司(以下简称"央视动画")又制作播出了《新大头儿子和小头爸爸》,并许可第三人使用2013版动画人物形象制造衍生品。但是,此时大头儿子、小头爸爸和围裙妈妈三个人物设计草图经多次辗转,刘某又将著作权转让给杭州大头儿子文化发展有限公司(以下简称"杭州公司"),杭州公司也授权他人生产销售大头儿子形象玩偶。于是,央视动画和杭州公司之间发生了一系列著作权侵权纠纷。在杭州公司对央视动画提起的著作权侵权案件中,原告要求责令被告停止侵权,包括停止大头儿子动画片的复制、销售、出租、播放、网络传输等行为,并不得对动画人物形象授权他人进行衍生品开发。一审法院②和二审法院③均认定央视动画构成侵权,但判令其以支付较高损害赔偿额的方式代替停止侵权的责任。而在央视动画诉杭州公司侵犯动画形象的案件中,法院④则认定杭州公司授权制作衍生品构成侵权,判令其停止侵权并赔偿经济损失。这一系列案件发生后,在影视界和著作权学界引起了广泛热议。

一般来说,根据已有作品改编摄制影视作品是常见的演绎创作类型,显然,已有作品是原作,影视作品是在其基础上改编摄制的演绎作品,二者之间应当遵循演绎创

---

① 张今、郭斯伦:《由美术作品改编的动画人物形象及动画片的著作权问题研究——以大头儿子和小头爸爸著作权纠纷案为例》,载《中国版权》2017年第6期。本处有修订。
② 参见杭州市滨江区人民法院民事判决书(2014)杭滨知初字第636号。
③ 参见浙江省杭州市中级人民法院民事判决书(2015)浙杭知终字第358号。
④ 参见北京市朝阳区人民法院民事判决书(2016)京0105民初46001号。

作的基本法理。但是,不同于根据小说、剧本改编成电影或电视剧的典型情形,以本案为代表的动画片制作具有自身特殊性,其中涉及小说和人物形象草图等多种已有作品。那么,动画片究竟是何种作品的演绎作品,其与小说、动画人物形象设计之间分别是何种法律关系,动画片制作者享有何种著作权又对小说作者、动画形象设计者负有何种责任,进而,对根据动画人物产生的衍生品享有何种著作权又负有何种责任,都需要我们做深入细致的研究和分析。

一、动画片的制作及其法律关系分析

（一）基础法律关系分析

一般来说,由小说改编摄制动画片,其制作过程通常包括以下步骤：首先,根据小说编写剧本,展开故事情节、编写人物对白等；然后,根据小说故事的风格、主题,设计人物形象。实践中后一个过程可能包含两个步骤,先根据剧本和导演的要求设计人物造型,再将人物造型草图进一步设计出人物形象的多维度彩色图,即符合动画片制作要求的标准图和各种动作、表情的变化图,以及设计出剧情所需要的其他景物等画面元素,配乐配音等非画面元素。

上述动画片的制作过程中,一般存在三种基础法律关系：

一是小说和动画片之间。二者是原作和演绎作品的关系,小说是原作,动画片是由小说改编而来的演绎作品。

二是动画片中人物形象（动画形象）和设计图之间。如果先绘制草图,则草图是原作,人物形象标准设计图是演绎作品,之后的各种人物形象变化图又是在标准设计图基础上的新一代演绎；如果未经过草图阶段,则电脑制作的人物形象标准设计图是原作,动画形象变化图是演绎作品。

三是人物形象设计图和动画片之间。有观点认为这是原作和演绎作品的关系。虽然从表面来看,人物形象设计图形成于动画片之前,是动画片制作的基础,但是对整部动画片来说,人物形象设计图只是其中的一个元素,且远非作品的主要部分。一部动画片除了人物形象,还有房屋景观等其他画面元素,有故事情节、对话、旁白等戏剧元素,以及配音、配乐等声音元素,而人物形象设计只是整部作品中的很小一部分。动画片是众多创作集合而成的视听作品,在著作权法意义上,动画片被视为一部合作作品,人物形象设计者、动画设计者、音乐作者、配音演员等主创人员都是作品的创作者。因此,动画片和人物形象设计图之间是整体和部分的关系,并非演绎作品和原作的关系。

（二）大头儿子和小头爸爸案的特殊法律关系分析

动画片大头儿子和小头爸爸是一部视听作品,具有合作作品属性。除此而外,还

存在一种特有的法律关系,就是动画人物形象草图之间的委托创作关系。通常,改编作品所利用的原作是一部已有的小说、剧本,由于作品的畅销,引起改编者的兴趣因而与原作者洽谈,获得影视改编权。此时原作者和改编者之间只存在演绎创作法律关系。而在大头儿子和小头爸爸案中,原图是受改编者的委托而手绘的,是绘制者为他人而创作的作品。事实即如此,涉案动画形象草图是刘某根据导演的当面讲说和剧本的文字说明,现场绘制出来并交付给委托人的。这一手绘草图纯粹是用来制作动画片的,必须完全服从于整个动画片作品的主题和风格,且需要进一步设计出符合动画片标准造型的人物形象图。如果脱离开动画片,草图本身没有多少艺术价值可言,也不具有单独使用的可能性。事实上,草图作者刘某和央视动画之间存在着委托创作的基础法律关系,该关系会对动画形象及动画片的著作权产生某种影响。

二、动画片的著作权归属与利用

根据著作权法基本原理及法律规定,视听作品的著作权属于制片者,动画片属于视听作品,其著作权由该动画片制作者享有并自主行使权利。但由于动画片的制作涉及小说、人物形象草图等已有作品,其中存在委托创作等法律关系,这些关系是否会影响动画片的著作权归属和利用,需要做全面深入的分析。

(一)从合同作品创作角度看

视听作品的制作过程虽然有众多创作者共同参与,但是他们不能对视听作品享有著作权,否则众多创作者都能影响甚至决定视听作品的权利行使,势必会妨碍视听作品的传播和利用,导致制片者的投资成本难以收回。因此,在世界范围内视听作品著作权都自成体系,以英美为代表的版权法规定由制片者直接获得视听作品原始的、全部的著作权,以法德为代表的作者权法则通过法定转让/推定转让,将各创作者对视听作品的原始著作权交由制片者统一行使。《伯尔尼公约》采取折中态度,既允许各国以上述两种方式确定电影著作权归属,同时又规定了适用于两种制度的"合法化推定":"已参与电影作品的制作而依法成为著作权人之一的作者,如果已承诺参与上述制作,在没有相反或特别约定的情况下,不得反对复制、发行、公开表演、公开有线传播、播放或以其他任何方式公开传播该作品,也不得反对为该作品配制字幕或配音。"[①]这一"合法化推定"意味着,那些已参加视听作品制作的共同作者,在没有相反或特别约定的情况下,实际上被推定为已同意以复制、发行等方式传播和使用视听作品,不得反对制片者对视听作品的正常利用;而小说、剧本作者例外,因为剧本对于视

[①] 《伯尔尼公约》第14条之二第2款(b)项。参见《保护文学和艺术作品伯尔尼公约(1971年巴黎文本)指南(附英文文本)》,刘波林译,中国人民大学出版社2002年版,第69页。

听作品是独立的原作,视听作品是以它们为基础由它们改编摄制的,小说、剧本的作者是独立的原作者而不是视听作品的创作者。这样,无论采取何种立法制度,无论制片者对视听作品享有原始著作权还是从共同作者手里获得继受权利,视听作品的著作权都由制片者单独行使,参与创作的作者不得影响视听作品的著作权归属和利用。我国遵循上述原理,并采用了类似于版权法的制片者著作权制度,《著作权法》第15条明确规定,电影作品和以类似摄制电影的方法创作的作品的著作权由制片者享有,编剧、导演、摄影、作词、作曲等作者享有署名权,并有权按照与制片者签订的合同获得报酬。

(二) 从委托创作的角度来看

草图是刘某受央视动画特别委托而创作的。虽然双方没有签订书面合同,甚至未对委托创作的相关事宜作出明确约定,但是刘某在知晓草图创作目的和使用方式的情形下,仍然接受委托并交付了作品,此后动画片在全国范围内播放了十多年,片中署名"人物设计:刘某",而刘某对此未提出异议,因此,可以认定央视动画和刘某之间存在事实上的委托创作关系。

根据我国《著作权法》和《最高人民法院关于审理著作权民事纠纷案件适用法律若干问题的解释》的规定,委托创作没有订立合同的,著作权属于受托人,委托人可以在委托创作的特定目的范围内免费使用该作品。这既符合著作权属于作品创作者的法理,也能够满足委托人委托他人创作作品的实际需要,符合委托创作的初衷和现实需求。据此,在大头儿子案中,草图的著作权应当由刘某享有,而央视在草图的基础上再创作和加工所确定人物形象标准图及各种变化图,以及将动画形象用于制作动画片,将动画片复制、播放,都在该委托创作的特定目的范围内。因此,央视动画完全可以基于委托创作关系制作、复制、播放大头儿子动画片,刘某对草图的著作权不受影响。

回看杭州公司对央视动画提起的著作权侵权案,被告复制、播放该动画片是否侵犯了人物形象草图的著作权呢? 无论遵循法理还是依据我国《著作权法》有关规定,涉案动画片的著作权属于央视动画,其作为视听作品著作权人有权以复制、发行、信息网络传播等方式使用动画片,而草图作者作为动画片的共同创作者,除了获得报酬和在影片上署名之外,没有理由干预和反对制片者对动画片的正常使用。本案一、二审法院支持原告请求认定央视动画侵犯草图著作权,导致这一结果的主观原因在于,法院只看到草图和动画形象系原作和演绎作品的关系,忽视了草图只是动画片的一小部分,草图作者是视听作品共同作者之一,本应遵循制片者著作权而排除草图著作权人对视听作品著作权行使中的干预,但法院判决书却背离这一重要规则。

三、衍生品的著作权与利用

大头儿子和小头爸爸案的另一个关注焦点在于人物形象玩偶等衍生品的著作权与利用问题。这些衍生品是在人物形象设计草图的基础上几经演绎形成的，草图是其最初的原作。那么，谁有权制作销售这些衍生品？制作销售该衍生品是否需要对草图的著作权人负有义务？对此，我们先从衍生品的性质着手进行分析。

（一）衍生品的性质界定

根据动画片中的人物形象制作的玩偶等衍生品属于角色的商品化，即，为引起潜在消费者购买商品的欲望，利用消费者对角色的好感而对角色的基本个性特征进行与商品关联的再开发或二次利用。①

在琳琅满目的众多商品中，以视听作品中的知名角色为模板制作的商品总是更能吸引消费者的注意，许多时候即使其定价比同种类商品高一些，也能吸引消费者购买。可以说，消费者对这种衍生品的偏好不是因为产品本身，而是因为产品所体现的角色人物的姓名或形象。② 也就是说，角色的衍生品以其作品的影响力、良好声誉为基础，凭借作品中角色的名气和观众喜爱度进行商业经营。由此，对角色形象进行商品化、制作销售衍生品的前提是这些角色形象以及含有角色形象的作品获得了较为广泛的传播和使用，在公众中积累了较高的知名度，并受到了大家的普遍认可和喜爱。

就大头儿子动画片而言，能够进行商品化的客体是动画片中的人物形象，而非刘某设计草图中的形象。这不仅是因为从外表来看这些衍生品是以动画片中的人物形象为模板，而与铅笔草图中的简略形象根本不同，更是因为草图虽构成美术作品，但却不具有独立的审美价值和单独使用的功能，其自创作完成后从未进行发表和公开使用，更不用说获得公众的关注和喜爱。大头儿子等三个角色在公众中的知名度和影响力完全源自动画片的播出，从某种角度说，正是由于喜欢动画片中由三个角色构成的一系列温馨有趣的故事，观众喜爱上了这三个角色，进而由于移情的作用也喜欢了以这三个角色为模板制作的各种衍生品。可见，这些衍生品是动画片中人物形象的商品化。而草图中的形象根本不为公众所知悉、没有商品化利益，不具备商品化的条件。

对动画片的衍生品而言，其权利主体是央视动画，他有权对人物形象进行商品化利用，制作销售或者许可他人制作和销售衍生品，而刘某和杭州公司既不是这些动画

---

① 参见世界知识产权组织1994年发布的角色商品化权研究报告，转引自林华：《虚拟角色保护坚冰待破——商品化权专门立法探析》，载《电子知识产权》2009年第6期。

② See Lien Verbauwhede, Savvy Marketing: Merchandising of Intellectual Property Rights, http://www.wipo.int/sme/en/documents/merchandising_fulltext.html, 2017-2-16.

形象的创作者,又未在这些形象的传播使用中作出贡献,因此他们都没有衍生品商业化利用的权利。因之,杭州公司授权他人制作销售动画人物形象玩偶(而非根据草图制成的玩偶)实际上已构成对央视动画的侵权行为。

(二)未授权演绎作品的著作权及其行使

从创作渊源来看,衍生品的原始作品是刘某绘制的草图,其本质是在草图基础上几经创作生成的演绎作品,但是属于未经授权的演绎作品。因为,原始作品草图虽然无法单独使用,但仍然构成美术作品,刘某按照委托创作要求将草图交付于动画片制作,则无论从电影改编的角度还是从委托创作的角度,央视作为制作者,自由使用草图的范围限于动画片的复制、发行、播放等正常利用方式,而对片中动画人物形象进行商品化、制作销售衍生品显然超出了该正常使用范围,应当获得草图著作权人的许可。

在著作权法原理上,经授权的演绎作品,演绎者享有独立、完整的著作权,可以各种方式进行使用并获得全部收益。而未经授权的演绎作品虽然也受著作权法保护,但其权利内容与行使却存在较大区别。通常,演绎者只享有消极权利,没有积极方面的著作权,亦即,能够排斥第三人未经许可擅自使用演绎作品,但是不得自己公开使用或者授权他人使用。那么,大头儿子和小头爸爸案是否应当适用该法理,禁止央视动画对人物形象的商品化使用、禁止其继续制作销售衍生品呢?笔者对此持否定态度。

首先,这是促进社会进步的需要。在草图基础上几经演绎形成的衍生品是独立于草图的一个全新作品,属于完全不同的领域,具有不同的艺术价值和使用价值,相对于不具备独立审美性和单独使用性的草图来说,衍生品对社会的价值更高。我们应当鼓励此类衍生品的制作和销售,既丰富社会文化总量,又促进社会经济发展,最终有利于增加社会福利。其次,这符合公平原则的要求。一方面,从艺术创作的角度来看,动画人物形象中的主要表达元素都是由央视动画创作的,相对于刘某的草图,央视动画作出的贡献更大。另一方面,从商品化角度看,动画人物形象的商品化使用所获得的成功得益于央视动画的付出。央视动画不仅聚集了众多创作者,拍摄出了优秀的动画片,而且制订了有效的作品传播和推广策略,取得了良好的社会效果,获得了公众的广泛认知和喜爱。这些都是人物形象得以成功商品化的基础。

因此,在大头儿子案中,央视动画对人物形象进行商品化使用、制作销售衍生品,虽然没有经过人物形象原作者的授权,有侵权之嫌,但不应据此就禁止其继续使用。我们应当采取侵权不停止的处理方式,既允许央视动画对其未授权演绎作品行使积极的利用权,又对原作者给予适当的经济补偿,以合理平衡原作者、演绎者和社会公众的合法利益。

二、职务作品的著作权

（一）职务作品的概念、构成要件

1. 职务作品的含义和种类

职务作品也称雇佣作品，是指作者为完成供职单位的工作任务而创作的作品。基于劳动关系或执行行政指令，在职务范围内从事各种创作活动是一个非常普遍的现象。我国现行体制下，一些文学、艺术和科学工作者、教学科研人员，属于国家机关或企事业单位的公职人员，所创作的作品大都属于职务作品。

职务作品的构成须具备两个特征：第一，创作作品的公民与下达创作任务的单位具有劳动关系。依据劳动关系，作者有权从单位定期领取劳动报酬，同时有义务接受单位在劳动合同范围内安排的工作任务。是否存在劳动关系是职务作品区别于委托作品的一个特征。第二，创作作品的目的是为了完成单位的工作任务，"工作任务"指单位工作性质和职责范围内的工作，工作人员接受该单位指派履行岗位职责承担的工作任务，如，教师编写的教材、网络课堂课件，行政机关公务员撰写的调研报告及整理的数据、情况综述，记者或编辑为所在报社、杂志社采写新闻报道等，都属于为完成工作任务所创作的职务作品。职务作品以建立在劳动关系上的工作任务为核心。至于作品的创作是否利用工作时间、是否在工作地点，与职务作品的构成无关。

我国《著作权法》将职务作品分为一般职务作品和特殊职务作品两个类型。根据《著作权法》第 16 条第 2 款第（1）项规定，特殊职务作品是指，主要是利用法人或者其他组织的物质技术条件创作，并由法人或者其他组织承担责任的工程设计图、产品设计图、地图、计算机软件等职务作品。一般职务作品是特殊职务作品以外的职务作品。从作品属性来看，特殊职务作品的客体是科学作品。法律所列举的工程设计图、产品设计图、地图、计算机软件均属于自然科学、工程技术类作品。这等作品的创作留给创作者个人自主意志自由思维的空间是有限的，在情感方面也很少带有人格色彩。相反，科学技术类作品的创作思想和表达形式需要服从企业经营产品的目的和需要，创作的各个环节在企业指导监督之下协同开展工作，而创作所需要的物质技术条件主要依赖于企业法人的出资和既有条件。最后，研发的产品投入应用和进行市场交易，一切经济风险和产品责任均由法人组织来承担。特殊职务作品的这些特征成为确定作品著作权归属的重要根据。

其他主要国家职务作品或雇佣作品的规定。欧洲大陆法律有"职务作品"之说，但不是将职务作品作为类型化的作品，而是从权利归属角度规定此等作品的作者是谁。《德国著作权法》将职务作品称为"具有雇员身份的作者为履行劳动合同或者公共雇佣关系的义务而创作的作品",承认这些作品大量存在于现实生活中,如出版物、广播电视节目、广告、电影制作等文化产品,计算机程序、数据库、多媒体产品等信息技术所产生的作品,都属于职务作品。日本法也有职务作品的规定,但和德国基本相同,是从确认作者身份的角度来规定职务作品的,即《日本著作权法》第 15 条"职务作品的作者"。在美国,雇佣作品是其版权法律最具特色的制度之一。按照《美国版权法》的定义,雇佣作品是指雇员在其工作范围内所完成的作品,或者由独立合同方完成的特定的委托作品。特定的委托作品包括,作为集合作品的部分、作为电影或其他视听作品的部分、作为译文、汇编、教材、试题、试题的答案、地图,且当事人必须以签署的书面协议明确同意该作品为雇佣作品。雇佣作品的重要意义在于,当作品为雇佣作品时,雇主或委托作品创作的其他主体,视为作者,享有版权中的一切权利。

2. 关于职务作品和"法人作品"的问题

在我国,"法人作品"是一个备受争议的概念,人们普遍认为《著作权法》第 11 条规定了"法人作品",第 16 条又规定了职务作品,而职务作品和"法人作品"两个概念存在交叉重叠,实际上很难将二者区分开来。《著作权法》修订过程中就有人提出这样的建议,删除法人作品的概念,将其并入职务作品。

职务作品和"法人作品"看似交叉重叠,但细究起来,包含两个概念的不同条款其地位不是同一阶位,其规范功能也各不相同。《著作权法》第 11 条是关于著作权归属的一般性规定,第 1 款确立了著作权归属的原则——著作权属于作者;第 2 款、第 3 款是确定作者身份的原则,指明了两种身份的作者:创作作品的公民和视为作者的法人。具体地讲,第 3 款规定如下:"由法人或者其他组织主持,代表法人或者其他组织意志创作,并由法人或者其他组织承担责任的作品,法人或者其他组织视为作者",这一款是否为"法人作品"的规定呢?从行文看,该条款的结构是,何种情形下可以将法人视为作者。质言之,这是"法人视为作者"的推定规则,与第 2 款"创作作品的公民是作者"共同构成确认作者身份的一般规定,以补足"著作权属于作者"之原则。该第 3 款并不是对作品类型的规定,也并未出现"法人作品"的概念。因此,该第 3 款属于著作权归属的一般性规定,是对各类作品著作权归属的抽象和概括。其规范意义在于,预先设定法人视为作者的条件,给具体作品以明确指引。当某种作品符合法律规定的"视为作者"条件时,法人就是这些作品的作者。该第 3 款与类型化作品之间的关系是一般和具体的关系:"视为作者"是权利归属的一般性规定,类型化作品的著作权人是著作权归属的具体规范。就特殊职务作品而言,科学技术作品的创作由单位发起并进行监督指导,创作目的需体现法人所追求的目标,创作过程高度依赖于法人对资金和技术的投入,创作成果的市场风险和可能发生的产品责任均由法人承担,完全符合"由法人主持、体现法人意志,法人承担责任"的条件。因此,特殊职务作品应当由法人原始取得著作权,成为"法人视为作者"的一个典型例子。除了职务作品外,电影作品、某些委托作品也属于"视为作者"的具体情形。此外,还有一些作品,由法人主持、体现法人意志、法人承担责任,并以法人名义发表的作品,也属于法人视为作者的作品。相应的例子是,政府机关的工作报告、政策指导性文件、调研报告等等。综上,"视为作者"和职务作品并非是平行的两个概念,二者规范对象的"交叉重叠"正好反映了二者之间原则与规范、一般与具体的关系。

(二) 职务作品的著作权归属

1. 职务作品的著作权人

我国《著作权法》上职务作品著作权的归属因一般职务作品和特殊职务作品的区别而有所不同。

按照我国《著作权法》的规定,一般职务作品的著作权由作者享有,单位在其业务范围内有优先使用权。一般职务作品虽然与单位、职责有关,但雇员的创作活动受到个人意志的控制,既不需要雇主为创作提供专门物质技术条件,也不需要由雇主单位为作品的市场利用承担责任,因此一般职务作品的著作权由作者享有,但法人或其他组织在其业务范围内优先使用。法人的优先使用限定于单位的业务范围之内,期限为自作品完成2年之内。如此期间内法人在其业务范围内不使用,作者可以要求单位同意由第三人以与单位使用的相同方式使用,单位没有正当理由不得拒绝。作品完成后2年之后,单位仍然有权在其业务范围内继续使用,未经单位同意,作者不得许可第三人以相同方式使用作品。概括地说,一般职务作品的著作财产权和著作人格权由作者享有,单位只是具有2年的优先使用权。这样的规定明显反映出立法者重点保护作者的倾向。

特殊职务作品的著作权由单位享有。特殊职务作品,是指由法律直接规定的某些作品。主要是工程设计图、产品设计图、地图、计算机软件之类的工程技术作品,特殊职务作品主要是工程技术作品。按照《著作权法》第16条第2款规定,特殊职务作品,作者享有署名权,著作权的其他权利由法人或者其他组织享有。其他特殊职务作品有,法律、行政法规规定由法人享有著作权的作品,例如由他人执笔,领导(法人代表)审阅定稿并以其名义发表的讲话、报告,其著作权由报告人或讲话人(法人代表)享有。合同约定著作权由法人或者其他组织享有的职务作品,其中作品当指任何一种作品,合同约定是指劳动合同或定作加工合同等能够产生创作成果的契约关系。

从比较法角度看,欧洲大陆的法律虽有职务作品的概念,但著作权归属上仍坚持创作人原则,即便是在雇佣劳动关系或者某种公共雇佣关系框架下所进行的作品创作行为,本着著作权产生于创作人的人格之中的观念,著作权依然归作者所有而不是归雇主或委托人所有。德国是严格贯彻创作者原则的代表。德国法律不允许出现创作者原则的例外,不承认拟制作者,雇主如何对工作成果享有权利的问题只能通过著作权合同来解决。按照《德国著作权法》使用权许可制度,雇员有义务把职务作品上的使用权许可给雇主,雇主则根据劳动合同取得作品的使用权。只要从相应的劳动合同关系不能得出相反结论,就推定雇员将作品的使用权转移给雇主。这一制度安排规定在"著作权中的权利转移"一节第43条。日本是大陆法国家,但日本对于职务作品的规定却不同于德国。《日本著作权法》第15条规定:"按照法人或者其他使用者的提议,从事该法人等所述业务的人在职务上创作的,以该法人等自己的名义发表的作品,只要该作品创作时的合同、工作规章没有特别规定,则该法人等为该作品的作者",显然日本采用了拟制作者的方案来处理职务作品的著作权。法人等是以作者身份原始地取得职务作品著作权,包括作品的使用权和署名权、保护作品完整权。《美国版权法》上雇佣作品具有特殊地位。如果某个作品认定为雇佣作品,雇主视为作者,享有版权中的一切权利。雇主原始的享有版权中的一切权利和许可、让与来的使用权具有不同的意义,最显著的是,雇主是作品的署名作者,作品上的一切权利集中在雇主手中统一支配。这正是"视为作者"与创作人原则根本区别。

2. 职务作品的精神权利

特殊职务作品(以下简称为"职务作品")的财产权利由法人享有或者行使,已没有什么争议。职务作品之上是否存在精神利益,其著作人格权由谁享有和行使这个问题在我国《著作权法》上是一个比较含糊的问题。根据《著作权法》第16条第2款规定,特殊职务作品"作者享有署名权,著作权的其他权利由法人或者其他组织享有,法人或者其他组织可以给予作者奖励"。据此可以解释为,特殊职务作品的署名权属于作者,著作财产权属于法人。而修改权、保护作品完整权被回避或掩盖没有了着落。某些权威解释将这一规定释义为,本条规定考虑到职务作品的复杂性,既保障作者的著作权人的地位,有利于鼓励作者创作,也照顾到单位的利益,能充分满足作者所在单位在正常业务范围内使用作品的需要。[①] 本书认为,上述规定的合理性有待于探讨。从职务作品的规则来讲,职务作品是"视为作者"的具体例子,其原始著作权归法人享有。这种处理办法具有其正当性和可行性。文学艺术作品上的精神权利包括发表权、署名权和保护作品完整权,精神利益维系着作家艺术家的艺术自由和人格尊严,是为保护著作人格权的理据。就工程技术作品而言,其作品中情感方面的精神因

[①] 姚红主编:《中华人民共和国著作权法释解》,群众出版社2001年版,第131页。

素显然是十分有限甚至是可以被忽略的,即使存在精神因素也与执行创作的个人关联度很低,例如发表权,作品的发表本来就与作品的利用关系密切不可分离,法人将产品投入市场即为行使发表权,当然无须得到作者的许可。修改权和保护作品完整权也与财产权密不可分,作品的改动、更新是产品研发中不断完善产品功能提升产品质量的必要环节,可运用复制权、改编权获得应有保护,并无单独行使的必要。至于署名权,署名权对科技类作品具有一定意义。根据法律拟制规定,视为作者,就是法律上的作者,职务作品用法人名称署名以法人名义发表,这是职务作品所必需的,必然的作者身份表示,是法人为产品承担法人责任的前提。试想,当社会公众根据在作品上的署名推定产品所有人,作品使用者及技术需求方根据署名判断著作权人的时候,究竟标示作者个人身份还是法人身份更有利于消费者权益保护,有利于交易顺畅安全呢?答案应该是法人署名并以法人名义发表作品更为妥当。从比较法看,即使高度重视作者人格权的德国法律,职务作品的署名权也是根据劳动关系来进行推断,作品上署谁的名称属于企业的营销决定,这种决定权在企业手中。日本法律明确规定职务作品以法人名义而不是完成人名义发表,从而职务作品的作者和著作权人同一为法人,更有利于著作权的行使。美国法律将版权视为纯粹的财产权,雇佣作品更是依赖经济激励获取劳动报酬来促进作品的创作。作者的精神权利即使有也只适用于具有高度创造性的艺术作品。因此雇佣作品的作者和版权所有人是同一的,均属于法人,不存在给作者保留署名的问题。

综上所述,特殊职务作品的作者和著作权人应是同一的,由法人署名以法人名义发表。《著作权法》第 16 条规定的作者享有署名权应当限定在有限的范围内,即在企业内部,实际作者的署名是进行企业管理的需要,在产品上标记完成者、研发者以便实行业绩考核和产品质量监控。而职务作品的公开发表(市场运用),应当署以法人之名,以法人的名义发表。

三、委托作品的著作权

(一)委托作品的含义及特征

委托作品是作者接受他人委托而创作的作品。现实生活中的人物摄影、产品定制、翻译、课题研究等所产生的工作成果都属于委托作品。委托作品具有以下特点:(1)委托创作的目的是完成特定工作成果供委托方使用。委托方出资,提供创作所需要的材料和其他条件,为的是取得作品的原件和按特定目的使用作品。对艺术作品而言,委托方需要的是作品的原件。(2)创作活动一定程度上受到委托人的支配。受托人应当按照委托人的特定要求、使用目的,甚至是作品题目等指示进行创作,作品必须反映委托人的意志和实现委托人使用作品的目的。但就创作而言,独创性表达仍由作者的创作行为予以实现。委托创作中委托人与作者的关系的性质是承揽定作合同关系,即承揽人(作者)按照定作人的要求完成工作,交付工作成果,由定作人支付报酬的合同。委托人(定作人)之所以与作者(承揽人)订立委托创作合同,向其支付报酬,就是为了取得特定作品原件并对作品进行使用。为了完成工作成果作者必须付出劳动,但委托人所需要的并非是完成工作的过程,而是最终完成的成果。由此可见,委托创作作品与承揽定作合同互为表里关系。

由于委托作品和职务作品具有某些相似之处,欧美国家一般都把委托作品归入雇佣作品或职务作品,视其为雇佣作品的情形之一。美国将委托作品视为雇佣作品的,根据《美国版权法》第101条"定义",雇佣作品是指:(1)雇员在其工作范围内完成的作品,或(2)某些特约或委托作品。属于雇佣作品的委托作品必须满足以下条件:首先,双方的书面协议明示该作品为雇佣作品;其次,必须属于法律规定的九种委托作品之一。这九种作品是:作为集合作品、作为电影或其他影视作品、作为翻译作品、作为辅助作品、作为编辑作品、作为教学材料、作为试题、试题解答、作为地图。如果委托作品不在上述九种之列,即使当事人订立了书面合同,法律也不以雇佣作品对待之。既然委托作品属于雇佣作品,委托作品的著作权当然属于委托人。在《德国著作权法》上,基于委托合同、承揽合同创作的作品和职务作品属于同一类,概括为"具有雇员身份与被委托人身份的作者创作的作品",其规范意义在于确认著作权归属。由于严格贯彻创作人原则,而不认可法人能够原始的取得著作权,委托作品的著作权由创作作品的受委托人、承揽人取得,委托人或定作人只能通过委托合同的约定取得作品的使用权。

(二) 委托作品的著作权归属

委托作品的著作权归属,向来被视为著作权法上的繁难问题,各国著作权法以及国际公约无一不对其权利归属作出专门的规定。综观国际惯例,委托作品的著作权归属在尊重双方约定的前提下,权利归属大致可区分为两种倾向:创作者著作权和使用者著作权。前者把保护作者利益放在首位,将委托作品的著作权归于实际作者;后者倾向于保护创作发起者与作品使用者即委托人利益,将著作权归属于委托者。由于各主要国家大多将委托作品作为雇佣作品的一类来看待,前述职务作品的著作权规定适用于委托作品。如按照美国版权法的规定,雇佣作品的作者是法人,著作权亦由法人原始取得。大陆法系国家也是将委托作品纳入职务作品,采取著作权归创作者的原则,同时依据合同推定作者向雇主转让著作权。

我国《著作权法》倾向于创作者取得著作权的做法。根据《著作权法》第17条规定:"受委托创作的作品,著作权的归属由委托人和受托人通过合同约定。合同未作明确约定或者没有订立合同的,著作权属于受托人。"这一规定采取了创作者原则:在双方未作约定或约定不明的情况下,受托人即实际创作人为著作权人;与此同时,该条也允许当事人自行约定著作权归属,表明创作者原则可以被当事人自愿排除。在这种"创作者原则+合同自由原则"的立法模式中,作品委托方与使用者的利益可以通过合同约定的方式得到考虑。双方可以约定著作权归委托人、或者受托人,也可以约定委托人与受托人共同享有著作权,或者各方享有一部分权利。

为了保障委托人的正当利益,最高人民法院通过司法解释进一步明确了委托人享有的权利,《最高人民法院关于审理著作权民事纠纷案件适用法律若干问题的解释》指出:"按照著作权法第 17 条规定委托作品著作权属于受托人的情形,委托人在约定的使用范围内享有使用作品的权利;双方没有约定使用作品范围的,委托人可以在委托创作的特定目的范围内免费使用该作品。"①据此,从委托人的方面看:在受托人拥有整体著作权的情况下,委托人拥有使用权。这样,首先,委托创作合同的目的可以实现,委托者的利益也能得到必要的照顾;其次,使用作品的权利必须落实为某种或某些使用方式,如复制发行、摄制权等,具体需根据"约定的使用范围"或"特定目的范围"等因素来确定;最后,"委托创作的特定目的范围"具有不确定性,一旦发生争议,应根据委托创作的背景、委托者的业务性质等因素加以判断。

总之,委托创作既然是一种合同关系,自应受合同解释原则的约束,在委托作品的使用发生争议时,应当结合委托创作的目的、作品类型、使用方式等事实因素,并须充分考虑当事人之间的利益平衡作出合理的推定。例如,委托创作所产生的商业标记、广告等,委托人的目的是将作品附随于产品或服务投入市场持续地使用,随着商业标记的使用,标记所蕴含的价值往往高于作为作品的价值,因此不宜割断商业标记和委托人的联系。这种情况下,根据合同性质和当事人的利益状态推定著作权转让给了委托人较为公正。②

最后需要指出,委托作品有可能成为"法人视为作者"的作品。在有合同约定著作权由委托人享有的情况下,委托人即原始著作权人。这是由委托作品"为他创作"的属性以及作品的特殊性所决定的。由于委托创作的作品种类可很多包括各种类型的作品,只有当委托创作的作品属于科学技术作品,且委托人向受托人提供了创作所需要的物质技术条件,并且为作品承担责任的,双方才有可能作出著作权属于委托人

---

① 《最高人民法院关于审理著作权民事纠纷案件适用法律若干问题的解释》(2002)第 12 条。
② 李琛:《知识产权法关键词》,法律出版社 2006 年版,第 85 页。

的约定。实际上,这部分委托作品类似于特殊职务作品,所不同的是两者的基础法律关系有一点不同,职务作品的基础关系是劳动关系或雇佣关系,而委托创作的受托人与委托人之间是平等市场主体之间的合同关系。

委托作品的著作权(考题)①

某电影公司委托王某创作电影剧本,但未约定该剧本著作权的归属,并据此拍摄电影。下列哪一未经该电影公司和王某许可的行为,同时侵犯二者的著作权?

A. 某音像出版社制作并出版该电影的 DVD

B. 某动漫公司根据该电影的情节和画面绘制一整套漫画,并在网络上传播

C. 某学生将该电影中的对话用方言配音,产生滑稽效果,并将配音后的电影上传网络

D. 某电视台在"电影经典对话"专题片中播放 30 分钟该部电影中带有经典对话的画面

【评析】 王某为电影公司编写的剧本属于受委托创作的作品。根据我国《著作权法》第 17 条规定,该剧本著作权归属由双方约定,未约定作品著作权归属的,剧本的著作权属于王某。王某对剧本的著作权意味着他可以在拍摄电影之外另行使用剧本如授权第三人拍摄电视剧、许可将剧本改编成小说等。根据剧本拍摄的电影,其著作权当然属于电影公司所有,对此我国《著作权法》第 15 条作出了规定。明确上述前提之后,来分析选项给出的几种行为,A 项,音像出版社制作并出版该电影的 DVD 是对电影片的复制、发行,侵犯了电影公司的复制权和发行权,但并未直接涉及剧本,同时应考虑到剧本作者授权电影制作时已经包含了电影片的利用包括制作 DVD,因此音像出版社的行为不侵犯王某的著作权,A 选项不能选。B 项,动漫公司根据电影的情节和画面绘制的一套漫画,是对已有作品进行再创作而产生的演绎作品,其中既利用了电影作品(画面),又利用了剧本(情节)。同时考虑到,漫画与电影是两种不同的作品,剧本作者授权拍摄电影时不会将拍摄电影以外的利用方式一并授权电影公司,而是保留此权利。因此动漫公司未经王某许可根据剧本故事情节绘制漫画并上传至互联网,不仅涉及电影片而且触及王某对剧本的著作权,构成"同时"侵犯王某和电影公

---

① 2017 年国家司法考试题。

司著作权。B项正确。C项,某学生将该电影中的对话用方言配音,产生滑稽效果,并将配音后的电影上传网络,没有侵犯王某的著作权,理由如A项。故C选项错误。D项,电视台在"电影经典对话"专题片中播放30分钟该部电影中带有经典对话的画面,是为介绍该电影对其片段的适当引用,属于"合理使用",因此没有侵犯电影作品的著作权和剧本的著作权。故D选项错误。本题答案B。

第四章

著作权的内容

【本章导读】 著作权的内容即著作权人享有的人身权利和财产权利的总和。著作人身权保护作者与其作品相关的精神利益,著作财产权保护作者对作品的专有权及其获得经济利益的权利。由于法律文化的不同,作者权体系和版权体系在著作权构造上形成各自的特色。作者权国家,著作权包括著作人格权和著作财产权;版权国家的著作权是纯粹的财产权,不包含精神权利的内容。我国《著作权法》接近于欧洲大陆的作者权体系,著作权的内容包括著作人身权和著作财产权,并且将著作人身权置于财产权之前,显示了对著作人身权的重视。本章立足于我国《著作权法》,重点阐述精神权利的理论,具体的著作人格权,著作财产权的理论和具体的专有使用权,对影响我国法律制度的著作权理论及国际公约和外国立法加以介绍。

第一节 著作人格权

一、著作人格权概述

(一) 著作人格权的含义

著作权中的人身权利在学理上称为著作人格权、精神权利,是指作者享有的与其作品有关的以人格利益为内容的权利。我国《著作权法》上著作权人的权利分为两类,一类是精神权利,即《著作权法》所称的"著作人身权",一类是经济权利,《著作权法》称之为财产权。

著作人格权涉及作者与其作品的精神利益。作品是作者精神情感的外在表现形式。作者在创作作品的过程中,将自己的思想情感融入作品之中,将自己的审美情趣、个人思考甚至于性格、习惯留驻在作品之中，使作品成为人们所看到的、听到的作者的心灵，从而造就了作品的风格，形成了此作品与彼作品的不同之处。每一个作者的生活经历、人文素养、性格特征不同，无论是写作、绘画还是谱曲，都会在作品中体现自身，这就决定了文学艺术创作是一个充满个性的世界，孕育着无限表现的可能性。也因此产生了作品与作者的精神联系，即作品是作者人格的外延，作品是作者的精神产物。作者与其作品之间的人身联系，专属于作者，一般情况下不能转让，另一方面，在作品公开面世和作品使用过程中会因为第三人的介入而发生确认作者身份或者歪曲篡改作品的问题，因而作者对其作品的精神联系和人格利益与经济利益一样，需要法律给予保护。

作品中精神利益主要有三种：一是作者向世人披露或公开其作品的权利；二是就其作品的作者身份获得承认的权利；三是禁止未经授权改动其作品的权利。这种受保护的特殊利益被称为精神利益，保护此种利益的权利则被称为"精神权利"。精神权利的概念来自法国，后被欧洲大陆国家普遍接受。各国承认的精神权利的范围虽不尽相同，但主要的权利类型是以下三种：发表权、署名权、保护作品完整权。各国一般都认为精神权利是不可剥夺的，即便在作者转让其经济权利以后，作者仍可行使其精神权利。《伯尔尼公约》于1928年纳入了精神权利的规定，形成第6条之二。该条规定了作者享有的两种精神权利：一是署名权，作者有权要求就其作品确认其作者身份；二是保护作品完整权，作者有权反对对其作品进行任何歪曲、篡改或者其他可能有损于其荣誉或名誉的有害行为。《伯尔尼公约》只是规定了精神权利的最低标准，而不是最高标准。因此各国有权在其国内法律中提供更高水平的保护。

（二）著作人格权与民法人格权的关系

从本质上讲，著作人格权是民法人格权的一种特殊形态。著作人格权的客体是人格利益，身份、名声、荣誉，作者的人格要素通过作品反映出来，存在于主体之外，所谓"作品反映人格"，即从作品可以感知作者的精神世界。正是有了作品中介，作者的人格、精神有了承载之物得以外化。而如果没有作品中介，人格要素与主体合一，人们难以认识到人格利益的独立性。著作人格权与一般人格权的区别在于著作人格权与作品有关。由于与作品相关联，著作人格权的保护范围较之民法人格权的范围窄一些。民法人格权保护自然人的姓名、身份、名誉、荣誉及在其之上的利益，并且人格要素不能与主体永久地分离，存在于主体之外，人格权随着主体而产生和归于消灭。而著作人格权没有这样的普适性。著作人格权只涉及作者本人与其作品之间的精神联系。作品乃作者的身外之"物"，作品一旦被创作出来公之于世，事实上便不再依附于作者而独立存在，也不因创作者的生命完结而消失。著作人格权基于作品的存在而依附其上,反映在法律上即著作人格权不设保护期限。

上述不同之处是非本质的。著作人格权和民法人格权的本质是相同的,前者是后者的一种。著作人格权和民法人格权的权利对象是相同的,都是人格要素,权利客体是相同的,都是自然人的人格利益。在著作权法中统一保护作者的经济权利和精神权利,是一种立法技术的选择,并不改变著作人格权作为人格权的本质。① 即使著作权法不专设著作人格权,也可以通过民法、侵权责任法制裁损害作者精神利益的行为,达到保护著作人格权的效果。就发表权来说,未经作者许可而将其作品公开,无异于侵犯隐私、泄露个人信息,可以援引保护隐私的法律制止侵害行为。作者的署名权,是通过在作品上署其姓名的方式表明作者身份的权利,未经作者许可在作品上不真实不正当的署名,可以适用民法对姓名的保护来禁止盗用姓名、不真实署名的行为。就保护作品完整权而言,该权利指向有损于作者精神利益的改动作品的行为,评价损害的标准与提起名誉损害之诉所采用的标准类似。因此即使没有规定保护作品完整权,也可以通过提起损害名誉之诉的方式给作者提供有效的法律救济。由是观之,著作人格权的具体权利都与民法人格权具有相同性质,作者的精神利益可以通过民法人格权给予保护。

(三)有关精神权利的两种制度

欧洲大陆国家的作者权法在形成过程中深受"著作权属人格权"理论的影响,著作权被认为是作者基于作品而享有的权利,首先是精神权利,其次才是财产权利。法国是精神权利的故乡,也是最早给予作者精神权利以司法保护的国家。19世纪初,法国法院对精神利益提供保护的法律是依据法国民法典有关侵权责任的一般规则。到19世纪后期,精神权利这一法律制度产生了,成为继经济权利之后的作者的又一权利。在德国,受康德"人格权学说"的影响发展出了更全面的精神权利的概念。康德首先提出著作权属于人格权的学说,他的论述指出"在书的实物存在形式上人们享有物权,书的内容是作者向公众说的话,因而作者享有人格权。如果人们在没有得到作者同意的情况下通过翻印把作品公之于众的话,就会侵犯作者的人格"。康德之后的学者进一步发展了人格权理论,并把作者权进一步重构为首先是人格权,其次才是财产权。尽管后来"无形财产权说""知识产权说"等著作权理论发展了"人格权学说",但是"作品体现人格"的理论依旧占据统治地位,欧洲各国受其影响,普遍接受了精神权利的理论。到了20世纪20年代,已经有许多《伯尔尼公约》联盟国家对精神权利提供了保护,从立法上建立起专门的著作人格权制度。

---

① 李琛:《知识产权法关键词》,法律出版社2006年版,第112页。

关于著作人格权的性质,作者权国家存在两种不同的观点,"一元论"和"二元论",由此也导致了国内法律制度的不同。"一元论"认为,著作人格权和著作财产权密不可分,含有两种利益的著作权既非财产权也非人身权,而是二者混合构成的一种单一权利。因此,在著作权转让方面,由于精神权利不得让与,著作财产权的让与也被否定。在保护期限上,精神权利和经济权利的保护期是相同的,经济权利一旦消失,精神权利的保护不再属于私法管辖的范围,而是涉及维护国家文化遗产。一元论主要为德国和奥地利所采用。

"二元论"理论认为,精神权利和经济权利是不同的。尽管两种权利密切联系,相互依赖,但二者是彼此独立具有不同命运的两类权利,受不同法律的保护。经济权利实行可转让和有期限的原则,精神权利则遵循不得转让、不受时效约束和永久存续的一般原则。法国是二元论观点的代表。如《法国著作权法》宣称著作权性质:该权利包括精神方面的权利和财产方面的权利。[①]受法国法律制度影响,欧洲国家多采用二元论学说。《伯尔尼公约》亦接受二元论。按照《伯尔尼公约》第6条之二第1款的规定,精神权利和经济权利是相互独立的。作者即使在转让其经济权利之后,仍然能够行使精神权利。

版权法系的精神权利。普通法国家的版权法建立在国家对创造性成果的经济激励的政策之上。版权被认为是纯粹的财产权,版权法没有必要对作者的精神权利提供直接保护,因此版权法并不涉及精神权利,没有作者人格权的规定。按照美国的版权观念,所谓作者"精神权利"不仅与美国社会根深蒂固的财产原则相冲突,也必定与其平等主义准则相冲突。因此美国法律也一直不欢迎这种精神权利的结构。[②] 实际上,美国对涉及精神利益的权利不提供版权保护,但是采用替代方法实现精神权利的实质性内容。具体而言,作者身份标示与普通法反欺诈以及假冒标示的行为非常相近,如果作者身份被虚假标示,可以援引商标法制止假冒的规定获得救济。如果作者决定作品是否公开的权利受到侵害,可以以违反信任关系、侵犯商业秘密起诉侵害人。因而在版权法未专设精神权利的情况下,美国法院援引违反合同、欺诈和误导性描述、不正当竞争、侵犯隐私的普通法同样达到了保护作者精神权利的目的。

1990年迫于加入《伯尔尼公约》的直接需要,美国通过了《视觉艺术家权利法》将精神权利加入联邦版权法体制,该法案成为《美国版权法》第106条之二。《视觉艺术

---

① 《法国知识产权法典》第L.111-1条,黄晖译,载《十二国著作权法》,《十二国著作权法》翻译组译,清华大学出版社2011年版,第63页。
② 〔美〕谢尔登·W.哈尔彭、克雷格·艾伦·纳德、肯尼思·L.波特:《美国知识产权法原理》(第三版),宋慧献译,商务印书馆2013年版,第115页。

家权利法》创立了有限的身份表示权和保护作品完整权,这些权利赋予了作者而不是版权所有人,目的是保障与版权经济权利无关的个人权利。该法案对客体的界定相当狭窄,受保护的视觉艺术品只限于以单件存在的油画、图纸、印刷字体、雕塑,或为展出目的而制作的精致摄影图像,大量的其他典型作品被排除在外。为什么仅仅是绘画、雕塑等艺术品,这依然与精神权利的理论有关。按照美国的版权理论,版权提供的经济激励是创作作品的内在动力,对于大量的普通作品特别是具有功能性的作品来说,经济激励足以保护作者的利益,把这些作品与精神权利放在一起没有什么意义。精神权利旨在维护作者的艺术自主性和尊严,对于艺术家而言,经济激励并不是唯一相关的因素,维护艺术自主性和尊严是推动创作的内在动力。只有那些源于作者灵感,体现较高独创性的艺术作品,才有资格获得精神权利的保护。也就是说,根据精神权利的理论,精神权利与作品的类型、独创性高度有关。只有作品具备实质创造性,体现了作者的艺术自主性和尊严,才能获得精神权利立法的保护。《视觉艺术家权利法》确认:艺术作品的原版或限量版具有独特的艺术价值,能够体现艺术家的个性,这些艺术作品有资格获得精神权利的保护。

(四)著作人格权的保护期

作者人格权的保护期存在着两种制度:第一种是人格权与财产权密切相关,当财产权期满不再受保护时,人格权也不应继续受到保护;第二种是人格权与财产权是相互独立的,给予人格权永久性保护。两种保护制度遵循着不同的精神权利的理论,因此,第一种制度只为德国、奥地利等少数国家采用,而大多数国家都采纳了第二种制度。我国采用第二种制度。《伯尔尼公约》关于精神权利的规定体现在第6条之二,该条第2款规定,作者死亡后,保护作品完整权至少在经济权利的保护期间内仍受保护,并可以由被请求保护国的法律授权的个人或机构行使。该项规定的基本原则是,精神权利的保护期限至少应当是作者终生,这是对成员国均具有约束力的最短保护期。至于某些权利不予保护,某些权利给予永久保护,则给国内法留有自行规定的空间。

我国《著作权法》第20条规定,作者的署名权、修改权、保护作品完整权的保护期不受限制。据此,作者的著作人身权和著作财产权互相独立,著作财产权保护届满之后,除发表权之外的著作人身权依然受到《著作权法》的保护。著作人格权无期限地受到保护,是因为精神权利是不可转让的且不具时效性,作者死亡后,精神权利仍可以基于作品的生命力而得以存在。具体而言,署名权的保护不受时间限制,意味着在作品上署名的永远是该作品的作者,不可因为作者的死亡而改变。就保护作品完整权而言,作者死亡后,作品仍被使用的,如在使用中受到歪曲篡改致使作者声誉受到损害时,作者的继承人有资格为保护作者人身权采取行动。对于作者生前未发表的作品,如果作者未明确表示不发表,其发表权由继承人行使。在一般情况下,作者死亡后行使精神权利的人是作者的继承人。不过在某些特殊情况下,可能由政府机构或者经授权的文化机构来保护精神权利,例如文化名人的遗作、具有文献价值的作品等,应由公共文化机构加以保存保护。

二、发表权

(一) 发表权的内容

发表权,即决定作品是否公之于众的权利。发表权的核心是作者决定一部作品何时何地以及如何公开,包括使其作品不公开的权利。作者创作完成以后尚未发表的作品,处于作者的私人领域,有关该作品的所有信息属于个人信息,作者享有充分的自由来决定是否将个人信息公布于众,因此发表权又被称作披露权、公开权。

发表权蕴含的精神利益是,决定自己的作品是否和如何公之于众。权利的内容包括两个方面。从积极方面讲,作者有权决定作品首次公开的时间、公开的地点、公开的方式,各个因素都与作者的精神利益密切相关。如人物传记会涉及个人职业信息或家庭隐私,需要一个合适的时间向社会公开。音乐作品首演的时间、地点对于作品的成功和商业营销也是至关重要的。从消极方面讲,作者有权阻止他人违背其意愿而公开使用其作品,例如报刊社将作者意图发表的未发表作品抢先刊登为"头条",将作者意图出版发行的图书放在信息网络上传播等。诸如此类违背作者意愿将其作品公之于众的,构成对发表权的侵害。

发表,即公之于众。这里需要解释"公众"的概念,公众当指不特定的人、特定的多数人。不特定的人,是指任何人。例如公众集会的演讲、在线直播授课等,任何人都可以参加,不管实际参加人数多少,即属于不特定的人,此种情景下作品已公之于众。此外,美术作品的展示、雕塑设置于公共场所,都属于公之于众。正如我国著作权法司法解释的规定,公之于众,是指著作权人自行或者经著作权人许可将作品向不特定的人公开,但不以公众知晓为构成条件。[①]特定的多数人,是指人数众多的特定场合。例如专业学术论坛、行业成果发布会,虽然面对特定的人群但是参加者众多且不宜要求参加者承担保密义务,故而这种场合下公开的作品应视为公之于众。相反,特定的少数人,如学位论文答辩、专家论证会等特定场合,接触作品的人数有限并且能够预见到作者并不想让更多的人知晓其作品,应视为向特定的人公开,不构成公之于众。

[①] 参见《最高人民法院关于审理著作权民事纠纷案件适用法律若干问题的解释》第9条。

发表权具有以下特征：第一，发表权是一次性权利。尚未发表的作品属于私人领域的个人信息，一旦公之于众便处于公众可以知悉的状态，既无法收回也不存在再次公开。已经发表的作品再次使用与发表权无关，而涉及作品的财产权。例如，作者将稿件投给杂志社，一旦作品被杂志刊用，该作品的发表权就行使完毕，作者不再享有发表权。如果杂志社将期刊上的文章通过互联网向读者提供，或者制作成电子内容供用户阅读，都不属于发表，而是作品的使用。因此发表权只能行使一次是合理的。第二，发表权与财产权利关系密切。作品的发表也就是作品的首次使用，发表权须通过某种使用方式来行使。作者为了将作品面世，必须选择以某种方式加以使用，例如，作为书籍出版时，发表权随着复制权、发行权而行使，在信息网络上公开发表则随着信息网络传播权而行使。可见，发表权虽是著作人格权，却是实现著作财产权的前提，离开特定使用方式的发表权是不存在的。

（二）发表权的限制

发表权虽然归属著作人格权，但发表权的存在和行使与著作财产权密不可分，二者你中有我，我中有你，故而发表权的行使难免受到某些限制。

转让许可协议对发表权的限制。作者将尚未发表的作品转让或许可他人使用的，推定作者同意其作品的发表。在这种情况下，发表权隐含在财产权中由受让人或被许可人行使。例如将尚未公之于众的小说、剧本改编电影电视剧的，应视为作者同意以放映、播放的方式发表其作品。将尚未公开的美术作品、摄影作品转让他人的，应视为同意受让人以展览方式将作品公之于众。

合作作品规则对发表权的限制。合作作品著作权的行使应当得到所有合作作者的同意，特别是，在权利行使时，所有作者都必须同意作品的发表，例如出版发行。但这可能会给合作作品的使用带来困难，因此法律所确立的合作作品的规则是，合作作品著作权由合作作者通过协商一致行使，不能协商一致，又无正当理由的，任何一方不得阻止他方行使除转让权以外的其他权利。按照这个规则，当合作作者之间产生冲突时，法律对合作作者的发表权适度限制，而支持合作作品尽可能地公开使用。我国《著作权法实施条例》第9条对此有所规定，其他国家如法国、德国、意大利等国家著作权法也包含了相似的规定。①

发表权保护期限的限制。由于发表权与财产权无法截然分开，很多国家在精神权利中没有规定发表权。规定了发表权的，也对该项权利作出一些类似于财产权利的限制性规定，例如发表权的保护期限不适用精神权利永久性保护的原则。我国《著

---

① 《法国著作权法》第 L113-3 条；《德国著作权法》第 8 条第（2）款；；《意大利著作权法》第 10 条。

作权法》规定,发表权的保护期和著作财产权的保护期相同,为作者终生及死亡之后50年。又如德国,根据一元论,著作人格权和著作财产权相互依存,受同一个作者权的保护。因而保护期限对每一种权利都是相同的,发表权和其他著作权一样,保护期为作者终生加死亡后70年。

三、署名权

(一) 署名权的内容

署名权,即表明作者身份,在作品上署名的权利。从本质上讲,署名权是指作者享有要求以清楚明确的方式确认其作者身份的权利。确认作者身份的通常方式,是将作者的名字放在复制品上,即在作品上署名。欧洲国家的法律大多将此权利称为"作者身份权",《伯尔尼公约》使用"作者身份确认权"的概念。我国《著作权法》采用署名权的概念。严格地说,署名权和身份权有所不同,署名只是表明作者身份的一种方式。除署名之外,作者身份还可用其他方式表示或加以确认。

在作品上标记姓名,表明作者资格,是因为作品是作者心智的体现和创作劳动的结晶。真实反映作品和创作者之间的同一关系,既是对作者创造性劳动的尊重,也是对读者负责,对社会负责。署名权的内容包括以下几个方面:(1)决定在作品上署名的方式。按照常识,表明作者身份的最简便的方式是将作者的名字加在作品的原件或复制品上。根据作品的署名推定作者也就成为确认作者身份的公认规则。作者在作品上署名可以署真名、假名、笔名、艺名,也可以消极地行使署名权,不在自己的作品上署名。(2)请求确认作者身份。在作品上署名是表明作者身份的主要方式,但某些情况下确认作者身份需通过署名以外的方式来实现。当作品未被署名的时候,要求确认作者身份或者禁止他人在自己的作品上署名,以恢复作品和作者之间的真实联系。根据署名权的内容,构成对作者署名权的侵害行为表现在他人对作品的使用行为中,删除或变更作者在作品上的署名,改编合作作品作者的署名顺序,都是侵害作者署名权的行为。作者行使署名权一方面可以在任何时候确认自己的作者身份并且对抗任何干扰行为;另一方面作者有权使用署名权来对抗任何一个使用自己作品的人。[①]

署名权是否包括允许作者禁止将其姓名用在并非其创作的作品上?作者的名字被盗用在并非其创作的作品上,捍卫自己姓名的权利是署名权的内容还是姓名权的内容?这是有争议的问题。大多数国家并没有将假冒作品与作者身份权相联系。普

---

① 〔德〕M.雷炳德:《著作权法》,张恩民译,法律出版社2005年版,第273页。

通法国家传统上都是通过提起"仿冒"之诉,或者通过一般性的不正当竞争法来处理这一问题。相反,欧洲的法律承认盗用作者名义的行为会给作者造成很大的伤害,但捍卫姓名的权利不仅属于作者,而且属于所有人,所以允许援引一般人格权的规定来处理这一问题。我国《著作权法》选择了署名权的保护方式来处理这一问题。《著作权法》第48条列举的侵犯著作权的行为中,第8项为"制作、出售假冒他人署名的作品的"行为。《伯尔尼公约》精神权利的规定,从字面上看,规定的权利范围是"要求承认作者身份权",而不是拒绝承认作者身份权,似乎并不包括对抗仿冒作品的权利。但是根据《伯尔尼公约指南》的解说,凭借作者身份权,作者可以制止将他的名字用在他人的作品上。任何人都不能将他人的名字加在他人未曾创作的作品上。① 此外,按照权威解释,在《伯尔尼公约》的一些其他条款中,承认了作者享有拒绝承认作者身份的权利,如第7条第(3)款关于匿名作品和假名作品的规定。② 这样看来,对于假冒作者名字的行为,适用人格权法律还是精神权利法律,是立法上可选择的技术问题,可以国内立法自行选择决定。

著作人身权在本质上是人格权的一种,其不同于一般人格权的仅仅在于主体人格利益与作品的联系。有了作品这一对象,假冒署名的行为侵犯了具有作者身份的自然人的人格利益。首先,假冒者之所以盗用他人的姓名是因为被盗用者及其作品有一定影响,这个影响产生于其创作的作品。假如是一个没有创作任何作品,其姓名根本不为人知晓的人,假冒者恐怕就不会盗用其姓名去制作、销售伪作了。其次,盗用姓名的目的是为了让读者、观众误以为该作品是被冒名者创作的,以便增加假冒作品的销量。再次,如果假冒署名的作品质量低劣,将会造成的直接后果是读者和观众对被冒名的作者及其作品的评价降低。由此看来,假冒他人署名制作和销售作品的行为完全有可能损害作者的精神利益。我国《著作权法》将假冒署名的行为规定为侵犯著作权(署名权)未尝不可。

(二) 署名权的限制

署名权的核心是将作者的名字清楚明确地放在作品原件和复制件上。照此严格贯彻执行的话,某些情况下可能会妨碍作品的正常使用。因而根据作品的使用目的和使用方式,署名权受到适当限制。我国法律对署名权的例外作出了规定,《著作权法实施条例》第19条规定,使用他人作品,应当指明作者姓名、作品名称,但是当事人

---

① 参见《保护文学和艺术作品伯尔尼公约(1971年巴黎文本)指南(附英文文本)》,刘波林译,中国人民大学出版社2002年版,第35页。

② 参见〔澳〕山姆·里基森、〔美〕简·金斯伯格:《国际版权与邻接权——伯尔尼公约及公约以外的新发展》(第二版),郭寿康、刘波林、万勇、高凌瀚、余俊译,中国人民大学出版社2016年版,第525—526页。

另有约定或者由于作品使用方式的特性无法指明的除外。《日本著作权法》也有类似规定,即"按照作品的使用目的和方式不存在损害作者主张创作者身份利益的危险时,只要不违反惯例,可以省略作者姓名的表示"[①]。上述法律指明了署名权的行使应当符合社会惯例,以善意方式行使。现实中署名权受到限制的情形有:为了建筑物、实用艺术品的美观和整体效果,作者的名字无法标明在建筑物或实用艺术品上;音乐作品被引用,如广告中的音乐,作者的身份未予明示;电影作品由于创作队伍庞大,难以给每一个创作者以同样的方式署名。此时,按照作品的目的和使用方式、行业规则和习惯,省略或者未予明确表示作者身份的,作者应当容忍和接受。

此外,涉及职务作品的时候,虽然作品的完成者是雇员,但其署名权却受到限制而不能作为署名作者。按照职务作品的规则,如无特别约定,雇员无权决定该作品是否署上作者的名字以及使用什么名称的问题。在德国,当作品为职务作品时,在约定不明的情况下,人们就会从劳动合同的本质来进行推断,也就是说,在使用职务作品的过程中,作者的名称属于企业的"营销"决定,而这种决定权在企业手中。

四、修改权

(一)修改权的含义

修改权是我国《著作权法》特有的一项规定,《伯尔尼公约》和多数成员国都没有规定此项权利。根据《著作权法》第10条第1款第(3)项之规定,"修改权,即修改或者授权他人修改作品的权利"。从文义解释看,修改权的积极方面是指作者有权修改自己的作品,或者授权他人修改自己的作品,消极方面是指作者有权禁止他人修改增删自己的作品。这种解释能够成立的话,修改权是否还有独立存在的价值,就需要考虑了。作品表达着作者的心声,当作者的思想观点、情感发生变化或者作者产生了新的想法的时候,对作品加以修改完善本是创作必然经历的过程。作品发表之前,作品处在作者的控制之下,此时作品的修改既是创作的应有之义也是创作中的一个环节,作者无论怎样修改作品都不会影响他人的利益,故法律无须对此加以规范。创作完成之后若作品交付出版等,他人未经许可对作品进行了不适当的修改,可能破坏作品完整性,影响到作品和作者的同一性,这时可以援引保护作品完整权加以制止和补救。从这个意义上讲,修改权和保护作品完整权是一个问题的两个方面,保护作品完整权完全可以包含修改权的内容,而单独规定修改权没有多大意义。正因为如此,很少有

[①] 《日本著作权法》第19条第3款,李扬译,载《十二国著作权法》,《十二国著作权法》翻译组译,清华大学出版社2011年版,第372页。

国家单独规定修改权。《伯尔尼公约》就没有规定修改权,而只规定了署名权和保护作品完整权两项权利,修改权的内容被涵盖于保护作品完整权之中。

其实,修改权的效力不在于"禁止他人非法修改作品",而是"排除他人对修改自由的干涉"。这一权利通常运用于与出版者签订有图书出版合同的情况下。作品交付出版后或者再版时,如果作者认为有必要对其作品进行修改,不能继续使用作品时,可以要求出版者停止发行原作品,并重新复制发行修改过的作品。也就是说,修改作品的权利只有在第三人利益介入,作者利益可能受到妨碍时才有必要加以规范,其所规范的是作者与使用者的权利义务关系。我国《著作权法》第32条第3款规定:"图书出版者重印、再版作品的,应当通知著作权人,并支付报酬……"从出版者负有义务的角度来保障作者修改作品的权利。这一规定体现了修改权的规范意义,类似做法在其他国家著作权法中也有规定。

其他国家很少规定修改权,作者的修改自由是如何给予保护的呢？一种是规定作品再版时出版者负有通知作者的义务,类似于我国《著作权法》第32条第3款的规定。如《日本著作权法》第82条规定,出版者再次复制时,作者可以在正当的范围内修改或者增删其作品,出版者每次希望再次复制作为出版权标的的作品时,都必须事先通知作者。[①] 另一种是规定收回权或撤回权。所谓收回权是指,某作品根据合同被披露之后,当其已不再符合作者的信念或观点时,作者有从商业渠道将该作品收回的权利。收回权从作者权利的角度,允许作者可基于思想方面的理由阻止作品的发表或者被进一步利用。可见,收回权与修改权所保护的法益相同,二者都是确保作者在思想观点有所改变或有所超越之时能够消除作品与作者人格之间的不同一。收回权只在少数作者权国家被明确规定,并将其作为一种特殊人格权或者带有人格因素的权利。法国法将收回权置于精神权利之下。[②] 与法国不同的是,《德国著作权法》将撤回权作为带有人格因素的权利,规定在"著作权中的权利转移"之下。按照《德国著作权法》的规定,撤回权不是纯粹的精神权利,而是合同中的作品使用权。意大利的做法与德国相同,《意大利著作权法》在"使用权的转让"一章规定了作品的收回。该规定为,作者因人格上的重大理由,可以收回其投入市场的作品,但是应当对被许可复制、播放、演出、发行该作品的人给予赔偿。从上述法律规定看出,收回权是修改权的延伸并包含了修改权,异言之,收回权是修改权的极端,是为了修改而将作品收回。

---

① 《日本著作权法》,李扬译,载《十二国著作权法》,《十二国著作权法》翻译组译,清华大学出版社2011年版,第398页。
② 《法国知识产权法典》第L.121-4条,黄晖、朱志刚译,载同上书,第67页。

(二)修改权的限制

修改权的行使受到著作权使用许可协议的限制。在授权他人使用作品的情况下,作者的修改权受到限制。例如,作者授权出版社复制出版图书,出版者可以对书稿进行修改、删节,作者许可将小说改编成电影或电视剧的,即以默示方式同意因拍摄而发生的必然改变。如果不加限制,修改权可能妨碍被许可人正常使用作品,也会影响作品自身的使用价值。我国《著作权法》多处规定了修改权的限制,《著作权法》第 34 条规定,图书出版者经作者许可,可以对作品修改、删节。《著作权法实施条例》第 10 条规定,著作权人许可他人将其作品摄制成电影作品和以类似摄制电影的方法创作的作品的,视为已同意对其作品进行必要的改动,但是这种改动不得歪曲篡改原作品。其他国家法律也有修改权例外或限制的规定。如《日本著作权法》第 20 条第 2 款规定了限制的一般性例外:"依照作品性质以及其使用目的和使用情况不得不进行的改变"不适用保护作品完整权(亦即修改权)。

就收回权而言,由于这是一项比较极端的权利,权利的行使更不免受到一些限制。除了上述限制之外,主要是作者须事先给予使用者损失赔偿。凡是规定了修改权的法律均同时设定一些条件来限制该权利的行使。法国、德国、意大利都规定,作者应对使用人(出版社、发行商)的损失作出补偿,作品经修改再次使用的,应优先考虑原来的使用者。即便如此,这些国家也极少发生作者实际行使这一权利的情况。

五、保护作品完整权

(一)保护作品完整权的含义

保护作品完整权,也称为作品受尊重权。根据我国《著作权法》的规定,保护作品完整权,即保护作品不受歪曲、篡改的权利。从法理上讲,这一权利预设的前提是,作品是作者的思想情感的表达,作者通过作品将自己的内心情感、意见、情绪等传达给公众,使作品成为看见的、听到的作者的精神世界。如果任由他人对作品更改、变动,不仅会给作品带来某种消极影响,还可能给作者的名誉或声誉造成负面影响。基于作者的艺术自由和人格尊严,作品的内容及作品标题的完整性值得法律保护。因而作者享有捍卫其与作品之间的精神联系的权利,有权利对抗任何有损于作者荣誉或名声的,对作品进行歪曲、篡改或其他更改的行为。

歪曲、篡改或者其他更改的行为往往与复制传播、改编利用的行为有关。复制时因技术上产生错误或者故意造成了错误,改编作品时所作的更改、变动背离了作品创作的目的,或者完全改变作品所表达的意义,都会存在歪曲、篡改的侵权风险;利用作品时,断章取义、增添或删减内容的,也可能引起著作权纠纷;歪曲、篡改还与使用环境有关,将严肃作品用于低级庸俗的场合、滑稽模仿或者调侃庄严的歌曲,都可能会构成对作品及作者精神利益的侵害。简要归结起来,歪曲、篡改的主要表现形式为更改、增添、删减,以及不当使用行为。

"歪曲、篡改"达到何种程度会构成侵害作者人格权,换言之,作品完整权保护的利益是作品本身还是作者的精神利益或人格利益。在这个问题上存在两个不同的保护标准。主观标准,即只要非经许可改动作品,就歪曲、篡改了作品,构成对作品完整权的侵害。客观标准,即只有在更改作品的行为足以损害作者荣誉或声望的情况下,才侵害保护作品完整权。

从立法上看,主观标准多见于大陆法系的著作权法律中,如《德国著作权法》第14条的规定,作者有权禁止对作品进行歪曲或者其他会损害到作者对其作品所享有的精神利益与人格利益的行为。《日本著作权法》第20条第1款规定,作者享有保持其作品和作品标题完整性的权利,有权禁止违反其意志对其作品或者作品标题进行的修改、删除或者其他改变。从文义解释看,这一规定表现出明显的主观标准。普通法国家和一些欧洲国家采用的是客观标准。如《英国版权法》第80条第(2)款(b)项、《意大利著作权法》第20条第1款,都在改动作品之上加上"有损于作者尊严或者声誉的"措辞。《美国版权法》第106条之二,即视觉艺术家权利法案的保护作品完整权规定,禁止故意歪曲、篡改作品或者对作品可能有损于作者声誉的修改。[①] 总的来看,采用客观标准的立法例较为多见,这可能与《伯尔尼公约》设立的最低保护水平有关。

《伯尔尼公约》第6条之二规定保护作品完整权包含了两部分的内容:作者有权对抗"对其作品的任何歪曲、篡改或者其他更改,或者其他损害行为",前述行为"有损其荣誉或名声"。该规定清楚地表明评价损害的标准是客观上是否损害了作者的荣誉或名声,即客观标准。从一般人格权的角度看,这个评价损害的标准与根据其他法律提起损害名誉之诉所采用的标准相类似,都是客观标准。按照客观标准,作者不喜欢作品的更改,或者作者本人认为有关行为对其造成了损害,是不够的,还要看在公众眼里该更改行为是否有损于作者的荣誉或声望。这样,《伯尔尼公约》规定的只是精神权利的最低保护水平,成员国可以在其国内法律中对损害作者的荣誉或名声这一要求作出修改,或者完全删除。例如,我国《著作权法》的规定"保护作品完整权,即保护作品不受歪曲、篡改的权利",并未有"损害作者的荣誉或名声"的限定性措辞。该规定类同于日本、德国的主观标准的保护作品完整权。

从解释论和法律适用的立场看,各国更倾向于适用客观标准,即使立法上采主观

---

① 《美国版权法》,孙新强、于改之译,中国人民大学出版社2002年版,第12页。

标准的德国和日本也不例外。《德国著作权法》第 14 条并未明确采纳客观标准，而是采用保护范围较宽的现行规定，但在解释上和实务中采取整体观察的方式，将保护作品完整权与著作权法其他规定一并考量，对于许可协议下的作品修改、变更利用等情形中的改动并不构成对作品完整权的侵害。作者保护其作品完整的权利并不是绝对的无条件的，无论是按照第 14 条规定的损害评价标准还是根据其他条款规定的诚实信用履行许可协议，均须以利益衡量加以判定，而非诉诸法律上抽象的标准。因此，这些规定共同形成作者在利益衡量保留下，受到相对保护的"保护作品完整"利益。① 如前所述，日本法律规定的保护作品完整权是严格的主观标准，并没有"损害名誉声望"要件的限制。近年来，日本实务和理论界开始探索讨论，重新审视主观标准的法律规定，有的从解释论提出灵活解释现有法律以应对现实状况②，有的主张从立法上予以解决，即按照《伯尔尼公约》的客观标准将日本现行法中规定的"违反作者意志"修改为"损害名誉声望"，以此限定保护作品完整权。③

我国保护作品完整权的构造较为简单，只规定禁止任何歪曲篡改行为，没有附加"有损于作者荣誉和名声"的要件。不过，根据立法机关的权威解释，保护作品完整权是指作者保护其作品的内容、观点、形式不受歪曲、篡改的权利。作者有权保护其作品的完整性，保护其作品不被他人丑化，不被他人做违背其思想的删除、增添或者其他损害性的变动，这项权利的意义在于保护作者的名誉、声望以及维护作品的纯洁性。④这种解释接近于《伯尔尼公约》规定的客观标准。实务方面，检索相关裁判文书可以看到，我国法院在保护作品完整权上适用的侵权判断标准显得较为混乱，有的法院严格按照法律规定，只要未经许可对作品进行改动、变更即是歪曲、篡改作品，构成对作品完整权的侵害；有的法院认定侵害作品完整权要求较高，有损于作者声誉名望的歪曲、篡改才构成侵害作品完整权。还有一些法院在认定侵权行为时徘徊在主观标准、客观标准之间。排除个案中的具体影响因素，法律适用上的这种状况与保护作品完整权的规定过于简陋不无关系。因此，从立法上修改完善保护作品完整权不失为一种最佳选择。具体修改的方向，根据作品完整权保护的是作者的创作自由和人格尊严的理论，参照《伯尔尼公约》第 6 条之二的规定，应在"歪曲、篡改"的行为之上加上"有损于作者的荣誉和名声"的限定条件。

---

① 参见刘孔中：《智慧财产权法制的关键革新》，元照出版公司 2007 年版，第 76—78 页。
② 参见〔日〕田村善之：《日本知识产权法》（第四版），周超、李雨峰、李希同译，张玉敏审校，知识产权出版社 2011 年版，第 487—490 页。
③ 参见李扬：《著作权法基本原理》，知识产权出版社 2019 年版，第 163—167 页。
④ 姚红主编：《中华人民共和国著作权法释解》，群众出版社 2001 年版，第 86 页。

（二）保护作品完整权的例外

保护作品完整权的例外或限制，主要适用于许可协议下的有关行为，作品原件所有权转移后的有关行为。

作者转让著作权或者许可他人改编和利用其作品时，可能发生被许可人的更改或使用破坏作品完整性的争议。然而，在当事人双方具有许可合同关系的情况下，保护作品完整权应当尊重合同关系。作者许可他人改编作品，即同意他人为特定使用目的而改动作品的形式和以特定的方式利用作品，改编者、利用者按照合同约定使用作品的，作者不能以保护作品完整权主张权利，即使使用行为违反了作者的意思也只能主张违反许可合同。也就是说，在许可合同范围内改动和利用作品的行为，作者以"歪曲、篡改"主张权利救济的空间十分有限，须适当限制保护作品完整权来兼顾改编者、利用者的利益，以维护正常交易秩序和促进作品传播利用。在这方面，由于修改权和保护作品完整权是相互联系的，有关修改权规定可适用于保护作品完整权。《著作权法实施条例》第10条规定，著作权人许可他人将其作品摄制成电影作品和以类似摄制电影的方法创作的作品的，视为已同意对其作品进行必要的改动，但是这种改动不得歪曲篡改原作品。上述例外或限制，他国法律也有规定。如《日本著作权法》第20条第2款规定了作品完整权的一般性例外，即"依照作品性质以及其使用目的和使用情况不得不进行的改变"的例外。德国按照职务作品的规则，作为雇员的作者应当随着劳动合同的签署自愿放弃自己反对对作品、作品的标题进行修改的权利。① 因而作者在职务创作时其作品修改权和完整权即已受到限制。《美国版权法》第106条之二(c)规定了视觉艺术品完整权的例外，其中，以复制、临摹、描绘或其他使用方式，在书籍、杂志、地图、电影等作品中使用视觉艺术作品，不构成损坏、歪曲篡改或其他修改。

原件所有权转移的作品。作品原件是作品独创性的载体，与作者本人具有某种特定的联系。在作品原件不再为作者拥有而是处于他人占有之中的情境下，作者本人尚有接触作品原件的权利。接触作品原件的权利是基于作者与其作品之间的人格联系而生的一项特别人格权，满足了作者制作该作品复制件或者对作品进行加工演绎的需要，相应的，作品原件占有人负有满足作者这种要求的义务。一些国家规定了对作品原件接触的权利，如《德国著作权法》《瑞士著作权法》。但是接触作品原件的权利又受到较大限制，按照《德国著作权法》规定，如果接触作品会因此而损害到作品

---

① 《德国著作权法》第39条第(2)款，载〔德〕M.雷炳德：《著作权法》，张恩民译，法律出版社2005年版，第722页。

原件占有人的重要利益,接触权即行消灭。而且作品原件占有人没有义务返还原物,也不负有对作品谨慎照管,以及维护作品相关利益的义务。在我国《著作权法》没有规定作品完整权的上述例外,因为我国现实中相关现象和问题并不突出。从法理讲,照片、手稿、美术作品等作品原件确实与作者人格利益相互关联,同时又具有文化遗产收藏保存的价值,当作品原件或者复制件具有唯一性时,其意义更加突显。因而如何在维护文化财产价值和尊重作者人格利益之间进行合理调节,不仅是著作权法也是更高层级的国家法律应予考虑的问题。这方面的外国立法和经验值得我国借鉴。

其他一些国家还规定了滑稽模仿例外。滑稽模仿是对现有作品的一种另类表达,它以幽默、嘲讽或者批评、取笑的方式将原作品演绎为一个引人发笑又令人深思的新作品。通常滑稽模仿并无恶意,而是作为文化娱乐或者文学批评的一种手段,并且滑稽模仿本身是一种演绎创作,能够赋予新作品多方面的创作元素。由于滑稽模仿大量借用了原作品的事件、人物、对话或者其他方面,因而成为模仿是否侵害作品完整权的一个话题。对此,一些国家作出了明确规定,如《法国著作权法》在作者权利条款和邻接权条款中规定了滑稽模仿和漫画讽刺为作者权利的例外。① 欧洲其他一些国家如比利时、西班牙和瑞士,也存在相似的关于滑稽模仿的法定免责。② 从法理讲,滑稽模仿的例外须符合一定条件,可免责的滑稽模仿不允许故意损害作品和其作者的名声,不容许辱骂、诽谤,也不容许利用滑稽模仿与原作品造成混淆。我国法律没有明确地将滑稽模仿规定为权利的限制或例外,实务中涉及滑稽模仿的案件较少发生,但此问题已受到理论界关注和探讨,因此了解和借鉴国外立法和经验是很有必要的。

作者人身权利(考题)③

应出版社约稿,崔雪创作完成一部儿童题材小说《森林之歌》。为吸引儿童阅读,增添小说离奇色彩,作者使用笔名"吹雪",特意将小说中的狗熊写成三只腿的动物。出版社编辑在核稿和编辑过程中,认为作者有笔误,直接将"吹雪"改为"崔雪"、将狗熊改写成四只腿的动物。出版社将《森林之歌》批发给书店销售。下列哪些说法是正

---

① 参见《法国知识产权法典》第 L122-5 条、第 L211-3 条,黄晖、朱志刚译,载《十二国著作权法》,《十二国著作权法》翻译组译,清华大学出版社 2011 年版,第 70 页、第 90 页。
② 〔英〕帕斯卡尔·卡米纳:《欧盟电影版权》,籍之伟、俞剑虹、林晓霞译,中国电影出版社 2006 年版,第 230 页。
③ 2015 年国家司法考试题。

确的？

A. 出版社侵犯了作者的修改权

B. 出版社侵犯了作者的保护作品完整权

C. 出版社侵犯了作者的署名权

D. 书店侵犯了作者的发行权

【评析】 本题考点为图书出版中如何尊重作者的著作人身权。A 选项，根据《著作权法》第 34 条规定，出版社对图书内容的修改应当征得作者的同意，本题中出版社擅自将狗熊改写成四只腿的动物，属于对图书内容的改动，未经作者同意的情况下很可能会曲解作者的意思，侵犯了作者的修改权。故 A 选项正确。B 选项，保护作品完整权指的是著作权人保护作品不受歪曲、篡改的权利。侵害保护作品完整权一般要求行为人基于主观故意而曲解作品，使作品所表达之意与作者所想表达之意大相径庭，凡未引起作者社会评价降低的改动作品的行为，通常不认为其侵犯了保护作品完整权。出版社对作品所做的改动会造成读者对作品及作者思想观点的误认、误读以及作者社会评价的降低，侵犯了作者的保护作品完整权。故 B 选项正确。C 选项，署名权指的是著作权人表明作者身份，在作品上署名的权利。出版社把作者的署名由"吹雪"改为"崔雪"，擅自改变作者署名的方式，侵犯了作者的署名权。故 C 选项正确。D 选项，根据发行权一次用尽理论，当作品经授权出版发行之后，著作权人就无权控制该作品复制件（图书）的市场销售。本题中书店销售图书的行为并未侵犯著作权人的发行权。D 选项不选。本题答案 ABC。

第二节　著作财产权

一、著作财产权概述

（一）著作财产权的概念

著作财产权又称著作权中的经济权利，是指著作权人享有的以特定方式使用作品并获得经济利益的权利。著作财产权，是我国著作权法使用的概念，欧洲大陆国家也有同样的称谓。版权法国家使用的是经济权利的概念。严格说来，著作权是以无体物为客体的准财产权利，其财产价值并不确定，享有权利只是获得财产的手段或资格，作品上物质性财产利益能否实现，需要很多中间环节，特别依赖于作品的交易和市场流通状况。故而经济权利说法更为妥帖。

著作财产权利是对作品使用的专有权和收益权。财产权的对象是作品,权利客体是作品产生的经济利益,权利内容是作品的使用方式。作品只有按不同方式加以利用,才能够实现创作目的,才能产生社会效益和经济利益。对于任何一件作品而言,如果没有使用,就不可能获得社会的承认,因而也不能从社会获得相应的物质报酬和精神上的荣誉。财产权对作者的重要性是不言而喻的。在社会经济生活中,著作权是版权产业的重要基础。版权产业也称为文化产业,是指创作、制作、销售和发行作品及其他客体和文化产品服务的产业,包括书籍和报刊、电影电视、音乐戏剧、广播、美术、摄影、计算机软件、网络传播、电子游戏等产业。文化产业中的大部分产品是著作权保护的对象,著作权的利用和经营是文化产业赖以生存的基础。在一些发达国家,著作权产业已成为最具有创造财富和就业潜力的支柱产业之一,为国民经济发展和社会福利作出了突出贡献。在我国,随着社会大众文化需求和娱乐需求的不断增长,版权产业对经济发展的贡献越来越突出,不断涌现出新的业态和创造新的就业机会,著作权在社会经济中的重要性也受到应有的重视。

著作财产权的内容与作品的传播手段有着十分密切的关系。早期印刷出版时代,作品以单一的书籍为主,印刷出版便成为作品最主要的利用方式,因而,著作权首先保护作品的复制和销售。19世纪随着技术的发展,出现了其他手段或方法,作品可以用各种形式复制和体现,平面的艺术品可以被复制成立体的,音乐可以包含在唱片中被表演,文字作品可以通过广播传送给大众,著作权的范围也随之扩大到录音、改编、播放。现代著作权法,著作财产权的法律表述通常采用"使用方式"加"专有权"的结构确定权利范围。《美国版权法》第106条"作品的专有权"规定:版权所有人享有从事及允许他人从事以下任何一项行为的专有权利。《德国著作权法》"财产权"的规定为:"作者享有以有形的方式利用其作品的排他性权利……作者还享有以无形的方式公开再现其作品的排他权利……"我国法律亦采用"使用方式"加"专有权利"的方式规定著作财产权,根据《著作权法》第10条的规定,作品的使用方式包括复制、发行、出租、展览、表演、放映、信息网络传播等,上述使用方式由著作权人享有专有权利,有权许可或禁止他人对作品的使用。可以说,使用方式决定了著作财产权的内容、权利的范围及权利行使的方式。

(二)著作财产权的类型

立法上,各国著作财产权的规定并不一致,有的将财产权进行类型化的规定,有的一一列举各项具体的使用权。采用权利类型化规定的以法国、德国为代表。法国的著作财产权体系是概括式的典型立法例。著作财产权只有两类,表演权和复制权。虽然只有两类权利,但通过对表演和复制的解释性规定,许多使用方式又被容纳到表演权或复制权之中。德国的著作财产权是概括加列举式,财产权分为两类:"以有形的方式利用作品的权利",包括复制权、发行权和展览权;"以无形的方式公开再现作品的权利",包括朗读、表演和放映权、公开传播权、播放权等。此外,作者还享有一种特殊权利——报酬请求权,即因特定作品的利用所产生的请求支付报酬的权利。德国著作财产权利体系极为严谨,是概括加列举式的典型代表。

《美国版权法》赋予版权所有人五项专有权:复制权、演绎权、发行权、表演权和公开展示权,这既不是权利的类型化也不是个别权利的一一列举。虽然法律规定的专有权只有五项,但是每一项权利又可以分出若干权利,或者说每一项权利适用于多种使用行为。例如表演权,不仅指现场表演,还包括通过传媒技术公开传播表演,因此,表演权可包含广播权和放映权。信息网络中作品的复制与传播,可视具体情形由发行权或表演权、公开展示权加以控制。英国版权法规定的经济权利有复制、发行、出租、表演、向公众传播。这样看来,美国、英国的版权经济权利在分解基础上适当概括,显示出逻辑清晰、体系简洁的优点。

《伯尔尼公约》分别规定了使用作品的专有权,从第 8 条到第 14 条(第 10 条、13 条除外)依次规定了翻译权、复制权、公开表演权、广播权、朗诵权、改编权、电影摄制权。由于历史的原因,这些权利是随着技术发展带来新的使用方式而渐次被确定下来的。例如翻译权是若干权利中的第一种权利,也是导致各国签订国际公约的一个最重要的原因,因为翻译是进行国际交流的唯一手段,各国结成联盟保护作者对其作品的权利,首先需要保护的是翻译权。正是由于分别规定的原因,《伯尔尼公约》中的经济权利没有体现出类型化,并且某些权利的规定囿于当时的技术背景被局限于一定范围内,导致无法涵盖新的使用方式,例如广播权确定的保护范围仅限于无线广播。进入互联网时代,作品被使用和传播的方式出现了前所未有的变革,《伯尔尼公约》规定的最低限度的权利保护已经无法因应新的使用方式和传播手段,随之,《伯尔尼公约》之外新的著作权国际条约应运而生。1996 年在世界知识产权组织的主持下,国际社会通过了《世界知识产权组织版权条约》和《世界知识产权组织表演和录音制品条约》,两个新条约在作者权利方面最重要的贡献是,赋予作者以专有权来控制网络环境下作品的使用和传播,即向公众提供作品的权利;规定了与有形复制品相关的专有权,即发行权和出租权,从而丰富了《伯尔尼公约》复制权的内容。

我国《著作权法》基本遵循《伯尔尼公约》的规定。第 10 条以列举方式规定了 12 项著作财产权,除了朗诵权之外,将《伯尔尼公约》规定的权利都纳入第 10 条之中。从学理上看,这 12 项权利可分为三种类型:复制权、传播权、演绎权。复制权包括的使用方式有复制、发行、出租、展览,传播权包括的使用方式有表演、放映、广播、信息网络传播,演绎权包括摄制、改编、翻译、汇编。我国的列举式规定看起来面面俱到,权利数目多达12项,但其背后可能存在的问题是,权利过于细化和琐碎,却难免挂一漏万。当技术的发展带来一些新的使用方式,其是否可以由著作权人加以控制,其所产生的利益如何分配等问题引起纠纷时,会面临法定权利不敷应用,法律解释难以确定等难题。为了弥补列举式的不足,《著作权法》在明示各项权利之后又规定了"应当由著作权人享有的其他权利"。

学理上,著作财产权类型的划分以作品的使用方式为依据。根据使用方式或传播手段的不同,著作财产权分为三种类型:以有形方式利用、以无形方式利用、衍生性利用,对应三种类型的权利:复制权、传播权和演绎权。以有形方式利用,是指作品的利用和传播须借助于物质形式(作品载体),包括复制权、发行权、出租权和展览权。复制是在有形物质上固定和再现作品,发行和出租是复制品的有偿提供,展览是作品原件或复制品的公开展示。在有形利用中,复制是基础,发行、出租和展览是复制的后续行为,须以复制为前提。因此这一类权利是广义的复制权。以无形方式利用,是指仅公开传播作品但不依赖有形物质载体,包括表演、放映、广播、信息网络传播。无形利用方式既不会产生新的作品载体,也无须依赖于载体而实现利用。同时,权利行使的结果不会导致作品载体的转手,公众只能通过媒介感受和体验作品。这类使用方式形成的权利为"传播权"。衍生性利用,对作品的使用会在原作品基础上产生新的作品,这种使用不是复制,而是再创作,所产生的作品称为衍生品。

综上,作品的利用方式主要有复制、传播、演绎——如果辅以适当的扩展性解释,它们几乎涵盖所有的利用方式。因此,赋予作者复制权、传播权、演绎权,就能够有效地维护作者的经济权益。

二、以有形方式利用作品的权利(广义的复制权)

以有形方式利用作品的权利,即广义的复制权,是指作者享有的将作品固定在有形载体上使公众能够通过有形载体接触作品的权利。以有形方式利用,要求以某种物质形式进行固定,从而与表演相区别,他人通过该物质形式"间接"接触作品,从而与观看表演直接接触作品相区别。以有形方式利用必然会产生作品的复制品以及复制品的销售、复制品公开展示或其他使用方式,作品的利用和传播无不以有形复制品为前提和基础。由此可见,以有形方式使用是以复制为中心,包含了发行、出租、展览,因而以有形方式使用作品的权利即广义的复制权。

复制是利用作品最基本和最常见的方式,从印刷时代书籍、小册子的出版发行,到电子时代音乐录制、摄影、翻拍,以至互联网时代作品的数字化及其上传、存储、下载,作品的使用一直与复制相联系,对复制行为的控制构成著作权的基本内容,复制权因而成为著作权精髓的权利。复制又是作品进入市场流通使人们得以接触的前提和基础,为了人们能够接触作品,必须先制作出复制品,有了复制品的销售(发行)进而才有可能提供复制品的出租或公开展览。正是由于复制的基础地位,在很长一个时期内,复制品的发行、出租被认为是复制的应有之义,不被看作独立的行为(权利)。甚至对原作品的翻译、改编也被看作是专门的复制形式,被涵盖在复制权之中。直到现在,法国依然保持一贯的广义复制权的观念,其著作权法赋予作者的权利只有两项,表演权和复制权。在两项权利之中又分别包含了发行权、出租权,放映权、广播权、远程传送权等。德国法上"以有形方式利用作品的排他权"亦即广义的复制权,这一类权利之中包括复制权、发行权、展览权,用来和以无形方式利用作品的传播权相区别。

我国《著作权法》第10条列举性规定了12项著作财产权,属于广义复制权的有复制权、发行权、出租权、展览权。

(一) 复制权

1. 复制权的含义和特征

《著作权法》对复制权的定义是,复制权是指以印刷、复印、拓印、录音、录像、翻录、翻拍等方式将作品制作一份或者多份的权利。可见复制权控制的行为是以任何方法或形式全部或部分复制作品的行为。对复制权的理解须先了解复制的含义和特征,以及受复制权控制的行为。

复制的基本特征是重复、再现。所谓重复,是表达形式在有形载体上的增加,即以一定方式将作品制作成一份或多份。所谓再现,是将表达形式在有形载体上固定、展现。作品的载体是固定或呈现作品的有形物质,如纸张、唱片、画卷都是承载作品的有形物,即作品载体。作品载体的形态有多种,同一件作品可以不同的载体呈现,一部文学作品可以印刷成图书、连载于杂志,还可以进行数字化以电子书形式再现。复制所产生的复制品只是有形载体的增加,作品还是那一个。正是由于复制是在"有形载体上重复、再现",复制被称为以有形的方式利用作品。复制的另一个特征是"非创造性"。非创造性是重复性、再现性的必然引申。将作品的表达形式重复、再现,结果是产生了与原作品内容相同的复制件,因而属于复制行为。如果在原作品中增加新的创作内容,如在原作品基础上进行翻译、改编,其结果将是产生一个不同于原作品表达形式的新作品,就是演绎行为。

2. 复制行为的分类

复制是指以任何方式或手段重复或再现作品。根据再现作品载体的不同,复制大致可以分为以下几类:同形复制,即作品被复制到与原有载体相同的载体之上。纸质文件的复印、照片翻拍、录音录像带翻录等,凡是从平面到平面的复制,都属于同形复制。异形复制,指从平面到立体或者从立体到平面,在不同物质载体上再现作品。如按照设计图纸制作雕塑,将雕塑、建筑物进行拍摄、绘画形成的照片、画卷,均属于异形复制。此外,从无载体向有载体转化,如对口述进行录音,将现场表演录音录像,也属于异形复制。现实中最为常见的复制行为是不改变载体或虽改变了载体但不改变表现方式的复制,如文字作品的复印、印刷,音乐、影像的录制。

一般而言,载体的转化只要产生的复制品是文学、艺术和科学领域内的作品,就属于复制。如果载体的转化产生的是工业产品,就不受复制权的控制。存在意见分歧的是,按照建筑设计图进行施工是复制行为还是其他行为。建筑作品属于著作权法保护的作品,如果建筑物是按照建筑设计图进行施工建造的,建筑物与设计图纸实质相同,应当属于复制,未经许可按照图纸建造建筑物的行为可以用复制权进行控制并给予救济,这也是实现建筑设计图纸著作权保护的一种途径。如果实质相同的建筑物并不是按照原图纸,而是通过模仿、仿造建造的,由于建筑物本身是受保护的作品,施工建造行为等同于"从立体到立体"的复制,同样会侵犯建筑作品(建筑物)的著作权,但是否属于侵犯复制权应视具体情况而论。

复制手段的变革。随着传播科技的不断进步,复制的手段和方法也在不断变化。历史上最初用来固定音乐作品的介质主要是音乐盒、音乐时钟、钢琴卷轴这些机械性质的装置,因而人们将这种情形称为"机械复制"。但很快随着留声机产业的发展,出现了更为复杂的固定形式,机械复制这一用语就不再合适了,改用为"录音"。显然,录音能够涵盖任何形式的对音乐、文字的声音复制,录音的介质可以是磁带、光盘、电子文档等形式。进入信息时代,最具革命性的复制手段是数字化。数字化是以计算机为工具,将信息转化成二进制代码的复制方式。任何作品只要能够转换成二进制代码,不管是通过原文扫描、键盘输入还是直接以数字形式出现,只要没有为作品增添新的内容,都属于复制。现实中存在大量的数字化复制,诸如将音乐作品、文字作品、影像、视频等固定在硬盘、移动内存等介质之中,将上述作品上传至网络平台(服务器),将作品下载到本地计算机或其他存储介质中。尽管数字化作品存储形式有一些仅仅是看不见的电子数据,但是看不见的数字化固定仍然被视为物质形式,任何形式的存储,从中可以对作品加以复制的,都应视为物质形式。

综上,复制权是作者重要的经济权利,也是著作权中基础的、精髓的权利。基于复制权的重要地位,无论是国际公约还是各国著作权法,都把复制权作为著作财产权中一项首要的权利。

(二)发行权

1. 发行权的构成

根据我国《著作权法》的规定,发行权,即以出售或者赠与方式向公众提供作品的原件或者复制件的权利。作为一项专有权利,发行权可以理解为,著作权人控制与作品复制品流通有关的一切行为的专有权。发行,是指作品有形载体的提供。提供,即令复制品进入流通领域使消费者可以获取,主要方式有销售和赠与。在著作权法语境下,复制品的销售或赠与被称为发行,因此发行就是通过销售、赠与、散发转移作品复制品的所有权。图书报刊销售、音像制品销售、电影拷贝销售都称作发行。

发行具有以下特征:

(1)转移作品有形载体的所有权。无论是销售还是赠与,其结果均为作品有形载体所有权的转移,销售是有偿转移,赠与是无偿转移。这一特征表明发行权的适用以作品有形载体为前提。发行权有形载体说,在一些国家得到明文规定,如《德国著作权法》第17条规定,发行权是指将作品原件或复制件提供给公众或投入市场交易的权利,这里的"原件或复制件"应当被理解为作品的附着物即有形物质载体。①《意大利著作权法》第17条、《日本著作权法》第3条的规定与德国大体相同。发行权有形载体说得到国际条约的认可,《世界知识产权组织版权条约》第6条和第7条的议定声明规定,该两条中的用语"复制品"和"原件或复制品",专指可作为有形物品投放流通的固定的复制品。根据该议定声明,发行权和出租权的客体限制在有形物品的范围内。

(2)面向社会公众提供作品原件或复制件。从发行的定义中可以看到"向公众提供"的用语,这表明发行是面向公众的行为,如同发表权,发行是指面向不特定的公众提供作品的原件或复制件的行为。新华书店出售新出版的图书、音乐专辑唱片,经销商散发产品或服务宣传单,均属于公开发行行为。相反,向特定少数人提供作品原件或复制件则不构成发行行为。

发行是将作品复制品投入流通领域,因而是离市场最近的行为。发行权也就成为一项最为实际的财产权利,侵犯发行权意味着公然侵占著作权人的市场利益。然而,由于发行与复制之间的密切关系——发行须以复制为前提,在发行之前必须先制作出复制品。复制的目的是为了发行,没有发行,没有物质实体的书籍、音像制品进入市场流通,复制就失去了意义。因此,在很长一段时间里,发行被包含在复制权之

---

① 参见〔德〕M.雷炳德:《著作权法》,张恩民译,法律出版社2005年版,第228页。

中没有成为一项独立的专有权。《伯尔尼公约》和 TRIPs 协定都没有对发行权作出一般性规定。《伯尔尼公约》仅在涉及电影作品时提到发行的权利。随着数字技术和互联网的出现,作品复制件公开传播的方式发生了巨大变革,发行已难以包含在复制之中。1996年缔结的两个互联网条约中,发行权作为一项独立的权利出现了。《世界知识产权组织版权条约》第6条规定:"权利人应享有通过销售或其他所有权转让的方式向公众提供其作品的原件或复制件的专有权。"与《世界知识产权组织版权条约》同时缔结的《世界知识产权组织表演和录音制品条约》第12条也就录音制品的发行权作了相同的规定。

然而在数字网络环境中,发行和网络传播很容易混为一谈。从结果看,发行和网络传播都能够使公众获得作品复制件。美国没有规定信息网络传播权,而是以既有的发行权或表演权解释和涵盖网络环境中的作品传播。这表明发行和网络传播具有相同功能,可以相互替代。但是在传统作者权体制看来,发行权和网络传播权是可以区分而且应当区分的。按照复制权理论,发行依赖于有形载体复制件。发行,即向公众提供原件或复制件,出售、赠与、散发的对象都是有形的复制品,发行的效力是将有形复制件的所有权转移给他人。网络传播则是脱离有形载体的数字化传播,受众在不占有有形载体的情况下获取和感受作品。为了区分二者的关系,《世界知识产权组织版权条约》第6条"发行权"通过议定声明,申明发行权的客体限制在有形物品的范围内,从而将数字传输排除在发行权的涵盖范围之外。这样一来,更加明晰了发行行为与有形物质载体密不可分的特性。

2. 发行权一次用尽

发行权一次用尽又称"权利穷竭"或"首次销售"原则,是指著作权人自己发行或许可他人发行作品的原件或复制件之后,以合法途径获得原件或复制件的持有人可以进一步销售、转让或处置该原件或复制件,著作权人无权干涉。发行权一次用尽是限制著作权人发行专有权的重要原则,对著作权人而言,作品复制品首次销售之后,发行权便用尽或穷竭了,不可再凭借发行权控制合法受让人对复制品的处置;对他人而言,只要合法取得了作品复制品,之后将复制品进行转售、出借、赠与都与著作权人无关。一些国家对发行权一次用尽作出明确规定。例如《德国著作权法》第17条第(2)款规定,当权利人统一将作品原件或复制件在欧洲联盟内或者在欧洲经济区的某个国家内以出售的方式予以发行时,本法允许将这些原件或者复制件予以进一步发行。《日本著作权法》第26条之二第2款规定了除电影作品以外的发行权一次用尽。《美国版权法》第109条(a)特别规定,合法制作的复制品和录音制品的所有人或任何经该所有人授权的人,有权不经版权人许可而出售该复制品或录音制品。发行权一次用尽原则的存在使得合法取得作品复制品的人可以自由处置该物,大学校园里学生出售和购买二手书籍、教材、唱片,图书网站销售批发来的图书,都是发行权用尽"庇护"下合法的商品流通。

发行权一次用尽原则的目的是为了保证商品的正常流通,其正当性基础建立在作品和有形载体不可分离的特性之上。作品是智力表达形式,是无体的,表达形式固定在有形物质载体制作成图书、报刊、唱片等复制品,这些物质实体具有双重属性。作为物质实体的图书、唱片是物权法意义上的物品,受物权法保护的客体,购得或受让这些物品的人对该物享有所有权;有形复制件呈现了作品内容承载着作者的情感和意见,是著作权的客体,受到著作权人专有权的控制。物权和著作权一般情况下不会发生冲突。但是在同一个复制件的著作权与物权分属不同的主体时,理论上就会出现所有权与著作权的冲突。例如将购买的图书进行处置时,该处分行为是否属于发行,是否要得到著作权人的许可。从著作权理论讲,赋予作者对复制发行行为享有的专有权的主要目的是防止和控制非法复制品进入市场而导致正品的经济利益受损。在复制品经过权利人授权在市场公开流通情况下,权利人已经就复制品的利用获得利益,不应继续控制该复制品的进一步流通。从所有权理论讲,知识产品的购买者享有占有、使用、收益和处分完整的财产所有权,自然有权处置其合法取得的所有物。当同一物体同时存在物权与知识产权时,所有权的行使构成发行权的制约,即发行权一次行使之后即已终结,不得妨碍物的所有权人行使对物的处分权。可见"首次销售"原则是物权对发行权的固有限制。

"发行权一次用尽"原则的适用应当满足两个条件。作品复制件必须经著作权人授权或根据法律规定合法制作。这包括,复制品的制作和销售经过权利人的许可而合法进入市场,著作权人发行权已经实现。对于非法制作的复制品,如盗版图书,盗版影像制品由于其制作和销售没有得到著作权人许可,因此没有发行权一次用尽的适用余地。换言之,未经著作权人许可而制作的非法盗版复制品无论是制作还是销售都是侵犯发行权的行为。此外该原则仅适用于发行权,对发行权以外的权利没有任何影响,权利用尽原则不能用来庇护未经许可的出版、表演、广播等非法使用行为。

(三)出租权

1. 出租权的由来

按照我国《著作权法》的规定,出租权,即有偿许可他人临时使用电影作品和以类似摄制电影的方法创作的作品、计算机软件的权利,计算机软件不是出租的主要标的的除外。出租和发行同属于一类行为,都是将复制品有形载体转移给他人,发行转移的是复制品有形载体的所有权,出租是有偿转让复制品有形载体的使用权,允许他人临时使用复制品。

我国在 2001 年之前没有单独规定出租权,而是将其作为发行的方式之一。2001 年《著作权法》修改时按照 TRIPs 协定的要求,将出租权从发行权中分离出来予以单独规定,形成《著作权法》第 10 条第 1 款第(7)项的规定。TRIPs 协定是率先授予作者以出租权的国际条约,不过其规定的出租权只适用于某些类型的作品,享有出租权的作品类型有:计算机程序、电影作品、录音制品。受 TRIPs 协定的影响,《世界知识产权组织版权条约》单独规定了出租权,赋予上述三种作品的作者享有出租权。按照我国《著作权法》第 10 条规定,电影类作品和计算机软件的著作权人享有出租权,以及《著作权法》第 42 条规定,录音录像制作者对其制作的录音录像制品享有出租权。这样,我国的出租权适用于三种客体:电影类作品、计算机软件、录音录像制品。这与相关国际条约的规定是一致的。

在过去很长一段时间里,出租是发行的一种方式,并没有自身独立存在的空间。这是因为在复制和传播技术尚不发达的时候,只有专业机构拥有复制设备和传播设备,普通人要接触和感受作品只能通过购买来获取复制品,别无他法。20 世纪 70 年代,录音机、录像机等复制设备开始普及和进入普通家庭,情况便发生了变化。购买复制品不再是唯一获取作品的途径,人们通过租用复制品的方式来接触和感受作品。这样一来,原有的作品销售市场之外出现了新的市场,录音制品和电影作品被临时性有偿使用。出租市场的出现不可避免地对原有市场造成影响,它一方面吸引了顾客,瓜分了销售市场的收益,另一方面,复制品的出租衍生了大量非法复制行为,尤其计算机程序的商业性出租导致了计算机程序被复制的现象泛滥,因为人们可以很容易在计算机硬盘中对其加以复制。在这种情况下,作品复制品的出租就成为一个必须给予法律解决的问题。出租从发行中独立出来还有一个考虑,即发行权一次用尽原则的适用范围。出租包含在发行之中,出租行为是否也同样适用发行权用尽呢?如果适用发行权用尽,就意味着著作权人转移了复制品以后就无权控制电影作品、计算机程序的临时性有偿使用,也就不能从出租市场获得经济利益。相反,如果出租行为受著作权人的控制,发行权一次用尽就不适用于出租行为。从出租权的主要目的是保护著作权人的复制权,而不是培育出租市场来看,显然出租是权利人的一项权利,不适用发行权用尽原则。

2. 出租权的标的和范围

出租权的标的是作品的有形物质载体。出租权也可以成为租赁权。著作权法上的出租权比照民法上的租赁来理解,都是指将租赁物在一定时间内提供给他人使用并收取租金。著作权法上的出租指向的特定对象是载有电影作品、计算机程序的光盘或其他物质载体。正如发行权与有形物质载体不可分,出租权也与有形物体有着不可分离性。虽然我国《著作权法》出租权的定义是:"出租权,即有偿许可他人临时使用电影作品和以类似摄制电影的方法创作的作品、计算机软件的权利",使用的是"电影作品、计算机软件",而没有使用"作品的复制品",但这应当理解为,作品是指其复制品,而复制品通常意义上即是有形物品。著作权人可通过一定方式授权租赁经营者经营性使用电影作品、音像制品、计算机程序,包括经营者提供给他人临时使用收取租金。

不论是《著作权法》还是国际条约,都将出租权的适用范围限定为三种类型的作品。电影作品、音像制品、计算机程序的出租通常由专门从事租赁业务的经营者经营,虽然现在影音出租店已不多见,但是一些大型视听作品和计算机软件的使用仍有用户需求,这类视听作品、音像制品、计算机程序一般是由专业机构投资和制作,再作为商品出售或者提供给用户临时性有偿使用。这就是上述几种特定类型的作品享有出租权的实践意义。

计算机程序的出租是指,出租的主要标的是载有计算机程序的光盘或其他硬件设备,收取的租金针对的是载体中装载的计算机程序。如果出租的主要标的是计算机设备,而不是计算机程序,该程序只是作为附属物附随于设备的,则不是著作权意义上的出租行为。也就是说,出租的主要标的是软件程序,如果租赁物带有软件程序,要看哪个方面是主要标的、基本目的,如机器设备、交通工具等是租赁的主要标的,其中装载的程序软件只是设备、汽车的一个部分,也不是租金的主要来源,则其中装载的计算机程序就不能主张出租权。现实中很多租赁物品如家用汽车、办公设备、娱乐表演设备都载有计算机程序和各种应用软件,自带有音频视频内容,但出租的主要标的是机器设备的,可以排除出租权的适用。

(四)展览权

我国《著作权法》上的展览权是指,公开陈列美术作品、摄影作品的原件或者复制件的权利。展览是将作品的原件或复制件提供给公众观赏,使公众能够感知到作品,但作品的有形载体并不发生所有权或占有的转移。由于展览、展示是借助于有形的作品载体来传播和感知作品,所以展览权归于复制权类别。

大多数国家都规定了展览权,一般情况时单独规定展览权,如德国、日本,美国,展览权是经济权利中一项单独的专有权利。《伯尔尼公约》没有规定展览权,但在第17条关于政府部门行使管理权力时提到展览,即政府主管部门可以就作品或复制品的流通、表演或展览加以控制,准许或者禁止。我国《著作权法》第10条单独规定了展览权。

展览的对象通常限于艺术类作品。按照《著作权法》的规定，展览权的客体限于艺术类作品，只有美术作品和摄影作品才有展览权。大部分国家也是将展览权适用于美术作品和摄影作品，德国、日本和我国台湾地区即如此。如《德国著作权法》第18条规定，展览权是指将尚未发表的美术作品或者摄影作品的原件或复制件让公众观赏的权利。《日本著作权法》第25条规定，作者享有公开展览其美术作品原件或者尚未发行的摄影作品原件的专有权利。《美国版权法》公开展示权是一个适用宽泛的权利，涉及多种使用方式。从适用的作品看，涉及文字、音乐、戏剧、舞蹈、哑剧、图形、雕塑、雕刻的原件或复制件，以及电影或其他视听作品的单幅画面，几乎所有类型的作品都存在以展示的方式加以利用的可能。从使用方式看，除了直接展出原件或者复制件之外，通过技术设施将作品在平面显示，或者在涉及视听作品时，以非连续的方式展示单幅图像，比如投影机展示图像等机械展示，都属于公开展示。美国如此宽泛的展览权甚至可以用来解释互联网上作品的传播，例如网站对版权材料缩略图的"展示"关系到公开展示权。①公开展示权的宽泛性使得它在很多方面类似于表演权，比如，展览可以借助于机器设备间接地接触作品，这和表演传播作品是相同的。展览与表演的区分，在涉及电影或视听作品时，展览是静态地展示单幅画面，而表演是连续播放画面和整部作品；有些作品的展示依赖于有形的原件或复制件，而表演无须依赖于有形载体。鉴于公开展示与表演的相互影响，美国版权学者认为，公开展示权一直没有成为大量深入探究和阐述的主题，其功能在很大程度上是技术变化的一个占位符。②这一方面展览权的功能可以被表演权或广播权所涵盖。另一方面说明，美国的公开展示权不可完全归属于复制权之下。

展览权的客体可以是已经发表的作品，也可以是尚未发表的作品。展览未发表的作品既是对作品的使用也是作品的首次公开。不过，有的国家将展览权严格限制在未公开发表的作品，一旦作者同意将作品发表，便丧失了展览权，如德国。日本将展览权的客体限于美术作品原件或者尚未发行的摄影作品原件。

展览权是著作权人的专有权，但在某些情况下展览权可以由第三人行使。由于展览的对象可以是作品原件也可以是复制件，当作品原件转移给著作权人以外的人时，该原件所有人享有作品原件的展览权。例如美术作品原件所有人可以展览该作品原件，著作权人可以展览作品复制件，这也是对展览权的一项例外。我国《著作权法》第18条规定："美术等作品原件所有权的转移，不视为作品著作权的转移，但美术

---

① 〔德〕M.雷炳德：《著作权法》，张恩民译，法律出版社2005年版，第112页。
② 〔美〕谢尔登·W.哈尔彭、克雷格·艾伦·纳德、肯尼思·L.波特：《美国知识产权法原理》（第三版），宋慧献译，商务出版社2013年版，第111页。

作品原件的展览权由原件所有人享有。"这既是对美术作品著作权归属的规定,也是展览权例外的规定。除了美术作品和摄影作品外,某些文字作品手稿亦具有展览价值,可以作为展览权的客体。但是应当注意,向公众展示信件、手稿之类私人物品,除了征得原件复制件所有人的许可,还应当获得写信人,手稿作者的同意。

（五）汇编权

根据《著作权法》第10条第1款第（16）项,汇编权即将作品或者作品的片段通过选择或编排,汇集成新作品的权利。汇编而成的新作品即汇编物,例如百科全书、报纸、期刊、文集、画册等。

汇编是处于复制与演绎交界处的行为。将已有作品编排、汇集在一起,以新的版本形式再现和重复作品,这与复制无异。我国《著作权法》单独规定汇编权并且将其排位于演绎权之列是比较罕见的。主要国家都承认汇编作品是受保护的作品,但并没有确认作者享有汇编权。德国、日本、意大利均规定了汇编物（编辑作品、集合作品）是受著作权保护的作品,却没有赋予作者享有汇编权。在没有规定汇编权的情况下,他人未经许可汇集编排作品的行为,认定为侵犯复制权就可以使作者的权利得到救济。《伯尔尼公约》涉及汇编作品的条款有两个:一是第2条"受保护的作品"第（5）款"汇编物"的规定:"百科全书和选集等文学或艺术作品的汇编,如果因其内容的选择和编排而构成智力创作物,应得到相应的保护,但这种汇编物中包含的各件作品的著作权不受影响"。不言而喻,"各件作品的著作权"是指被汇编作品享有的各种专有权利,并非或者不仅仅是汇编权。二是,第2条之二"对某些作品受到的保护进行限制的权力"第（3）款规定:"作者享有汇编前两款所述作品的权利"。该款规定单独看起来似乎是赋予作者汇编权。但是,将第2条之二作为完整的结构以及观照它与第2条的关系便可得知,这里的汇编权仅仅指向本条前两款所述的特定的口述作品——政治言论、法庭言论、公开演讲、讲授,这些言论被排除在保护之外,可由媒体自由登载、广播,但是对它们的自由使用是有限制的:第一,需已公开发表;第二,需为新闻自由;第三,将这类言论汇编成集应得到作者的许可。很显然,"作者享有汇编前两款所述作品的专有权"是适用于特定作品的一项限制性条件,属于著作权限制的例外,而不是对所有作品的汇编权。因此得知,《伯尔尼公约》并没有在复制权之外规定汇编权。

汇编权能否成为一项独立的权利,取决于汇编行为的性质。汇编是对现有作品的选择和编排,其独创性体现在对汇集在一起的作品进行选择、编辑和编排。汇编者如何挑选用于汇编的作品以及采用何种分类标准,是按照题目分类还是根据主题、题材或者时间顺序来表现,反映着汇编者独到的眼光,从而汇编作品的特色体现在各单件作品的编排、合成的表现形式方面。然而,选择和编排并没有改变各件作品的表现形式,相反,汇集编排必须保持各件作品的原貌,不改动原作品的内容或表达形式。可见,汇编是以原作品的全部复制或部分复制为基础,以汇集的方式再现原作品,这样的汇编与复制无异。汇编行为的复制属性在实务中得到印证。涉及汇编权的案件中,作者的单件作品被擅自收录汇编物,原告通常以侵犯其发行权、复制权、汇编权和获得报酬权起诉被告,或者笼统地主张侵犯著作权。法院判决大多认定被告行为侵犯了原告的复制权、发行权等权利,而没有认定侵犯汇编权的。司法上倾向于未经许可的汇编行为侵犯复制权而非汇编权,这种观点具有合理性,从著作权人角度而言,汇编权是将其作品选择编排成新的作品,汇编并没有导致原作品内容或形式发生改变,所产生的汇编物是原作品的复制件,如果汇编物向公众提供,属于发行或者信息网络传播,都无须以汇编权加以控制。从汇编者来看,汇编是在大量依赖现有作品和材料的基础上进行的,选择和编排并不改变原作品,而是全部或部分地复制作品。相应的,汇编作品之所以受保护,是在选择、编排上已有作品的表现形式方面具有独创性。

综上所述,将作品编入选集或其他汇编物,并未导致原作品的内容或表现形式发生变化,而是使原作品或其片段被固定和再现于新的有形物质载体之上,形成复制件。因此汇编应当属于对作品的复制,应受到复制权的控制。汇编权不具有独立存在的价值,难以成为一项独立的权利。

(六) 与作品载体有关的权利

著作权是有关作品及其创作者的权利,是一种无体财产权。作品的有形载体或物质实体属于有形财产,由物权财产权法调整。著作权和物权在某些情况下存在交叉的地方,如作品须有物质实体固定和呈现,离开有形物质载体,作品无以存在和体现,这尤以艺术作品为代表。由此,著作权法律还应考虑作者与作品载体(原件或复制品)的关系,合理地保障作者在原件或复制品上的利益。这些著作权以外的"其他权利"包括:作者接触有形复制品、作者从复制品流通、交易中获得报酬的权利。这些权利均与复制权有着密切的关系。

"其他权利"并非各国普遍承认的权利。德国的著作财产权体系设置的完整而严密,一般财产权之外还并存一个名为"作者的其他权利"的财产权利,统领作品附着物接触权、追续权、出租权和借阅权、私人复制补偿金等制度。除了附着物接触权,其他各项权利又称为"报酬请求权"。一些国家如日本、意大利、法国分别规定了追续权,私人复制补偿金,但没有像德国那样将这些权利概括为"作者的其他权利"或"报酬请求权"。《伯尔尼公约》没有"其他权利"的一般规定,只是规定了一项追续权,且适用互惠原则。我国《著作权法》第10条第1款列举了16项具体权能之后,第(17)项规定

"应当由著作权人享有的其他权利",这一规定从字面上看给作者的权利留有一定扩展空间。同时,在《著作权法》的规定可以发现"报酬请求权"的印记。

下面主要通过其他国家相关立法和实践情况来了解"其他权利"。

1. 作者接触有形复制品的权利

在某些情况下,作者可能需要接触某一有形复制件,例如当作品复制件转移给原件所有人,而作者需要对作品进行加工、演绎,但其手中却不拥有任何作品附着物。以《德国著作权法》为例,该法第25条规定,为制作作品复制件或者对作品进行演绎的必要,作者可以要求作品原件或者复制件的占有人让自己接触该作品原件或者复制件,但不得损害占有人的合法利益。这一规定即"接触权"。我国尚无"接触权"的规定,但是这一概念已走进公众视野,2014年6月,向社会公开征求意见的《著作权法修订草案送审稿》第22条第4款在《著作权法》第18条基础上增加1项规定,"陈列于公共场所的美术作品的原件为该作品的唯一载体的,原件所有人对其进行拆除、损毁等事实处分前,应当在合理的期限内通知作者,作者可以通过回购、复制等方式保护其著作权,当事人另有约定的除外",此一内容即属于"作者接触有形复制品的权利",无论这条修改意见能否被采纳,它的出现可以表明我国著作权理论对"接触权"的意义已经有所认识。

2. 报酬请求权

报酬请求权或称法定报酬权,是指作者对特定作品的使用所产生的获得报酬的权利。报酬请求权并非单一权利,而是一系列请求权的统称,包括追续权、出租权和出借权、私人复制补偿金。报酬请求权的性质是请求权而非专有权,报酬是法定而非意定。我国《著作权法》没有"报酬请求权"的用语和统一规定,但却有与其性质类似的法律规定。例如,法定许可制度,即某些情况下使用作品无须著作权人许可,但应向著作权人支付报酬。我国的出租权是专有权,包含获得报酬的权利。

借阅权,也称为出借权,是作者因作品出借使用而获得报酬的权利。借阅权的根据是,当大量读者通过公共图书馆借阅图书,省却购买图书时,必然会影响作品的销售数额从而使作者的收益减少,借阅权,可以让作者或者著作权人获得一些合理的经济补偿。借阅权的客体是图书、音像制品,向作者支付合理报酬的是图书馆等出借机构。由于公共图书馆是负有文化职能提供文化福利的非营利机构,一些规定了借阅权的国内立法有的以单独立法来维护图书馆与作者借阅权各方面利益,例如英国、瑞典、丹麦等国家单独制定了涉及借阅权的法规,规定由国家财政拨款给公共出借机构支付作者的补偿金。另有少数国家如德国,将借阅权规定在著作权法之中。按照《德国著作权法》第27条第2款、第3款规定,出借图书、音像制品的机构或者作品收藏机构,对出借行为负有支付报酬的义务,相应地,作者因作品出借行为所产生的报酬请求权,统一交给著作权集体管理组织行使。

追续权,是指艺术品的作者从其原作后续销售收益中享受一定比例分成的权利。追续权起源于法国,设立该权利的目的是,补偿艺术家在未成名时以低价出售其作品与后续作品升值之间的不平衡。艺术家一旦闻名,其作品将高价多次出售,买方从中得到巨额利益。因此让艺术家从价格升值中得到一些收益,是公平合理的。自法国于1920通过立法保护艺术家的追续权,很快有好几个伯尔尼联盟的成员国效仿法国,分别在其各自的国内法律中规定了追续权。2001年,欧盟通过追续权指令,将会有更多国家会在其国内法中实施追续权。《伯尔尼公约》于1948年规定了追续权,第14条之三规定,"美术原作和文字、乐曲原稿的作者,对原作和原稿首次转让后的任何一次转售,均享有不可转让的分享其中收益的权利。作者死亡后,这一权利由国内法授权的个人或机构享有"。但与其他大多数权利不同,追续权是一项可选择性的权利,成员国可以自行决定是否在国内法中确认该权利。该权利的国际保护也取决于成员国之间的互惠,如果某一国家没有确认这一权利,该国的作者就不能在其他国家主张这一权利。

我国《著作权法》修订过程中出现过追续权的讨论,各方面的观点和意见差异较大。持反对观点的认为,追续权的建立不利于形成稳定的艺术品交易关系,也不是我国当前艺术家的迫切需求,且在中国这样一个各项制度均不十分完善的环境下执行起来将非常困难。因而现阶段不宜推行。

三、以无形方式利用作品的权利(传播权)

以无形方式利用作品的权利也称为传播权、向公众传播权,是指与有形利用权相对应的一类著作财产权。传播权控制的"传播行为"是指在不产生有形复制品,公众不占有"文本"的情况下,以现场表演、机械表演和远距离传输的方式提供作品的行为。

传播权这一概念不仅是学理上的类型化权利,也是一些国家立法上的一种概括性权利。法国以及效仿法国的国家,将传播权统称为表演权。《法国著作权法》将著作财产权分为表演权和复制权,表演权即公开传播权的别称。根据法律规定,"表演是指通过某种方式尤其是下列方式将作品向公众传播:公开朗诵、音乐演奏、戏剧表演、公开演出、公开放映及在公共场所转播远程传输的作品;远程传输,是指通过电信传播的一切方式,传送各种声音、图像、资料、数据及信息。"①可见,法国是以表演权为名集合了复制权以外的现场演播类和远程传输类的权利。这种列举方式的潜在规则是,根据受众与传播发生地(传播主体)的关系,将传播分为现场演播类和远程传输类。现场演播类的特征在于受众与传播主体同处于传播发生地,作品是以"面对面"的方式传播给现场的观众。远程传输类的特征在于受众和传播主体分处于不同场所,作品通过机器设备传播给传播发生地以外的公众,远程传输包括广播、卫星传播和电缆传送。

《德国著作权法》上"以无形的方式公开再现作品的排他性权利",也称为公开再现权。此类权利囊括了各种无形传播的情形,特别包括朗诵、表演和放映权、公共传播权、播放权、音像制品再现权和广播电视再现权。播放权是通过广播电视向公众提供作品。公共传播权亦即信息网络传播权。德国的传播权立法有以下特点:第一,指明了传播权的实质在于以无形的方式再现作品,从而将那些不依赖于有形载体也能感知作品的利用方式囊括进来;第二,采用"再利用权"涵括以同样的或其他方式再次提供作品的方式。例如通过音像制品再现作品、通过扩音器等设备再现表演、广播的作品均属于再次利用。确立再利用权的理由是,再次公开传播作品超出了预期的市场范围,具有独立的市场利益,理应由作者来掌控。

美国版权法上属于公开传播权的是表演权和展示权。表演,意味着直接或借助任何设备或方法,朗诵、表演、演奏、舞蹈或演出作品;对于电影作品或其他视听作品,指连续展现其图像或使人听到配音。如此宽泛的表演,容纳了舞台表演、机械表演,以及通过信息网络传播。公开展示,意味着直接或使用胶片、幻灯片、电视图像或任何其他方式或方法展示作品的复制品;对于电影或其他音像作品,指分别展示其单个图像。②美国没有单设信息网络传播权,司法上可通过解释发行权、表演权和公开展示权来处理信息网络上的作品传输,例如文字作品的网络传输可由发行权控制,音乐作品、戏剧作品等在网络上连续播放可由表演权控制,而对于美术作品、摄影作品的网络非连续互动播放可由展览权控制。美国版权法专有权的结构和内在逻辑体现了美国的法律传统和裁判规则,立法规定通常是概括的,法律运用的具体标准或规则产生于法官的裁判活动,且作出的判例可为后来者所遵循。

《伯尔尼公约》没有设立一个综合性的传播权,而是将传播权分散在各个条文中予以规定。按照公约,属于传播权类型的权利有公开表演权、公开朗诵权、广播权。

---

① 《法国知识产权法典》第 L122-2 条,黄晖、朱志刚译,载《十二国著作权法》,《十二国著作权法》翻译组译,清华大学出版社 2011 年版。

② 《美国版权法》第 101 条。

《世界知识产权组织版权条约》规定的"向公众传播权"一方面包含了《伯尔尼公约》规定的上述权利,另一方面将互联网传播纳入向公众传播权的范围。这样一来,《世界知识产权组织版权条约》的"向公众传播权"是一个综合性传播权,可以涵盖所有以非物质形态传播作品的权利。

我国《著作权法》上的作品使用权是列举式规定,法律上并没有一个综合性地向公众传播权的概念。从法律列举的权利来看,属于传播权类型的权利有表演权、放映权、广播权、信息网络传播权。

(一) 表演权

按照我国《著作权法》第10条的规定,表演权,即公开表演作品,以及用各种手段公开播送作品的表演的权利。表演权涉及的作品最初主要是音乐、戏剧、曲艺、舞蹈,现在扩及文学作品,只要可以用表演的方式向公众传播,都可适用表演权。

根据表演权的定义,表演分为两种类型:一种是现场表演,也称"直接表演""活表演"。现场表演是指,通过声音、表情、动作公开再现作品的行为,如演奏乐曲、演唱歌曲、上演戏剧、表演小品等。现场表演仅限于表演者的表现,在现场,表演者和观众面对面,表演稍纵即逝,不会产生任何复制品。另一种是机械表演,也称"间接表演"。机械表演是在表演者不在场的情况下,借助技术设备播放载有表演的音像制品。例如,在歌舞厅、酒店、商场等营业性公共场所播放唱片、录像作品,属于机械表演。"表演行为"的界定,关系到著作权人在多大范围享有专有权和获得报酬的权利。我国传统上将表演理解为舞台表演、活表演。1990年《著作权法》中的表演权,表演的方式仅限于舞台表演。2001年《著作权法》修订后,表演的类型加入了机械表演。从现实中作品的使用情况来看,现场表演和机械表演这两种类型的活动各自具有独立市场,涉及不同的传播主体,迎合不同的消费需求。现场表演的传播主体是表演者、演出组织者,其经营活动的收益主要是演出市场的门票收入,相应的,作者也是从这个市场收益去获得报酬。机械表演的市场主体是KTV娱乐企业和需要播放背景音乐的营业场所,其经营活动的主要目的不是传播作品,而是为了改善经营环境,提高客流量来增加营业收入。机械表演权赋予著作权人控制机械播放表演的权利,但作者个人无法一一发放使用许可,因而机械表演权成为由集体管理组织代为作者行使的"小权利"。

一些国家的传播权项下包括朗诵权,有的单独规定了朗诵权。如法国的表演权包含公开朗诵权,德国、日本对朗诵权作出单独规定。《伯尔尼公约》第11条之三规定了"公开朗诵权"。根据《伯尔尼公约指南》,朗诵权是为文学作品的作者提供的又一保护。在此之前,《伯尔尼公约》第11条规定的表演权仅仅适用于戏剧作品、音乐作品、舞蹈作品,这样在表演方式上区别对待文学作品和戏剧作品,可能导致文学作品的作者待遇低于戏剧作品。后来,《伯尔尼公约》在第11条之三规定公开朗诵权,使该权利成为著作权中包含的第五种权利,由此文学作品的作者有授权他人公开朗诵作品的专有权。

我国没有朗诵权的规定,不过这并不影响朗诵行为可以适用表演权。朗诵者以声音和肢体动作让公众直接感受精美文字,领悟原作品的精神内涵,既是再现也是诠释,因而在公共场所大声朗读或者背诵一件作品就是对它的表演。近年来,一些电视台的综艺栏目推出《朗读者》《见字如面》等朗读节目,都属于对作品的艺术表演。应当指出,朗读文学作品应当获得作者许可;朗读书信不仅要取得收信人的许可,还应征得写信人的许可。

(二) 放映权

我国《著作权法》规定的放映权是指,通过放映机、幻灯机等技术设备公开再现美术、摄影、电影和以类似摄制电影的方法创作的作品的权利。我国《著作权法》最初并没有规定放映权,但在解释中认为著作权人应当享有此权利。① 2001年《著作权法》修订后放映权成为一项独立的权利。

1. 放映权的适用范围有限

放映或上映,主要是电影作品的利用方式。因此,一些国家著作权法规定的放映权仅适用于电影作品,如日本、意大利。《日本著作权法》第2条第1款第(17)项规定,上映,指在银幕或者其他介质上放映作品(向公众传播的作品除外),包括同时播放固定在电影作品中的声音。《意大利著作权法》仅规定了电影作品的放映。我国的规定与德国较为一致,放映权适用于美术作品、摄影作品、电影类作品。② 由于放映权适用范围很窄,一些国家没有单独规定放映权,而将其纳入表演权之中,如美国、法国。也有一些国家将放映权作了单独规定,如德国、日本、中国。

2. 放映权的独立地位

放映权实际覆盖的范围十分有限,同时,处于信息网络环境中的放映和表演、放映和信息网络传播之间存在交叉之处,界限难以区分,这进一步影响了放映权成为一项独立权利。就放映和表演而言,"机械表演"是指"用各种手段公开播送作品的表演",即通过技术设备将机读载体中含有的表演展示给现场公众。放映权是指"通过

---

① 参见姚红主编:《中华人民共和国著作权法释解》,群众出版社2001年版,第95页。
② 《德国著作权法》第19条第(4)款规定:放映权是指将美术作品、摄影作品、电影作品或科学技术方面的表述通过技术设备让公众感知的权利。放映权不包括将这类作品通过广播电视节目播放或者通过公共传播而让公众感知的权利。

放映机、幻灯机等技术设备公开再现作品"。二者都是利用技术设备展示作品,且传播主体和受众处于同一场所。不同之处仅在于被利用的作品范围有所不同,放映的作品限于美术、摄影、电影,机械表演的作品则不受此限,任何可以用来表演的作品都可以成为机械表演的客体。这样看来,放映和表演在"通过技术设备公开再现作品"的利用方式上是重合的,因而放映可以作为机械表演纳入表演权的范围。

3. 放映和信息网络传播

按照法律的定义,放映利用的是"放映机、幻灯机"等技术设备,而通过信息网络传播作品并不借助于这些设备,所以网络传播不受放映权的控制,而是属于信息网络传播权控制的行为。然而,随着技术的发展,放映作品可以不再用放映机、幻灯机,而由数字点播设备取而代之。例如,KTV营业场所的专业点唱机、网吧的电脑以及电影院以外的放映场所使用的电子播放设备,都已成为放映机及其电影胶片、有形幻灯片的升级替代设备。在网络环境下,不管是公网或是局域网,通过电子播放设备传送的作品均由用户点播获取,这种情况下的传播究竟是放映,还是信息网络传播?事实上,正是承认放映与网络传播存在交叉之处,《德国著作权法》在放映权的规定中特别指出,"放映权不包括将这类作品通过广播电视节目播放或者通过公共传播而让公众感知的权利",试图以此区分放映权和公共传播权(即我国的信息网络传播权)。可以想象,随着放映手段的数字化,放映将进一步被信息网络传播所取代,这时,放映权只适用于电影等有限作品的特性愈显得不再重要,因为几乎任何作品均可以通过信息网络传播权得到保护。因而区分放映权和信息网络传播权已没有多大意义,放映行为可以纳入信息网络传播权、表演权的范围加以调整。

2014年6月,原国家版权局报送的《著作权法修订草案送审稿》,删除了关于放映权的规定。这一改动能否被立法者接受尚不可知,但是这一修改的进步意义值得肯定。

(三)广播权

广播权,也称为播放权。按照《著作权法》第10条的规定:"广播权,即以无线方式公开广播或者传播作品,以有线传播或者转播的方式向公众传播广播的作品,以及通过扩音器或者其他传送符号、声音、图像的类似工具向公众传播广播的作品的权利。"在这个复杂的定义里,广播权的内容分为三个层次:一是以无线的方式通过电台、电视台向公众播放作品;二是以有线方式转播电台、电视台播放的作品;三是通过扩音器等设备向公众传播电台、电视台播放的作品。这里面,通过电台、电视台播放作品是广播的核心,也是广播权控制的基本行为。因此,广播或者播放,一般意义上是指电台、电视台通过信号传输向公众传播作品。

第四章 著作权的内容

从权利客体看,广播权涵盖了范围最为广泛的作品。从文字作品、音乐作品、戏剧、曲艺、舞蹈作品到电影、电视作品,几乎所有的作品都可以通过广播加以利用和传播。从传输形式看,广播权却没有涵盖所有传输形式。根据广播权的几层意思可以看出,广播的基本含义是以无线的方式播放作品,以有线传播或者转播的方式传播作品,以及通过扩音器或者其他类似工具传播作品,而直接以有线的方式传播作品并不包括在广播权之中。正因为如此,当传播技术发展到数字网络时代,作者的广播权捉襟见肘而不得不寻求作品网络传输的保护方式。

我国广播权的规定直接来自《伯尔尼公约》,回顾一下广播权的产生背景及含义,有助于理解现行法律规定以及广播权所面临的问题。

广播,是传播领域的技术有了巨大发展之后带来的一种传播方式。20世纪初期,无线电技术已经是国际通信领域一种重要的信息传输方式。无线电通过空气发送看不见的信息,即不需要交错的电线也不需要错综复杂的地下电缆或调制解调器,通过电磁波传送信息即可不受阻碍地传播到几十、几百里外。一开始,无线电主要应用于航运和国防领域,不久便开始了商业利用无线电的热潮。各种广播组织运用无线电传播新闻、音乐、戏剧,几千里之外数以万计的听众通过广播一起收听同样的讯息。这时的"广播"是指,在不借用任何人工辅助或支持手段(例如有线和电缆)的情况下,通过电磁波传输声音、图像,使公众中的成员能接受传输的声音或图像。[①]无线电广播无疑加剧了作品的商业利用,对作者及相关者的权益产生了深刻影响,从而引起了国际社会的关注,"播放权"就是国际社会在这种技术和社会背景之下对广播系统作出的回应。正如《伯尔尼公约》宣称,"播放"在信息领域和娱乐领域占据特别重要的位置,而且具有特别的重要性。《伯尔尼公约》在1948年最终确认播放权为作者享有的专有权。

《伯尔尼公约》的播放权规定在第11条之二,该条第(1)款确立了权利的范围,将播放权分为三项权利:

(1)广播,包括通过卫星进行的广播。这种传输以播放或以其他任何无线方式发送信号、声音或图像公开传播作品,简化点说,广播是指通过电台、电视台以无线方式播放。广播一般是以公众直接接受为目的而进行的无线电传输,不仅指声音广播,还默示地包含电视广播。随着卫星技术的出现,"无线广播"这一用语的解释也更为宽泛,卫星传播属于无线广播意义下的广播是应有之义。

---

① 〔澳〕山姆·里基森、〔美〕简·金斯伯格:《国际版权与邻接权——伯尔尼公约及公约以外的新发展》(第二版),郭寿康、刘波林、万勇、高凌瀚、余俊译,中国人民大学出版社2016年版,第637页。

（2）对广播的转播。《伯尔尼公约》第11条之二规定的这种传播类型是指，由原广播机构之外的另一组织，以任何有线方式或无线方式公开传播广播的电视节目。转播可以是无线方式，也可以是有线方式，只要这一传播是由原发送信息的广播机构之外的另一个组织进行的，即构成转播。

无线方式转播，是指通过发射台、转播站等中转站将载有节目的信号向公众传送。转播是为了在尽可能远的、尽可能大的范围内传送原始广播，通常广播组织建立有自己的发射台或转播站来覆盖可接受信号的所有区域。当然只有当继续传送信号的是原广播机构以外的另一个组织，才适用"对广播的转播"，才需要获得作者的授权。

有线方式转播，在一般意义上是指，通过人工设备将信号由一点传到另一点，如电缆传输。在这个方面，有线转播与广播是在相反的意义上被使用。广播，是指在不借助任何人工辅助手段或人工导体的情况下，通过电子波在空间传输信号；"有线转播"则可以被宽泛的解释为通过各种有线的方式进行传播，这样的解释可以将已经产生和可能出现的传播媒介涵盖在广播权的范围之中。国际版权法专家在解释《伯尔尼公约》的广播权时明确指出，对"通过有线"一词作广义解释，可以将有线数字转播也涵盖到第11条之二规定的向公众传播权的范围之中。因此，第三方对广播进行的二次传输，例如通过网播的方式，属于第11条之二第（1）款规定的权利范围。[①]尽管设立广播权时没有考虑数字与网络技术的运用，但是通过对《伯尔尼公约》及相关国际条约的解释，对于转播包括无线转播、有线转播乃至可以延伸到互联网的问题，国际社会已有定论。

（3）用其他方式公开传播广播。《伯尔尼公约》第11条之二第（1）款第3项授予作者"通过扩音器或其他任何设备传送信号、声音或图像的方式公开传播广播的作品"的专有权。这种传播方式的具体形态是：在公共场所向公众转播广播，提供背景音乐，酒店、餐馆、商场、车站等通过电视屏幕提供比赛以及其他节目。公约将这种公开传播纳入广播权之中的考虑是，由于这种情况较为普遍地存在，大大扩展了广播节目的听众范围，但在著作权人授权作品进行广播时，这些听众并不在预期的范围之内，而是属于额外的听众。这些新的听众超出了广播权的授权范围，因而作者被赋予专有权，以控制他人对其作品进行的这种新的公开传播。[②]

[①] 参见〔澳〕山姆·里基森、〔美〕简·金斯伯格：《国际版权与邻接权——伯尔尼公约及公约以外的新发展》（第二版），郭寿康、刘波林、万勇、高凌瀚、余俊译，中国人民大学出版社2016年版，第653页。

[②] 参见《保护文学和艺术作品伯尔尼公约（1971年巴黎文本）指南（附英文文本）》，刘波林译，中国人民大学出版社2002年版，第56页。

我国广播权的规定基本遵循《伯尔尼公约》，该权利可分为三个层次：无线广播、有线转播、公开播放广播。第一个层次的无线广播是广播权的基础，第二、三个层次是与广播相关的传播行为。从传播的一般意义上讲，通过广播传播的行为有以下特征：一是信息的单向传输，即信息由发送方传输至接收方是单向的过程，其中看不到接收者的反馈，也看不到其他要素之间的相互作用。单向式对应于交互式，这正是广播传播与信息网络传播的区别之处。二是信息的远距离传输，即信息由发送地发出，使远在发送地以外的接收方可在同一时间接收同一个内容的信息。远距离传输对应于现场传播，也是广播权与表演权的区别之处。可见，了解广播的基本特征，对我国现行规定中的广播权的理解和运用不无积极意义。

如前所述，在设定广播权之时，广播主要是无线广播，有线广播仅是无线广播的补充。但在技术迅速发展变化的今天，广播电视的无线覆盖率稳步提升，各种新兴传媒竞相发展，很多有线播放的方式被普遍运用。例如，电台、电视台将数据流放在网络平台同步播放的自制广播电视节目，公众可以通过传统收音机之外的电子终端设备收听收看，这种有线的方式是否属于广播权第一个层次的"无线传播"呢？从法律规定的文义解释看，广播权条文的第一句"广播权，即以无线方式公开广播或者传播作品"，条文中"或者"前后的用语应做如何理解？不可否认，"无线方式"至今仍是广播电视播放的主要方式，但是与"无线方式公开传播"并列的"传播"，是否也须为无线方式呢？这里会出现两种解释：一种是"无线方式"既是公开广播的定语，也是"传播"的定语，后者只是将"无线方式"省略了；另一种是"或者"前后的表述是并列关系，二者选其一，即"传播"不受"无线方式"的限定，既可以是无线方式传播也可以有线方式传播。按照第二种解释，"公开广播"显然可以涵盖有线方式的传播。从广播权意旨看，赋予作者该权利的目的是为了控制利用广播技术传播作品的行为，在广播以无线电广播为主的时代，有线传播和未来新的技术尚未进入立法者的视野，故而无法在法律条文中作出具体描述。但法律规定秉持技术中立的立场，尽量采用概括性用语规定权利的范围，目的是为技术发展带来的传播方式留下权利的空间，《伯尔尼公约》广播权、表演权等权利的规定中都采用"任何手段"(any means)的措辞即可证明这一点。《世界知识产权组织版权条约》在《伯尔尼公约》分散规定的基础上，规定了概括的"向公共传播权"，也采用"任何"来修饰"传播"，目的是使其能够涵盖以有线或无线的方式进行传播的行为。这都足以说明法律在积极弥补因历史局限而滞后于技术发展的缺漏，而不是一味地墨守成规。因此，为贯彻广播权意旨，对法律条文的涵盖范围应当做扩张解释，而不是限缩解释，因时代变迁和技术变形而出现的新的广播形态应当包括在广播权的适用范围之内。反之，如果广播权仍停留在无线广播年代，将有线传播排除在公开传播外,势必会严重脱离社会现实,违背广播权的立法旨意。从现实状况看,广播、通讯领域已经迈入多网融合、技术并用的阶段,广播电视的传播从信息发送到信息接收的过程,有线技术和无线技术深度融合并综合运用。举例来说,北京歌华有限公司推出的歌华飞视是一种基于有线电视数字广播网络和无线联网技术(WIFI)融合的应用系统平台,系统传输网络体系同时使用了交互网络和单向数字电视广播网络推送两种模式。在家里将歌华机顶盒连接无线路由器,即可通过智能手机、平板电脑、笔记本电脑获取高清晰、时尚便捷的无线视频服务。如此技术背景之下,显然已无法确定其属于有线传播还是无线传播,即便能够区分得开也是徒劳无益的。实际上,有线传播包含在"广播"之中是早已被普遍认可的事实,我国依照《伯尔尼公约》规定的广播权的定义,虽然没有包括直接以有线方式传播作品,但在第 10 条"其他权利"可以包括有线传播。

转播是指收到广播以后利用传播手段进行进一步的传播,可以用"二手""二次"来解释转播与广播的关系。转播在下述情况下是非常必要的,由于距离遥远或者地理环境、建筑物的阻碍而很难接收到广播信号,通过电缆、光纤等人工导体的传送,可以将广播向更大面积、更远距离的区域覆盖。人工导体的辅助传输早已有之,今天人工导体有了巨大的发展,有线转播和无线转播的综合并用,有线电视、电信以及计算机通信三网互联互通,形成了无缝覆盖、功能趋于一致、业务范围趋于相同的传输方式。现实中适用转播权的典型例子如,网络平台接收本国或他国电视台播放的节目,再将这些节目传送给自己的用户。所谓网络直播、同步网播、流媒体传播,或者已有或未来技术的一些变形,实际上都属于转播,应在广播权覆盖的范围内。因此,我国《著作权法》广播权规定的第二句话"以有线传播或者转播的方式向公众传播广播的作品",从解释论看应当理解为,只要继续传送的机构不是原广播组织,而且涉及传送他人的广播电视节目,此时无须区分是有线转播或无线转播,都应适用广播权。转播行为包括有线方式和无线方式,我国立法机构也曾作出过解释。2001 年修订的《著作权法》对广播组织播放权作了一处修订:原规定为广播电台、电视台有权禁止他人未经许可"将其播放的广播电视重播",改为现行规定的"将其播放的广播电视转播"。对于"重播"改为"转播",《中华人民共和国著作权法释义》提到,"可以认为转播不仅指无线方式,也包括有线方式"。[①]根据这一权威解释可以得知,由于广播组织的播放权来自作者的授权,因而作者的转播权和广播组织播放权中的转播放,均包含有线方式和无线方式。

[①] 胡康生:《中华人民共和国著作权法释义》,法律出版社 2002 年版,第 186 页。

公开播放广播,是指通过扩音器或者其他传送工具公开传播广播节目,最为常见的是在公共场所通过收音机、电视机等收放设备将接收到的广播节目向公众播放。赋予作者控制公开播放其作品是出于如下考虑:在公共场所营利性播放作品,超出了作者授权广播权时"已知"受众的范围,在已知公众范围之外公开传播作品,作者或著作权人应有权控制。对于这种公开播放广播的行为,国内外著作权法的规定不太一致。《德国著作权法》称其为"广播电视再现权",赋予作者控制营利机构场所再现广播电视节目的权利,通过集体管理组织保障作者公开再现权。非营利目的的或非营利机构再现广播电视节目的,视情况实行法定许可使用或者不支付使用报酬。[①]《日本著作权法》规定,不以营利为目的免费向公众公开播放广播,属于著作权限制与例外,无须获得许可也不支付报酬。[②]我国《著作权法》关于广播权的规定直接移植《伯尔尼公约》的同条规定。从理论上讲,作者或著作权人有权控制包含其作品的广播电视节目的公开传播,可以通过集体管理组织对权利进行管理,即授权集体管理组织向使用者发放许可和收取报酬。但我国现实情况是,音乐集体管理和音像集体管理下的广播权,目前并没有涉及公开播放广播的行为,播放广播的营业性场所没有为这种使用支付报酬,也未见权利人提出这部分使用报酬的要求,因此公开播放广播仍是一项纸面上的权利。

综上,"广播"这一术语是非常中立的,包括以任何手段或方式向公众发送信号、声音或图片公开传播作品,只要是向传播发生地以外的公众传播,而且是非交互式的单向传播,都应涵盖在广播权的范围内。对于《著作权法》中广播权的规定,仅依据字面含义便局限于无线广播的认识已是历史陈迹,这个因时代局限和偏重技术造成的缺憾在现实中已得到纠正,并将在修法时加以弥补。修订后的广播权将是一个涵盖有线方式和无线方式的广播,可以更好地适应和满足现实生活对权利保护的需求。

(四)信息网络传播权

1. 信息网络传播权的由来

信息网络传播权是传播权类别中一项新的权利。数字化技术和网络技术的运用带给人类社会一种全新的传播途径:数字网络环境下,所有的作品和信息都转换为数字形式,打破了原有作品种类的界限,融合了不同的利用方式,任何作品都可以在线传输并由信息接收方按照自己的意思获取内容。信息技术革命必然带来法律和政策问题,例如在信息网络环境下作者或著作权人能否控制作品的在线传输,以及发生在

---

① 《德国著作权法》第22条、第52条。
② 《日本著作权法》第38条第2款、第3款。

网络上的侵犯著作权行为应当由谁来承担责任,这些问题成为数字时代著作权法面临的重要挑战。20世纪末,经过近十年的讨论,国际社会已达成基本共识,并由世界知识产权组织通过了两个新的条约,《世界知识产权组织版权条约》与《世界知识产权组织表演和录音制品条约》,专门解决互联网上作品和其他客体的著作权问题。《世界知识产权组织版权条约》是《伯尔尼公约》的专门协定①,对《伯尔尼公约》的作者权利条款给予了补充和完善,其中最重要的成就是创建了"向公众传播的权利",即《世界知识产权组织版权条约》第8条。该条规定:"在不损害《伯尔尼公约》有关向公众传播权的各项条款的情况下,文学和艺术作品的作者应享有专有权,以授权将其作品以有线或无线方式向公众传播,包括将其作品向公众提供,使公众中的成员在其个人选定的地点和时间可获得这些作品"。这个一般性向公众传播权,一方面在客体和技术方式层面填补了《伯尔尼公约》存在的漏洞,将传播权整合为涵盖范围广泛的权利,既可以适用于所有类型的作品,也能够包括有线或无线的方式;另一方面明确了向公众传播权包括在线提供作品的权利,即提供权,从而将数字网络传输纳入向公众传播权,这样一来,向公众传播权就成了名副其实的类型化权利。也就是说,该权利在技术上是中立的,可以涵盖有线或无线的传输方式;在范围上是无所不包的,能够适用于任何类型的作品。《世界知识产权组织版权条约》第8条还有一个附随的议定声明,该议定声明规定了"传播"的含义。

为应对网络在线传输方式的出现,《世界知识产权组织版权条约》特别规定了提供权,并将之置于向公众传播权之中,但是又允许国内立法选择不同方式加以落实。各国既可以是通过本国既有的传播权来涵括提供权,也可以采用其他类型的专有权来替代提供权。例如,美国认为对数字传输事实上可以适用发行权、公开展示权或者表演权,因而无须另行设定新的专有权。欧盟通过指令协调其成员国立法,要求成员国向公众传播作品的权利覆盖有线或无线、非交互和交互式传播行为。②意大利根据欧盟指令设立了概括的传播权,将有线或者无线方式的传播,交互式的和非交互的传播均涵盖于传播权之中。③德国则设立公共传播权,将其规定在以无形的方式利用作品的排他权之下。

---

① 《世界知识产权组织版权条约》第1条"与《伯尔尼公约》的关系"第(1)款规定:对于属于《伯尔尼公约》所建联盟之成员国的缔约方而言,本条约系该公约第20条意义下的专门协定。

② 《欧洲议会和欧盟理事会关于协调信息社会中版权和相关权利若干方面的指令》第3条规定:向公众传播作品的权利以及向公众提供其他客体的权利。

③ 1996年《意大利著作权》修改时增加了第16条,规定:排他性的有线或者无线传播权是指以任何传播方式进行远距离传输,如电报、电话、广播、电视和其他类似方式,还包括通过卫星向公众传播,通过电缆传播以及设置接受条件的密钥式向公众传播;此外还包括以任何人在其选定的地点和时间可以自由获取作品的方式传播。

我国采取了增设权利的方式。2001年修订《著作权法》增加了一项"信息网络传播权",即《著作权法》第10条第1款第(12)项规定。该项规定:"信息网络传播权,即以有线或者无线方式向公众提供作品,使公众可以在其个人选定的时间和地点获得作品的权利。"这一条款的表述直接取自《世界知识产权组织版权条约》第8条后半句,但并没有使用"提供权"概念,而是将这项权利命名为"信息网络传播权"。信息网络传播权是一项新的权利,在此之前,《著作权法》并不存在一个控制点对点在线传输作品的专有权,已有的表演权、放映权、广播权虽属于传播权类型,但它们是各自独立的具体的权利项,均无法涵盖信息网络上的数字化传输。由于信息网络传播行为的复杂性及其影响重大,2006年7月国务院制定并颁布了《信息网络传播权保护条例》,更为具体地规定了信息网络传播行为、信息网络传播权的限制、网络服务商侵权责任等事项。

2. 信息网络传播权涵盖的行为

网络传播行为存在于网络空间,因此需要先了解信息网络是什么,包括哪些类型。我国在设立信息网络传播权时,国际社会使用的是因特网(因特网即计算机网络)的概念,考虑到信息技术的发展迅速,法律应具备一定的前瞻性,因此《著作权法》采用了"信息网络"这个更为宽泛的概念。随着技术的发展,现在的信息网络已经超出了计算机网络的范围,不仅包括以计算机、电视机、固定电话、移动电话机等电子设备为终端的计算机互联网,还包括广播电视网、固定通信网、移动通信网等专业通讯网"三网",以及与信息网络连接向公众开放的局域网络。概言之,著作权法意义上的信息网络,是指能够供公众远距离按需获取信息的网络系统。

信息网络传播行为由两个方面构成:一是向公众提供,一是按需获取。

何谓"向公众提供",并没有明确的法律定义,理论和实践对此存在较大分歧。避开各种意见分歧不说,正面回答何为提供行为,需要将提供行为置于向公众传播权之下,根据网络传播机制及其传播过程进行分析。如前所述,"向公众提供"属于广义传播权的范围,是向公众传播的一种方式。"提供"针对的是按需传输的行为,即交互式传输。按照交互式和非交互式来区分传输模式,提供行为是交互式传输,广播是非交互式传输。进一步讲,提供行为由几个环节组成:一是将内容置于网络系统中的存储器向公众开放,此即狭义的内容提供;二是为网络内容传输提供信息存储、信息定位等技术服务,即技术服务提供;三是为网络传输提供设备设施,即提供实物设施。信息在网络上传播由上述几个要素组成,缺少任何一个信息传播都无法实现。内容提供是将作品等置于接入网络的服务器,也是传输的发起和初始行为,构成"传播源"。假若没有传播源,传播媒介无从传输信息,但仅有传播源而没有传播媒介,信息仍无法传输和使公众获取。信息存储服务是指,为服务对象提供信息存储空间,供服务对象通过信息网络向公众提供作品。信息定位则是通过搜索链接,使网络用户在互联网空间及时准确获得目标信息。信息存储、信息定位作为网络传播媒介,主要功能是将信息内容导向用户,使公众中的用户能够准确、便捷地获取目标内容。从上述传播要素和传播过程可见,无论是内容提供还是服务提供,都属于提供行为即向公众传播行为,这样的解释与《世界知识产权组织版权条约》第8条的规定是一致的。《世界知识产权组织版权条约》第8条的议定声明即澄清了下述事实:"仅仅为促成或进行传播提供实物设施不致构成本条约意义下的传播",这意味着仅仅将"为促成或进行传播提供设施或方法"排除在提供(传播)行为以外,而信息存储和信息定位服务均属于提供行为的范围。进而,某种网络服务提供者是否侵犯了作者在线提供作品的权利,或者在什么条件下构成侵权,这些问题都取决于相关行为的性质以及国内法的规定。[①]由此推论,提供行为分为内容提供和服务提供,由传播源发起的初始提供构成内容提供行为,由传播媒介实施的服务提供亦属于提供行为,是间接地提供内容。因此,信息存储空间、信息定位服务均应受提供权的控制。

我国《著作权法》对"提供"的解释见于《最高人民法院关于审理侵害信息网络传播权民事纠纷案件适用法律若干问题的规定》。该司法解释第3条规定:"网络用户、网络服务提供者未经许可,通过信息网络提供权利人享有信息网络传播权的作品、表演、录音录像制品,除法律、行政法规另有规定外,人民法院应当认定其构成侵害信息网络传播权行为。通过上传到网络服务器、设置共享文件或者利用文件分享软件等方式,将作品、表演、录音录像制品置于信息网络中,使公众能够在个人选定的时间和地点以下载、浏览或者其他方式获得的,人民法院应当认定其实施了前款规定的提供行为"。该条规定的行文并没有使用"提供行为是指"这种定义式规定,而是列举了几种通常的提供行为如"上传到网络服务器""设置共享文件"或"利用文件分享软件",然后缀以"等方式"。这一规定并没有将"上传至服务器"等同于"提供行为",也就是说,虽然上传至服务器行为属于内容提供行为,但并不排斥其他可能构成提供行为的情形,更不能得出信息网络传播权控制的仅仅是内容提供行为。

网络链接是互联网的基础,搜索链接通过建立从一个网页指向一个目标的链接关系,提供网页地址和其他资源的地址,实现网络互联互通。普通的链接属于网络技术服务,并不直接提供内容,与之不同的深层链接就不那么简单了。所谓深层链接,浅显地说,是指用户在点击访问的网站后没有跳转到被链接网站,便直接在设链网站

[①] 参见〔德〕约格·莱因伯特、西尔克·冯·莱温斯基:《WIPO因特网条约评注》,万勇、相靖译,郭寿康审校,中国人民大学出版社2008年版,第150页。

获得了所需内容。深层链接属于什么性质，是否构成内容提供行为，这个问题从理论到实务分歧很大，讨论也十分热烈。从网络服务提供商角度而言，深层链接是通过技术手段从设链网站页面绕过被链网站主页直接指向目标网页，从而在设链网站上不发生跳转直接向用户提供其他网站的服务内容。在结果上，设链网站不提供内容资源或提供很少的资源，却控制了网络交互式传播，利用被链网站的内容资源向用户提供作品，而真正提供内容的服务商却因被深层链接而失去点击率，即流失了用户损失了收益。从用户角度看，用户在访问第一个网站后并没有发生跳转即获得了目标内容。无论用户是否知晓其获取的内容是来自最先访问的网站还是其他网站，都获得了同样的目标内容，而且获得体验是相同的。显然，这种深层链接已经不再是单纯的信息定位搜索或者导航，而是扮演了直接提供内容的角色。因此，设置深层链接的网站将内容直接向用户传送，用户在该设链网站获得作品的情况下，不问作品的初始传播源，也不问作品存储于何处服务器，这种传输模式应当视为提供作品，该行为也构成信息网络传播行为。

信息网络传播的另一个特征是"按需获取"。按需获取，是指公众中的成员可以在其个人选定的地点和时间获得作品。"个人选定"是按照个人需要的意思，自主选择获取作品的时间和地点。"地点"最有可能的是网络用户所处的地点，如家里或者网吧、办公室，也可以认为"地点"是指网络地点。如果这种解释成立的话，在深层链接模式中，用户获得作品的地点是其最先访问的设链网站，这也是用户选择的唯一的网站。因此，尽管作品并未存储于设链的网站，但用户的选择具有决定意义，设置深层链接的网站仍然是提供作品的网站。在"时间"上，按需获取体现在自主地选择获取时间，不受信息传输方指定时间的安排。信息网络之前的传播是单向度地从点到面的传播，受众在空间上属于分散状态，在时间上只能服从于传输方，按照指定的时间被动地接受信息。例如，广播电台在每日固定的时间里播送固定的节目，听众按照节目时间表收听节目，错过了时间，播放的节目就不同了，收看电视也是如此。

按需获取不仅在地点和时间上体现了用户的主动性，还在传输发起方面体现了中立性。网络传播对于传输的发起方没有限制，传输方可以是网络服务提供者，也可以是用户。用户可以自主的、主动的发起传输，将个人所需的内容"拉"出来，这与传统的单向传播只能由传播者将内容"推"给受众形成了鲜明的不同。

综上所述，信息网络传播行为由两个部分组成：向公众提供和按需获取，两者不可或缺。"按需获取"具有的用户主动性、自主性和传输的中立性，构成了信息网络传播的特征，正是由于这些特征，网络传播被称为交互式传播，传统广播被称为非交互式传播。

与信息网络传播权有关的技术措施、权利管理信息、网络服务提供者共同侵权责任,在"著作权的侵权与救济"一章内详述。

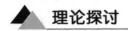理论探讨

信息网络传播行为再思考[①]

[内容提要]

信息网络传播行为是信息网络传播权的核心问题,也是网络著作权领域充满争议的问题。如何界定网络传播行为直接影响网络服务提供行为的定性,进而涉及服务提供者侵权责任的认定,归根结底,关系到网络环境中著作权法的运行。近年来,由内容聚合或深层链接行为是否侵犯信息网络传播权引发的讨论,再一次将"信息网络传播行为"置于争论的焦点,各地法院、学者之间对此存在较大分歧,诸如"服务器标准""用户感知标准""实质呈现标准"及其相互质疑,纷争的观点却都来源于对国际条约和国内法规定的不同理解。因此,重新解读国内外立法文件,阐释信息网络传播行为的本质,实属必要。

一、传播技术下的信息网络传播

1. 提供行为的传播本质:内容提供+服务提供

向公众传播权是著作权体系中一个与复制权相对应的权利类型。传播权项下的权利分为广播权、表演权、放映权,以及数字环境下的向公众提供权,这类权利所涉及的行为可以用一个词概括,即"传播"(communication),将作品传输给传输地外的公众。基于传播学原理,传播是一个由各要素相互关联和作用的机制和过程,传播有几个基本要素:(1)传播源,即传播活动的引发者或传播内容的发送者。传播源可以是单一的个人、群体或者组织,例如,印刷传播中,出版社是传播源,广播传播中,广播组织是传播源。(2)媒介,又称传播渠道,不仅包括传递以及存储信息的设施,也包括那些使用这些设施来传递信息的机构。(3)受传者或受众,即信息接受者,是信息的最终目的地。

从传播机制看向公众传播权,广播等传播方式中,播放是将信息传输给播放地以外的公众,当广播组织将录有节目的信号向公众传输,该广播组织的播放就是"传播源",其信号发送是"初始传输"。在原始信号传输过程中,另一组织将原发送组织发送的信号再行传输,这就是转播。转播也是传播,和"初始传输"一样都受到播放权控

[①] 张今:《信息网络传播行为再思考》,原载《出版发行研究》2017年第1期,此处有修订。

第四章 著作权的内容

制。《伯尔尼公约》第11条之2播放权的范围第一项是授权发送信号,第二项是授权转播信号,即表明,无论是初始播放还是转播,都构成向公众传播行为。

向公众传播权下提供权,是指"向公众提供,使公众获取作品"。如同播放传播、表演传播,将作品向公众提供,就是向公众传播作品,"提供"行为本质上就是传播行为,是在线数字传播。从传播机制看,数字在线传播由以下几个环节组成:内容提供、自动接入、信息存储空间、提供搜索链接、存储传输设备。信息内容的网络传播,缺少上述任何一个环节都无法实现,也无法使公众获取作品。提供作品,将内容置于接入网络的服务器中,是传输的发起和开始行为,构成了传播源。如果没有传播源,传播媒介无从传输信息。但是仅有传播源而没有传播媒介,信息仍无法被公众获取。而平台的信息存储空间、浏览器的搜索链接等传播媒介提供的网络技术服务,使得相关内容被导向用户,公众通过这些媒介获取内容。网络服务及其提供者就是网络传播中的媒介、渠道。相较于传统传播,网络传输中的媒介更加多元,其运行是非线性的,且对信息的管控能力更强大。媒介的作用就是以任何技术方式或程序,向公众传输作品。因此网络服务提供行为属于传播行为。换句话说,向公众传播权下的提供行为本质上是传播行为,提供即传播。"提供行为"包括初始提供(内容提供)和提供后的传输(服务提供)。如果我们将"提供行为"限定为"将内容置于网络中"的"初始提供",就如同将传播行为等同于内容提供行为,这种只看到传播的发起端而未顾及传播渠道和公众获取端的片面说法,显然无法解释信息网络上内容传播的真实状态,也违背了传播机制的客观规律。

2. 信息网络传播的特征:"公众按需获取"

信息网络传播与广播等传统传播相对比最大的不同就在于"公众按需获取"。广播以单向度方式传播,传播者把信息推给公众,公众被动接受信息,获取的信息是相同的。信息网络传播是交互式按需传播,将数据置于网络只是"提供"的第一步,完成了传播的一个环节。公众中的成员根据个人选定拉出其所需要的内容,传播才是一个完整的过程。"个人选定"就是用户根据个人需要选择内容、选择获取内容的地点、时间。由于按需获取,所以流向每个用户的信息并不相同。

"个人选定"在信息传输中的决定作用,使得"公众获取"成为信息网络传播权构成条件之一。《世界知识产权组织版权条约》规定的提供权定义,前半句是"将作品向公众提供",后半句"使公众中的成员在其个人选定的地点和时间可获得作品",整句话包含了权利的内容,即"提供+公众获取",两者不可或缺。"公众获取"的意义在于:如果用户的个人选择具有决定性,用户能够决定获取作品的地点、时间和获得哪些作品,则提供权可以涵盖整个传输过程,包括初始提供和提供后的传输。正如权威解释指出:"只有当作品已经被传输给公众,他或她可以从各自的电脑终端中获得作品时,才完成了作品的整个提供过程。"①照此解释,在深层链接的情况下,用户在设链网站便获得了所需内容,无论用户是否知晓内容来自其访问的网站还是其他网站,其获得内容的体验是一样的。用户获取作品的"地点"正是其最初访问的设链网站,该设链网站是用户选择的唯一网站。尽管传播源最终是其他网站,但用户的选择具有决定性②,在这种情况下,提供深层链接等同于提供作品,构成信息网络传播行为。

数字在线传输是由传播发起者、传播媒介、受传者共同参与相互作用的完整过程。搜索链接是互联网的核心技术,网络上几乎所有的信息文档都被链接起来以便容易地跳转,实现公众获取。没有链接就没有互联网,没有链接就没有公众获取。这决定了搜索链接等服务提供行为无法排除在网络传播行为之外。可以肯定的是,《世界知识产权组织版权条约》关于提供权的规定和议定声明并没有区分初始提供和提供后的传输,而在权威解释中,则将初始提供和提供后的传输作为同一性质的行为,都可适用提供权。也就是说,提供内容的行为和提供服务的行为都属于提供作品的行为,构成信息网络传播行为。这样理解,完全符合《世界知识产权组织版权条约》技术中立的立场:提供作品所使用的技术手段是无关的;这样理解契合向公众提供权的立法目的,规范作品的数字在线传播,维护权利人对其作品和其他客体通过在线传输可获得的合法利益。这一立法目的得到客观现实的反复印证,当我们界定信息网络传播行为之时,业已存在被控侵权行为,作品的信息网络传播已实际发生,公众中的成员获取了作品。在这样的法律事实面前界定信息网络传播行为,如果依然只看到形成传播源的初始提供行为而将其他行为排除于信息网络传播行为之外,显然不符合客观事实,也没有实际意义。

二、我国法律规定中的信息网络传播行为

1. 作为权利内容的"信息网络传播"

我国著作权立法上,并不存在类型化的传播权概念,只有具体的传播权类型的权利,分别是表演权、放映权、广播权和信息网络传播权。此外,在邻接权制度中有表演者的播放权③、信息网络传播权④,录制者的信息网络传播权⑤。这些权利可以统称为

---

① 参见〔德〕约格·莱因伯特、西尔克·冯·莱温斯基:《WIPO因特网条约评注》,万勇、相靖译,郭寿康审校,中国人民大学出版社2008年版,第748页。
② Sam Ricketson Jane C. Ginsburg: International Copyright and Neighbouring Rights—The Berne Convention and Beyond (Second Edition). P747. 参见〔澳〕山姆·里基森、〔美〕简·金斯伯格:《国际版权与邻接权——伯尔尼公约及公约以外的新发展》(第二版),郭寿康、刘波林、万勇、高凌瀚、余俊译,中国人民大学出版社2016年版,第661页。
③ 《著作权法》第38条第1款第(3)项。
④ 《著作权法》第38条第1款第(6)项。
⑤ 《著作权法》第42条。

我国《著作权法》上的"传播权",其中大部分权利是 2001 年《著作权法》修订后方才确认或引入的,如对表演权增加了机械表演的内容,广播权替代了原有的"播放"(播放,指通过无线电波、有线电视系统传播作品),放映权是新增权利、信息网络传播权是引入的新的权利。这种情况一定程度上反映出,复制权是著作权法上主要的为人们所熟悉的权利,传播权则比较年轻,人们对它的了解和熟悉不如复制权。

在传播权中,信息网络传播权是一项新的权利,它赋予著作权人以数字方式向公众传播的专有权,以适应数字环境下作品的利用和传播。《著作权法》第 10 条第 1 款第(12)项规定:"信息网络传播权,即以有线或者无线方式向公众提供作品,使公众可以在其个人选定的时间和地点获得作品的权利。"该定义直接来自《世界知识产权组织版权条约》向公众传播权的后半段,即提供权的表述。但在权利名称上却使用了"信息网络传播权"而非"信息网络提供权",这种以"传播"替代"提供"的立法表述,是否应当理解为,"传播"是"提供"的上位概念,其涵盖着各种提供行为包括提供作品和提供服务,"提供"的本质是将作品向公众传播。如此解释首先和《世界知识产权组织版权条约》提供权的权威解释完全一致,"提供"是向公众传播的特定方式,包括初始提供和初始提供后的传输。其次意味着,传播权是与复制权并列的一种权利类型,下含多项子权利,表演、广播、放映、信息网络传播,都属于传播权的范畴。对此《著作权法》第 10 条著作财产权的排列顺序给予了印证。

2. 作为主要规范对象的"信息网络传播"

《信息网络传播权保护条例》(以下简称《条例》)作为保护信息网络传播权的行政法规,建构了较为完整的信息网络传播权制度。《条例》大部分规定涉及信息网络传播权权利主体、权利的范围、权利救济措施和侵权责任,虽然没有直接地、正面地定义信息网络传播行为,但完全可以从《条例》规范的对象、各部分规范的意义和含义上的相互关联性,看出《条例》所界定的信息网络传播行为的范围。

《条例》第 2 条"权利人享有的信息网络传播权受著作权法和本条例保护……"这一规定仍是确认权利,只是将作品的信息网络传播扩大到表演、录音录像制品的信息网络传播。《条例》第 6 条至第 11 条规定了信息网络传播权例外,即可以不经著作权人许可,不支付报酬而提供作品的情形,出现"提供作品"。第 18 条规定侵犯信息网络传播权的行为及其法律责任,第一项侵权行为即提供作品的行为。除上述条文外,其他条文未涉及"提供作品"的行为,也就是说,《条例》共有 7 个条款涉及"提供作品"。而形成明显差异的是,《条例》共有 10 个条文是针对服务提供行为的规定。《条例》第 14 条至第 17 条、第 24 条、第 25 条针对网络服务提供者规定了"通知删除",第 20 条至第 23 条针对接入、缓存、信息存储空间、搜索链接四类服务规定了其服务提供者侵权责任,从构成要件方面指出网络服务提供者承担责任和不承担责任的条件。在一个专门规范信息网络传播行为的行政法规中绝大部分规范针对服务提供行为而设,这足以表明,存储空间、搜索链接是信息网络传播的重要组成部分,是最为活跃的媒介,保护信息网络传播权,规范互联网信息传播的根本和重点是规范网络服务提供行为,调整作品提供和服务提供之间的关系,使参与传播活动的各方共同协力控制和减少侵权行为的发生。进一步说,没有网络服务提供就无法进行信息内容的网络传播,也就没有制定《条例》的客观需求,网络服务提供行为必然成为《条例》调整的主要对象。因此,根据《条例》规范对象和各规范的意义在体系中相互关联性,我们不可否认,《条例》界定的信息网络传播包括提供作品的行为和提供服务的行为,两种提供行为都属于信息网络传播行为。

3. 作为侵权行为的"信息网络传播"

最高人民法院司法解释是"为正确审理侵害信息网络传播权民事纠纷案件,依法保护信息网络传播权"而制定的。该法律文件大部分条文属于侵权法规范,因为它规定了如何构成对信息网络传播权的侵犯、侵权责任构成要件、过错认定等。其中,第3条、第5条涉及"提供作品行为"。从条文行文看,第3条并没有使用"提供行为是指……"这种下定义、做解释的立法语言,而是指出了几种常见的作品提供行为,如"上传服务器""设置共享文件",还有未具体列举的"等方式"。该司法解释第5条规定网页快照、缩略图等属于提供作品的行为,但这些行为有可能构成合理使用而给予责任豁免。可见,司法解释第3条和第5条虽然涉及提供作品的行为,但显然不是"提供行为"的定义条款,也难以得出提供行为等于提供作品的行为。与针对作品提供行为的两条规定相比,该司法解释第6条至第14条的规定完全针对信息存储空间、搜索链接等网络服务提供行为,从侵权构成要件、过错认定、注意义务等侵权法规则方面,对网络服务提供行为加以规范,对可能产生的侵权责任进行限定。司法解释的结构体系、条文表述足以表明,网络服务提供者虽然没有提供作品,但其为作品传输提供技术服务,是网络传播活动的主体,遏制网络上的侵权行为,重点在于规制网络服务提供行为。因而从规制对象看,司法解释所界定的网络传播行为,包括作品提供行为和服务提供行为。

三、信息网络传播行为与侵权责任

界定信息网络传播行为,指出网络传播行为不限于作品提供,服务提供亦属于信息网络传播行为,并不等于指称网络提供服务行为即构成侵权行为须承担侵权责任。这是两个问题,一个是对权利范围的确认,一个是侵权责任的构成,不完全相同又有联系。

网络传播行为的界定是构建网络著作权侵权责任的基础,网络著作权侵权责任分为一般侵权责任和共同侵权责任,服务提供行为主要产生共同侵权责任,而网络传播权立法所要解决的主要问题就是网络服务提供行为,而非网络上的作品提供行为。因为未经许可提供作品的性质是明了的,发行是提供作品,表演、展示也是提供作品,通过信息网络提供作品并没有改变提供行为的性质,因此仅仅是提供作品完全可以依照著作权法赋予的专有权来解决可能出现的问题。正是由于网络传播机制的复杂性,参与媒介的多元性、交互性,传播技术服务客观上成了网络传播的核心技术,离开网络技术服务,网络上的内容传播就无法运行和实现传播效果。相应地,网络空间发生的侵权纠纷绝大部分都由搜索链接、存储空间等服务提供行为引起,网络服务提供行为必然成为信息网络传播权规范的重点领域。

侵权法规则也会影响行为的定性。网络服务中一些新的盈利模式,法律不可能预先确定规则,给予行为定性,例如,深层链接中有一种影响和争议很大的盗链行为,其采用定向深度链接,直接作用于受著作权保护的作品,损害了权利人对传播专有权的行使,如何定性盗链行为并无明确依据。由于盗链行为披着链接的外衣,设置盗链的服务器上不存有作品,难以确认其侵犯信息网络传播权,深层盗链直接指向正版作品而不依赖于前手的非法提供作品的行为,无法适用共同侵权。这种情况下,应当根据保护权利,遏制侵权的规范目的,依照侵权法规则分析盗链行为的法律特征和法律本质对行为进行认定。如盗链行为具有明显的侵权恶意,链接设置直接作用于被侵害对象,设链行为触及权利人对作品的专有权,就可以从直接侵权方面对盗链行为作出认定。

依照侵权法规则衡量服务提供行为的性质,认定服务提供行为是否构成侵犯信息网络传播权,也是《世界知识产权组织版权条约》留给国内法解决问题的法律标准。《世界知识产权组织版权条约》第8条向公众提供权的议定声明中,以严格限定的方式排除了仅仅提供物理设施的行为,其他传输媒介如搜索链接、信息存储服务是否侵犯提供权,在什么条件下构成侵权,这些应取决于相关行为的具体样态、行为的性质,根据有关的国内法包括著作权法和侵权法等法律作具体分析。因此,对于网络服务提供行为的界定不仅依据权利规范的内容,还须以侵权法理论和侵权责任规则为指导,视"提供行为"是否指向著作权保护的客体、是否构成行使著作权专有权为标准进行个案判断。在这个意义上,这种界定标准可以称为法律标准。

结论

提供权即信息网络传播权,是向公众传播权下的子权利,这一点非常重要。以向公众传播为基调解读信息网络传播行为,得知作品提供行为和服务提供行为均属于传播行为,犹如提供行为包括初始提供和提供之后的传输行为。网络服务提供行为是信息网络传播权的中心问题,不仅来自网络传播的特征,也具有充分的法律事实为基础。网络中侵犯信息网络传播权的纠纷几乎无一例外地围绕搜索链接或存储空间服务,案件事实无一例外地具备传播效果实际发生,作品被公众获取的事实。现实问题和规范预设的前提相吻合的语境下,界定信息网络传播行为,必然要求根据传播的实际情况,从整体上考察传播行为,不仅关注作品提供行为,更要关注服务提供行为,以及公众获取的方式。反之,将信息网络传播行为限定为初始提供,一味强调传播发起端,忽略传输媒介和公众获取一端,就可能在行为认定和法律适用上脱离实际和偏离规范需求。

四、演绎权

演绎权是指作者享有的许可或禁止将作品进行演绎和利用演绎作品的权利。所谓演绎,是在原有作品基础上进行再度创作活动的一个统称,包括改编、翻译、更改等各种改变原作品的方式。已有作品称为原作品,在其基础上再创作的作品称为演绎作品或者衍生品。

演绎权的出现晚于复制权。早期改编等演绎行为一直被视为复制的一种形式,在演绎权尚未确立之前,未经许可将原作品翻译成其他文字公开销售,只能用复制权给予救济。但如果后来的作品只是以另一种表达形式利用了原作品,而不是原封不动的复制,后作品从前作品派生而来则并不构成对前作品的侵害。促使演绎权产生的根本原因是原作品市场与演绎作品市场的分离。当原作品的改编、翻译而派生的演绎作品产生了新的市场,并且演绎活动促进了对原作品需求的时候,在有演绎作品却没有演绎权的状况下,原作者无法控制对其作品的利用,也无法从演绎作品收益中获得原作品被利用而应有的回报,而演绎者又存在"搭便车"之嫌,确立专属于作者的演绎权便有了客观需求。以翻译权的产生为例,随着19世纪图书贸易的国际化,原来不愿意认定非法翻译构成侵害版权的英法等国逐渐成为文化出口大国,大量作品被翻译成外国文字,于是在国内作者和出版商的推动下,就翻译权的设置问题展开国家间谈判,后终于在国际公约、国内立法确认作者享有翻译权。由此可见,演绎权的作用相当于复制权的补充,通过这一权利安排来保障原作品的作者在作品的任何一个相关市场上能够获得其专属的经济利益。

《伯尔尼公约》使用改编权的概念,第12条规定:"文学和艺术作品的作者,享有授权对其作品进行改编、编曲和其他变更的专有权。"根据《伯尔尼公约指南》的解释,改编权是一个范围相当宽泛的专有权,适用于所有的作品以及它们的改编、编曲和其他变更。首先,改编是指以另一形式的作品进行改写或重塑,最典型的例子就是戏剧化和小说化。其次,是编排,最初这个术语之前有一个"音乐的"形容词,但目前公约文本中未加任何限定语,即可以认为编排包括其他作品的编排。"其他变更"被解释为兜底条款,它包括所有不适合归入前两种类型的其他改动作品行为。这类行为包括:删节、滑稽模仿,还可以涵盖新闻和娱乐行业领域所谓的"改写"行为。① 在第12条改编权之外,《伯尔尼公约》单独规定了电影摄制权、翻译权,这两种权利也属于演绎类的权利。

在我国,"演绎权"是一个学理上的概念。《著作权法》第10条分别规定了改编权、摄制权、翻译权等具体的财产权利,通常认为,这几项权利属于演绎项下的权利。此外,注释和整理,也可归在演绎权范围之中。

改编、摄制、翻译等统称为"演绎",是指他人在原有作品基础上二次创作的行为。演绎权是原作品作者的专有权,如果未经作者许可对作品进行改变并使用演绎作品会侵害作者的演绎权。一般情况下,演绎权所控制的行为是演绎作品的利用,也就是说,仅仅对已有作品进行翻译、改编而不向公众提供,不在演绎权控制的范围内。例如将英文论文或著作的片段翻译成中文供学习研究使用,个人阅读或者在同仁同道圈内传阅,这样的翻译行为就无须征得作者的许可,不会构成侵权。但如果翻译者将翻译作品拿去发表或者其他商业性利用,则必须征得作者或者权利人的许可。如果第三人将该翻译作品发表和利用,则必须得到原作者和翻译者的许可,否则不仅侵犯了原作者的权利,也侵犯了翻译者的权利。上述分析也适用于改编、摄制电影。也就是说,一般情况下,作者的演绎权针对的是演绎作品的使用。但是就某些类型的作品而言,演绎权从作品的演绎便开始了,演绎者对原作品进行改编、翻译之时就须得到原作者的许可。例如将小说改编成电影或电视剧,因为影视制作需要大量投资,而制作影视作品的目的除了公开上映之外,不存在仅仅为个人使用目的而制作。因此,对原作品进行改编之时就须取得著作权人的授权。对此,德国关于"演绎和改编"的规定很能说明问题。《德国著作权法》第23条规定:"只有取得被演绎作品或者被改编作品的作者的同意,才可以将演绎后的或者改编后的作品予以发表或者利用。在涉及电影改编、按照美术作品的图纸与草图进行施工、对建筑作品的仿造、数据库作品的

---

① 参见〔澳〕山姆·里基森、〔美〕简·金斯伯格:《国际版权与邻接权——伯尔尼公约及公约以外的新发展》(第二版),郭寿康、刘波林、万勇、高凌瀚、余俊译,中国人民大学出版社2016年版,第573—574页。

演绎与改编的情况下,从演绎物或者改编物制作之时就需得到作者的同意。"由此可见,演绎权控制的行为是演绎作品的利用和利用作品所生利益的分配。演绎创作是一个事实行为,其本身并不产生经济收益,如果演绎作品不向公众提供,演绎活动便不受演绎权的干涉。只有在演绎作品利用之时或者以商业目的而演绎作品的,须事先取得原作者的许可。

（一）翻译权

翻译权是许可或禁止他人翻译自己作品的权利。《著作权法》第10条第1款第(15)项规定,翻译权,即将作品从一种语言文字转换成另一种语言文字的权利。翻译的对象是文字作品、口述作品,也可以是计算机程序语言。

翻译是一种重要的演绎手法,译者要准确理解原作又要用自己的风格和表达方式将原作品用另一种文字表现出来,因此翻译是一种具有较高程度独创性的创作,译作译文是一部演绎作品。在不同文化交流和传播过程中,翻译具有基础性意义。原作只有先译成别国语言文字,才可能在别国发行、表演、广播,使公众接触作品。作品被翻译成另一种文字通常能够给原作者带来可观的经济收入,因而翻译权又是作者其他专有权的基础。《伯尔尼公约》非常重视翻译权,第8条规定的翻译权是作者享有的若干种专有权的第一种权利。按照《伯尔尼公约》的规定,翻译权准许作者本人翻译自己的作品,或授权他人用一种语言翻译,而这个人将尽力在翻译过程中通过适宜的风格和词句来表达作者的思想,以尽可能使第二种语言的读者如同阅读原作一样地阅读译文。① 现实中作者翻译自己作品情况很少发生。翻译权控制的是他人对作品的翻译和译作的使用。

（二）改编权

改编权是作者享有的许可或禁止他人改变自己作品的权利《著作权法》第10条第1款第(14)项规定,改编权,即改变作品,创作出具有独创性的新作品的权利。"改编"涵盖的范围很宽泛,一般来说是指将作品进行改动,使其实现与原始创作不一样的目的。改变作品可以是将作品从一种类型改变成另一种类型,明显的例子是对文学作品进行必要的改变以适合戏剧表演、电影摄制,即戏剧化或影视化。也可以同一种形式改变作品以满足不同的需求,例如将长篇小说缩写以便在杂志上连载,等等。改编是使用作品的一种方式,故改编者在进行商业性改编之前或者在利用改编作品之前,获得原作品作者或权利人的许可。

---

① 参见《保护文学和艺术作品伯尔尼公约（1971年巴黎文本）指南（附英文文本）》,刘波林译,中国人民大学出版社2002年版,第39页。

（三）摄制权

摄制权也可以称为制片权，是指作者许可或禁止他人将自己的作品制作为电影类作品的权利。《著作权法》第10条第1款第(13)项规定，摄制权，即以摄制电影或者以类似摄制电影的方法将作品固定在载体上的权利。我国《著作权法》将摄制权单独规定与改编权并行。但严格说来，摄制权是改编权的一种，或者说，文学作品的影视化包含了改编和摄制两个方面的内容。

摄制所涉及的作品主要是小说、散文、剧本等文学作品。为了拍摄电影、电视剧而使用已有作品的，须改编拍摄之时就取得作者的授权许可，因为影视制作唯一目的是商业性利用，拍摄电影电视剧的目的就是为了能够播映。并且，文学作品的影视化通常需要对原作品进行必要的修改，需要得到原作者的理解和协助。美术作品、摄影作品、音乐作品的作者也有摄制权，将这些作品呈现在电影中或者改编成电影插曲、电影音乐等，均属于摄制行为。

《伯尔尼公约》在改编权之外单独规定了"电影摄制权"，第14条第1款规定，文学艺术作品的作者享有授权将其作品进行电影改编和复制，以及发行经过这样改编或复制成的作品，公开表演和公开有线传播经这样改编或复制的作品的专有权。同条第2款规定，由文学艺术作品派生的电影作品，如果改编成其他任何艺术形式，除需要经电影作品的作者授权外，还需要经原作者授权。从上述条文的规定可以看出，《伯尔尼公约》是将电影摄制权作为改编权的一种来看待的。电影摄制权涵盖的行为仍然属于改编权涵盖的行为，即对原作的利用和再创作。由此反观我国《著作权法》，翻译、改编、摄制等项权利可以统称为"演绎权"。

（四）注释权、整理权和汇编权

《著作权法》第10条并未规定注释权和整理权。但"注释""整理"在其他条款中多次出现，《著作权法》第12条规定"改编、翻译、注释、整理已有作品而产生的作品，其著作权由改编、翻译、注释、整理人享有，但行使著作权时不得侵犯原作品的著作权"，第35条、第37条、第40条有同样表述，将"注释""整理"与改编、翻译相并列。这样看起来，注释和整理虽未被单独列举，但仍是演绎权下的权项，属于第10条第1款第(17)项"应当由著作权人享有的其他权利"所包含的权利。

注释作品，是指对古代作品、古籍的注解和解释，多为对其中的背景、语汇、含义、出处等所作的解释说明。在我国，对古典文学作品和经典学术著作注释的现象普遍、相关的作品很多，如古代诗词注释评介，历史经典的注释图书，绘本。注释权是被注释作品著作权人的权利，注释作品的著作权由注释人享有。作者可以注释自己的作品，也可以授权他人注释。对超过著作权保护期的古代作品进行注释，因该作品早已进入公有领域,就不存在注释权了。因此,相对于作者的其他权利,注释权用途较少,而需要注释的受著作权保护的现代作品并不是很多。这就是我国《著作权法》没有列举此项权利的主要原因。

整理作品,是指对内容零散、层次不清的已有作品或者材料进行条理化、系统化加工处理。整理既应遵从原作的思想、风格,又要对其文字进行修订、对材料进行补充,使其成为一个有条理、表述完整的作品。因此经整理后产生的作品由整理者享有著作权。整理有著作权的作品,整理人应当取得权利人的许可。但整理更多见于整理那些年代久远的作品,由于作品早已进入公有领域,整理人无须获得授权就可以为特定目的对古代作品、古籍进行整理。整理作品的情形虽然存在但不是常有的,这也是《著作权法》没有列举整理权的原因之一。

需要说明的是,我国将"整理"作为演绎权(改编权)的一种方式加以规定,在文献整理的意义上使用"整理"一词。这里存在对《伯尔尼公约》第12条规定进行借鉴时产生的偏差。

《伯尔尼公约》第12条"改编权"提到了"音乐编曲",《伯尔尼公约》第2条第3款"演绎作品"也提到音乐编曲。公约"编曲"的英文单词是"arrangements",这与改编"adaptation",演绎"derivative"不是一个词。在公约条文的历史沿革中,"编曲"一直与音乐相联系,是指对音乐的编排,即为了用不同的乐器或者声音表演音乐作品而对该作品进行改编。[①]现行《伯尔尼公约》第12条在 arrangements 措辞前没有"音乐作品"的修饰,这可能意味着,arrangements 包括了其他作品的编排。但是,综合来看,《伯尔尼公约》中 arrangements 一词都是特指或主要地指向"音乐编曲",而不是文献整理的意思。当然,在日常用语中,arrangements 多被译为安排、整理、排列。我国著作权立法在参照《伯尔尼公约》时便将该词译为"整理",进而按照中文的通常用法,在"文献整理"的意义上对该措辞作出进一步解释:"整理作品一般指对内容零散、层次不清的有著作权的作品进行条理化、系统化的加工,如恩格斯整理马克思《资本论》第二卷和第三卷的手稿……"[②]按照上述解释,整理的作品包括受著作权保护的作品,而不仅仅是对古籍的校点、补遗。因而,整理权属于演绎权,作者行使整理权产生的整理作品属于演绎作品。[③]

即便如此,以文献整理意义上的整理作为演绎权下的权利之一,也存在不合理之

[①] 参见〔澳〕山姆·里基森、〔美〕简·金斯伯格:《国际版权与邻接权——伯尔尼公约及公约以外的新发展》(第二版),郭寿康、刘波林、万勇、高凌瀚、余俊译,中国人民大学出版社2016年版,第569页。

[②] 姚红主编:《中华人民共和国著作权法释解》,群众出版社2001年版,第105页。

[③] 同上。

处。对内容零散、层次不清的作品进行条理化、系统化的加工,目的是让公众全面准确地了解原作者的表达。当被整理的内容是不享有著作权的材料或者著作权已过保护期的作品的,整理工作与文物修复相似,虽然付出艰辛劳动,需要一定的思考和专业技能,但囿于其目标是尽量还作者原意而非表述自己的想法,因此整理成果中很难体现整理人的智力创造和独特特性。如果整理的是享有著作权的作品,整理工作的目标仍然是复原作品原意,对一些文字、标点进行修改,对缺失的部分给予补写,整理者无须在原作品上进行新的创作。这种整理工作属于复制的一种形式。概言之,整理者的贡献对原作品的复原,整理而成的作品不属于演绎作品。对整理作品更宜采取版本权的保护方式。关于版本权可援引的立法例,有德国、意大利等国著作权的规定。《德国著作权法》对于科学版本提供邻接权保护:所谓科学版本是科学整理工作的成果,整理人将不受著作权保护的作品或者文本整理出来,便享有该整理版本的复制与发行权。科学版本权与著作权的内容一样是排他性权利,但是保护期则缩短为25年。[①]《意大利著作权法》第二编"与著作权行使相关权利的规定"第85条第4附条规定,在不损害作者人格权的前提下,以任何形式或者方式发表对进入公有领域的作品进行评论和学术研究的人,享有该版本排他性经济使用权。上述立法中的"科学版本"的概念与中文"古籍整理"近似,"版本权"与我国的"整理权"近似。不同的是,版本权的性质是邻接权,而不是著作权中的演绎权或改编权。

关于汇编权。从《著作权法》第10条规定的专有权利的位置看,汇编权与摄制、改编、翻译相并列,属于演绎权的范畴。理论和实务中也较为普遍地将汇编作为演绎的一种方式。本书认为,从汇编行为的本质来看,汇编是对信息材料的选择和编排而不是对原创性表达的改变,制成汇编作品须依赖于对已有作品全部和部分的复制,未经许可将他人作品汇编,实质上是对作品的复制。因而汇编的本质是复制作品而不是改变作品。我国既有司法判例显示,在涉及汇编权案件中,当事人单纯主张汇编权的寥寥无几,绝大部分案件的中当事人都同时提出复制权、发行权、信息网络传播权等多项权利请求。这足以表明,汇编与复制、汇编与改编的关系极易混同,你中有我,我中有你。反应在判决中,裁判机关多倾向于未经许可的汇编行为构成了对复制权的侵权行为。

从理论上讲,汇编权不属于演绎权类别,也无必要规定独立的汇编权。从著作权人角度看,许可他人对自己的作品进行选编、汇集实质上是复制权的许可,从汇编者角度言,汇编是"有限独创性"活动,将作品或者片段以其原有表现形式制作复制件,

---

① 《德国著作权法》第70条。

而并没有产生不同于原作品的表现形式。因此,汇编权并无独立存在的价值,汇编行为可纳入复制权的范畴,作者或著作权人可凭借复制权禁止未经许可的汇编行为。如果我国《著作权法》可作如是修订,亦有先例可援:《伯尔尼公约》仅规定汇编作品,没有规定一般性的汇编权。几个主要国家德国、日本等也没有一般汇编权的规定。

第三节 著作财产权的保护期

一、保护期的概念

著作权的保护期是指著作权人对作品享有专有权的有效期间。在著作权保护期限内,作者和其他著作权人对作品享有著作权,他人使用作品,需征得著作权人许可并支付报酬。著作权保护期届满,作品进入公有领域,人们对作品可以自由使用、无偿使用。

著作权是有期限的权利。对著作权保护施加时间上的限制与作品的财产性质有关。作者创作的作品属于一种"财产",作者系财产所有人,但知识财产与有形财产存在重要区别,最显著的是知识财产的非竞争性、非消耗性。作品可以无限制地复制、传播,一个人的使用、一种方式的传播不会对其他人的使用、其他方式的传播造成任何妨碍。从作品的自然属性看,著作权可以永久存在。但如果确认著作权和所有权一样具有永久性,却是不合理的。因为几乎任何作品的创作都不可能凭空而来,而是借鉴先前的作品和以公共领域为创作源泉。倘若因为作品的自然属性而任著作权永续存在,则会妨碍后来的创作,也会导致社会公众为作品上的权利付出不必要的代价。因此,著作权应在一个合理期限内给予保护,该合理期限就是由法律设定的保护期。

决定著作权保护应有时间限制,接下来的问题是保护期应是多长。在著作权历史上,长期以来采取的做法是:基本保护期为作者终身加一段固定年限。这种做法一方面体现了著作权是以自然人作者为中心的,另一方面的基本设想是使作者及其后代可能中作品中获得一定回报。固定年限保护期为50年,这个长度并非完全是偶然的,普遍认同的观点是,作品产生的财产利益应当能使作者的三代直系亲属受益。

鉴于保护期是著作权制度的基石之一,《伯尔尼公约》设定了保护期条款,第7条给予的一般保护期为作者终身及其死亡后50年,此外,《伯尔尼公约》还规定了适用于某些作品的特别保护期。有关保护期的规定适用于作者的经济权利,也对所有成员国具有约束力的最短保护期。

二、一般保护期

一般保护期是以自然人作者为根据的作品保护期,适用于特殊作品以外所有类型的作品。《伯尔尼公约》规定了一般作品的保护期限为作者终身加50年,这一期限是具有约束力的最短保护期限,但不妨碍成员国给予更长期限的保护。

《著作权法》第21条第1款规定:"公民的作品,其发表权、本法第10条第1款第(5)项至第(17)项规定的权利的保护期为作者终生及其死亡后50年,截止于作者死亡后第50年的12月31日;如果是合作作品,截止于最后死亡的作者死亡后第50年的12月31日。"这表明,我国对自然人作者创作作品的保护期以作者终身加上50年。以"有生之年"计算保护期限是一国际通行规则,它将作品和作者连接在一起,以作者的死亡计算保护期限。

合作作品是多位作者共同创作的作品,就作品整体而言(除去可单独使用的部分),使用该合作作品涉及每一位合作者的权利。如果各合作者均按作者终身加50年期限享有保护,就会导致在其中一个作者先死亡的情况下,其他合作者的权利提前终止,进而该合作作品保护期缩短。为了避免这种尴尬的情形出现,《伯尔尼公约》特别为合作作品作出规定:"其保护期,自最后死亡的合作作者死亡之日起计算。"我国在合作作品保护期上完全遵从《伯尔尼公约》的最低要求,以保证合作作品保护期在最后死亡的作者死亡之前不会届满。对于自然人与法人、组织合作创作的作品保护期,我国《著作权法》没有涉及。根据保护期理论,自然人作者和单位、法人作者,均不应因其作品系与对方合作而使作品保护期短于作者单独创作作品的保护期,可以考虑以两种期限,即,最后死亡的作者死亡之日计算、作品首次发表之日计算,择较长者为自然人与法人合作作品的保护期。

三、特殊保护期

特殊保护期是指在特殊情况下并非以作者终身来计算的保护期。《伯尔尼公约》在一般保护期以外,另有一系列特殊保护期的规定,例如电影作品和摄影作品、实用艺术作品、隐名和化名作品,以及合作作品的保护期。这些作品有的是非自然人视为作者的作品,其保护期无法与作者终身联系在一起,有的是因作者众多如果按作者终身计算保护期不现实或者困难太多,因此,一些特殊作品保护期的固定年限为50年,但期限起算时间不同,另有些作品的固定年限短于50年,从而形成特殊保护期。我国也有特殊保护期的规定,即对某些作品,其保护期起始点不是"作者终身",而是作品"公之于众",因而它们获得保护期限较短,是为特殊保护期。

1. 非自然人作者的作品保护期

法人（组织）是法律拟制之人，无法以"作者终身"计算保护期限。在一些存在"法人作品"概念的国家，这类作品的保护期为首次出版后的一个固定期间。《伯尔尼公约》由于没有明确"法人作品"的概念，对这类非自然人作者的作品保护期也未作出规定，而是允许国内法根据作者身份确立保护期起算日，可以按照"终身"加50年，也可以从作品"首次公开"为起算日。我国存在"法人视为作者的作品"，此类作品保护期亦有明文规定。《著作权法》第21条第2款规定："法人或者其他组织的作品、著作权（署名权除外）由法人或者其他组织享有的职务作品，其发表权、本法第10条第1款第（5）项至第（17）项规定的权利的保护期为50年，截止于作品首次发表后第50年的12月31日，但作品自创作完成后50年内未发表的，本法不再保护。"表明"法人作品"的保护期自作品"首次发表"计算期限，固定保护期为50年。

2. 电影作品、摄影作品和实用艺术品的保护期限

电影作品的保护期限的特殊之处在于，保护期的起始点为作品公开之日。《伯尔尼公约》规定了电影作品的特殊保护期，第7条允许成员国规定电影作品的保护期在作品被提供给公众50年届满。我国遵循《伯尔尼公约》的例外规定，《著作权法》第21条第3款规定："电影作品和以类似摄制电影的方法创作的作品、摄影作品，其发表权、本法第10条第1款第（5）项至第（17）项规定的权利的保护期为50年，截止于作品首次发表后第50年的12月31日，但作品自创作完成后50年内未发表的，本法不再保护。"

摄影作品享有最短保护期。按照《伯尔尼公约》的规定，摄影作品的保护期限由各成员国的法律规定，但这一期限不应少于自该作品创作完成之后的25年。实际上，各国给予摄影作品的保护期长短不一，《伯尔尼公约》试图促成统一保护期但未见成效。《世界知识产权组织版权条约》终于使作者终身加50年期限成为其成员必须规定的最短保护期，因此摄影被更为宽容地接纳为"文学和艺术作品"世界中享有充分权利的"公民"。[①] 我国《著作权法》中摄影作品保护期为50年，自作品首次发表起计算。在我国《著作权法》修订过程中，达成基本共识的是，将摄影作品视为一般作品，以作者终身加固定期限给予保护，这个意见已被修订草案所接受，我国摄影作品保护期很有可能改为适用一般保护期。

---

① 参见〔澳〕山姆·里基森、〔美〕简·金斯伯格：《国际版权与邻接权——伯尔尼公约及公约以外的新发展》（第二版），郭寿康、刘波林、万勇、高凌瀚、余俊译，中国人民大学出版社2016年版，第499页。

实用艺术品保护期最短。对于实用艺术品,《伯尔尼公约》规定了不得短于 25 年的最短保护期,成员国立法可以自行规定保护期。《著作权法》没有专门规定实用艺术品的保护,因而保护期的规定未涉及实用艺术品。《著作权法》修订之后如果实用艺术品列为受保护作品之内,有关它的保护期应是特殊保护期,即以"首次公开"后的 25 年固定期限。

适用特殊保护期的作品还有作者身份不明作品。作者身份不明作品通常为隐名或化名作品,由于不清楚谁是作者,保护期就不能从作者终身来计算,而只能根据作品的公之于众的时间来计算保护期。如果作者身份确定了,保护期仍可以按照作者终身加 50 年计算。对此,《著作权法实施条例》第 18 条规定,作者身份不明作品的著作财产权的保护期截止于作品首次发表后第 50 年的 12 月 31 日。作者身份一旦确定便适用《著作权法》第 21 条的规定。

信息网络传播权(考题)[①]

著作权人 Y 认为网络服务提供者 Z 的服务所涉及的作品侵犯了自己的信息网络传播权,向 Z 提交书面通知要求其删除侵权作品。对此,下列哪些选项是正确的?

A. Y 的通知书应当包含该作品构成侵权的初步证明材料

B. Z 接到书面通知后,可在合理时间内删除涉嫌侵权作品,同时将通知书转送提供该作品的服务对象

C. 服务对象接到 Z 转送的书面通知后,认为提供的作品未侵犯 Y 的权利的,可以向 Z 提出书面说明,要求恢复被删除作品

D. Z 收到服务对象的书面说明后应即恢复被删除作品,同时将服务对象的说明转送 Y 的,则 Y 不得再通知 Z 删除该作品

【评析】 本题考点为"通知删除"规则,法律依据为《信息网络传播权保护条例》第 14 条规定。本题答案 ACD,正确选项正是第 14 条的规定。B 项不正确,按照上述条款的规定,Z 在接到书面通知后,应当立即删除涉嫌侵权的作品,而非"在合理时间内"删除,故 B 选项错误。

[①] 2016 年国家司法考试题。

作者的权利(考题)①

1. 甲创作并演唱了《都是玫瑰惹的祸》,乙公司擅自将该歌曲制成彩铃在网络上供免费下载。乙公司侵犯了甲的哪些权利？

　　A. 信息网络传播权　　　　　　B. 广播权
　　C. 表演者权　　　　　　　　　D. 发行权

【评析】 本题考点为音乐作品的作者及表演者的权利。甲是涉案歌曲的作者和表演者。乙公司擅自将该歌曲上传至网络供用户下载,是一种"信息网络传播行为"。因未经甲的许可而为之,侵害了甲享有的信息网络传播权,A当选。甲作为歌曲的表演者,有权许可或禁止他人通过信息网络传播其表演,因此,乙公司的行为还侵害了甲的表演者权,C当选。通过网络传播作品不属于广播、发行,因而BD两项应予排除。

2. 甲在某网站上传播其自拍的生活照,乙公司擅自下载这些生活照并配上文字说明后出版成书。丙书店购进该书销售。下列哪些说法是正确的？

　　A. 乙公司侵犯了甲的发表权　　B. 乙公司侵犯了甲的复制权
　　C. 乙公司侵犯了甲的肖像权　　D. 丙书店应当承担侵权责任

【评析】 本题考点为著作权的内容及侵权行为的认定。答案BCD。甲对其自拍的摄影作品享有复制权、发行权等专属权利。同时,该照片以真人为对象还涉及本人的肖像权。乙的行为侵害了甲的复制权、肖像权,当选BC。甲将其"生活照"置于网上即公开发表,乙对生活照的使用不是发表行为,故应排除A。丙的行为属于销售侵权复制品,如乙能证明其发行的复制品有合法来源的,可以不承担赔偿责任。但是该侵权行为仍应制止,丙应当停止销售侵权复制品,停止侵害是我国《民法通则》规定的承担民事责任的方式之一。故D项当选。

著作权的保护期限(考题)②

甲的画作《梦》于1960年发表。1961年3月4日甲去世。甲的唯一继承人乙于

---

① 2006年国家司法考试题。
② 2013年国家司法考试题。

2009年10月发现丙网站长期传播作品《梦》,且未署甲名。2012年9月1日,乙向法院起诉。下列哪一表述是正确的?

A.《梦》的创作和发表均产生于我国《著作权法》生效之前,不受该法保护

B. 乙的起诉已超过诉讼时效,其胜诉权不受保护

C. 乙无权要求丙网站停止实施侵害甲署名权的行为

D. 乙无权要求丙网站停止实施侵害甲对该作品的信息网络传播权的行为

【评析】 本题考点为著作权保护期限。AB两个选项错误明显,是出于命题技术上的需要杜撰出来的干扰项,可以用排除法直接将其排除。CD两项是考点所在,需加以分析。C项涉及署名权这一著作人身权,D项涉及信息网络传播权这一著作财产权。我们知道,著作人身权和著作财产权的保护期限是不同的,署名权、修改权、保护作品完整权的保护期不受限制,财产权利的保护期限为50年,截止于作者死亡后第50年的12月31日。本题中的甲于1961年3月4日去世,其继承人乙于2012年9月1日向法院起诉,这个时间期限距甲死亡过去了50年,甲所创作的作品的著作财产权保护期限已经届满,因此,乙可以对侵害甲署名权的行为请求救济,而对使用作品的行为则无权提出停止侵害的救济。本题答案为D。

著作权的保护期限(考题)[①]

甲创作并出版的童话《大灰狼》超过著作财产权保护期后,乙将"大灰狼"文字及图形申请注册在"书籍"等商品类别上并获准注册。丙出版社随后未经甲和乙同意出版了甲的《大灰狼》童话,并使用了"大灰狼"文字及图形,但署名为另一著名歌星丁,丁对此并不知情。关于丙出版社的行为,下列哪一说法是错误的?

A. 侵犯了甲的复制权　　　　B. 侵犯了甲的署名权

C. 侵犯了丁的姓名权　　　　D. 侵犯了乙的商标权

【评析】 本题考点为著作权保护期和综合知识。答案A。甲的作品已过50年保护期,其作品上的著作财产权不复存在。丙出版社出版《大灰狼》图书并不侵犯甲的著作财产权。故A项表述错误,当选。作者的署名权等人身权利不受保护期限制,即使在著作财产权失去效力以后,署名权仍然受到保护,他人不得侵害。丙出版社在其

---

① 2009年国家司法考试题。

出版的《大灰狼》图书上署名为丁某,从而改变了作品和作者之间的真实关系,该行为侵犯了甲的署名权。B 项表述正确,不选。丙出版社滥用丁某姓名的行为,侵犯了丁的姓名权。C 项表述正确,不选。最后,"大灰狼"文字及图形是乙的注册商标,丙出版社在其出版的图书上使用乙的注册商标,侵犯了乙的商标权。D 项表述正确,不选。本题答案为唯一错误的选项 A。

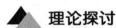理论探讨

著作财产权体系的反思与重构[①]

一、现行著作财产权体系存在的问题

我国《著作权法》第 10 条以作品使用行为为依据,规定了 12 项著作财产权,包括复制权、发行权、出租权、展览权、表演权、放映权、广播权、信息网络传播权、摄制权、改编权、翻译权和汇编权,最后以"应当由著作权人享有的其他权利"作为兜底条款,防止挂一漏万。这种清单式列举的初衷是对著作权人提供全面保护、对司法实践提供明确指导,但是,如此纷繁复杂的规定在实施中却存在诸多问题,无法很好地因应现实需要。

1. 权利细化导致"封闭式"的误解

权利细化便于在司法实践中找到立法依据,但会导致人们将著作财产权理解为"封闭式"体系,以为只有法律条款规定的权利才受保护。虽然有"应当由著作权人享有的其他权利"这一兜底条款可以覆盖相关行为,但是由于《著作权法》并未对"著作权"作出定义,因此"应当由著作权人享有的其他权利"在理论上难以界定究竟是著作权法上的权利还是该法之外的权利。而我国是成文法国家,通常会考虑对法官自由裁量权的限制,因此实践中真正适用这一条款的案例并不多见。这便造成,立法修订前产生的新的著作权使用方式很难得到确定承认,不利于及时保护;同时也会提出比较频繁的立法修订要求,不利于维持法律的稳定性。

2. 权利规定过于偏重技术特征

根据使用行为划分权利项时,越细致区分使用行为,就会越具体、越严格地界定权利项。换言之,权利项的外延趋于狭窄。而随着科学技术的飞速发展,作品使用方

[①] 张今、郭斯伦:《著作财产权体系的反思与重构》,原载《法商研究》2012 年第 4 期,此处有删节。

式不断增加,现有的权利列举势必无法很好地涵盖新的内容。对此有两种解决思路:一是修改现有的权利内容,扩张其外延,涵盖新的使用行为;二是在现有权利之外增加新的权利项。从《著作权法》的修改可以看出,我国采取了第二种思路。其优点在于能够直接回应技术进步提出的特定问题,便于司法适用。缺点是,法律的滞后性易于导致立法频繁修订,同时造成《著作权法》第10条的内容越来越庞杂,增加了各权利项的界定难度。

3. 权利界定不甚合理

立法应当准确划定每个权利项的保护范围,不扩大也不缩小相关权利的外延。但现行立法在这方面显然不尽如人意。以翻译权为例,仅对作品进行翻译而不利用和传播翻译作品,不会损害著作权人的财产利益和精神利益,因此立法目的和权利人的诉求并非限制翻译行为本身,而在于规制翻译作品的利用及产生的利益。事实上,作者无法控制这种演绎行为,实践中也从来没有人对此追究侵权责任。但是,从文义上看,我国现行立法却将翻译行为本身纳入著作权的规制范围,这既缺乏合理性也远离人们的生活经验。再如广播权。我国现行立法界定来源于《伯尔尼公约》第11条之二的文字表述,从权利可控制的范围看包括三种行为:一是以无线方式传播作品,二是对广播作品的有线传播和转播,三是对广播作品以扩音器或其他类似工具再现。结合"有线传播"和"转播"的含义,可以发现,以有线方式直接传播作品、对有线传播作品的无线转播、有线转播、扩音器转播等均不在广播权的范围内。这将导致一部分传播行为无法受到立法规制。

4. 权利之间存在交叠或空白

以广播权和信息网络传播权为例。根据我国现行法律规定,广播权仅涉及非交互式传播,并且限于无线、有线和扩音器方式,信息网络传播权则针对在线交互式传播。据此,通过信息网络进行的在线非交互式传播,既不受信息网络传播权的控制也不受广播权控制,可能游离于立法之外。再如,表演权、放映权和广播权应当如何划分,数字环境下的发行权和信息网络传播权应当如何界分?此等问题即使是从事知识产权研究的专业人士也很难清晰判断。认识上的混乱将直接影响实践中的著作权交易和权利保护。比如,著作权人与作品使用人签订的著作权转让/许可使用合同中,如果仅约定转让/许可使用发行权,那么受让人/被许可人将数字作品在互联网上进行销售,可能被视为正当行使发行权,也可能被视为侵犯著作权人的信息网络传播权。

二、著作财产权体系的整体安排

笔者认为,我国现行立法根据作品使用方式规定著作财产权并划分各权利项的做法应当延续下去,但在具体设置方面需作适当调整。总体而言,应当遵循以下思路：著作财产权体系的构建，采用权利类型化加分别式权利的模式；权利的类型化以作品使用方式为依据，分为有形利用权、无形利用权、演绎权三大类，改变以复制权为核心的模式；权利的分列以作品使用方式构成的独立市场为根据，整合、简化权利项目，摒弃过分倚赖技术特征。具体来说，有形利用权包括复制权、发行权、出租权和展览权，无形利用权包括表演权、放映权、广播权和信息网络传播权，演绎权包括改编权、翻译权和摄制权。

首先，根据作品使用结果不同，人们对作品的使用可以分为单纯传播性利用和再创作性利用。单纯传播性利用又根据利用行为与作品载体之间的关系分为有形利用和无形再现。据此，著作财产权体系可以分为三大类：有形利用类权利、无形利用类权利、演绎类权利。

仅仅传播作品且离不开载体的权利属于有形利用类权利，包括复制权、发行权、出租权和展览权。其中，复制权是基础，发行、出租和展览往往是复制的后续行为。

仅仅传播作品但不依赖载体的权利属于无形利用类权利，包括表演权、放映权、广播权和信息网络传播权。这四种作品使用方式不必依赖载体便能实现，并且其行使结果不会导致作品载体的转手，公众只能通过载体感知和体验作品。

演绎权的行使结果是在原作品之外产生新的作品。相比于单纯传播性权利，法律设置演绎权的目的不是控制演绎行为本身，而是控制由演绎行为产生的新作品的使用。该使用既涉及原作品中的某些元素，也涉及演绎者的智力贡献，因此可能提出双重许可的要求，需要制定特别规则。

从比较法的角度来看，将著作财产权分为这三类是有立法基础的。而且，相比于我国现行立法采取的清单式列举，权利类型化具有两点优势：一是有利于提高最终列举的科学性。先类型化、再在各自的类型下列举具体权利项，相对于从所有的、数量众多的作品使用方式中进行划分，难度大大降低，可以保证最后规定的权利项更加科学。二是有利于学习和研究。以三大类型统合具体的权利项目，呈现出权利框架的树形结构，较之于简单罗列，更能准确、客观、科学地体现出权利体系，避免多项权利罗列时的零乱无序，便于学习理解和实际应用。

其次，以作品使用行为构成的利益类型而非技术手段或传播媒介为依据列举各项权利，有利于摆脱对技术特征的过分倚赖，符合技术中立的要求，也有利于实现各权利项之间泾渭分明。具体来说，虽然对作品的使用总是以一定的技术手段为支撑，因此列举权利项时不能不考虑相关的传播媒介和技术，但是，设定著作财产权的目的并非规范技术本身，而是要保障著作权人从作品使用中获得经济利益。因此，划分权利的依据应当是由技术带来的作品使用市场。某一作品使用市场的存在意味着对该作品有大量使用的需要，如果著作权人不进行控制，将导致收益的大量流失，直接挫伤著作权人的创作积极性；而如果不存在该市场，则意味着即使有某种作品使用行为，也是零星的个别现象，不会对著作权人的利益带来影响，而著作权法应当保证公众有接触和获取作品的利益。因此，根据作品使用行为构成的独立市场划分权利项，符合著作权法的立法宗旨。更何况，在信息网络时代，技术日益复杂，一个作品使用行为如果综合运用多种技术，再以技术为依据列举权利项，势必造成权利项之间存在交叠。相形之下，前述权利划分方法可以在各权利项之间作出清晰区分，避免出现混淆和误认。

最后，类型化和列举法并行模式可同时满足前瞻性和操作性的要求。在该立法模式下，实践中存在的作品使用行为不外乎有形利用类权利、无形利用类权利或演绎类权利三大类，因此新出现的作品使用行为完全可以归入某一类而获得规制。

著作财产权的最终目的是保障著作权人从作品使用中获得收益，只有著作权人向公众提供作品、公众愿意为获取的作品支付费用，才能实现著作财产权。因此，从著作财产权的设立目的出发，围绕作品的提供（在著作权人角度）和获取（在公众角度）来构建整个著作权体系，应该是一个较为客观和科学的视角。换言之，能够提供作品、使公众获取作品的行为，将会影响著作权人的收益，应当由著作权人控制；其他行为则既不会减少著作权人的收入，又符合社会公众接受文化成果这一基本人权的要求，应当排除在著作权范围之外。如此处理，有利于平衡著作权人的权益和社会公众利益。

三、各项著作财产权的具体界定

1. 有形利用权

一是在复制权、发行权、出租权和展览权之前增设一项概括性的上位权利——复制权。这种修改的直接效果是将发行权和展览权确定的限制在实体环境中，据此，网络发行/网络展示便只能由信息网络传播权规制，从而避免在发行权、展览权和信息网络传播权之间产生交叠。此种处理方式符合有形利用权和无形利用权之间的区别，并且符合《著作权法》将信息网络传播权单列出来的本意。同时，修改之后，发行权和展览权的特殊规则，即发行权一次用尽及美术作品原件的展览权随同物权一起转移，将能够在信息网络时代继续存在，而不必为网络发行/网络展示的新特性作出变动。

二是修改复制权的定义，一方面明确规定复制权仅限于为传播目的的复制行为，将非为传播目的的复制，例如临时复制，明确地排除在著作权人的控制范围之外，为公共利益保留必要空间。另一方面明确将异形复制纳入复制权范畴。从本质上来看,异形复制和同形复制没有实质差别,都是以某种有形载体重复再现作品内容,且再现不具有原创性。因此,将二者同等对待,符合技术中立,能够避免因技术手法不同而使本质上相同的行为受到不同的法律对待。

2. 无形利用权

现行立法在无形利用类权利的内容界定和边界划分方面存在两点不足:

首先,表演权和放映广播权之间存在交叉。按照现行立法,表演权控制现场表演和机械表演。而机械表演与放映十分相似,都是利用设备展示作品且传播主体和受众处于同一场所,区别在于,放映的对象仅限于电影、美术、摄影、文字手稿,机械表演的对象是音乐。从利用方式看,放映属于机械表演。《著作权法》将放映权作为一项单独的权利,导致司法实践中的法律适用困难。例如,对于KTV经营者未经许可播放MTV音乐电视,侵犯的是机械表演权还是放映权,各地法院观点不一。

放映权与广播权亦存在交叠之处。前文已述,现有的广播权控制三种行为,第三种即扩音器传播与放映相似,都是通过设备向一定半径范围内的公众传播作品。立法将两种性质相同的行为规定为不同的权利,给司法适用带来困难。例如,对于电视台擅自播出影视作品,有的法院认为构成侵犯广播权,有的法院认为侵犯了放映权,还有法院提出"电视播映权"侵权的说法。

其次,广播权过于狭窄,与信息网络传播权之间存在空白地带。一方面,广播权未覆盖以有线方式传播作品,另一方面,非交互式的网络传播,例如网络定时播放和网络同步直播,处于广播权和信息网络传播权之间的空白地带,其定性成为司法实践中的难题。

鉴于此,笔者对无形利用权的修改提出以下建议:

在表演权、放映权、广播权和信息网络传播权之前增设一项概括的上位性权利——传播权,从而起到划分权利类型的作用,并且填补权利列举可能不全面的体系漏洞,便于应对未来传播技术的发展。

传播权包括:表演权、放映权、广播权、信息网络传播权。就各具体权利而言,修改表演权,规定"表演权是公开表演作品的权利",即表演权仅调整现场表演的行为;修改放映权,规定"放映权是通过放映机、幻灯机等设备再现作品的权利",即扩大放映权的内容,将现场表演权中的机械表演、广播权中的第三项内容——通过扩音器等向公众传播广播的作品,纳入放映权的权利范围之中;修改广播权,规定"广播权是以有线或无线方式向公众传播作品的权利",即广播权涵盖全部非交互式传播行为,包括以有线和无线的方式传播作品。将交互式传播交由信息网络传播权,广播权和信息网络传播权二者之间实现无缝衔接,共同调整远程传播作品的行为。

3. 演绎权

学理上,演绎类权利一般包括改编权、摄制权、翻译权,也有观点将汇编权视为一种特殊的演绎权。现行立法有关演绎类权利的规定存在两点问题:

首先,改编权的内涵过于宽泛。"改编作品,创作出具有独创性的新作品"这一表述不适当地扩大了改编权内容,使之实为演绎权,统领了翻译、摄制等行为。而司法实践中对改编权的理解很不一致。有的法院认为改编必须是质的变化;有的法院仅仅因为细节改动就认定构成改编;还有法院认为改编必须对原作品的内容进行修改,保留原作品部分内容的新作品都不属于对作品的改变;从而出现同案不同判。

其次,汇编权含义混乱。汇编与改编、翻译、摄制的区别明显,是一种选择和编排行为而不是对原始表达的改变。汇编作品的完成,必须基于对作品的全部和部分复制。案例显示,在1000多件汇编权案例中,单纯涉及汇编权的案例只有3件,其他绝大部分案件中当事人都同时提出复制权、发行权、信息网络传播权等多项权利请求。这表明,对于汇编权的内涵、汇编权与演绎类权利的关系、汇编权与汇编作品的关系等,人们的认识比较混乱。裁判机关则倾向于认定未经许可的汇编行为侵犯复制权而非汇编权。

鉴于此,笔者认为从以下几方面修改演绎权:

一是在改编权、翻译权和摄制权之前增设一项概括的上位性权利——演绎权,并且明确演绎权的内容包括原作者对演绎作品的利用进行控制的权利。改编、翻译等二次创作是事实行为,如果不向公众提供演绎作品,该行为本身没有独立的经济价值,无须法律介入。因此,演绎权作为著作财产权,最终目的是控制由演绎行为产生的新作品的利用,而非控制演绎行为本身。据此,本项修改有利于解决目前司法实践中的混乱状态,并与国际惯例保持一致。

二是限缩改编权,将其限于对文学、艺术作品的内容和体裁的修改上。如此将与社会公众的一般认识和创作实践更为接近,便于司法适用,而且有利于改编与其他演绎行为相区别,避免改编权过宽成为"兜底权利",符合国际公约的规定。三是删除汇编权,但保留有关汇编作品。

第五章

邻 接 权

【本章导读】 邻接权是作品传播者对其传播成果享有的权利的总称。在作者权国家,邻接权是与作者权相对应的一组权利。版权国家没有作者权和邻接权之分,我国《著作权法》第四章"出版、表演、录音录像、播放"所含的内容均属邻接权范畴。邻接权和作者权之分形成了著作权法具有层次结构的权利体系:由作者享有的权利,存在于文学和艺术作品之上的权利,由作者以外的主体享有的权利,存在于其他客体之上的权利。本章介绍邻接权产生的历史背景和社会基础,阐述各项邻接权的主体、客体和权利内容。

第一节 邻接权的概述

一、邻接权制度的产生与发展

邻接权是作品的传播者对其传播作品的形式和投资享有的专有权利的总和。邻接权一词来自英文"neighbouring rights",原意是指相近、相关的权利,在一些国家,邻接权也称为"相关权利"(related rights)。作为一个著作权术语,邻接权是对表演艺术家、录音录像制品制作人和广播电视组织所享有的权利的称谓,该术语力图表明,这一类权利不同于作者权但与作者密切相关。由于权利的客体是在使用现有文学艺术作品的基础上产生的成果,权利的主体是传播作品的组织机构,这类权利与作品的创作和利用关系密切,也都与制止某些不当利用他人成果的行为有关,故而与著作权有邻近、关联关系。我国《著作权法》没有使用邻接权这一术语,而是称其"与著作权有关的权益"。对此,《著作权法实施条例》第26条解释为:"著作权法和本条例所称与著作权有关的权益,是指出版者对其出版的图书和期刊的版式设计享有的权利,表演者对其表演享有的权利,录音录像制作者对其制作的录音录像制品享有的权利,广播电台、电视台对其播放的广播、电视节目享有的权利。"由此不难看出,邻接权是作品传播者的权利,邻接权的客体是作品传播过程中产生的成果。

邻接权产生的时间晚于著作权,但其产生的原因却和著作权极其相似。如同印刷术的运用孕育了著作权的诞生,20世纪初,留声机、电影放映机、广播等传媒的兴起和广泛运用是促成邻接权产生的主要原因。在新的传媒技术出现以前,人们欣赏音乐只能亲临表演现场,表演者的收入与演出场次直接挂钩。留声机、唱片的出现使情况发生了改变,现场的、即时的表演能够被记录下来固定在唱片上,再通过留声机反复播放,音乐欣赏不再受时间、空间的限制。随着广播和电视进入生活,人们还可以坐在家里收听音乐,观看现场演出的实况转播。所有新技术和媒介的结合为信息传播和大众娱乐提供了更为便利的条件,满足了人们长久以来对音乐、戏剧艺术反复聆听、随时欣赏的渴望,与此同时也带来一系列的问题。首先,音乐表演者的职业活动受到影响。他们的演出机会减少了,导致经济收入降低甚至面临着失业,表演者开始寻求通过制止非法固定和传播行为来保护他们的表演活动。具体诉求是:有权许可或禁止采用机械方式复制其表演,并且能分享唱片业和广播业利用其表演而产生的利益。其次,录音制品制作者的利益也因新媒体技术受到影响。录音机械品的普遍运用导致翻录现象严重,非法录音制品进入市场攫取了合法录制者的利益,同时广播电台大量播放音乐和表演也造成录音制品的销量减少。对此,录音制作行业提出的主张是:控制复制其录音制品的行为,并且能够分享因其录音制品的公开播放而产生的收益。最后,广播组织也寻求保护。广播组织制作的节目投入了大量的资金、技术,却被他人随意录制、转播或在公共场所播放,在广播组织不能控制公开播放其节目的情况下,他们也无法保证向表演者或作者分享收益。因此,广播组织提出的主张是:禁止其制作的节目被随意转播、录制。

三个各自独立又相互依赖的团体的利益诉求终于得到承认。1961年,在联合国劳工组织、联合国教科文组织、世界知识产权组织的共同主持下,一些国家在意大利罗马缔结了《保护表演者、录音制品制作者和广播组织国际公约》(简称《罗马公约》)。《罗马公约》的缔结实现了娱乐业、大众传播业渴望保护其表演活动、录音制品和广播节目的愿望。至此,在国际层面上,一个与作者权利平行的权利体系被确定下来,这一组权利被命名为"邻接权"或"相关权"。

《罗马公约》反映的是20世纪60年代的技术状况,从那以后,传播科技又有了长足的发展,到20世纪末,邻接权制度开始面临数字技术和互联网带来的新挑战。为了解决网络环境中表演者、录音制品制作者权利的保护问题,在世界知识产权组织的主持下,各国政府于1996年缔结了《世界知识产权组织表演和录音制品条约》,就网络环境中表演者和录音制品制作者权利的维持和保护,以及与广大公众之间的利益平衡问题作出了一系列规定,其中最重要的是赋予了表演者和录音制品制作者与"信息网络传播权"平行的"向公众提供权"。

现行《罗马公约》和《世界知识产权组织表演和录音制品条约》在保护表演者权利方面存在一些不足,主要是在保护客体上区别对待声音表演和视听表演、录音制品和视听录制品,造成视听表演者的权利保护不及声音表演者。例如,表演者对其录制的唱片享有复制、发行、出租和向公众提供的权利,而表演者的戏剧、影视表演录制的录像制品则无法受到与唱片同样的保护。

二、邻接权和作者权的关系

邻接权是指传播主体对其传播活动中产生的成果享有的权利,而作者权利是著作权制度中其他权利的源头。作品的创作和传播是"源"和"流"的关系,邻接权来自作品传播产生的劳动成果的保护需求。英美版权法之外的大多数国家将邻接权纳入了广义著作权的范畴,使邻接权与作者权利形成具有层次结构的著作权体系,这是法律逻辑的必然产物,同时也有历史的原因,由此导致制度层面上的作者权(狭义著作权)和邻接权之间存在较大差异。

(1) 权利客体不同。著作权的客体是具有独创性的文学、艺术和科学作品,而邻接权的客体是作品的传播媒介或传播形式,并无独创性条件的限制。20世纪以后,随着技术的发展,著作权保护的客体范围也在不断扩张,但是有一些客体仍被明确排除在保护范围之外,其中包括录音制品、现场表演和广播。这些客体在性质上各有不同,被排除在作品范围之外的理由也有所差异,但共同之处在于它们均具有工业性质如录音制品、技术因素如广播,却在独创性条件上难以满足作品的要求。因此,在作者权利之外对录音制品、广播、表演等采用相关权利加以保护,主要着眼于为作品传播而投入大量资金和劳动,而不要求客体必须具备独创性,这是邻接权与作者权的第一个不同之处。

(2) 权利主体不同。著作权的主体是作者,作者又主要是创作作品的自然人,而邻接权的主体是作品的传播者,权利主体主要是具有公司、法人身份的组织、机构。录音制品和广播被排除在著作权之外还有一个更现实的原因,就是如何确定"作者"的问题。通常来说,制作录音制品或广播是有组织的集体行为,由公司或公共机构雇佣受过训练的人来完成,在雇佣关系之下的组织者和参加制作的众人,要确定谁是作者是非常困难的事情。从保护录音制品和广播的历史来看,可以发现提出主张的均是从事此类活动的公司,寻求的保护是企业对制作录音制品和广播所进行的资金、技术投资。由于国家认为作者权只能授予自然人,因此无法接受为录音制品和广播提供作者权的保护。表演者虽然是自然人,但历史上之所以拒绝将作者权授予表演者的一个重要理由是:除了合同法和禁止不正当竞争法的保护以外,表演者几乎不需要什么其他保护,因为它们的表演所具有的短暂性,没有人能够"盗用"。[1]

(3) 权利内容不同。作者享有的权利包括精神权利和经济权利两个方面的内容,而邻接权是单一的经济权利,不仅权能的数量少于作者权,而且保护期限相较于作者权也更短。

如前所述,邻接权的客体是在使用文学或艺术作品的基础上产生的成果,确认和保护邻接权必然牵动作品和作者的权利。在制定《罗马公约》时,作者以及作者协会曾担心,承认邻接权将损害他们已经在国内法以及《伯尔尼公约》中获得的权利,这一原因在很大程度上推迟了《罗马公约》最终获得通过的时间。反对邻接权的理由多种多样,例如认为规定新权利是没有必要的,通过合同安排可以保护相关主体的权益。反对理由中一个重要的理论被称为"蛋糕理论":只有一块蛋糕可分,而权利所有人的数量却变多了。[2]在考虑了上述各种反对意见以后,《罗马公约》第 1 条开宗明义,申明了邻接权和作者权的关系。该条规定如下:"本公约给予的保护将不更改也不影响文学和艺术作品的著作权保护。因此,对本公约条款不得妨碍此种保护的解释。"作为一项原则,该规定十分清楚地表明:在规定邻接权保护时,不得以损害已有作者权的方式进行。根据著作权法的规定,在任何时候使用作品都必须获得作者的授权,获得此种授权的要求不受《罗马公约》的影响。1996 年通过的《世界知识产权组织表演和录音制品条约》第 1 条"与其他公约的关系"沿用了《罗马公约》的精神,进一步澄清了对表演者、录音制品制作者与作品著作权之间的关系:"该条约授予的保护不得触动或以任何方式影响对文学和艺术作品著作权的保护。本条约的任何内容均不得被解释为损害对作品的保护。"

鉴于邻接权与作者权密切相关,很多国家将邻接权列入广义著作权的范畴,因而著作权法涵盖了作者权和邻接权。我国法律的名称为《著作权法》,法律文本里没有"作者权"和"邻接权"概念,而是使用"著作权"和"与著作权有关的权益"替代。这种立法术语隐含着概念的不统一和逻辑上的混乱:一方面,《著作权法》这一名称表明"著作权"是广义的。按照《著作权法》第 1 条规定的"为保护文学、艺术和科作品作者

---

[1] 参见〔澳〕山姆·里基森、〔美〕简·金斯伯格:《国际版权与邻接权——伯尔尼公约及公约以外的新发展》(第二版),郭寿康、刘波林、万勇、高凌瀚、余俊译,中国人民大学出版社 2016 年版,第 1070 页。
[2] 同上书,第 1081 页。

的著作权,以及与著作权有关的权益",可知"著作权"涵盖作者的权利和相关主体的权利。另一方面,在法律结构和条文表述上又显示,著作权等同于作者的权利。例如,《著作权法》第二章为"著作权",本章所有规定仅涉及作者的权利,也就是说是在"作者权"意义上使用"著作权";第四章"出版、表演、录音录像、播放"实为与著作权有关的权益,即邻接权。由此可见,"著作权"概念在法律名称、条文结构和规范表述之间是不统一的,由此形成了我国特有的著作权概念的广义和狭义之分,某些场合下著作权是指作者权和传播者权,某些场合下著作权仅指作者的权利。

著作权一词存在广义和狭义两种含义是我国特有的,大陆法系主要国家均未如此使用,而是始终如一地在一种意义上使用著作权的概念。日本在广义上使用著作权的概念,著作权包括作者权和相关权利。《日本著作权法》第二章"作者的权利"、第四章"著作邻接权",著作权的概念始终一致,即著作权是作者权+邻接权的上位概念。德国、意大利均在狭义上使用"著作权","著作权"就是作者权。从著作权法的结构看:第一编为著作权,所有的规定均围绕作品和作者展开;第二编为邻接权,规定作品传播者以及非作品制作者的权利。两国均将著作权和邻接权分立而又统一在一个法典里,故而法典有一个很长的名称,德国为《作者权与邻接权法》,意大利为《著作权及与其行使相关的其他权利保护法》。只有法国例外,创造了一个"文学艺术产权"的概念统领作者权和邻接权,因而法国著作权法的名称为《文学和艺术产权法》。而英美版权法国家没有区分作者权和邻接权,"版权"实质上包括了作者的权利和与之相关的权利,版权法容纳了邻接权的内容。

我国《著作权法》对上述几个术语的使用已经成为定式,也逐步被社会公众所理解,但理论上的讨论仍可以继续。应当澄清的是,"著作权"是一个上位概念,统辖作者权和传播者权,权利人统一表述为著作权人。在《著作权法》框架内,"著作权以及与著作权有关的权益"应解释为"作者权与邻接权",《著作权法》第二章"著作权"的标题应解释为"作者的权利",第四章的标题"出版、表演、录音录像、播放"应解释为"邻接权"。

第二节 表演者权

表演者权是邻接权中一项重要的制度,该权利的确立和发展经历了从国内立法到国际公约及其不断充实完善的过程。从《罗马公约》将表演者纳入著作权保护体系,到《世界知识产权组织表演和录音制品条约》确立保护精神权利与经济权利相结合的表演者权,再到最新的《北京条约》给予声音表演和视听表演同等保护,国际层面的表演者权制度得到进一步完善。

我国对表演者的权利给予了较高水平的保护。根据《著作权法》第38条第1款的规定,表演者对其表演享有表明身份,保护表演形象不受歪曲,许可他人对现场直播、录音录像、复制、发行、信息网络传播并获得报酬的权利。上述权利既有精神权利也有经济权利,并且权利的行使不因录音制品或录像制品而有区别。可见,我国表演者权的立法保护早已达到国际保护水平。

一、表演者权的主体和客体

（一）表演者权的主体

对表演者的界定一般以表演的定义为基础。《罗马公约》第3条规定:"表演者是指演员、歌唱家、音乐家、舞蹈者和演出、演唱、朗诵、演奏或以其他方式表演文学或艺术作品的其他人员",即表明了表演者是表演文学艺术作品的自然人。各主要国家也都将表演者定义为自然人,如《德国著作权法》第73条规定:"表演者是指将作品或者某种类型的民间艺术进行表演、演唱、演奏或以其他的方式进行表演的人,或者对上述艺术活动进行了参与的人";《意大利著作权法》第80条第1款对表演者的定义同上。我国《著作权法》没有对表演和表演者进行界定,仅在第37条规定:"使用他人作品演出,表演者（演员、演出单位）应当取得著作权人许可……"《著作权法实施条例》第5条又将"表演者"解释为:"表演者,是指演员、演出单位或者其他表演文学、艺术作品的人。"我国把"演出单位"规定为表演者,很明显是为了解决团体表演的权利归属与行使的问题,以回应现实中团体性表演由演出单位如剧团、歌舞团进行组织管理,表演活动所产生的经济收益由演出单位享有和再分配的实际做法。将演出单位作为表演者主体,类似于将法人视为作者,由于我国《著作权法》认可法人作者,故而将演出单位视为"表演者"在逻辑上是顺理成章的。但是应该看到,表演者与作者、表演行为和创作作品有很大的不同:表演活动具有强烈的人身属性,是自然人的声音、形体、动作、表情及其组合,表演的基本形态、现场表演、实时表演都与表演者的身份不可分离,表演是自然人的活动。因此,为了解决表演活动的权利归属和利益分配,可以考虑由法律另设规范加以处理,而并非生硬地将"演出单位"规定为表演者。例如,采用类似职务作品的规定,将表演者和演出单位的利益分配归入劳动关系或者代理关系,在这方面可以借鉴德国的做法。根据《德国著作权法》第81条规定:"雇佣关系框架下的演出活动的各项权利,归表演者和演出单位共同享有,如无相反约定,由演出单位按照雇佣劳动关系的性质或目的行使对表演的权利。"此外,该法还规定了在非雇佣关系的团体演出的情况下,相关财产权的归属和利用的原则。从德国法规定可获得的启示是,表演者与演出单位之间的关系情况复杂且形态各异,有关表演的权利归属和利益分配,依据雇佣关系或合同约定加以规范更为现实有效,而不必生硬地将非自然人规定为表演者。

从被表演的客体是作品的角度,只有表演文学或艺术作品的人是表演者,并未表演著作权意义上的作品的人不属于表演者。《罗马公约》在界定表演者时提到"作品",意味着未表演著作权意义上的作品的不是表演者,但公约准许缔约国将表演者的群体类型加以扩大,缔约国可自行决定将表演者权的主体扩大到某些艺人。例如,法国将表演杂耍、马戏、木偶剧的人纳入表演艺术者的范围[①],《北京条约》保护的"表演者"包括民间文学艺术表达的表演者。我国没有明确将民间文学艺术表达的人纳入"表演者"的范围,但从法律解释上可以将民间艺人、传统民间文艺表达的人涵盖在表演者范围之内,《著作权法》修订也可能将"表演者"的定义加以扩充。从法律解释和法律修订而言,这种做法不存在障碍,问题在于法律的执行。由于民间文艺表达是否属于作品这一问题并无定论,进而民间文学艺术表达的人能否具有表演者的地位并享有表演者的权利,也是十分复杂且无法确定的。从根本上讲,在《著作权法》框架内,民间文学艺术表达和表演的人与著作权保护的基本原理存在着难以协调的冲突,这个冲突或矛盾至今没有得到圆满的解释,专门立法也处于空白。即便将表演民间文学艺术表达的人补充为《著作权法》上的"表演者",法律的执行和实施效果仍然存在诸多需要研究和解决的问题。

(二)表演者权的客体

表演者权的客体是表演,即表演者以自身形象、动作、表情、声音或其组合再现作品的活动,表演者是通过自身形体、声音等人身特征再现作品,因而表演包含着表演者的人格特征。作为一项艺术活动,表演是表演者对作品的诠释和演绎,表演的过程也是再创作的过程。由于表演者以自身技巧、富有个性的表现力将作品呈现给观众,因而同一个作品由不同表演者表演所达到的艺术效果是不同的,观众获得的感受也存在差异。表演可能产生很高的艺术价值,甚至高出被表演的作品本身的艺术价值。正因如此,表演又被视为再度创作,不过对表演活动的保护不要求证明表演的独创性即可取得表演者权。

表演的种类极为丰富,演唱、演奏、朗诵、舞蹈、演出戏剧、小品、影视等都是表演的形式。以表演形态为依据,可将表演分为声音表演、形体表演、声音和形体表演;将表演活动录制下来,表演又可分为以录音制品体现的表演和以录像制品体现的表演。

---

① 参见《法国知识产权法典》第 L.212-1 条。

对于录音制品和录像制品来说,录制品本身是音像制作者权的客体,而包含在录制品中的表演是表演者权的客体。这样一来,可以把表演者权的客体概括为表演者的现场表演以及包含在录制品中的表演,以录音制品体现的表演称为声音表演,以录像制品体现的表演称为视听表演。

《罗马公约》将声音表演和视听表演区别对待,赋予表演者对录音制品中的表演享有权益,排除了表演者对视听表演即录像制品中的表演的权利。这种区别对待导致现实中的情形如下:若某表演者许可他人将其表演的声音录成CD,第三人擅自对该CD翻录或者进行网络传播的,该表演者可向第三人主张侵犯其表演者权。但若表演者同意将其表演拍摄成DVD、视频等,第三人擅自将其上传至网络传播或公开广播,表演者无法主张第三人行为构成侵权,也无法要求对这种使用支付报酬。《罗马公约》以后,现代传媒技术的快速发展使得视听表演迅速而广泛地传播,同时表演者的权利更容易受到侵害,因而保护视听表演的需求也更加强烈,需要制定新的国际规则回应现实需求,《北京条约》就是在这一背景下产生的新的国际规范。根据《北京条约》第2条第(2)项规定:"'视听录制品'系指活动图像的体现物,不论是否伴有声音或声音表现物,从中通过某种装置可感觉、复制或传播该活动图像。"该条明确了表演者权的客体包括视听录制品,使表演者在"视听录制品"中的权利得到承认,体现了国际社会对表演者的重视,也从立法上实现了对声音表演者和视听表演者的权益给予同等充分的保障。

二、表演者权的内容

(一)表演者的精神权利

表演活动是个性化的艺术活动,具有演绎创作的性质,由于无法否认表演者与表演活动存在着身份关系、人格联系,因此有必要赋予表演者某些人格权利。《罗马公约》规定了表演者享有的经济权利,但未涉及表演者的精神权利,而在《世界知识产权组织表演和录音制品条约》中,表演者被同时赋予精神权利和经济权利。精神权利的内容为:表演者有权对其现场的有声表演或以录音制品录制的表演表明表演者身份;有权反对任何对其表演进行有损声誉的歪曲、篡改或其他修改。《世界知识产权组织表演和录音制品条约》首次在国际层面确认表演者的精神权利,表明了表演者权与其他邻接权不同的特殊性质。表演者是从事艺术创作的自然人,与其表演活动之间存在着可以受精神权利保护的人格利益,不过《世界知识产权组织表演和录音制品条约》规定的精神权利只与声音表演及录音制品录制中的声音表演有关,并不包括视听表演。2012年在北京签订,于2020年4月28日生效的《北京条约》则将精神权利平等地适用于声音表演和视听表演。《北京条约》第 5 条第 1 款规定:表演者对于其现场表演或以视听录制品录制的表演有权要求承认其系表演的表演者,除非因使用表演的方式而决定可省略不提其系表演者;反对任何对其表演进行的将有损其声誉的歪曲、篡改或其他修改。该条精神权利的内容与《世界知识产权组织表演和录音制品条约》一致,赋予了表演者表明表演者身份、反对歪曲篡改表演的权利。从以上邻接权的国际条约可以看出,表演者的精神权利是参照作者的精神权利而构造的。

我国《著作权法》规定了表演者的人格权,《著作权法》第 38 条规定:表演者对其表演享有表明表演者身份、保护表演形象不受歪曲的权利。

(1) 表明表演者身份的权利。这项权利也被称作身份权,与作者的署名权性质相同,因而可以推论,《伯尔尼公约》有关作者署名权的保护,可以用来指导解释表演者姓名的行使方式及其必要限制。表明表演者身份是表演者权利的基础,表演者有权要求在现场表演的节目单、广告宣传以及载有表演的制品上载明其姓名,在播放演出时显示其姓名。在署名方面,表演者遇到的问题是,在大型团体表演的情况下表演者人数众多,某些表演者无法行使表明身份的权利。对此,《世界知识产权组织表演和录音制品条约》第 5 条规定的"表演者的精神权利",以明确的方式设定了一项限制,即"除非使用表演的方式决定可省略不提其系表演者"。例如,涉及表演者人数众多的合唱、舞蹈、交响乐演奏,表明所有表演者的姓名并非习惯做法,而且存在很多困难,在这种例外的情况下就可以省略表演者的姓名。

(2) 保护表演形象不受歪曲。这是表演者维护其表演的完整性,以及作为表演者威望与名声不受损害的权利。表演形象是表演者在演出活动中通过形体、动作、表情、声音所创造的角色形象,这一形象可能会在某些场合受到损害。例如,利用技术手段加以改变甚至丑化,致使表演者艺术声誉和表演形象受到损害;将表演形象或声音使用在不恰当的背景之中,致使表演者艺术形象或声誉受到负面影响。保护表演形象不受歪曲的权利赋予表演者,能够对可能引起的上述侵害加以防范并获得法律救济。表演者本人的名称、肖像、名誉等属于人格权的客体,如果侵害行为是对本人形象、姓名的不当使用,或者对个人进行攻击、贬损的,不属于歪曲表演形象的行为,应当通过民法的姓名权、名誉权给予救济。

(二) 表演者的财产权利

表演者享有的财产权,是指表演者对其表演享有许可他人利用、传播和获得报酬的权利,表演者权是排他性权利。在录制技术、广播等现代传播技术介入之前,表演者依靠合同法禁止不正当竞争足以保护其表演权利,那时的表演是现场的、实时的,没有人能够"盗用",在遇到报酬不公平的情况下表演者还可以拒绝出场。在唱片录制、广播播放出现以后,现场表演的独特性开始消失,在没有表演者到场的场合也可以获得表演,在唱片、电影、广播中录制的表演能够令更多的听众和观众获得。这时,表演者开始寻求专有权的保护,以制止非法固定和传播利用其表演的行为,《罗马公约》的缔结为表演者提供了最低限度的保护。《罗马公约》第7条规定了下列三项表演者权利:"许可他人播放或传播其表演;许可他人录制其未被录制的表演;许可他人复制录有其表演活动的录制品。"《世界知识产权组织表演和录音制品条约》对表演者的经济权利作出如下规定:"表演者应享有专有权,对于其表演授权广播和向公众传播、录制;对其以录音制品录制的表演进行复制;发行以录音制品录制的表演的原件或复制件;将其以录音制品录制的表演的原件或复制件进行商业性出租;通过有线或无线的方式向公众提供以录音制品录制的表演,使该表演可为公众中的成员在个人选定的地点和时间获得。"上述权利可以概括为,表演者对其现场表演和体现在录音制品中的表演享有广播权、复制权、发行权、出租权、提供权。《北京条约》赋予表演者的经济权利有所扩大,在上述几项权利之外增加了出租权、广播权。

我国《著作权法》第38条规定了表演者对其表演享有下列专有权利:

(1) 现场直播权。这一权利涉及的主要内容是表演者对其现场表演的权利,也即是表演的传播问题,许可他人从现场直播和公开传播现场表演是表演者权的基本内容,直接关系到表演者的经济利益。试想,在广播传播之前,表演者的收入来源于进入演出现场的观众购票,场外公众是无法获取表演的。但当表演可以通过广播传送到现场以外时,不仅使更多的人能够获取表演,而且还会造成现场演出的次数及表演者收入的减少,故而表演者提出保护其权利的要求首先就是禁止未经许可对现场表演的利用。

现场直播是指通过电台、电视台向公众播送现场表演的行为,公开传送现场表演则是指通过广播以外的其他手段或方式向公众播送表演,如利用大屏幕、扩音器使不在现场的公众能够实时感受到现场的表演。无论是现场直播表演还是公开传送现场表演,均必须取得表演者的许可并支付报酬。

(2) 首次录制权。表演者对其表演享有"许可他人录音录像,并获得报酬"的权利,对表演的使用主要是播放现场表演和将表演固定后的复制、发行。录制权是表演者的一项基本权利,将表演录音录像后固定在一定的载体上,可以使表演长期保存,也可以进一步利用,例如制作成音像制品或者置于电影、视听作品中。不论作何用途,录制都会对表演者的经济利益和艺术声誉产生影响。从尊重表演者的劳动成果和个人意愿来讲,对表演进行录制应当经过表演者的许可并支付报酬,不管该录制是否以营利为目的或录制后是否复制发行。

（3）复制发行权。表演者对其表演享有"许可他人复制、发行录有其表演的录音录像制品，并获得报酬"的权利。对已固定的表演加以复制，制作成录音录像制品后发行（销售）是录音制作行业的主要盈利渠道，但它在给录制者带来收益的同时也会导致表演者减少演出活动，失去一部分经济收益。因此，复制、发行录有表演的音像制品，应取得表演者许可，并支付报酬。按照录制行业的习惯做法，表演者在许可录制者对表演进行录音录像时，会同时将复制、发行录有其表演的录音录像制品的权利交由录制者执行。不过，录制、复制、发行是三项独立的权利，表演者可以将它们授权给同一人，也可以分别授予不同的人。

（4）信息网络传播权。表演者享有"许可他人通过信息网络向公众传播其表演，并获得报酬"的权利。通过信息网络向公众传播表演是随互联网和数字技术出现的一种新的传播方式，尤其是音乐作品、视听作品非常适合在信息网络上传播。表演者的信息网络传播权涉及互联网公司、电信运营商等市场主体，这些网络服务商将载有表演的制品通过信息网络向公众传播的，应当经过表演者的许可并支付报酬。

通过比较，我国给予表演者的经济权利包括现场直播、录制、复制、发行、信息网络传播，比照最新的《北京条约》赋予表演者的权利，我国尚缺少出租权和广播权。出租权是指，表演者对录有其视听表演的录制品进行商业性出租的权利。在《著作权法》修订时增设此项权利是不成问题的，不过鉴于现实中音像制品的出租已经极大萎缩，音像出租市场几乎不复存在，新设出租权对我国并没有多大影响。至于广播权，该权利是指表演者享有授权广播和向公众传播其以视听录制品录制的表演的权利。按照《北京条约》的规定，广播权是专有权，但是允许缔约国以合理报酬的方式替代，并且允许缔约国对该条款作出保留。我国在批准加入《北京条约》时就声明对第11条"广播和向公众传播的权利"予以保留，这种做法与我国加入《世界知识产权组织表演和录音制品条约》时对第15条，以及更早前加入《罗马公约》时对第12条声明的保留是一致的。因此，我国即使不再新设表演者的广播权或者获得合理报酬权，也并不违反国际条约的要求。

三、表演者与录制者、著作权人的关系

表演者与录制者的关系十分密切，表演者权的起源就是录制技术商业性的运用所带来的，当表演能够固定在有形物体上脱离表演者而重复利用时，便产生了保护表演者权利的诉求。尽管没有表演者就不会有录制品，但是在表演者和录制者的关系中，录制者占主导地位，表演者对录制品中包含的表演享有的权利要通过录制者去落

实,而且只有录制者才有能力维护表演者的利益。正是考虑到音乐行业的实际状况,《罗马公约》明确了表演者与电影及其他所有录制品制作者的关系,即所谓的"权利的转让"条款。《罗马公约》第 19 条规定:"尽管有本公约的其他规定,一旦表演者同意将其表演纳入视觉录制品或视听录制品,第 7 条即不再适用。"这就是说,从表演者同意将其表演纳入视听作品之时起,表演者享有的权利就转让给了视听作品制作者,表演者不能阻止对其已被录制的表演进行的任何使用,也不能要求就这种使用支付报酬。从这一规定来看,对表演者的保护力度要比其他两种邻接权人低,虽然该条款对"电影"做了最广义的解释,将视听录制品包含在内,但是在制定这一条时仅仅想到了电影。对于此后又出现的新的利用方式如录像制品,表演者是否也丧失所有的权利而不能控制录像制品的使用,该条规定已经不再符合实际要求了。①

《北京条约》第 12 条"权利的转让"对表演者和录制者的关系作出如下规定:"表演者一旦同意将其表演录制于视听录制品中,本条约第 7 条至第 10 条所规定的进行授权的专有权应归该视听录制品的制作者所有,或应由其行使,或应向其转让,但表演者与视听录制品制作者之间按国内法的规定订立任何相反合同者除外。"这一条的实质内容是:第一,表演者同意将其表演录制于视听录制品中,即意味着同意将权利转让给制作者或者许可制作者使用;第二,转让或许可使用的权利是"条约规定的进行授权的专有权",表演者仍然享有精神权利及条约规定的获得报酬的权利;第三,表演者与视听录制品的制作者之间有相反约定的,排除权利的转让。

我国没有直接规定"权利的转让",但可以通过涉及电影作品、录音录像制品的相关规定,推导出表演者权的状况。根据《著作权法》第 15 条的规定,电影作品的著作权归制片者享有,作品的播映、复制发行、信息网络传播等权利均由制片人掌控和行使,无须获得参与电影创作的作者许可。"制片人著作权"制度的安排意味着,包括表演者在内的作者一旦同意加入影视制作,就将影视作品中其作品或表演的权利转让给了制片者,不再对电影作品中的个人创作部分行使权利,而只有在作品上署名和获得报酬的权利。

再看表演者对录音制品和录像制品的权利。《著作权法》保留了表演者在录音制品和录像制品中的权利。根据《著作权法》第 42 条第 2 款规定:"被许可人复制、发行、通过信息网络向公众传播录音录像制品,还应当取得著作权人、表演者许可,并支付报酬。"这意味着即使表演者已经授权将自己的表演进行录制,他人对该录音制品或

---

① 参见《罗马公约和录音制品公约指南(附英文文本)》,刘波林译,中国人民大学出版社 2002 年版,第 53—55 页。

录像制品进行复制、发行、信息网络传播,仍然要取得表演者的许可。

概言之,我国给予表演者权的保护早已达到较高水平。至于表演者的广播权,因为该权利与录制者紧密关联,将在以下录制者权部分再做详尽讲解。

表演者的权利(考题)①

甲电视台经过主办方的专有授权,对篮球俱乐部联赛进行了现场直播,包括在比赛休息时舞蹈演员跳舞助兴的场面。乙电视台未经许可截取电视信号进行同步转播。关于乙电视台的行为,下列哪一表述是正确的?

A. 侵犯了主办方对篮球比赛的著作权
B. 侵犯了篮球运动员的表演者权
C. 侵犯了舞蹈演员的表演者权
D. 侵犯了主办方的广播组织权

【评析】 本题考点为具体的邻接权,答案C。逐项分析如下:体育比赛是一项竞技运动,不属于著作权意义上的作品,因而体育赛事主办方对篮球比赛拥有的权益不是著作权。故A项表述不正确。由于体育比赛不属于作品,因而参与比赛的运动员也不是在表演作品,B项表述不正确。比赛现场的助兴舞蹈是作品,舞蹈表演者对其表演享有表演者权,未经许可进行实时转播或者录制现场表演的会侵害表演者的权利。故C项表述正确,当选。通常,广播电台电视台并非体育赛事的主办方,它们只是对体育比赛进行现场拍摄和实况播出,是体育节目的制作者,因而说"未经许可截取电视信号进行同步转播,侵犯了主办方的广播组织权"是错误的。D项表述不正确。

第三节 录制者权

一、录制者权的主体

录制者权的主体是录音录像制品的制作者,即首次将表演的声音、图像或者其他

---

① 2014年国家司法考试题。

声音固定在音像录制品中并负有责任的人,制作者包括录音制品制作者和视听制品制作者。《罗马公约》对录音制品制作者的定义是,录音制品制作者是指首次将表演的声音或其他声音录制下来的自然人或法人。《世界知识产权组织表演和录音制品条约》对录音制品制作者的定义与《罗马公约》相同,强调录制者的权利来源于"首次录制"。我国《著作权法实施条例》第5条将录音录像制作者定义为:录音制作者,是指录音制品的首次制作人;录像制作者,是指录像制品的首次制作人。所有的法律规定都强调了"首次录制",目的是明确享有保护的是录音录像制品的原始制作者。

"录音录像制作者"通常是具有法人资格的录制企业,如唱片公司、广播电台、电视台(电台、电视台是自行录制的录音制品或录像制品的制作者)。录音录像是一种专业制作活动,在制作者的组织管理下,由录音师、技术人员和操作人员具体实施的。专业录制人员是录制企业的雇员或者独立合同方,按照录制企业的要求和专业分工完成录音录像工作,获得的报酬和其他权利内容通过与录制企业的劳动合同作出安排。而录音录像的艺术策划、技术监督、财务责任由录制企业负责,录制完成后音像制品的推广营销、商业风险也由录制企业承担。这意味着录音录像是一项工业活动而不是个人行为,因而对录音制品和录像制品享有权利的应当是那些有能力对该录制品独立承担责任的录制企业,而不是具体实施录制行为的人。

二、录制者权的客体

录制者权的客体是音像制品,又分为录音制品和录像制品。录音制品的物质载体有唱片、磁带、CD 盘等,录像制品的载体有录像带、VCD 光盘、DVD 光盘等。唱片是最早出现的记录声音的表现物,之后承载声音的物体还有磁带、激光唱盘等,尽管"唱片"的含义已经发生了很大变化,但在一些国家尤其是美国、英国及英联邦国家,在法律上仍然使用"唱片"这一术语指称录音制品。而国际公约中通常使用录音制品(Phonogram)这一术语。因此,"唱片"也被视为一切声音载体的统称,与"录音制品"为同义词。

录音制品并不都是对声音表演的录制,还有对自然界和人类各种声音的记录,例如动物的鸣叫声、潺潺的流水声、呼啸的风声以及体育比赛、新闻事件,都可以固定下来成为录音制品。对此,《罗马公约》和《世界知识产权组织表演和录音制品条约》均予以了说明。《罗马公约》第3条定义(b)项规定:"录音制品,是指表演的声音或其他的任何单纯的听觉录制品。"《世界知识产权组织表演和录音制品条约》第2条定义:"录音制品,系指对表演的声音、或其他声音、或声音表演物所进行的录制。"我国《著作权法实施条例》第5条对录音制品的定义与上述规定类似:录音制品,是指任何对表演的声音和其他声音的录制品。就录音制品可以包含对表演以外其他声音的录制这一点,可以说明邻接权并非一概基于作品而产生。

传统录制者权的客体不包括录像制品。1961年制定的《罗马公约》和1996年缔结的《世界知识产权组织表演和录音制品条约》都仅规定了对录音制品的保护,并未提及录像制品。《罗马公约》在第3条定义中明确指出,录音制品是指任何单纯的听觉录制品,从而将影像的录制品(如电影)或影像兼声音的录制品(如电视)被排除在外。随着录像技术的迅速发展和普及,对表演活动进行固定和记载的录像制品所占的比重越来越大,并且声音录制和影像录制的联系也越来越紧密,仍然将录像制品排除在录制品之外的做法是过时的。在《世界知识产权组织表演和录音制品条约》制定的过程中,视听表演的保护是条约规定的内容之一,但由于音乐产业和视听产业(如电影产业)存在相当大的区别,各国国内法在有关影视制作合同和录音合同的安排方面存在很大差异,导致美国和印度等拥有强大电影产业的国家和欧洲国家之间产生了重要分歧,最终未能达成一致意见。[①] 直到《北京条约》的缔结,使视听表演获得了和声音表演同等的保护,录制表演活动的录像制品才成为了录制者权的客体。

我国一直对录音制品和录像制品给予同等的保护。早在《著作权法》实施之前,广播电视部就发布了《录音录像制品管理暂行规定》,将录像制品和录音制品放在一起给予保护。1990年的《著作权法》也是将录音制品和录像制品放在一起,即《著作权法》第四章第三节"录音录像"。

录像制品是录像制作者权的客体。按照《著作权法实施条例》第5条第(3)项定义:"录像制品,是指电影作品和以类似摄制电影的方法创作的作品以外的任何有伴音或者无伴音的连续相关形象、图像的录制品。"对此可以解析为,录像制品是指固定在物质载体之上的连续影像或画面。视听作品和录像制品都是由一系列有伴音或无伴音的连续画面构成的活动影像,二者的区别在于独创性的有无,即是否满足作品所需要的独创性。对录像制品而言并没有独创性的要求,那些机械录制或者直接播放的影像、实景都属于录像制品,例如体育赛事、新闻事件、现场表演,如果这些活动影像达到了作品的独创性要求,也可能构成视听作品。

国际公约和他国著作权法并不都有录像制品的概念。不过,在一些国家除视听作品或电影作品之外,还规定了活动图像、动态画面,来保护一些缺乏独创性的视听

---

① 参见〔澳〕山姆·里基森、〔美〕简·金斯伯格:《国际版权与邻接权——伯尔尼公约及公约以外的新发展》(第二版),郭寿康、刘波林、万勇、高凌瀚、余俊译,中国人民大学出版社2016年版,第1129页。

录制品,例如,《德国著作权法》对电影作品与活动图像加以区分。活动图像是指那些不具有独创性的图片衔接以及图片与声音的衔接,比如纯粹的文献影片、对剧院表演进行的电视转播以及非艺术的电影等。在活动图像上,制作者取得了某种邻接权。①可见,尽管使用的术语不同,但是与录像制品的保护在实质上并无差异。

三、录制者权的内容

根据我国《著作权法》规定,录制者享有的权利包括复制权、发行权、出租权、信息网络传播权以及因广播而获得报酬的权利。

(1)复制权和发行权。复制,指依母带制作一件或多件音像制品;发行,指将音像制品的复制品提供给公众。复制和发行这两种行为与录制者获得的经济收益有直接关系。制作录音录像是指,用某种技术手段将表演的声音、图像或其他声音、影像记录在唱片、磁带、录像带、光盘上制作成音像制品母带,然后用母带进行成批复制,这一过程中录制者需要投入资金、技术和劳动。录制品的发行是将音像制品的复制品提供(销售或者赠与)给公众,发行量越大就越有可能获利。随着复录机器的普及,音像制品的复制变得极为方便,家庭和个人都可以利用自有的录制设备复制音像制品。为了保护录制者为制作音像制品而投入的资金、技术和劳动,法律赋予录制者对复制、发行活动施加控制的权利,他人复制和发行音像制品应当获得制作者的许可。现实中的音像盗版是指未经许可将录音、录像进行翻录、翻制,盗版音像制品没有先期的投入却可以低价格出售,冲击了合法录制品的市场,严重威胁合法音像出版企业的生存,也从反面证明了复制权和发行权是录制者基本的和重要的权利。

(2)出租权。出租权是指,录制者对其制作的录音录像制品有权许可或禁止他人进行商业性出租并获得报酬的权利。音像制品出租行业的兴起对录制品的市场产生了一定影响,录制者原本通过发行录制品获得的收益因出租市场的存在而有所流失,赋予录制者出租权可使其从出租活动中取得自己应有的收益。根据出租权的规定,不论是专门从事出租音像制品的经营者,还是其他营利性场所的经营者从事音像制品出租业务,出租音像制品都要取得录制者的许可并向其支付报酬。出租权的行使须通过著作权集体管理,由相应的集体管理组织代表音像制作者向出租经营者发放许可,收取使用费。

(3)信息网络传播权。这是《世界知识产权组织表演和录音制品条约》赋予录制

---

① 〔德〕M.雷炳德:《著作权法》,张恩民译,法律出版社2005年版,第530页;《德国著作权和邻接权法》第95条。

者、表演者的权利,2001年我国《著作权法》修订,增加了录制者、表演者的信息网络传播权。《著作权法》第42条第1款规定:"录音录像制作者对其制作的录音录像制品,享有许可他人……通过信息网络向公众传播并获得报酬的权利……"在互联网上传播录音录像制品的主要方式是,通过上传音乐、视频的内容,使公众可以在个人选定的地点和时间在线点播或下载。据此,互联网公司、通信运营商等上传录音录像制品都应当取得录音录像制作者的许可并向其支付报酬。

(4) 因广播而获得报酬的权利。因广播而获得报酬的权利,是指录制者应享有授权广播和向公众传播其以视听录制品录制的表演的权利。可以解读为,对含有表演的录音录像制品进行广播和向公众传播的,广播组织应当向录制者和表演者支付合理的报酬。这项报酬权的受益者是录制者和表演者,被要求支付报酬的是广播组织,为了便于理解,有必要从"报酬权"的起源说起。

录音制作者权、表演者权以及广播组织权诞生于20世纪中期的《罗马公约》,该公约规定了授权或禁止以直接或间接方式复制录音制品的权利,即复制权,为录音制作者提供了最低限度的保护。"直接复制"是指借助模板压制唱片,而"间接复制"是指录制已有录音制品的声或者从广播中录制。复制产生的录音制品是用来商业发行的,发行量大则收益就多,当时的录音制品在发行后被用于广播和公开传播的现象已经很普遍,公开传播的使用者主要是饭店、酒吧等娱乐场所,而广播电台、电视台的播放则是广播的最大使用者。那么,广播电台播放录音制品中的音乐是否会影响录音制品的发行呢?制作者的利益是否会因录制品的二次利用而受到影响呢?这些问题在《罗马公约》的制定过程中转化为"是否应赋予录制者对广播享有专有权或者获得报酬的权利",最终《罗马公约》规定了第12条"录音制品的二次使用"(Secondary Uses of Phonograms)。该条规定如下:"如果为商业目的发行的录音制品或这种录音制品的复制品直接用于广播或任何方式的公开传播,使用者应向表演者或录音制品制作者或向二者单独支付一笔合理的报酬。国内法可以在当事人没有约定的情况下规定这种报酬的分配条件。"实际上,《罗马公约》第12条建立了一种非自愿许可获得公平报酬的制度来解决"二次使用"的问题,故而也被称为"二次使用报酬权",同时《罗马公约》允许缔约国对第12条作出某些保留,以减少成员国必须履行的义务。我国在加入《罗马公约》时声明保留第12条,即排除该条在我国的适用,因而商业唱片用于播放或公开传播,无需向表演者和录音制品制作者支付任何报酬。

1996年缔结的《世界知识产权组织表演和录音制品条约》,在录音制品二次使用的问题上采取了和《罗马公约》第12条相同的做法。《世界知识产权组织表演和录音制品条约》第15条"因广播和向公众传播获得报酬的权"规定:"对于将为商业目的发行的录音制品,直接或间接地用于广播或用于对公众的任何传播,表演者和录音制品制作者应享有获得一次性合理报酬的权利",并且允许对第 15 条作出保留。2007 年 6 月 9 日,我国成为《世界知识产权组织表演和录音制品条约》的正式成员,在申请加入《世界知识产权组织表演和录音制品条约》时声明对第 15 条作出保留。

"二次使用报酬权"是《罗马公约》《世界知识产权组织表演和录音制品条约》中最重要的一条,也是公约制定过程中争议最大的问题之一。由于各国对录音制作者的保护水平存在差异,《罗马公约》和《世界知识产权组织表演和录音制品条约》允许成员国选择适当的保护方式来落实这一规定。可供选择的保护方式有:第一,获得报酬权是为了限制对录音制品广播的权利,只需要国内法授予报酬权即可,但国内法也可以规定更高水平的保护,即赋予录制者对广播的专有权;第二,获得报酬的受益人是录音制作者和表演者,无论付酬给录制者或者表演者都只单独付一笔报酬,二者之间再进行分配,一般的做法是由唱片业承担为自己的利益和表演者的利益收取应有的报酬;第三,一次性合理报酬,即报酬是"一次性"的,也就是将录音制品的使用作为一个整体来定价,而不是对录音制品制作者和表演者的投入分别定价。

各国国内法对录音制品二次使用的规定大致有以下三种情况:一是赋予录制者享有专有权,有权授权广播和向公众传播其制作的录音制品;二是赋予录制者享有获得报酬的权利,广播和向公众传播录音制品无须取得录制者的许可,但是使用者应向录制者支付合理报酬;三是对相关条款作出保留,既不承认录制者的广播权,也不承认录制者对广播和公开传播的获得报酬权。我国采用上述第三种做法,现行《著作权法》既没有赋予录音制作者对录音制品享有的广播和公开传播专有权,也没有规定对录音制品进行二次使用获得报酬的权利。

需要注意的是,我国《著作权法》第三次修订时,"二次使用报酬权"已被纳入法律修改草案之中。2020 年 4 月 26 日提交第十三届全国人大常委会第十七次会议审议的《著作权法修正案(草案)》,在"录音录像"一节增加一条,该条规定:"将录音制品用于无线或者有线播放,或者通过传送声音的技术设备向公众传播的,应当向录音制作者支付报酬。"可以预测,录音制品二次使用报酬权将为《著作权法》所确认。

四、录制者与著作权人、表演者的关系

(一)与著作权人的关系

(1)录制者使用他人作品制作录音录像制品,应当取得著作权人许可,并支付报酬。使用演绎作品录制的,应取得原作者和演绎作者的双重许可,并支付报酬。

(2)录制者使用他人已经合法录制为录音制品的音乐作品制作录音制品,可以不经著作权人许可,但应当按照规定支付报酬,著作权人声明不得使用的除外。此处的"已经合法录制",是指经过词曲作者同意,其音乐作品已经录制为唱片。既然音乐作者同意将其作品录制成唱片,后来的录制者就可以不经过作者的授权,只要向作者支付使用作品的报酬就可以了,这就是所谓的"制作录音制品的法定许可"。应当注意的是,这里的"使用"不是对原录制品的翻录,而是使用该词曲,由演员演唱,重新制作录音制品。例如,刘欢作词作曲并演唱的《同一个世界,同一个梦想》《千万次的问》等歌曲已经录制成唱片,后来某唱片公司另选新人来演唱这些歌曲,制作新人专集时可以不经过刘欢的许可,只需向其支付音乐作品的使用费。

(二) 与表演者的关系

录音录像制作者录制录音录像制品更多的是对表演的录制。对此,《著作权法》第41条规定:"录音录像制作者制作录音录像制品,应当同表演者订立合同,并支付报酬。"录音录像制作者同表演者之间通过合同明确双方的权利义务关系十分重要,原因在于:第一,《著作权法》没有明确表演者权利的保护期,因而录制者和表演者可以在合同中对此期限作出约定,如果双方没有约定,那么就可以推定表演者在录音录像制品的有效保护期即50年内均有获得报酬的权利;第二,《著作权法》没有规定录制者权是专有的还是非专有的,因此录制者可以就此与表演者在合同中加以明确,如果合同未作出约定的,则只能推定该录制者享有的是非专有录制权;第三,录制者应当给付表演者报酬,这里涉及的具体数额、分配比例、支付的方式等,都应当通过录制合同作出明确约定,防止日后出现纠纷。

录制者的权利(考题)[①]

甲创作了一首歌曲《红苹果》,乙唱片公司与甲签订了专有许可合同,在聘请歌星丙演唱了这首歌曲后,制作成录音制品(CD)出版发行。下列哪些行为属于侵权行为?

A. 某公司未经许可翻录该CD后销售,向甲、乙、丙寄送了报酬

B. 某公司未经许可自聘歌手在录音棚中演唱了《红苹果》并制作成DVD销售,向甲寄送了报酬

C. 某商场购买CD后在营业时间作为背景音乐播放,经过甲许可并向其支付了

---

① 2014年国家司法考试题。

报酬

D. 某电影公司将 CD 中的声音作为电影的插曲使用,只经过了甲许可

【评析】 本题考点为录音制作者的权利。A 和 B 是同一个问题的正反两个方面,其法律根据是《著作权法》第 40 条第 3 款。A 项属于侵权行为。音乐作品已经合法录制成唱片后,再次录制的可以不经音乐作者的许可,支付报酬即可,再次录制不等于复制。A 项中,某公司未经许可翻录,其行为实为复制,属于侵犯甲作者、乙唱片公司著作权的侵权行为。B 项是法律允许的法定许可使用作品的行为。C 项是合法地使用作品,该使用行为涉及作者的机械表演权。D 项中的使用行为只经过音乐作者而没有经过唱片录制者的许可,构成对录制者权利的侵权行为,D 当选。答案为 AD。

第四节　广播组织权

广播组织权的主体是广播组织,既包括无线广播组织,也包括有线广播组织。广播组织是指,对广播节目进行编排,将其转换成广播信号向公众传播的机构。《罗马公约》是第一个涉及广播组织的国际公约,但该公约没有对广播组织作出定义。从上下文看,"广播组织"这一用语是指负责制作广播的法人组织,因此可以推出,《罗马公约》缔结时的广播组织仅指无线广播电台和无线电视台。《罗马公约》缔结之后,随着卫星广播技术和有线广播技术的发展,广播组织的范围逐渐扩展,世界知识产权组织在制定广播组织条约(草案)时,已将广播组织扩大到无线广播以外的组织。目前在国际层面上,广播组织是指以无线、有线及其他方式向公众传输节目信息的法人组织,包括广播电台、电视台、卫星广播组织、有线广播组织,甚至是利用互联网传播广播节目的"网播组织"。

我国《著作权法》中没有对广播电台、电视台进行定义。根据国务院制定公布的《广播电视管理条例》[①]第 8 条第 2 款规定:"本条例所称广播电台、电视台是指采编、制作并通过有线或者无线的方式播放广播电视节目的机构。"参考这一定义,可以认为,在我国广播组织是指广播电台、电视台,而不包括网络广播组织。

广播组织权的客体是"广播节目信号",是由广播组织投入资金,集技术、劳动而成的复杂劳动成果。将广播组织权的客体定为信号,明确了受保护的对象,同时也与著作权、表演者权及录音录像制作者的权利划清了界限。现行《著作权法》虽未在字

---

① 1997 年 8 月 11 日国务院令第 228 号公布,2013 年 12 月 7 日第一次修订,2017 年 3 月 1 日第二次修订。

面上明确"信号"为广播组织权的客体,但从相关规定中可以得知,广播组织有权禁止的行为是对节目信号的盗播、录制,因而可以推论"广播节目信号"是受保护的对象。即广播组织权的客体是广播组织播放的节目信号。2020年4月提请全国人大常委会审议的《著作权法修正案(草案)》第45条就有如下表述:"广播电台、电视台对其播放的载有节目的信号享有下列权利",明确将节目信号确定为受保护权利的客体。

广播电视节目的情况较为复杂,大体上可分为三种情况:一是广播组织自己制作的电影、电视剧、纪录片等视听作品,电台、电视台作为制作者对这些作品享有著作权;二是电台、电视台制作的综艺表演、新闻事件、教育培训、人物访谈等录音录像制品的播放,此时,电台、电视台作为音像制品制作者享有录制者权;三是广播组织对大型体育赛事或者其他活动的现场直播节目。在第三种情形中,广播组织的直播节目有的已构成视听作品,有的属于录音录像制品,此时的广播组织不仅是节目信号传播者,还是视听作品著作权人或者录像制品制作者。概言之,广播节目信号承载的内容十分复杂,很多情况下广播组织兼具传播者和著作权人两种身份。但是,从广播组织者权的角度而言,权利客体是"广播节目信号",权利来源于"广播、播放"行为,在广播组织权的视角之下,不需要考虑广播信号承载的节目内容是作品还是相关客体。

一、广播组织权的内容

广播组织权利的确立始于20世纪60年代初期制定的《罗马公约》,公约涉及广播组织的条款仅有1条,即第13条"广播组织的基本权利"。该条规定广播组织享有授权或禁止实施下列行为的权利:"(a)转播其广播节目;(b)录制其广播节目;(c)复制;(d)在收取入场费的公共场所公开播放其电视节目。"我国《著作权法》广播组织权利的规定基本上照搬《罗马公约》第13条,赋予广播组织两项权利,即转播和复制权。《著作权法》第45条第1款规定:"广播电台、电视台有权禁止未经其许可的下列行为:(1)将其播放的广播、电视转播;(2)将其播放的广播、电视录制在音像载体上以及复制音像载体。"可以发现,我国《著作权法》的上述规定和《罗马公约》第13条基本相同,均采用"有权禁止下列行为"的表述规定广播组织的权利内容。概言之,赋予广播组织权的权利为禁止权,而非专有权。

(一)禁止转播的权利

转播,是指一个广播组织播放的节目被另一个广播组织同时播放。播放强调的是"同时",例如每晚7点整中央电视台新闻联播节目由地方电视台同时播放,这就是转播。广播组织对其广播节目有许可或禁止他人转播的权利,即转播权,未经许可转播原广播组织的广播节目会损害该广播组织的利益。例如,各国对奥运会、世界杯等重大赛事的现场直播是广播组织支付巨款向赛事主办方购买获得的,如果购买转播权的现场直播信号被其他广播组织随意转播,必然导致购买转播权的原广播组织的观众数量减少,广告收入降低。为保护广播组织的巨大投资和技术性劳动投入,有必要赋予广播组织制止盗用信号行为的权利,可见禁止未经许可的转播是一项基础权利。

(二) 禁止录制的权利

录制是指将播放的广播、电视节目固定在有形载体上,而复制是对录有广播节目的录制品的复制。录制行为是一种直接录制,即将播放的广播电视节目实时录制下来;复制则是间接录制,通过复制录音录像制品中含有的广播节目来产生音像制品复制品,广播组织播放的节目很多是以录制品形态播放的。例如,足球赛事共有几十场,每天都会安排多场比赛,有些比赛是在同一时段进行的,购买转播权的广播组织不可能直播所有的赛事,故而会将有些比赛录制下来,选择在观众较多的时间重播或者制作成音视频文件提供回看。这些先录制再播放的节目同样需要广播组织投入大量资金和技术性劳动,再次播放时也会被其他广播组织录制,之后再择期播放或者制作成录制品,通过插播广告进行营利。因此,不论是未经许可的录制节目信号,还是复制带有节目的音像制品(音视频文件),广播组织均有权责令行为人停止播放、消除影响、赔偿损失。

除上述转播权、录制权之外,《罗马公约》还赋予了广播组织许可或禁止公开传播广播节目的权利,只要这种传播是在收取入场费的公共场所进行的,我国《著作权法》并没有规定此项权利。正如前面作者广播权的部分所述,法律赋予作者"通过扩音器或者其他传送工具向公众传播的权利"仅停留在纸面上,广播组织享有的邻接权不可能超越著作权,因而我国没有采纳《罗马公约》的上述规定。按照《著作权法》,广播组织的权利不包括禁止控制在公共场所公开传播广播节目的行为。但现实中确实存在一些以营利为目的在公共场所如酒吧、餐厅、影院等,利用大屏幕向公众传送正在实时播放的足球杯赛场、大型体育赛事的现场实况,借此招揽顾客或加收商品服务费用。

应当指出的是,当今技术条件下,《罗马公约》第13条"广播组织的基本权利"已远远滞后于技术的发展。一方面,"广播"的含义过于狭窄,现行法上的"广播"从字面上解释仅指无线方式的传播,不包括直接以有线方式的传播;另一方面,广播也无法延及信息网络的传播。这些问题造成的现实困境是,一些视频网站截取直播节目的信号编码,提供给用户进行实时播放,有的还可以在录制后回放重播。由于实时播放的实质是转播广播节目,而回放重播的实质是信息网络传播,受"无线方式的广播"的局限,广播组织难以制止视频网站的这种行为,最终导致广播组织享有的转播权难以落实。

广播组织权存在的上述问题引起了重视。2017年国家版权局送交国务院审议的《著作权法修订草案》增加了广播组织的信息网络传播权,具体规定是:"广播电台、电视台有权禁止未经许可将其播放的广播、电视通过有线或者无线方式向公众提供,使公众可以在其个人选定的时间和地点获得。"2020年4月,重新组建的司法部又会同中央宣传部进一步修改经国务院同意的《著作权法修正案(草案)》,第45条中为广播组织权增加了"许可他人通过信息网络向公众传播"的权利。根据上述立法动向进行预测,我国的广播组织权将得到进一步完善,广播组织对播放享有的权利将延伸到网络空间。

二、广播组织与著作权人、音像制作者的关系

广播电视播放节目需要大量使用作品、录音录像制品,因而与著作权和录音录像制作者有着密切联系,《著作权法》主要通过法定许可制度协调和平衡广播组织与其他著作权人的关系。

广播组织与作者的关系。广播组织播放作品涉及著作权人的广播权。我国《著作权法》第43条规定:广播电台、电视台播放他人未发表的作品,应当取得著作权人的许可,并支付报酬。广播电台、电视台播放他人已发表的作品,可以不经著作权人许可,但应当支付报酬。"播放未发表的作品"实际上是首次发表的作品,广播组织应当取得著作权人的许可方能播放作品,而播放已发表的作品可以不经著作权人许可但应当支付报酬,即法定许可使用作品。"已发表的作品"指任何可用于播放的作品,当然也包括音乐作品。

广播组织与录音制作者的关系。播放音乐构成了电台、电视台节目内容的重要组成部分,广播组织播放音乐的主要方式是使用已经出版的录音制品。一个录音制品包含了三种受保护的对象即作品、表演、录制,以及作者、表演者和录音制作者三个利益主体,那么广播组织播放录音制品是否要取得上述三种权利人的许可呢?《罗马公约》的规定是,无须获得表演者和录音制作者的许可,但应当向二者支付一笔合理的报酬,此项权利被称为"二次使用报酬权",其性质为法定许可报酬权。我国《著作权法》第44条规定:"广播电台、电视台播放已经出版的录音制品,可以不经著作权人许可,但应当支付报酬……"这里的著作权人是指词作者、曲作者,并不是指录音制品的表演者和制作者,也就是说广播组织播放录音制品需要向词曲作者支付报酬,但未承认录制者(表演者)享有法定报酬权。现行法律的这种做法有望改变,在《著作权法》修订过程中,录音制作者的合理报酬权已被多个修订草案所接纳。2020年4月经国务院同意的《著作权法修正案(草案)》增加了第43条,该条规定:"将录音制品用于无线或者有线播放,或者通过传送声音的技术设备向公众传播的,应当向录音制作者支付报酬。"上述规定通过之后,录音制作者享有"二次使用报酬权",而广播组织是向录音制作者支付报酬的主体。

广播组织与录像制作者的关系。根据《著作权法》第46条规定:"电视台播放他人的电影作品和以类似摄制电影的方法创作的作品、录像制品,应当取得制片者或者录像制作者的许可,并支付报酬;播放他人的录像作品,还应当取得著作权人的许可,并支付报酬。"从这一规定可以看出,视听作品较之于录音制品受到了更为严格的保护,原因在于视听作品的创作难度高、投资较大,而且视听作品重复观看的观众很少。对绝大多数人来说,一部再好的电影、电视剧通常看过一遍以后不会再看第二遍、第三遍,而一首歌曲、一首乐曲却可以百听不厌,如果允许电视台不受限制地播放已经发行的电影电视剧,很可能会影响电影的院线放映。

第五节 出版者权

出版者权是图书、期刊的出版者享有的对特定版本的权利,也称为版式设计权。版式设计是对印刷品的版面格式设计,如图书、期刊的版面格式设计,具体体现为字体、字号、行间距、段间距、标题、引文、图表等版面布局。版式设计是出版者在编辑、排版、出版作品时完成的劳动成果,作品不论是否有著作权,出版时都需要出版者的编辑、加工和排版,因而该权利是基于出版者的劳动成果而形成的独立权利。版式设计权意味着由出版者控制出版物版式设计的使用,其他人未经许可不得按原样复制,出版同一作品必须独立排版。我国《著作权法》第36条第1款规定:"出版者有权许可或者禁止他人使用其出版的图书、期刊的版式设计",一些盗版图书从内容到外观都是复制,既侵害了作者的出版权,也侵害了出版者的版式设计权。

版式设计权是出版者享有的在邻接权意义上的权利,除此之外,出版者取得的权利均是作为被许可人而取得的著作权人的授权。如"专有出版权"是著作权的权能之一,是作者享有的专有权利,因作者不可能自己出版图书、期刊,而是将出版权许可给出版社,所以出版权是基于出版合同产生的对作品的使用权。

虽然《著作权法》将出版者权与表演者权、音像制作者权和广播组织权规定在一起(第四章出版、表演、录音录像、播放),但实际上出版者享有的邻接权意义上的权利仅有版式设计权一项,而专有出版权等其他权利义务是基于图书、期刊出版合同的约定产生的,来自作者的授权。这说明,出版者所享有的邻接权非常有限,而且也反映了立法上未区分合同上的权利与邻接权,不够严谨。科学的合理的做法应当是将"版式设计权"保留在"邻接权"一章,专有出版权等基于合同取得的权利放到"著作权许可使用和转让合同"一章。

第六节 邻接权的保护期限

《罗马公约》第14条规定:"邻接权最低保护期限为20年,保护期限的起点为受保护对象发生之年份。对于录音制品中表演,自制作录音制品之年计算;对于未被录制在录音制品中的表演,自进行表演之年起算;对于广播电视节目,自进行播放之年起算。"《世界知识产权组织表演和录音制品条约》规定的最短保护期比《罗马公约》规定的20年的保护期要长得多。《世界知识产权组织表演和录音制品条约》第17条规定:"最短保护期为:表演者,自表演以录音制品录制之年年终算起50年;录音制品制作者,自该录音制品出版之年年终算起50年。广播组织权的保护期至少为20年,自有关广播被播放之年年终起计算。"

我国对邻接权的保护期高于《罗马公约》的最低标准。根据《著作权法》的规定:

表演者权利的保护期。表演者人身权利的保护不受限制,对表演权中的财产权的保护期为50年,截止于该表演发生后第50年的12月31日。

录音录像制作者的权利保护期。录音录像制品制作者权利的保护期为50年,截止于该制品首次制作完成后第50年的12月31日。

广播电台、电视台权利的保护期。广播电台、电视台权利的保护期为50年,截止于该广播、电视首次播放后第50年的12月31日。

出版者版式设计权利的保护期。版式设计权的保护期为10年,截止于使用该版式设计的图书、期刊首次出版后第10年的12月31日。

广播组织的权利(试题)[①]

甲电视台获得2006年德国世界杯足球赛A队与B队比赛的现场直播权。乙电

---

① 2006年全国司法考试题。

视台未经许可将甲电视台播放的比赛实况予以转播,丙电视台未经许可将乙电视台转播的实况比赛录制在音像载体上以备将来播放,丁某未经许可将丙电视台录制的该节目复制一份供其儿子观看。下列哪种说法是正确的?

A. 乙电视台侵犯了 A 队和 B 队的表演者权

B. 甲电视台有权禁止乙电视台的转播行为

C. 丙电视台的录制行为没有侵犯甲电视台的权利

D. 丁的行为侵犯了甲电视台的复制权

【评析】 本题考点为广播组织者权的内容。根据《著作权法》第 45 条的规定,广播电台、电视台有权禁止未经许可将其播放的广播、电视进行转播。本题中甲电视台购买了世界杯足球赛现场直播权,即享有广播组织者的权利,其他广播组织不得未经其许可对其播放的赛事节目进行转播、录制(重播)。乙电视台未经许可转播了甲电视台播放的节目,侵犯甲的转播权,甲电视台有权禁止乙电视台的转播行为,但乙电视台的转播并不涉及表演者权,故 A 项不选,B 项应选。丙电视台未经许可将乙电视台转播的比赛实况录制在音像载体上以备将来播放,同样侵犯了甲电视台的广播组织者权,C 项表述不正确,不选。丁为个人欣赏而录制节目,属合理使用行为,D 项表述不正确,不选。本题答案为 B。

广播组织的权利(试题)①

甲电视台获得了某歌星演唱会的现场直播权,乙电视台未经许可对甲电视台直播的演唱会实况进行转播,丙广播电台经过许可将现场演唱制作成 CD,丁音像店从正规渠道购买到 CD 用于出租,戊未经许可将丙广播电台播放的演唱会录音录下后上传到网站上传播。下列哪些选项是正确的?

A. 甲电视台有权禁止乙电视台的转播

B. 乙电视台侵犯了该歌星的表演者权

C. 丁音像店应取得该歌星或丙广播电台的许可并向其支付报酬

D. 戊的行为应取得丙广播电台的许可并应向其支付报酬

【评析】 广播电台、电视台有权禁止未经许可将其播放的广播、电视转播;将其播放的广播、电视录制在音像载体上以及复制音像载体。据此,A 项正确,当选。乙

---

① 2008 年全国司法考试题。

电视台未经许可对甲电视台直播的演唱会实况进行转播,侵犯了甲电视台的播放权,而不是侵犯歌星的表演者权,故 B 项不正确,排除。歌星和广播组织对音像制品的出租,都不享有出租权,C 项不正确,排除。戊通过信息网络向公众传播的演唱会实况是录制丙电视台播放的录制品(CD),因而未经许可的录制侵害了丙电视台的复制权。D 项正确,当选。本题答案 AD。

第六章

著作权的限制

【本章导读】 任何民事权利都不是绝对的,著作权也不例外。为了实现促进作品创作和传播,促进社会文化与科技发展的根本宗旨,著作权制度一方面赋予作者和作品传播者对作品和相关客体享有的权利,另一方面从公共利益和公民基本权利的角度对著作权进行适当的限制和例外规定。著作权的限制是著作权权利制度不可分割的组成部分,著作权人享有的权利不仅靠法律的列举,也凭借权利限制的规定加以界定,没有权利限制的参照无法准确勘定著作权的边界。本章根据我国《著作权法》"权利的限制"一节和"法定许可"的规定而展开,阐述著作权限制的法理,介绍"合理使用""法定许可""强制许可"等著作权限制制度及其法律适用。

第一节 著作权限制概述

一、著作权限制的含义

著作权理论上的权利限制和例外,系指所有无须征得著作权人同意而使用作品的情形,包括合理使用、非自愿许可、权利保护期以及权利用尽。在制定法上,权利限制和例外的情形分为合理使用、法定许可两种制度规定。《著作权法》"权利的限制"设置在"著作权"一章,第 22 条规定的 12 项权利的限制被普遍称为"合理使用",法定许可则分别规定在其他条款之中。以下阐述的著作权限制为狭义上的概念,仅包括合理使用、法定许可、强制许可。

著作权法的宗旨是通过保护作者权益而促进知识产品的生产和传播,提高国民在科学文化教育方面的福利。为实现该宗旨,著作权法一方面赋予作者对其创作的作品享有专有权,以激励作品的创作,另一方面从公共利益和基本权利的角度对权利作出限制和例外的规定。"保护"和"限制"两个方面共同构成了完整的权利制度体系,体现了著作权法在创作者、传播者、使用者三个利益群体间寻求利益平衡的价值取向。

在其他民事权利中,权利的限制以"禁止权利滥用""诚实信用"等基本原则的形式存在,知识产权法律则构建了具体而明确的权利限制制度。例如,专利法中的"强制许可""侵权行为之例外",以及著作权法的"合理使用""法定许可""强制许可"。权利限制和权利的规定一样明确具体,并且知识产权的权利比起其他民事权利而言限制和例外的规定更多。从根本上讲,这是因为知识产权法律制度赋予作出特定贡献创造者的特权,相对于基本的民事权利和社会公共利益而言必然会受到一定的约束或限制。

著作权的限制和例外制度涉及不同的行业和社会群体,从新闻媒体的刊登、播放到教学科研使用,从图书馆的复制、公务使用到给予少数民族、视障人士提供作品。所有依赖权利限制和例外而自由免费使用作品的,既有个人使用者,也有从事版权经营活动的企业以及提供版权公共服务的机构,这些使用者均是权利限制制度的受益者。在信息社会,得益于著作权限制和例外制度的行业、产业在不断扩大,对社会经济发展的贡献也在逐步提升,同时公众对于文化产品多样化的需求也在快速增长,这些使用作品的行为都需要权利限制制度予以保障。因此,良好的权利限制制度应当贯彻这样的宗旨:既能保障著作权人的利益,又可维护公共利益促进基本权利的实现,有利于实现著作权人、作品使用者以及公众之间的利益平衡。

二、著作权限制的根据

(一)基本人权对著作权的限制

人人享有的全面参与文化生活、分享科学进步及其产生的福利的权利,是一项基本人权,为保障基本人权而进行的著作权限制,构成了权利限制的重要理由。这一类权利限制包括:个人使用、分析评论使用、教学科研使用、为残疾人而使用、编写出版教科书的法定许可。这些权利限制,从制度上保证了公民文化教育权的实现,完整地体现了文化教育领域基本人权的内容。

权利的保护期、思想/表达二分法、权利用尽原则,也体现了基本人权对著作权的限制。有限的保护期是具有重要意义的著作权限制的规定,它使著作权的专有性被限定在一定时间里,过了保护期的作品即进入公有领域,公众可以自由无偿地使用。思想/表达二分法是著作权法的金科玉律,区分了文化产品公有领域和私权的界限,法律既鼓励独创性表达,也促进思想借助于表达进行自由流通和传播。权利用尽原则划定了著作权人控制其作品传播利用的界限,当作品的合法复制件售出之后,著作权人无权控制该复制件的使用,合法持有人可以对该复制件行使物的财产权。

由基本权利的普遍性、目的性所决定,涉及基本权利的著作权限制,不论社会如何变化、科技如何进步,此项限制都不会发生改变,以保证社会公众基本权利的实现。

(二)公共利益对权利的限制

任何权利按照其社会属性都是相对的,即任何权利都受到了适当的限制。权利的相对性意味着权利的行使必须符合法律设置权利的宗旨,具有目的上的合法性,不能背离权利的目的、功能和社会使命。著作权法一方面赋予作者控制作品使用和传播的专有权,另一方面须尽可能地保证知识的获取和传播,如何有效地平衡互为矛盾的二者,关系到法律能否实现其宗旨和完成社会使命。权利的限制和例外是著作权法实现利益平衡的重要机制,通过赋予作者专有权建立一种激励机制,权利限制则是以公共利益来界定权利的边界,两者的结合构成了完整的著作权权利体系。

在制度层面上,基于公共利益考量的限制条款包括:新闻报道使用、图书馆保存复制、免费表演、公务使用、通过网络向农村传播特定作品等。为了满足公众不断增长的获取知识、使用作品的需求,涉及公共利益的权利限制应当和著作权的扩张相匹配,随着著作权的扩大而扩大,从而实现著作权人和社会公众利益的动态平衡。

(三)为消除市场失灵目的的权利限制

市场失灵是指,在某些情况下仅仅依靠市场调节不能实现资源最优配置。著作权法要解决的市场失灵有两种情形:一是由于成本过高而无法控制的行为,例如个人使用。在现实生活中,出于个人学习、娱乐目的而使用作品的情况是大量且分散进行的,作者与每个使用者以及使用者与每个作者签订使用许可的交易成本远远大于从许可证获得的收入。从成本—收益分析来看,制止个人使用缺乏经济合理性,因此个人使用被视为著作权的例外。二是由于著作权产业形成的垄断势力,导致了市场的无效率,著作权的强制许可是防止市场垄断的制度设计。所谓强制许可,是指作品的使用无须获得著作权人许可,只要使用者履行了法律规定的要件即可使用。强制许可的意义在于免去了使用人与著作权人的谈判,而由中介机构对某些权利使用者或者是使用作品的产品收取费用,再将这笔费用给付给著作权人作为经济补偿。

概言之,解决市场失灵的权利限制,一是允许分散的非商业性的个人使用,二是防止市场垄断势力对作品使用的干扰。随着传播技术的进步和交易市场的成熟,著作权的市场失灵现象是可以克服或消除的,以往因交易成本过高而设立的某些权利限制条款有可能改变或者失去存在的基础。

三、著作权限制的立法

（一）国际公约中的权利限制

《伯尔尼公约》在谈判一开始时就认识到，有必要在某些情形下对作者权加以约束或限制。本着"对绝对保护的限制，应当由公共利益来正确界定"①的理念，《伯尔尼公约》从第一个文本开始，就一直存在很多授权成员国在某些情形下对作者的权利加以限制的条文。从公约的发展历程看，主要从三个方面作出了限制：(1) 对客体的限制。规定某些作品，如日常新闻、行政或司法性质的官方文件，不给予著作权保护；(2) 对使用的限制。规定某些类型的使用是自由的、无偿的，如为了新闻报道或者教育目的而使用，给予侵权豁免；(3) 支付报酬的自由使用。规定某种使用可以自由进行，但需向著作权人支付报酬，这类使用被称为法定许可。

上述三种类型的权利限制，最重要的是第二类正当使用的行为。《伯尔尼公约》对正当使用行为规定了一般条款，可适用于所有可豁免的正当使用行为，而且该一般性规定被 TRIPs 协定和《世界知识产权组织版权条约》所接纳。这个一般条款就是《伯尔尼公约》第9条第2款，该条规定："本联盟成员国法律可以允许在某些特定情况下复制上述作品，只要这种复制不损害作品的正常使用，也不致不合理地影响作者的合法利益。"该规定给出了判断正当使用的三个条件，故被称为"三步检验法"。具体而言，某个使用行为是否属于正当行为，须依次接受三个条件的检测：(1) 复制必须是为了明确且有限的目的。只允许在"某些特殊情况下"复制，特殊情况要有法律的明确规定。(2) 复制"不与作品正常利用相抵触"。允许的使用应当不会与著作权人的利益产生经济竞争，不会剥夺权利人重要且切实的商业利益。(3) 复制"不致不合理地损害作者的合法利益"。TRIPs 协定再次明确了三步检验法，第13条规定："全体成员国将专有权限制或例外局限于一定的特例中，该特例不应与作品的使用相冲突，也不应不合理地损害权利人的合法权益。"有所变动的是，TRIPs 协定中的权利限制不再限于复制权，而是扩大到所有的著作权权能，《世界知识产权组织版权条约》和《世界知识产权组织表演和录音制品条约》也规定了权利限制和例外。条文规定和议定声明确认，各国在某些不与作品的正常使用相抵触，也不无理由地损害作者合法权益的特殊情况下，可以将限制和例外延及数字环境中，也可以为数字环境自行规定适

---

① 参见〔澳〕山姆·里基森、〔美〕简·金斯伯格：《国际版权与邻接权——伯尔尼公约及公约以外的新发展》（第二版），郭寿康、刘波林、万勇、高凌瀚、余俊译，中国人民大学出版社2016年版，第669页。

合的限制和例外。① 但不论是将已有的限制和例外延及数字环境,或在此环境中设立新的限制或例外,都要符合"三步检验法"。

综上,"三步检验法"是国际公约为各国立法提供的权利限制制度应当遵循的基本准则。各国可以按照自己的法律体系和立法模式维持或规定任何限制和例外,只要这种限制和例外能够通过"三步检验法"的检验,同时"三步检验法"也为各国司法中判断使用行为的合法性、可豁免性提供了基本指引。

(二)两大法系的著作权限制制度

世界各主要国家著作权限制的立法大致可以分为两种类型:一种是欧洲作者权体系采用的"封闭式",另一种美国版权法采用的"开放式"。

作者权国家的"著作权限制""限制或例外制度"包括正当使用、法定许可、强制许可等,其特点是尽可能详尽列举限制和例外的具体行为,且每一种例外行为都附有严格而具体的条件,法律没有规定的情形不能纳入权利限制和例外的范围。正当使用,也称为豁免行为②、不视为侵权的行为,是指在一定范围内使用作品可以不经著作权人同意,也无须支付报酬。非自愿许可也称为法定许可或强制许可,法定许可(statutory license)是法律授权符合条件者以特定方式使用作品而不必经过著作权人许可,只需向著作权人支付报酬。强制许可(compulsory license)是较法定许可更弱的权利限制,是指作者有义务与使用者签订合同,否则使用者就可以通过行政或司法机构获得使用作品的许可。

《德国著作权法》专设"对著作权的限制"一节,具体而明确地规定了若干种限制和例外的情形以及适用的条件。凡是法律列举的行为均是可以受到豁免的正当使用行为或者是仅支付报酬的使用行为,法律的这些规定应做狭义解释,甚至不允许类推。《日本著作权法》专设著作权的限制一节,列举了近二十种权利限制和例外的情形,并规定了具体详细的适用条件以及各种使用行为应遵守的义务,例如表明出处、注明作者的姓名、不得损害作者的人格权等。《法国著作权法》没有单独规定"著作权的限制",却在作者的精神权利和财产权利之后规定了"作品发表后,作者不得禁止"的九种行为,包括私人复制和表演、分析及简短引用、报刊摘要、新闻报道、滑稽模仿等,并规定了这些例外使用行为必须遵守的条件,例如明确指出作者姓名和出处。

作者权体系的"封闭式"权利限制制度表现出以下特点:第一,权利的限制及适用条件有具体而明确的规定,每一种例外仅适用于条文所指的特定情况,但是没有关于

---

① 《世界知识产权组织版权条约》第 10 条及其议定声明,《世界知识产权组织表演和录音制品条约》第 16 条及其议定声明。

② 〔德〕M.雷炳德:《著作权法》,张恩民译,法律出版社 2005 年版,第 296 页。

限制和例外的一般性规定；第二，法定许可和自由免费使用之间具有转化的关系，例如《德国著作权法》中的"报酬请求权"、法国和日本的"个人复制报酬"，均是从自由使用转化而来的法定许可，也称为著作权补偿金；第三，法定许可制度为作者保留了最低限度的报酬请求权，这种制度存在的原因是这些国家有着成熟而发达的著作权集体管理组织，该组织有效地运作，能够承担起向使用者发放许可证和向作者给付报酬的职责。

《美国版权法》的权利限制采用"开放式"。一方面，《美国版权法》在第108条到第122条规定了各种"专有权的限制"，包括自由使用如图书馆和档案馆例外、表演权和公开展示权例外。除此之外更多的是强制许可使用作品，涉及制作和发行录音制品、自动点唱机、公共广播以及首次销售原则，这些限制和例外均含有具体而详尽的使用作品的条件。另一方面，《美国版权法》第107条又规定了"合理使用"，作为检验法定限制以外的使用行为能否被豁免的检测标准。从立法结构看，第107条的"合理使用"分为几个部分：第一，确认合理使用是非侵权行为，立法语言为"合理使用——不属于侵犯版权"；第二，示例了几种符合立法根据的使用行为，立法语言为"诸如批评、评论、新闻报道、教学、学术和研究"；第三，规定了合理使用的检测标准，即"使用的目的和性质、版权作品的性质、被使用部分的数量和实质性、对被使用作品的经济影响"四个要素。美国的合理使用是对专有权限制的补充，其功能在于权衡各种各样互相对抗的利益，这些利益难以确定且无法在立法上加以规定，只能留待法院的个案裁决。正是有了第107条"合理使用"，与专有权的限制互相补充、相辅相成，使得美国的权利限制制度呈现为"开放式"，成为一个最具特色的权利限制制度。

"合理使用"英文"fair use"是美国版权法上的特有术语，也是自成一派的理论概念及法律制度。"合理使用"在法定的权利限制之外开辟出了一块灰色区域，进入这一区域的行为，有可能被认定为合理使用而免于侵权责任，也可能完全相反。某一使用行为是合理使用还是侵犯版权，交给法官依据案件的事实作出决定，法律只是提供一个宽泛的原则和判断要素。追根溯源，合理使用是法官创立的一个规则，经过百年的审判积累和学说总结，才写进1976年《美国版权法》第107条。法典化的合理使用原则依然保持着它的灵活性和个案裁量，合理使用学术也被称为"整个版权法中最大的麻烦"。

我国的著作权限制大体采用了作者权体系的做法。不管是正当使用还是法定许可，均由法律明确地加以规定，法律没有规定的使用行为概不属于权利的限制或例外。正当使用规定在《著作权法》第22条，该条列出了个人使用、介绍评论与新闻报道引用、教学科研使用、执行公务使用、图书馆等机构保存复制等12种无须征得权利人许可，并免予支付报酬而使用作品的情形。《著作权法实施条例》第 21 条对上述自由免费使用规定了一个前提条件：不得影响该作品的正常使用，也不得不合理地损害著作权人的合法利益。法定许可使用作品，分散规定在《著作权法》的 4 个条文和《信息网络传播权保护条例》的 2 个条文之中，主要涉及作品传播者对作品的使用。

第二节 正 当 使 用

一、正当使用的概念

正当使用，是指在法律明文规定的范围内，无须征求著作权人的同意，也不必向其支付报酬，基于正当目的而使用他人作品的合法行为，是一种最彻底的权利限制。正当使用是从使用人立场而言的一种利益优惠，权利的限制则从著作权人角度而言对权利的约束，二者的角度不同但意义相同。实践中，正当使用是著作权侵权纠纷案件中被告提出的抗辩事由，在侵犯著作权案件的审理中，如果被告的行为被认定为正当使用，此时使用作品的行为不构成侵犯著作权，可以免除侵权责任。《著作权法》"权利的限制"一节之下共两条，第 22 条规定的 12 种使用作品的情形均属于无须经过著作权人同意，也不向著作权人支付报酬的正当使用行为，我国学术界通常将上述正当使用情形称为"合理使用"。

我国的"权利的限制"与"合理使用"不尽相同。《著作权法》第 22 条共 12 项，对可豁免的行为进行了穷尽式列举，凡法律规定的情形属于权利的限制，法律没有规定的情形一般不能视为权利的限制即正当使用。从条文构造看，第 22 条并未指出正当使用的性质、应满足的条件以及认定方式等一般条款所必须具备的要素。尽管《著作权法》第 22 条通常被称为"合理使用"，但这只是借用"合理使用"之名或者将其作为一种理论工具，严格地讲，我国并不存在合理使用制度。

《著作权法》第 22 条第 1 款规定："在下列情况下使用作品，可以不经著作权人许可，不向其支付报酬，但应当指明作者姓名、作品名称，并且不得侵犯著作权人依照本法享有的其他权利……"《著作权法实施条例》第 21 条进一步规定："依照著作权法有关规定，使用可以不经著作权人许可的已经发表的作品的，不得影响该作品的正常使用，也不得不合理地损害著作权人的合法利益。"上述两条规定实为一体，连接起来看即宣示了"三步检验法"的判断规则："下列情况下"，即法律明文的权利限制和例外的特殊情形；"不得影响该作品的正常使用""也不得不合理地损害著作权人的合法利益"即第二步检测和第三步检测；"应当指明作者姓名、作品名称，并且不得侵犯著作权人依照本法享有的其他权利",是对正当使用的强制性要求,引用和使用作品应当尊重作者的署名权和其他精神权利。

二、正当使用的具体情形

综观各国著作权法,正当使用的特定情形一般包括:个人使用、为教育目的而使用、图书馆和档案馆的使用、分析和评论或为宣传报道而使用、为残疾人利益而使用。我国《著作权法》第22条和《信息网络传播权保护条例》第6条、第7条采用列举方式规定了正当使用的情形。

(一)个人使用

个人使用,即为个人学习、研究或欣赏而使用他人已经发表的作品。个人使用是社会生活中普遍存在的正常现象,例如为了学习和研究的需要,将借阅的书籍复印一部分或者复印一本杂志或其中的一篇文章、拷贝一篇文章的电子版、将外文资料翻译成中文等。在著作权法中长期以来存在着一种观念,即作品的个人使用者应在个人或家庭生活的范围内,以非营利为目的地使用受保护作品,才符合合理使用之惯例,而著作权所控制的是那些公开的且具有商业性的利用作品的行为。将个人使用作为权利的例外,是为了保障公民能够利用文学艺术创作成果,分享科学技术进步及其福利,这也是出于"法律不理琐事"的考虑。然而,印刷技术时代的个人使用例外。在复制与传播技术发生巨大进步后,个人使用的合法性开始遭受质疑,诸如电子邮件、博客、微博及各类即时通信工具的联系人、网友、朋友圈等早已超出了"个人"意义,处于权利人甚至使用者都难以控制的网络传播之中。正因为如此,《信息网络传播条例》第6条"网络环境下的正当使用"没有了"个人使用"一项。

此外,非商业性是正当使用的灵魂。个人使用中的"学习、研究"均出于非营利目的,与出版、向公众传播等营利性活动有明显区别,因而是正当使用的特定情形,但"欣赏"的性质存有争议。以欣赏为代表的消费性使用仅在特定社会背景下不具有商业性,不会对作品的正常使用造成不合理的影响,但是在传播作品的技术手段大幅增进的情况下,为欣赏娱乐而免费获得作品的正当性就值得怀疑了。当前数字内容的网络传播已经建立起规范有序的费用使用机制,个人阅读、聆听、欣赏音乐都可以在付费的前提下获得正版作品。与此同时,个人使用者获取盗版作品的能力也越来越强大,只要是用户需要的作品,都可以通过一定手段从网络上获取。在这种情况下,为了激励版权市场的健康发展,鼓励用户养成付费使用习惯,推动著作权保护与大众文化娱乐消费和谐相处的大义,将个人"欣赏"使用作品的行为作为例外给予豁免显得不合时宜。

▲ **理论探讨**

数字环境下的版权补偿金制度[①]

在互联网时代,"上传""下载"已经成为人们日常生活的组成部分,在此过程中会不可避免地发生大量的复制行为,例如粘贴文字作品、拷贝音乐影视、刻录软件光盘。这些数以千万计的计算机用户大规模、低成本的复制行为,使版权人的利益受到严重损害。然而,与轻而易举的私人复制行为相比,权利人制止这种行为困难重重,面对汪洋大海似的私人复制,维权成本巨大而获得赔偿的可能性极小。在这种背景下,著作权法如何调整著作权人的专有权利和社会大众信息获取权之间的利益平衡,各方人士都在积极探索,其中版权补偿金是一个关注度较高的问题。版权补偿金究竟是一种什么样的制度,它如何对私人复制进行必要限制,给予版权人适当补偿?我国《著作权法》是否有必要、有条件地引入这一制度?这些问题值得思考。本文的目的即在于反思补偿金制度产生的根源及其在网络时代的作用。文章拟从以下几个方面展开:(1) 以传播科技的发展为背景评价补偿金的性质和功能;(2) 从法理和经济学的角度分析补偿金制度的正当性和必要性;(3) 阐述补偿金在不同法系国家的理论基础和发展进程,指出各国普遍采取补偿金制度的趋势;(4) 厘清技术保护措施和补偿金的关系,说明继续施行补偿金的现实基础;(5) 分析现行《著作权法》,提出在我国设立补偿金的对策建议。

一、补偿金制度的产生及发展

版权补偿金制度起始于德国。《德国著作权法》引入补偿金制度发端于最高法院的两个判决,即 Grunding Reporter 案和 Personalawsweise 案。[②] 在此之后,为了解决版权人利益和私人复制之间的矛盾,1965 年的《德国著作权法》作出如下规定:允许为个人使用目的而进行复制(第 53 条),但应当支付报酬(第 54 条)。这两条规定将以录

[①] 参见张今:《数字环境下的版权补偿金制度》,原载《政法论坛》2010 年第 1 期。
[②] 1955 年的 Grunding Reporter 案:德国著作权集体管理组织(GEMA)对录制设备制造商发出侵害著作权之警告,认为录音不应当属于著作权法为私人使用而复制的范围,要求录制设备制造商支付一定数额的补偿金,在协商未果的情况下 GEMA 向法院提起侵犯著作权之诉。德国最高法院倾向于保护著作权人,认为当时的著作权法并没有预见到后来的家庭录制技术的发展,将旧法适用于新科技时自然会有不足,不能因为著作权人难以对个人私下的复制主张权利,就认为他们没有权利禁止私人复制行为,家庭复制行为即使没有营利目的,著作权人也应获得合理报酬。最后,德国最高法院要求制造商停止销售录制设备,但没有涉及录制设备是否侵害著作权,并驳回了 GEMA 损害赔偿的请求。1964 年的 Personalawsweise 案:GEMA 起诉录音设备制造商,要求其向 GEMA 提供购买设备的消费者名单。德国最高法院认为,录制机制造商因提供录制设备使消费者利用设备进行侵害著作权的行为,应负侵权责任,因为录制设备制造商从消费者普遍的复制行为中获得了显著利益,但是 GEMA 要求录音机制造商提供购买设备的消费者名单,违反了《德国基本法》第 13 条关于私人住宅不可侵犯的规定。

音录像方式对作品进行私人复制和支付报酬的义务构成一个整体:消费者可以为欣赏目的录制音乐,但该作品的作者对录音设备制造商享有报酬请求权,且该请求权应通过著作权人集体管理组织实施,这就是补偿金制度。

1985年,德国对补偿金制度进行了第一次改革,涉及的主要内容是:第一,征收"空白媒体税"。1965年建立的补偿金制度仅适用于录音设备,故而称为"设备税",而录制媒介(空白录音录像带)没有作为收费对象,原因是当时还无法区分空白录音带到底是用来复制版权作品还是其他不涉及版权的东西,但这一困惑到1985年修改《德国著作权法》时已被现实所化解。由于录音设备越来越便宜,依售价比例收取的补偿金也越来越少,甚至已不足以补偿版权人的损失,而空白录音录像带越卖越多且较多地被用于翻录音乐。在这种情况下,补偿金的征收对象扩大到录制媒介,凡生产和进口录音录像带的企业都要支付一定的版权补偿金。第二,征收"复印设备税"。1965年建立补偿金制度时,复印机尚不普及,且《德国著作权法》规定只有为商业目的的复印才须付费,为了个人进行复印是允许的。到了1985年,复印机的广泛使用已影响到图书期刊的市场销售,因此不得不将复印设备纳入补偿金制度。① 经过1985年对《德国著作权法》的改革,德国建立起完整的补偿金制度,包括录制设备税、空白媒介税和复印设备税。

新千年之后,为了适应信息社会的技术发展,《德国著作权法》开始进行第二次改革——数字化改革。这次改革的一项中心任务就是修订家庭录制补偿金制度,讨论范围涉及数字权利管理与补偿金的关系等问题。2007年9月21日,德国参议院通过了《规范信息社会著作权的第二部法律》,该法于2008年1月1日生效。这次法律改革的主要内容包括:数字形式的包括网络环境下的私人复制原则上为法律所许可;对私人复制给著作权人带来的损害仍然实行一揽子补偿;根据新的法律,负有缴费义务的是所有通常被用来制作合法复制件的机器和储存介质,那些从理论上来说可以被用来复制,但实际上被用于完全不同的其他功能的数字设备,例如手机的储存芯片则没有补偿义务;有关补偿费的确定方法,之前补偿费的征收比例被规定在《德国著作权法》的一个附件中,根据新法,补偿费率不再由法律确定,而是由著作权集体管理组织与机器和储存介质的生产商协会等进行协商,如果无法取得一致,则由调解和司法机制介入。通过这个市场经济模式,补偿机制可以对新技术发展作出更灵活的反应,补偿的支付也可以更顺利地达成一致。

---

① See Prof. P. Bernt Hugenholtz, Dr. Lucie Guibault, Mr. Sjoerd Van Geffon, "The Future of Levies in a Digital Environment". From: http://www.ivir.nl/publications/other/ORM&Levies-report, 2009-9-22.

版权补偿金制度由德国率先施行之后,欧洲大多数国家将其引入本国法律,现在除了英国、爱尔兰及卢森堡版权法无此制度外,欧洲其他国家均建立起补偿金制度。① 其他一些国家也先后将补偿金制度引入本国版权法。

日本在1992年针对数字式复制建立补偿金制度,规定对数字复制机器和复制媒介的生产商、进口商收取一定比例的补偿金用于支付版权人,并对补偿金的授权分发等管理作了规定。《日本著作权法》第30条"个人使用的复制"规定:"允许以个人使用目的进行录音、录像,但必须支付相当金额的补偿金给版权人。"第5章"个人录音录像补偿金"规定:仅可由特定的管理团体收取补偿金;特定机器和记录媒体的购买者在购买时一次性支付补偿金,补偿金的额度由文化厅长官认可,特定机器和记录媒体的制造者或进口者对补偿金的支付请求和领取必须予以协助。②

加拿大在1999年10月《版权法》实施之前,家庭复制并不属于权利之例外,即使按照合理使用原则加以判断,也容易得出属于非法的结论,当然也就不存在对私人复制的经济补偿。1997年《版权法》修订时,加拿大在很有限的范围内引入私人复制税,1997年《版权法》第82条规定:"允许个人为自己利用而复制音乐作品,同时生产、销售、进口空白录音媒体的人,必须向版权集体管理组织缴付法定的使用费,以补偿音乐版权人。"

美国唱片业版权人虽然在20世纪70年代末期就开始向家庭录像机的制造商提起侵犯版权之诉,目的是从录像机生产商的销售收入中分得一部分利益。国会也曾考虑过立法,但直到1992年美国才通过《家庭录音法案》(American Home Recording Act of 1992)。该法案通过增修版权法第十章的内容,对家庭录音设备的制造、销售、使用等问题予以规范。这项法案的主要内容有三点:一是要求凡在美国境内所销售的数字录音设备都必须加装"连续复制控制系统",以使原版唱片被复制后,复制件无法被再次复制;二是设立法定补偿金(Statutory Levy)。制造数字录音设备及媒介的厂商必须缴纳法定的版权使用费,以补偿版权人因家庭录音行为可能遭受的损失;三是不得对消费者非商业性录制音乐制品的行为提起侵犯版权诉讼。尽管姗姗来迟,《家庭录音法案》毕竟为美国建立了家庭数字化录制补偿金制度的基础。

以上各国版权补偿金制度在收费范围、费率上均有所差异,但在制度构成、运作机制上有着基本的共同点。具体而言,版权补偿金制度由以下几个方面组成:

(1) 权利人。获取补偿金的权利人主要是作品创作者,另有表演者、录音制品制作者、电影制片人。由于受保护的作品及其制品可以被制作为私人录制品,公民无须通过购买就可以享受到音乐影视作品,经济利益受到减损的作者及其相关权利人可

---

① See Prof. P. Bernt Hugenholtz, Dr. Lucie Guibault, Mr. Sjoerd Van Geffon, "The Future of Levies in a Digital Environment". From: http://www.ivir.nl/publications/other/ORM&Levies-report, 2009-10-12.

② 《日本著作权法》第104条之2;第104条之4;第104条之6;第104条之5。

获得适当报酬,使专有的复制权得到补偿。

(2) 义务人。缴付补偿金的是复制设备或复制媒介的制造商和销售商。从理论上说,合理报酬应当由复制者个人支付,是他们通过复制占有版权人的劳动成果,但这在实际上无法操作,而且考虑到制造商可以将补偿费转嫁给最终用户,所以补偿金的缴付者是制造商和销售商。

(3) 费用的收取和分配。补偿金的收取不可能由权利人个别地去实施,各国法律大都规定由权利集体管理组织集中收取后,再按事先确定好的比例配给作者及相关权利人。由于私人复制都是个人行为且具有隐秘性,根本无法查明复制的作品是哪些,所以补偿金的实际分配只能通过市场调查进行概略地计算而得出,这也正是补偿金制度的粗陋之处。

(4) 例外。并非所有的复制设备或介质都在境内使用,有些会出口境外,也有些不涉及版权的复制。例如,娱乐业或其他专业领域对自己创作的活动进行记录、保存及研究使用,也有可能是作为协助残疾人或保存档案使用,这些活动都不应该纳入复制补偿金范围。各国法律都有针对上述情形的例外条款[1],或者于实务上予以排除[2]。

二、补偿金的法理分析

从设置的初衷看,补偿金并非复制权的权利金,而是对超出合理限度给予版权的适当补偿,从而巩固合理使用的"合理"基础,或者说是矫正合理使用的偏差。补偿金的基本理念是,版权人不得以复制权反对为个人使用目的而进行的复制,但是可以得到经济补偿。在技术水平不够发达的时期,为个人使用而复制作品对版权市场的影响微不足道,因此私人复制是合理使用的一部分。但历史推进到电子时代,消费者个人掌握了复制和传播的工具,私人复制的能力大幅提升,成为不合理地损害版权人利益的一种来源。复制权和个人使用权产生的冲突,破坏了著作权法原有的利益平衡,补偿金为解决这一失衡重新配置权利,使版权人和作品使用人的利益在新的基础上得到平衡,但由于补偿金并非复制权使用费,因此也不可能达到"权利与义务相适应"的实质公平。

补偿金制度作为一种不得已而为之的折中方案,体现了法律对版权专有和社会公众获取作品两种利益冲突的协调作用。复制专有权是版权人的基本权利,授权复制或禁止复制是权利行使的基本内容,但权利人对于个人私下的复制行为很难主张权利,真要落实执行,无疑使版权人进入使用者的私人领域而对隐私权造成侵害。况且,无论是个别交易还是侵权控制,其成本都远远大于收益,而补偿金制度设计一方

---

[1] 《法国知识产权法典》第 L.311-8 条,个人复制报酬的返还;《日本著作权法》第 104 条之 4"个人录音录像补偿金的例外"。

[2] 荷兰实务上对于专业使用的复制设备与媒介予以排除,转引自章忠信:《著作权补偿金制度之初探》,资料来源:http://www.copyrightnote.org,2009 年 9 月 28 日访问。

面将版权人的专有权向社会公众作出一定妥协,另一方面仍为作者保留获得适当报酬这一最低限度的条件。从理论上说,补偿金制度虽然在"弥补"权利人因私人复制行为而遭受的损失,但这项损失的实际金额如何估算并不容易,即使在个别授权状况下,版权人收益的多少也是取决于其经济地位和谈判能力的强弱,难以达到实质公平。因此,与其说补偿金是为版权人寻求损失的补偿,还不如说是版权人收益的扩张,因为强制性地从复录设备、媒介上收取一些费用让版权人得到一定补偿,版权人的收益较之于没有补偿金时毕竟是增加了。

从社会公众角度看,私人复制和个人使用具有文化积累与学习的功能,在任何时代都不会消失。补偿金制度最明显的优点就在于使用者能够合法便利地使用作品,复制设备和媒介的制造商、销售商可以摆脱侵权指控的困扰,从而有利于实现著作权法促进作品更广泛传播和利用的目标。

从权利管理的角度看,补偿金制度须通过集体管理组织得以保障,因此补偿金制度可视为版权集体管理的一部分。世界上凡实行补偿金的国家,都有比较成熟的著作权集体管理组织,正是依赖于集体管理组织及其运行机制,补偿金的收取和分配才能够顺畅地实施。集体管理组织收取和分发补偿费由法律直接授权,对补偿金的受益者而言,法律规定其享有报酬请求权,但该请求权只能通过集体管理组织来行使,这种权利管理即强制性集体管理。著作权集体管理产生的前提条件是作品市场规模的扩大和传播技术水平的发展,这一前提条件在模拟技术时代就已存在,而当今数字技术和网络化加剧了这一前提条件的程度,使得作者个人进行权利管理更加困难。在版权交易中作者通常是弱势一方,既得不到合理的报酬,也得不到合适的期限和条件,这种情况已不是什么秘密了。① 为作者保留的最低限度的合理报酬权要真正得以实现,不仅需要权利的集体管理,而且需要强制性集体管理。强制性集体管理看上去是对作者权利的限制,然而由于集体管理的保障,作者所得到的版权最重要的价值——经济利益,比起徒有无法控制的专有权有效益得多。

三、补偿金制度的经济分析

文学艺术作品在本质上是流动的、共享的且不会被消耗,具有公共产品属性。② 公共产品属性使得作品的使用和传播必然产生"搭便车"和"外部性"问题。"搭便车",是指得到一种物品的利益,但避开为其支付对价。外部性,是指某种活动给予这

---

① 参见〔德〕西尔克·凡·莱温斯基:《专有权的非自愿集体管理——与国际版权法和欧盟版权法兼容性的案例研究》,刘跃伟译,载《版权公报》2004年第1期。
② 物品的公共产品属性取决于两个特征:非竞争性和非排他性。非竞争性,是指一种物品可以被同时使用,并且每个人的使用都不会妨碍他人使用;非排他性,是指一种物品可以被所有的人获取,要阻止任何人使用或者向使用者收费不太可能。

项活动无关的第三方带来的影响。①"搭便车"和"外部性"造成的结果是,版权作品生产的数量可能小于社会需求总量,市场配置资源得不到有效配置,市场在这里失灵了。

消除"外部性"可以采用私人解决方法,即由负担成本的生产者和获得利益的使用者通过私人谈判签订合约来解决外部性产生的无效率,并使双方的状况都变好。如果私人各方可以无成本地就资源配置进行协商,那么他们就可以自己解决外部性问题,这个结论就是著名的科斯定理。②然而,科斯定理的真正意义在于引申出"交易成本"。现实生活中,交易是需要成本的,有时成本还是昂贵的,利益各方能否通过私人谈判解决外部性问题取决于交易成本。很明显,只有当交易后,新增加的价值大于交易所花费的成本时,交易活动才有可能而且有交换的意义,若交易所带来的收益等于交易费用或不及交易费用交易活动,则难以进行。由于交易成本的存在,私人谈判往往不能解决外部性所引起的问题,而且当利益各方人数众多时,达成有效协议更加困难,因为协调每个人的代价更为高昂。显然,私人复制属于市场失灵的领域,由于交易成本过高使得私人谈判没有效率而无法实行。如果版权所有人在市场之外通过诉讼进行权利救济,也只有针对少数人才能符合效率的要求,反之,起诉数量巨大而又分散的个人消费者同样会是不经济的。因此,私人复制是一个无法通过私人谈判而消除外部性的领域。

既然外部性的消除往往无法以私人方式解决,此时就需要公共政策的介入,政府应对公共产品外部性的政策可以是征收税收或者是给予补贴。税是国家向人们提供公共物品的对价,是向整个社会征收的,因而不考虑谁获得了公益事业的利益。费是提供服务的人依据个人接受服务的数量向特定的受益者收取的对价。版权补偿金虽然也被称为版税、复印税、录制税,但均属于"费"的范畴,而不是纳税。然而,作为一种经济手段,版权补偿金和税收确实有着相似之处:一是集中处理。依照补偿金的法律规定,作者及其他权利人享有对私人复制的报酬请求权,但该请求权只能由著作权集体管理组织代表权利人集中行使权利,排除了个人自行管理权利的可能。二是强制性。补偿金制度的设计采用了征税的形式,交费义务人是生产和经营复制设备、复制媒介的厂商,而消费者通过购买产品成为补偿费用的最终负担者。这样一来,凡是购买复录器材、复录媒介的消费者,无论是对作品进行大量复制还是对作品只少量复

---

① 参见〔美〕曼昆:《经济学原理》,梁小民译,机械工业出版社 2003 年版,第 172—190 页。
② 科斯定理具体规范的表述是:"如果交易成本为零,那么说无论产权如何界定,市场机制都可以实现资源的有效配置。"同上书,第 177 页;卢现祥主编:《新制度经济学》,武汉大学出版社 2004 年版,第 34—36 页;白群燕、段平利主编:《写给法律人的微观经济学》,法律出版社 2004 年版,第 270 页。

制甚至是没有复制作品的,都同等地支付使用费。然而,这种"不公平"的强制性交费却是一种有效益的办法,它使作品创作和传播活动引起的外部效益转变为私人收益的一部分。集中处理、强制性收费的社会效果是,作品使用所产生的外部性得以克服,版权交易的成本减少,版权领域消费效率和生产效率之间的平衡,社会总收益大于成本有了实现的可能性。

四、补偿金在不同法系之间的比较

梳理补偿金制度的立法例,不禁发现绝大多数实行此项制度的是作者权体系的欧洲国家,而在版权体系国家这种制度较为罕见。这种情形看起来是很矛盾的:作为一种经济补偿制度,在作者人格权受到极大关注的作者权法域十分普遍,而在注重财产权利的版权法国家却很罕见。其实,这只是两种立法理念的差异,导致了补偿金制度在两个法系的不同,传统的作者权立法理念为"作品是人格之反映""作者权利是人格权"。[①]

在这种哲学基础之上,作者权法体系以作者权利保护为立法的出发点和制度的价值功能,在权利内容设置上特别关注作者的人格权利。作者在其作品上拥有一种垄断地位,除了法律明文规定的权利限制和例外以外,任何人不得未经授权而利用受著作权保护的作品。在权利体系中,私人复制属于权利限制和例外,作者无权控制私人复制领域的作品使用。然而,由于技术的进步加剧了私人复制活动的影响力,导致私人复制不再属于复制权的例外。[②] 在公民基本权利,特别是私人住宅不可侵犯的宪法权利限制下,如何使版权人对这种复制行使禁止权是面临的又一问题。补偿金之所以被接受,正是因为它既保护了作者的复制权,又尊重了私人生活空间,体现了作者权法所秉承的基本理念及民主思想。可以说,版权补偿金制度的创建是为了解决一个法的基本问题:协调使用者个人的私生活所受到的宪法保护和作者对其作品享有著作权的权益之间的冲突。[③]

版权体系的哲学基础是功利主义的公平原则。从英国的出版商版权到美国现代版权法,版权保护的政策基础始终没有改变,那就是保护版权作品的市场,在生产者的需求和消费者的需求之间寻求一个平衡点。美国宪法"知识产权条款"鲜明地表达

[①] 国际版权学界一般认为,主张作者权利是人格权的观点自康德始。参见〔德〕M.雷炳德:《著作权法》,张恩民译,法律出版社2005年版,第25页;〔西班牙〕德利娅·利普希克:《著作权与邻接权》,联合国译,联合国教科文组织、中国对外翻译出版公司2000年版,第41页。

[②] See P. Bernt Hugenholtz,"The Future of Levies in a Digital Environment",From:http://www.ssrn.com,2009年10月8日。

[③] See Andrew F. Christie,"Private Copying Licence and Levy Schemes:Resolving the Paradox of Civilian and Common Law Approaches",From:http://www.ssrn.com,2009年10月8日。

了保护版权的目的并不是为了作者的权利,而是在于提供给作者和出版商一种激励机制,以促进文学艺术创作领域的繁荣。在这一政策目标之下,版权立法者更为关注通过版权市场的正常运作来保证版权人的经济利益,较为偏袒版权利用行业市场主体的利益。只要作者和版权所有者能够从消费者购买中获利,就不轻易地扩大版权的范围,以免抑制新的传播技术的发展。唯一的例外是,如果不将版权的范围加以扩充,使得作者或版权所有者因此而失去创作和投资的动力时,立法者才会扩充作者的权利范围。[①] 这也正是补偿金制度较晚被版权体系国家接受的原因。

两个法系虽然出发点不尽相同,但都选择了相同的制度安排。可以说,面对数字时代私人复制所引发的问题,各国都在尝试补偿金这一解决方法,欧洲大陆的补偿金制度比较成熟,美国和加拿大的经验则表明补偿金在版权体系将会进一步发展。

五、数字技术对版权补偿金的挑战

补偿金是以无法对私人复制进行分别控制为前提的,最大好处是通过集中式、强制性管理使各利益团体得到自己想要得到的。但随着数字版权管理时代的到来,补偿金存在的前提受到质疑,数字环境下技术保护措施的广泛应用,使得版权人对作品使用的控制成为可能。数字权利管理技术是用以控制数字化作品的工具,包括技术保护措施与权利管理信息两种技术。技术保护措施多为密码或防复制技术,使用者未经版权人授权,无法访问、打印、储存、复制或修改作品的内容,而权利管理信息表明版权权利状态与授权条件,它使版权人对于用户私下的使用行为可以精确的收取费用。数字权利管理技术具有限制消费者复制数字作品的可能性,这样版权补偿金存在的前提、交易费用和个人隐私的困扰似乎消失了,补偿金存在的合理性自然引起争议。

与此同时,补偿金制度也因其固有的弊端遭到非议。首先,收取补偿金要由制造商和销售商付费,这与起诉中间服务商一样,将目标对准上游的技术而不是侵权行为人,因此仍可能会对技术的创新和应用产生一定的阻滞作用。其次,为了保持较低的收费率,必须大范围地针对复制设备和复制媒介,从录音录像机到电脑、刻录机、MP3播放器等数字设备和媒介,这样的收费无异于对技术创新征税。大面积收取补偿金也会给消费者带来不公平的结果:利用数字设备进行复制的人要付费,没有复制的人也要付费,复制大量的和复制少量的都一样收费。最后,还有收费的不准确性。一次性收费必须设定费率,但是费率能否反映市场价格,能否根据复制行为的次数和强度

---

① 参见〔美〕Paul Goldstein:《捍卫著作权——从印刷时代到数位时代的著作权法》,叶茂林译,台湾五南图书出版有限公司2000年版,第293页。

进行调整,这些都是不可期望的。合理的做法应当是将收费与复制行为相联系,按照使用次数或使用时间计算。

有关补偿金的废存引起了各利益团体的争议。产品制造商和销售商一直反对补偿金制度,他们认为,在模拟时代要防止任意复制非常困难,一个重要原因是为了避免对个人隐私和住宅等基本权利造成侵害,所以用补偿金制度来适度弥补版权人的损失有其正当性。然而,在数字科技时代可通过技术措施实现个别授权,并且可以使个人隐私得到保护,私人复制与隐私权之间的冲突将会越来越弱化。因此,有必要重新审视补偿金制度,不宜将模拟时代的补偿金扩大适用于数字技术产品。[①] 与此相反,支持补偿金制度的版权人集团致力于扩大补偿金的适用范围,要求及于新出现的可以用于复制的各种设备,甚至及于网络服务业者。

从理论上讲,数字权利管理系统确实有诸多优于补偿金之处,特别是对防止盗版和实行个别授权来说是必不可少的手段。但在短时期内,数字权利管理不会取代补偿金,而应是此消彼长、互补长短,这是今后一段时间两者发展与互动的基本方向。首先,两种制度的出发点和功能不同。数字权利管理技术是用来处理授权使用的工具,通过它可让消费者按使用作品的时间或数量支付费用,而补偿金不是个别授权,也不是法定许可,是合理使用制度下对版权人的补偿,不能取代使用许可制度。其次,权利管理技术用来解决作品许可使用及收费途径,无疑为新的网络内容经营模式提供了前提条件,但是它却无法解决传统版权市场上的作品使用问题,如复印图书、杂志、录制广播电视节目等涉及版权的作品不可能都处于技术保护措施之下,这个市场也不会被互联网所取代,仍然需要通过补偿金来限制私人复制。最后,数字权利管理技术尚未起到预期作用。目前采用这种技术不仅需要较高费用,而且技术措施也会遭到破坏、规避、黑客攻击等威胁,在这种情况下,补偿金具有很大的适用空间,短期内是无法被取代的。

六、补偿金在我国的运用

补偿金制度在我国属于法律空白,我国是否有必要引进补偿金制度? 基于前文的分析,笔者认为,立法者应持积极的态度谨慎论证。就我国目前的情况而言,全面建立补偿金制度的条件尚不成熟,但可以从两个方面着手准备:一是加快基础制度建设,建立健全各类集体管理组织以及其他代表各方利益的行业协会及中介组织;二是作品的网络传播可先行采用类似补偿金的收费机制。

---

① See Prof. P. Bernt Hugenholtz, Dr. Lucie Guibault, Mr. Sjoerd Van Geffon, "The Future of Levies in a Digital Environment". From: http://www.ivir.nl/publications/other/ORM&Levies-report. 参见罗莉:《评德国的版权补偿费制度及其改革》,载张玉敏主编:《中国欧盟知识产权比较研究》,法律出版社 2005 年版,第 92 页。

我国若选择实行补偿金制度,首先应当对《著作权法》进行必要修改,现行《著作权法》中的财产权利包括专有使用权和获得报酬权。但此"获得报酬权"是指作者行使其专有使用权而得到的物质报酬,系由专有使用权派生出来的一种债权,不是一种独立的权利形式。① 《德国著作权法》中也有"报酬请求权",但它是赋予作者的一种特殊权利,即对特定情况下的作品使用所产生的报酬请求权,因私人复制而获得报酬即适用报酬请求权。我国《著作权法》中的"获得报酬权"完全不同于《德国著作权法》的"报酬请求权",并不是补偿金的法律依据,因此如何引进补偿金需要在立法上作出明确规定。其次,须完善和加强著作权集体管理制度。补偿金的运作依赖于集体管理组织,没有完备的著作权集体管理,补偿金制度就没有生存的空间。我国已经成立了中国音乐著作权协会、中国音像著作权集体管理协会,但其他著作权集体管理组织如表演权管理协会,文学、美术作品的著作权管理协会等尚未正式建立。从整体上看,集体管理组织仍处于主体缺失状态,无法适应实行补偿金制度的需要。此外,我国的集体管理实行自愿授权管理原则。② 按照自愿集体管理原则,著作权人与集体管理组织订立著作权集体管理合同,成为该组织的会员。集体管理组织基于授权进行权利管理活动,对于非会员的权利,只能根据《著作权法》的规定开展某些管理活动,目前这类活动限于法定许可使用费的转付。③ 除此以外,集体管理组织既无权利也无义务为权利人行使许可权和报酬请求权。因此,强制性地由集体管理组织负责补偿金的收取和分配,必须有明确的法律依据,而不仅仅是一个法律解释的问题。④ 因此,建议《著作权法》除了增加"报酬请求权"之外,还应明确确认著作权集体管理组织的强制保障义务,使其为著作权人的报酬请求权提供服务。

征收版权补偿金,牵涉产品制造商、服务商、产品使用行业、最终消费者,实乃牵一发而动全身。从我国目前版权利用行业的版权管理能力和社会公众对版权制度的认知程度来看,像德国那样全面征收私人复制补偿金的条件尚不成熟,但是否可在网络传播领域对数字化复制征收补偿金,却是可以探讨论证的。实际上,大规模私人复制与版权人利益的冲突肇始于数字信息的网络传播,而使版权人深受其害的是网络音乐、音像制品和计算机软件的网上复制和传播,其中音乐最具有代表性。因此,从规范网上数字音乐的复制和传播入手,率先实行数字音乐补偿金,无异于解决了音乐

---

① 参见韦之:《著作权法原理》,北京大学出版社1998年版,第63页。
② 参见我国《著作权法》第8条;《著作权集体管理条例》第19条。
③ 我国《著作权集体管理条例》第47条规定,依《著作权法》第23条、第32条第2款、第39条第3款使用作品应当支付的费用可以由著作权集体管理组织转付。
④ 已建立补偿金制度的国家,面对数字技术的挑战改革补偿金制度,由模拟复制设备扩大到数字复制设备,不是什么新的立法措施,而是对法律的解释。

作品版权保护的重要问题。现实中,用户缴付的上网费、手机费已包含了用户为获取内容而支付的费用,而流量费是按照下载流量计算的收费,更是为获得作品而支付的对价。关键问题是如何"明算账",使作者、录制者等版权人能够从该收费中获得相应的份额,作为对他们利益的补偿。

结论

补偿金制度来源于设备的生产商和销售商的共同侵权责任这一概念。作为一种不得已而为之的折中方案,补偿金使版权人对超出合理限度的复制行为获得适当补偿,使个人的复制行为在支付适当费用后保持在合理限度内,从而巩固了私人复制的合理性。补偿金制度的经济分析表明,在私人复制领域集中地、强制性地收取版税是解决版权作品"公共产品"难题的一个有效率的办法,它使版权所有人和使用者都得到好处。补偿金在两个不同法系之间的比较则预示着,作为一种经济手段,在数字化的私人复制给版权人造成的损害日益加重的情况下,补偿金将得到更为普遍的运用。从实际绩效看,补偿金制度在欧洲大部分国家已经平稳实施了二十年,目前这一制度已完成了数字化改革,更加适应了信息社会的需求。就我国目前情况而言,全面构建补偿金制度的条件尚不成熟,但可以从两个方面着手准备,一是网络先行采用类似补偿金的机制收取和分发上网费和电信资费,二是加快基础制度建设,建立健全各类集体管理组织以及其他代表各方利益的行业协会及中介组织。上述制度建设的过程是面向全社会开展的知识产权教育,将会提高社会公众的知识产权意识,从而为知识产权执法创造良好的人文社会环境。

(二)适当引用

正当使用情形之二是"为介绍、评论某一作品或说明某一问题,在作品中适当引用他人已经发表的作品",以及延伸到互联网上的"适当引用"。对此,《信息网络传播权保护条例》第6条第(1)项规定:"为介绍、评论某一作品或者说明某一问题,在向公众提供的作品中适当引用已经发表的作品。"

"适当引用"是一项被普遍接受的例外情形,这是因为适当引用是保障言论自由、促进知识交流的必要手段。在现代民主社会,每个人都有向社会表达自己言论的自由,既可完整阐述自己的思想、观点、情感,又可对既定事实、客观规律、他人言论进行评述。同时,适当引用还是与他人进行思想交流的重要途径,既有利于促进新知识、新观点、新方法的产生,也有利于丰富知识、交流思想、表达情感。以引用为中介,还可以形成社会共识,对社会稳定具有积极意义。《著作权法》所允许的引用应当满足以下条件：从引用的目的看，是出于分析评论或者说明某个问题而引用他人作品；从引用的篇幅或数量看，是少量、适当的引用，大量摘取、过度引用以至于用他人作品来表达自己的观点和思想感情就可能构成抄袭或剽窃；从引用的质量看，如果将他人作品之精华部分作为引用人作品的实质部分，可能构成抄袭剽窃他人作品；此外，对作品的引用应当准确，必须说明引文的出处和作者的姓名。

（三）新闻媒体的使用

《著作权法》第22条列举的正当使用，有三项是为新闻媒体而规定的例外。

第一，为报道时事新闻，在报纸、期刊、广播电台、电视台等媒体中不可避免地再现或者引用已经发表的作品。报纸、期刊、广播电台、电视台是大众传播媒介，为了让公众及时了解新近发生的事情，促进信息的自由流通，大众传媒在新闻报道中不可避免地要再现他人作品，因而这种使用是公认的、传统的正当使用情形。如果新闻传媒为制作自己的节目而大量使用他人作品，超出了报道时事新闻所必需的范围就不再是合理的。例如，某书画家的个人作品展开幕，电视新闻中可予以报道，并可以引用其中几幅作品作介绍，但如果将一幅幅作品搬上屏幕详细展示、介绍，就超出了新闻报道的范围而有可能触犯作者对作品的使用权。

第二，报纸、期刊、电台、电视台刊登或播放其他报纸、期刊、广播电台、电视台已经发表的关于政治、经济、宗教问题的时事性文章，以及通过网络向公众提供已经发表的关于政治、经济问题的时事性文章。报纸、期刊、广播电台、电视台作为宣传、教育工具，是群众表达思想、实现言论自由、出版自由的手段。社论、评论员文章通常是表明国家或有关政府部门在经济、政治、外交等重大问题上的方针、政策的方式，类似于官方文件。为了有利于这些方针政策迅速、广泛地为国内外所了解，法律给予新闻媒体之间相互使用社论、评论员文章的惠益，这些使用作品的行为均属于著作权例外。

第三，报纸、期刊、广播电台、电视台刊登或者播放或者通过网络传播在公众集会上发表的讲话，但作者声明不许刊登、播放的除外。公众集会，是指为一定目的在公共场所举行的群众性的政治集会、庆祝活动、纪念性集会等。在此类集会上的讲话本身有公开宣传的性质，刊登或播放这些讲话是为了扩大作品的影响和宣传范围，但如果作者不愿意将其讲话再作扩大宣传，报纸、期刊、广播电台、电视台就应当遵从作者的意愿。

新闻媒体使用例外可适用于互联网媒体。《信息网络传播权保护条例》关于正当使用的第6条第(2)项"为报道时事新闻，在向公众提供的作品中不可避免地再现或者引用已经发表的作品"、第(7)项"向公众提供在信息网络上已经发表的关于政治、经济问题的时事性文章"、第(8)项"向公众提供在公众集会上发表的讲话"这三种情形,正是新闻媒体使用例外在互联网上的延伸。

(四)教学和科研使用

《著作权法》列举的正当使用之六是"为学校课堂教学或科学研究,翻译或少量复制已经发表的作品,供教学或科研人员使用,但不得出版发行",简称教学科研使用。课堂教学,顾名思义是指授课教师和听课学生同在一个场所面对面的教学活动,课堂教学不包括社会上各种培训机构提供的教育培训辅导,如公务员考试辅导、英语考级辅导以及营利性机构举办的各种教育培训。科学研究包括自然科学研究和社会科学研究,为教学和科研目的使用出版物和录音、录像是一种公认的正当使用,但应当符合公平惯例。具体而言,此项正当使用须符合两个条件:一是受益主体为教学或科研人员。为教学使用例外,是为国家设立的或者民办学校的课堂教学活动提供使用作品的便利。教学和科研是知识的积累和探求活动,教师和科研人员在从事教学和研究工作中离不开对已有作品的利用,如复制作品片段、播放作品片段等,所以教学科研使用的主体一般仅限于教学科研人员。二是"少量复制"。为学校课堂教学或科学研究,翻译或少量复制已经发表的作品,从数量上讲应当限于满足特定主体的使用即可。少量,既指复制作品的份数,也指被使用作品的比例。如果复制的份数过多就可能形成被使用作品的替代品,导致实质性地损害该作品的销售量,如果使用作品的比例较大,也会产生对作品发行量的影响。因而使用应当符合公平惯例,以符合"三步检验法"的要求加以正当使用。

利用信息网络进行信息交流和师生间的沟通已经成为教学科研必不可少的辅助手段。为了促进网络在线教育的发展,《信息网络传播权保护条例》将"为学校课堂教学或者科学研究,向少数教学、科研人员提供少量已经发表的作品"规定为正当使用的情形。这样,教学和科研正当使用的具体方式包括复制、翻译、信息网络传播,但应当注意的是,以上述方式使用已经发表的作品,不得出版发行,也不得通过网络向不特定人提供所使用的作品。

(五)执行公务的使用

正当使用的情形之七是"国家机关为执行公务在合理范围内使用已经发表的作品",简称公务性使用。国家机关指国家的立法机关、行政机关、司法机关、法律监督机关和军事机关,执行公务指上述机关为了立法、司法、行政目的履行法定职责。例如,立法机关进行法律修订或制定法律过程中,须参考相关领域或专业方面的研究成果,将涉及这些成果的文献翻印给参与起草或讨论的人员;司法机关在审理案件过程中为了查明案情,可以复制他人的作品作为书证供办案人员使用;行政机关为了行政管理的需要复制相关方面的资料,以上均属于正当的公务使用。国家机关所属事业单位一般不属于公务使用的受益主体,不能以"执行公务"为借口不经许可而擅自使用他人著作权作品。

执行公务使用也延伸到了信息网络上。《信息网络传播权保护条例》第 6 条第(4)项规定:"国家机关为执行公务,在合理范围内向公众提供已经发表的作品。"为执行公务在信息网络上使用作品,应当严格把握"国家机关""公务""合理范围内"几个要件,防止公权机关超出正当目的,不合理地使用作品可能给著作权造成影响。

(六)馆藏作品的保存

《著作权法》列举的正当使用情形之八是"图书馆、档案馆、纪念馆、博物馆、美术馆等为陈列或者保存版本的需要,复制本馆收藏的作品",也称为图书馆例外。"图书馆例外"的受益主体是图书馆、档案馆等公共文化机构,它们是历史文物、文献典籍、各式作品、资料信息的收藏和保存者,同时肩负着提供阅读、出借,普及科学文化知识提高全社会文明素质的使命。图书馆等文化机构的正当使用应当符合几个条件:第一,受益主体是图书馆等公共文化机构。图书馆的主要功能可以概括为"信息保存"和"信息提供",为了陈列或保存版本的需要而复制馆藏作品,是图书馆社会职能所必需的,同时又不会对著作权人的利益造成实质性的损害。除了公共图书馆等社会文化机构以外,社会上存在的一些以"图书馆"为名从事数据收集编辑的企业、其他营利性机构,不适用"图书馆例外"的保护。第二,使用方式以复制为主。"为陈列或保存版本的需要复制作品",包括印刷复制和数字复制。印刷复制主要是影印,只要控制复印件的数量即可以防止不合理的使用,而数字化复制成本低廉、操作简单以及易于传播,有可能对著作权人的利益造成不利影响。因此,为保存版本进行的数字化复制,是图书馆例外应规范的主要行为。根据《信息网络传播权保护条例》第 7 条第 2 款规定:为保存版本的需要以数字化形式复制的作品,应当是已经损毁或者濒临损毁、丢失或者失窃,或者其存储格式已经过时,并且在市场上无法购买或者只能以明显高于标定的价格购买的作品,就是为了防止数字复制可能产生的不合理结果。第三,复制的作品必须是图书馆等文化机构收藏的。在符合第一第二个条件之后,图书馆复制必须针对其馆藏作品,不能复制其他馆收藏的作品,也不能允许其他馆复制本馆收藏的作品,如果互相复制馆藏作品就超出了"保存版本"的需要。

提供信息服务是图书馆社会职能的重要方面。传统图书馆的信息提供的主要方式是借阅、出借、馆际互借等,这些服务均涉及作品的纸质版本,借出的书籍须返还图书馆,因此不牵涉著作权问题。在数字环境中,图书馆提供信息服务的方式有了很大改变,除了出借之外,还可将作品置于网上公开展示,例如将馆藏文献数字复制后置于图书馆局域网供读者使用或者向馆外读者提供。这些服务方式涉及信息网络传播权,如果控制不当,有可能会不合理地损害著作权人的利益。对此,《信息网络传播权保护条例》在第7条第1款图书馆信息网络传播权的例外条款中规定:"图书馆、档案馆、纪念馆、博物馆、美术馆等可以不经著作权人许可,通过信息网络向本馆馆舍内服务对象提供本馆收藏的合法出版的数字作品和依法为陈列或者保存版本的需要以数字化形式复制的作品,不向其支付报酬,但不得直接或者间接获得经济利益。当事人另有约定的除外。"这条规定限定了图书馆通过网络提供数字化作品的场所、对象和方法。首先,图书馆只能在本馆馆舍之内向读者提供数字化作品,不能向馆舍外公众提供数字化作品。其次,图书馆只能提供特定的数字化作品。这里分为两种情况:一是图书馆等收藏之时即以数字格式保存的作品;二是收藏的作品已经绝版或者损毁而难以恢复,为了收藏需要而制作的数字版本。最后,通过网络提供数字化作品还须采用技术措施,以防止该数字作品被复制和传播。

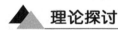

著作权例外中的图书馆使用[①]

图书馆与著作权有着天然的密切联系。图书馆承担的信息保存和信息提供的社会职能,决定了其位于著作权和社会公众利益的交汇点,是作者、传播者和使用者三方利益冲突集中体现的领域。正因为如此,著作权限制不可避免地涉及图书馆复制和利用作品与著作权的关系,我国《著作权法》通过权利限制保障图书馆履行其社会职能,并使图书馆成为实现利益平衡的重要机构。

一、图书馆与合理使用

合理使用,系指在法律规定的条件下使用作品可以不经著作权人同意,也无须向其支付报酬,"图书馆例外"是著作权合理使用的具体情形之一。《著作权法》第22条第(8)项规定:"图书馆为保存版本的需要,复制本馆收藏的作品,可以不经著作权人许可,不向其支付报酬",此项合理使用针对图书馆的信息保存功能,也称为图书馆复制权例外。此外,《信息网络传播权保护条例》(以下简称《条例》)第7条规定:"图书馆可以不经著作权人许可,通过信息网络向本馆馆舍内服务对象提供数字化作品",此项合理使用针对图书馆的信息提供功能,也称为图书馆信息网络传播权例外。

---

① 参见张今:《著作权法视野下的图书馆》,载《图书馆建设》2010年第10期。

数字环境下,"图书馆例外"是否可以扩大,在图书馆界和出版业之间一直存有争议。在《著作权法》立法调研工作中,笔者通过调研,考察国外相关立法动向及改革实践,听取图书馆界人士的意见,认为图书馆例外主要是信息网络传播权例外,而且还可以适当地予以扩大。具体意见如下:

1. 通过馆域网提供的数字化作品的范围扩大

《条例》第7条给予图书馆在馆舍内通过网络提供数字作品的合理使用,但是这一合理使用的限定性条件较多,对使用场所、对象和方式作了十分严格的限制。首先,图书馆只能在本馆馆舍内(馆域网)向读者提供数字化作品。其次,提供的作品限定为两种情况:一是本馆收藏时就是以数字形式合法出版的作品;二是图书馆为了陈列和保存版本的需要而制作的数字化复制件。最后,提供作品时必须采用技术性措施,只允许读者在线阅读,而不允许下载。上述限定中对使用对象的限定过于严格,使得图书馆收藏的合法的数字化作品绝大部分不在此列。首先,这里的"出版"仅指具有出版资质的出版机构以数字媒介出版的电子图书、音像制品、电子期刊等,虽然这类馆藏的绝对数量不少,但与"海量"印刷版馆藏数量相比仍然有限,将海量印刷版馆藏的数字复制件排除在合理使用对象之外,将难以满足读者对文献信息的需求。其次,按照《条例》第7条规定,图书馆为了陈列和保存版本的需要而制作的数字化复制件,"应当是已经损毁或者濒临损毁、丢失或者失窃,或者其存储格式已经过时,并且在市场上无法购买或者只能以明显高于标定的价格购买的作品"。这一前提条件,使得图书馆通过馆域网向读者提供合法数字化馆藏作品的可能几乎变得不复存在。

笔者认为,图书馆信息提供的职能关系到公众全面参与社会文化生活,分享科技文化成果的基本权利,具有巨大的社会价值。因此,建立在此基础上的权利限制,应当与公众不断增长的获取知识信息的需求相适应,与著作权的扩张成正比,同时与数字图书馆建设在实现信息化社会战略目标中的重要地位相符合,图书馆在数字化复制和利用方面的权利例外也应当有所扩张。具体而言,图书馆通过馆域网提供数字化作品的范围可以扩大到合法收藏的馆藏作品,即合理使用的对象从有限的作品扩大到图书馆收藏的所有数字化作品,但必须采取技术保护措施,防止数字作品被带出馆舍复制和传播,给著作权人的利益造成损害。这样,既体现了技术的发展与读者获取文献方式的时代特点,又保护了著作权人的经济利益,将其可能受到的不利影响降至最低。

2. 将图书馆际互借纳入合理使用

馆际互借是图书馆之间以资源共享联合为读者提供服务的重要形式。传统的馆际互借以图书、期刊、学位论文等文献原件的外借为服务方式,其正当性来自"发行权一次用尽"原则,即著作权人将作品复制品的所有权转移之后,对该复制品的发行权即告终结,不得再干涉该复制品的出借、赠与、出租等活动。数字环境下的馆际互借不同于传统印刷品的"出借"和"归还",以数字文献传递的方式进行的馆际互借,每一次都涉及文献的复制和传播,会产生新的复制件并涉及作品的发行。因此,数字传递受到出版业的反对,他们担心允许图书馆免费传递作品,将产生与出版商的直接竞争,意味着作者和出版者的巨大损失。我国在制定《信息网络传播权保护条例》的过程中,出版界也表达了类似的担忧:如果一部作品一经出版,图书馆就可以马上通过信息网络向馆外读者提供,这无疑会打击出版社出版新书的积极性。因此,现有的"图书馆例外"并不包括文献传递服务。

现实之中,图书馆是通过与电子出版商的合同获得许可而开展馆际互借的。例如,一些高校图书馆在购买国外数据库产品时约定,买方馆可将该数据库中的内容向建立合作关系的国内其他图书馆的用户提供文献传递服务。这种做法如果能够得到法律的认可,将使图书馆的数字化服务更加健康有序地开展。从国外的实践来看,许多图书馆共同体都在逐步利用数字文献传递代替传统的馆际互借,而从法律上确认数字文献传递的合法地位是国际图书馆界多年来努力争取的目标。《德国著作权法》已经完成了这一改革任务,新法允许图书馆将其所合法拥有的图书应用户要求以数字形式复制并通过电子邮件寄送。《美国版权法》第108节关于图书馆例外的修订方案也力图扩大图书馆享受的优惠,允许数字文献传递。

笔者认为,公共借阅是图书馆信息服务的基本活动,在数字环境下以各种形式提供信息构成了借阅的重要部分,这也是新技术条件下图书馆社会职能的必要延伸。法律只要从使用目的、传递对象、数量、技术保护措施等方面对数字文献的传递作出限定性规定,就能够有效地避免著作权人的经济利益受到不利影响,《著作权法》修订时可以考虑将数字文献传递纳入图书馆合理使用的范围之内。

二、数字图书馆与法定许可

法定许可使用作品与图书馆数字化建设有着密切关系。在中国数字图书馆工程项目建立之初,知识产权法学界曾经讨论过"网上作品传播的法定许可使用问题"。有学者主张,"数字图书馆"对已经发表的作品可以不经著作权人授权通过网络进行传播,理由是数字图书馆作为作品传播者相当于网络服务商,在网络上传播已发表的作品相当于报刊社的转载摘编,因此可准用《著作权法》对报刊转载摘编法定许可的规定。这种观点在一定程度上影响了司法解释,最高人民法院制定的《关于审理网络著作权纠纷适用法律若干问题的解释》在2004年修订时规定,"各种网络媒体可以不经著作权人许可转载、摘编报刊及其他网络媒体已经发表的作品"。这个规定的实质是将报刊转载法定许可适用于网络环境中,而2006年颁布的《信息网络传播权保护条例》没有规定网络上作品传播的法定许可,随之最高人民法院删除了上述司法解释中的相关规定。

法定许可的实质是获得报酬权,此项制度的实施完全依赖于作品使用费的标准、支付和分配等配套制度。我国的法定许可制度遭到诟病,甚至有人主张取消法定许可,恢复著作权人的排他权,除了合理使用之外的所有使用行为必须经过著作权授权。其症结在于:一方面,已有的报酬标准难以达到各方满意,而协商谈判又难有结果;另一方面,网络转载比比皆是,而向作者支付报酬的却少之又少,作者并没有从此项法定许可中获得什么经济利益,这样的法定许可无异于自由免费使用,因而损害了作者的合法权益。

笔者认为,法定许可制度的存废,关键在于配套制度和实施机制的建立健全,因此,不应在立法上否定法定许可制度,而是积极寻求配套制度和实施机制的创新和完善。如果希望进一步扩大法定许可的适用范围,较为可行的是变"准法定许可"为"法定许可",即取消著作权人保留"禁止使用"的权利。具体建议为,去掉现有规定中"著作权人声明不许使用的不得使用"的规定,使之成为真正的法定许可。除此之外,再谋求法定许可范围的扩大,将其引入数字图书馆对作品的数字化复制和传播利用的难度很大,修改法律的可能性几乎不存在。

(七) 免费表演

第九种正当使用情形是"免费表演已经发表的作品,该表演未向公众收取费用,也未向表演者支付报酬",简称免费表演。免费表演涉及著作权人的表演权,表演权是公开表演作品,以及用各种手段公开播送作品的表演的权利,也就是说表演包括现场表演和机械表演。但"免费表演"例外,是否涵盖两种形式的表演呢?从上述法律规定"未向公众收取费用"的表述看,免费表演仅指现场表演,而不包括机械表演。具体而言,构成免费表演的条件是:免费表演是指现场表演,不涉及公开播送作品的表演以及通过信息网络对表演进行传播的行为。表演活动既不向公众收取费用,也不向表演者支付报酬,这里的费用和报酬包括以各种名目收取和支付的变相费用和报酬。现实中,由文化主管部门组织的"文艺下乡""心连心"等慰问演出活动,其性质即属于免费表演。而某些义演活动,如为"希望工程"募捐资金的演出、为灾区募捐举办的赈灾义演,诸如此类均不属于免费表演,因为观众是购买门票观看表演的,再由演出组织者将演出收入捐献出来做公益事业。这类演出活动使用音乐、舞蹈、曲艺等作品的,应当征得著作权人同意并且支付报酬。

(八) 公共场所艺术品的使用

第十种正当使用情形是,"对设置或陈列在室外公共场所的艺术作品进行临摹、绘画、摄影、录像",简称室外艺术品的复制。室外公共场所是对不特定人开放的公众活动场所,如广场、街道、路口、公园、旅游风景点及建筑物。永久设置在室外公共场所的艺术品通常有雕塑、壁画、书法等,这些构成了社会人文环境、公众文化生活的组成部分。设置在室外公共场所的艺术作品,允许公众接触、欣赏,这正是作品公开摆放的目的,因此,允许人们自由免费地进行拍照、临摹、摄录等自在情理之中。至于将室外艺术作品以临摹、绘画、摄影、录像等方式复制之后,再行使用或者进行营业性使用是否仍在合理范围之内,《著作权法》并无规定。2002 年《最高人民法院关于审理著作权民事纠纷案件适用法律若干问题的解释》第 18 条第 2 款规定:"对前款规定的艺术作品的临摹、绘画、摄影、录像人,可以对其成果以合理的方式和范围再行使用,不构成侵权。"这里所说的"合理的方式和范围"仍是一个检测标准,无法对各式各样的再行使用一概而论,这就需要在个案中根据具体使用情况加以认定。一般而言,将室外艺术品作为景物或背景进行拍摄、录影、绘画,再进行复制发行的,这种再利用可以推定为符合艺术作品陈列于公共场所的目的,不至于影响该艺术作品的正常使用,也不会产生不合理损害作者合法利益的后果。如果复制品的使用方式与原作品的使用方式相同,两者进而产生竞争,这样就超出了正当使用的范围。例如,对于雕塑作品,将其复制后依样制作成雕塑,或者艺术品是建筑物的门面、装饰、壁画,建造的建筑物以相同形态和方式再现该艺术品的,均属于以艺术作品的相同方式复制、陈列以及公开传播的行为。

(九) 汉字作品翻译成少数民族语言文字

第十一种正当使用情形是:"将中国公民、法人或者其他组织已经发表的汉语言文字创作的作品翻译成少数民族语言文字在国内出版发行。"此项正当使用具有中国特色,其出发点是为了加强各民族间尤其是汉族和各少数民族的文化交流,促进国内少数民族教育文化和科技事业的发展。从使用的对象看,该项正当使用仅适用于原作品为汉族文字的作品。将汉字作品翻译成少数民族语言文字作品向中国境内的少数民族提供,包括通过信息网络提供(《信息网络传播权保护条例》将此项权利的限制扩大到信息网络上),反之,将少数民族文字翻译成汉族文字就不属于"正当使用"。此外,这一例外情形仅限于我国国内,因为有些民族在我国是少数民族,在国外则可能是大民族。如果超出国内发行的范围,就不是少数民族文字问题,而是以外国文字在国外出版发行了。

（十）视障人士的使用

我国《著作权法》第22条第1款第12项规定"将已经发表的作品改成盲文出版"，包括盲人在内的视障人士，在阅读上具有障碍，只能通过触摸阅读、听读等方式感知作品。此项正当使用旨在促进有视觉障碍的人群更好地接触科学文化艺术知识，保障他们平等地接受教育、享受社会文明和参与社会生活，这也是广大作者的心愿。

我国《著作权法》规定的"盲人使用"的适用范围比较狭窄，在修订后有可能对其加以完善。国际社会已签署了《关于为盲人、视力障碍者或其他印刷品阅读障碍者获得已出版作品提供便利的马拉喀什条约》（简称《马拉喀什条约》），作为签署国之一，我国须对照该公约的最低要求完善国内立法。首先，现有"盲文使用"的受益主体无法涵盖所有视障人士。我国现有视障人士达数千万，其中约700万是盲人，1000万为低视力者[1]，还有许多是身体有其他缺陷无法像普通人一样进行正常阅读的人，例如全身瘫痪无法持书和翻书。在我国现行法律规定下，身体有其他缺陷不能正常阅读的人，因为不属于盲人而不在受益人群内。《马拉喀什条约》将受益人定位于广义的视障人士，并从最终的阅读能力而非生理机能出发，对受益主体进行了广泛界定，涵盖盲人、有视觉缺陷、知觉障碍或阅读障碍的视力障碍者，以及在其他方面因身体残疾而具有印刷品阅读障碍的人。其次，我国《著作权法》规定的使用对象仅限于出版物，而有声读物、大字本图书等形式未能纳入正当使用的范围。这样，不仅未经盲文学习者和具有肢体缺陷而无法触摸盲文之人无法满足文化生活所需，即便是能够使用盲文的受益主体，由于盲文读物的制作复杂、数量有限，也常面临"书荒"困境。《马拉喀什条约》采用了一个新的术语"无障碍格式版本"，指"采用替代方式或形式，让受益人能够使用作品，包括让受益人能够与无视力障碍或其他印刷品阅读障碍者一样切实可行、舒适地使用作品的作品版本"。综上，我国现行"盲文使用"的修改方向是：将盲文出版拓宽为视障人士使用，相应的，在受益主体、使用对象两方面均应予以适当扩大。

数字技术和互联网为无障碍信息服务提供了有力的技术支撑，通过听觉、触觉，盲人阅读能够获得更好的体验。对此，《信息网络传播权保护条例》将"盲文使用"扩大到网络环境，规定"不以营利为目的，以盲人能够感知的独特方式向盲人提供已经发表的文字作品"为信息网络传播权之例外。早在2008年，中国国家图书馆、中国残联及中国盲文出版社三方合作建立了中国盲人数字图书馆，为视力残疾读者包括盲人、弱视、色弱等人群提供信息服务。盲人读者只要在电脑上安装相关应用软件，登录中国盲人图书馆网站，就可以使用网站上的资源，通过触觉和听觉获取知识信息。

---

[1] 参见单颖文：《除了按摩，视障者还能做很多》，载《文汇报》2013年3月22日第12版。

公共场所艺术品的使用(考题)[①]

甲展览馆委托雕塑家叶某创作了一座雕塑,将其放置在公园入口,委托创作合同中未约定版权归属。下列行为中,哪一项不属于侵犯著作权的行为?

A. 甲展览馆许可乙博物馆异地重建完全相同的雕塑

B. 甲展览馆仿照雕塑制作小型纪念品向游客出售

C. 个体户冯某仿照雕塑制作小型纪念品向游客出售

D. 游客陈某未经著作权人同意对雕塑拍照纪念

【评析】 本题考点为《著作权法》第22条权利的限制。设置在室外公共场所的艺术作品允许公众进行拍摄、绘画、摄影、录像,不必经过著作权人的许可也无须支付报酬。但是这种自由使用是有限度的,将临摹、绘画、摄影、录像再进行使用,其结果可能替代著作权作品的市场,影响著作权人的合法利益,是否仍属于合理使用,应根据使用方式等进行具体分析。A项所述行为是以相同方式再现室外艺术品,已超出了正当使用的范围,构成侵权。BC两项所述行为性质相同,都是复制室外艺术作品再行商业性使用,不属于正当使用。D项游客陈某的拍照属于正当使用室外艺术品。答案D。

公共场所艺术品的使用(考题)[②]

甲设计并雕刻了一尊造型别致的雄狮,置于当街店门口招揽顾客。下列哪一选项是正确的?

A. 甲将雄狮置于公共场所,视为放弃著作权

B. 乙以该雄狮为背景拍照纪念不构成侵权

C. 丙可以该雄狮为范本制作和销售纪念品

D. 丁可以该雄狮为立体造型申请注册商标

---

① 2014年国家司法考试题。
② 2005年国家司法考试题。

【评析】 根据《著作权法》第 22 条第 10 项的规定,对设置或陈列在室外公共场所的艺术品进行临摹、绘画、摄影、录像,属于正当使用作品,以雄狮为背景拍照纪念的行为属于法律所允许的合理使用,故 B 项当选。本题答案为 B。再分析一下排除项的错误之处:A 项表述显然是错误表述,CD 两项中的行为均超出以合理的方式和范围再行使用的范围,不构成正当使用。因此,ACD 项不选。

旅游局使用摄影作品案[①]

南通市旅游局为宣传本地旅游资源而制作和发行宣传画册《追江赶海到南通》,其中的两幅照片是宋荣生已发表的摄影作品,旅游局未经作者同意将照片选入宣传画册,宋荣生认为旅游局未经许可使用其作品的行为侵犯了其著作权,旅游局称其是政府下属部门,为了宣传本地旅游资源而使用已经发表的作品属于合理使用。

南通市中级人民法院认为,被告在其制作发行的画册中使用涉案两幅照片不属于合理使用,侵犯了原告的著作权。

我国《著作权法》在充分保护著作权人权利的同时,为了实现个体利益与公共利益的平衡,也对著作权的限制作出了专门规定,包括著作权的合理使用和法定许可。《著作权法》第 22 条规定的合理使用,是指使用他人的作品可以不经著作权人许可,不向其支付报酬,但应当注明作者的姓名、作品名称,并且不得侵犯著作权人享有的其他权利。该条第 7 项规定的"国家机关为执行公务在合理范围内使用已经发表的作品"即属合理使用的情形之一。但国家机关合理使用他人作品应同时具备四个条件:一是他人的作品已经发表;二是在合理范围内使用,不得任意扩大使用范围;三是为了执行公务活动的需要;四是应注明作品及作者名称。

旅游局作为政府的职能部门,属于国家的行政机关,其工作职能在于管理好辖区内的旅游资源,服务于辖区内旅游业的发展。旅游局使用他人享有著作权的作品,仅应限于执行公务,完成国家行政机关职能。制作发行宣传画册超出了执行公务的范围,使用作品的方式是图书出版,形成了和出版社、著作权人的民事关系,在此范围内使用作品不属于合理使用。

---

① 宋荣生诉南通市旅游局著作权侵权纠纷案,江苏省南通市中级人民法院民事判决书(2004)通中民三初字 0025 号。

第三节 法定许可

一、法定许可的含义

法定许可(statutory license)也称为非自愿许可,是指在特定的情况下,作品使用者可以不经著作权人同意而使用已经发表的作品,但必须依法向著作权人支付报酬。法定许可相对于自愿许可,二者的区别在于使用权的来源不同。自愿许可使用是一种意定授权,由著作权人或其代理人授权第三人使用作品,商谈使用条件;而法定许可使用是一种法定"授权",由法律作出规定,允许某些情况下自由使用作品。法定许可制度允许使用者以法定方式使用已经发表的作品,因而弱化了著作权的排他性,但法定许可为著作权人保留了获得报酬的权利。而正当使用允许使用者自由使用作品且无须支付报酬,消除了著作权的排他性。可见,法定许可对著作权的限制弱于正当使用。法定许可和正当使用均属于著作权的限制,都可以成为作品使用者主张不侵犯著作权的抗辩理由。

法定许可制度的价值功能在于为传播活动提供便利,维护社会公众获取信息和知识的基本权利,促进社会经济文化事业的健康发展。从法定许可制度的受益者看,主要是作品的传播者,涉及音像制品制作者、广播组织和出版者。这些专业传媒组织需要大量而频繁地使用作品,如果每一次使用都要得到著作权人的同意,不免过于烦琐,势必也会影响作品的传播。设立法定许可就是为传播者使用作品提供便利,从而有利于满足社会公众接触作品和使用作品的需求。例如,教科书法定许可是为了推动义务教育事业的发展,期刊转载和广播电视播放法定许可是为了促进信息交流保障公众获取资讯的权利。此外,某些法定许可是因为使用行为已超出合理范围,而作者又无法行使授权许可,转而采取令使用者支付合理报酬为代价的做法,允许使用者按照法律规定使用作品并支付报酬。这种折中解决办法适用于个人使用而进行的复制,经历了从正当使用向法定报酬权的转变,例如《德国著作权法》第54条规定的"设备税",就是从正当使用转变而来的。按照该条规定,使用者以录音录像方式、复印方式使用作品的,可以不经过作者的许可,但负有支付报酬的义务,该报酬由复录设备的制造商向著作权集体管理组织支付。

法定许可可以不经著作权人许可而使用作品,但必须符合以下条件:第一,使用的作品是已经发表的。未发表的作品关系到作者的发表权,作品是否发表、以何种方式发表,悉由作者"意定",而已发表作品的再次使用无关作者的发表权,可在一定范围内依照"法定"条件许可使用。第二,使用作品应当向著作权人支付报酬。由于法定许可使用免去了事先取得著作权人同意,也就免除了对使用报酬进行商谈的过程,因而法定许可使用的付酬标准是确定的,由法律法规作出规定或者依行业协议、商业惯例确定,而且报酬支付的方式通常由著作权集体管理组织代为收取和分配。第三,任何使用都不得损害作者的精神权利。

在著作权的权利限制制度中,还有一种与法定许可类似的制度,即强制许可(compulsory license)。所谓强制许可,是指作品的潜在使用者请求著作权人授权使用其已发表的作品但遭到拒绝的,可以向政府主管部门申请强制使用许可,政府主管部门在履行一定的程序后,对于符合条件的由主管部门将使用作品的许可(license)授予申请人。作品的使用者根据强制许可使用他人作品的,同样需要向著作权人支付报酬,和法定许可一样,强制许可的立法目的也是为了确保社会公众有机会接触和使用作品,也属于"非自愿"许可制度。本质上,两者的实质和内涵基本相同,即在法律规定的特殊情形下,允许使用人以向权利人支付合理使用报酬为代价,获得不经权利人许可而使用其作品的制度。但是,两者不同之处在于:(1)权利来源不同。强制许可是根据著作权主管机关授予强制许可之后使用作品,法定许可是直接根据法律规定使用作品;(2)途径不同。强制许可必须先向著作权行政管理机关提出申请,经审查、批准,获得许可证后方能使用,而法定许可不需要任何手续,可根据法律规定直接使用作品。

《著作权法》规定了四种作品使用法定许可,分别是报刊转载摘编法定许可、教科书编写法定许可、录音制品法定许可以及广播电台、电视台法定许可。此外,《信息网络传播权条例》规定了"制作课件"法定许可、"通过网络向农村提供特定作品"法定许可。从设立的目的看,上述六种法定许可可以分为三类:(1)为保障公民受教育权利的法定许可,包括"编写教科书""制作课件"和"通过网络向农村提供特定作品";(2)为减少交易费用而设的法定许可,包括"报刊转载"和"播放作品";(3)为防止行业垄断的法定许可,即"制作录音制品"的法定许可。

我国法定许可制度的特点。《著作权法》中各项法定许可条文都规定了"著作权人声明不许使用的不得使用",这意味着著作权人可以声明的方式排除使用者使用其作品,从而排除对作品的法定许可使用。由于附加了"声明排除规则",我国的法定许可与世界上大多数国家的同一制度存在差异,因此可以称为"准法定许可"或"自愿法定许可"。从贯彻最初的立法目的角度看,这一限制性条件可能会影响法定许可制度功能的实现,"声明排除"并不符合法定许可的本质属性。一方面,"声明排除"使作者有机会再次获得对作品的排他性控制权,从而使法定许可背离了原本意义上的价值功能。另一方面,"声明排除"会妨碍权法定许可立法目的的实现。法定许可的目的,是为了提高作品传播的效率,降低交易成本和便利使用者对作品的开发利用。而按照"声明保留条款",著作权人可以通过单方声明的方式,消除法定许可对其权利的约束,导致著作权法定许可制度形同虚设。

此外,我国法定许可使用作品支付报酬的办法由专门法律文件另行规定。1993年8月1日,国家版权局发布《报刊转载、摘编法定许可付酬标准暂行规定》和《录音法定许可付酬标准暂行规定》;2009年11月10日,国务院颁布《广播电台电视台播放录音制品支付报酬暂行办法》;2013年9月23日,国家版权局、国家发展和改革委员会发布《教科书法定许可使用作品支付报酬办法》。目前,法定许可使用作品支付报酬的规定基本齐备。

二、编写出版教科书法定许可

《著作权法》第23条第1款规定:"为实施九年制义务教育和国家教育规划而编写出版教科书,除作者事先声明不许使用的外,可以不经著作权人许可,在教科书中汇编已经发表的作品片段或者短小的文字作品、音乐作品或者单幅的美术作品、摄影作品,但应当按照规定支付报酬,指明作者姓名、作品名称,并且不得侵犯著作权人依照本法享有的其他权利。"教科书编写法定许可是著作权法中的重要制度之一,这一法定许可的目的是为了推动我国教育事业发展,便利九年制义务教育教科书合法地使用已经出版的作品,保障国家教育规划的实施。实际工作中,它有力地提高了教科书编写的效率,促进了优秀作品更广泛的普及和传播。此项法定许可的受益者是教科书编写出版者,由于教科书通常由出版社出资、组织和委托作者编写,属于委托创作作品、汇编作品,因此教科书的著作权属于出版社。适用教科书法定许可的教科书范围是为实施九年制义务教育和国家教育规划而编写出版教科书,即正式的国家规划教材,不包括教学参考书和教学辅导材料等其他书籍。教科书本身是汇编作品,选择和编集了短小的文字作品或者作品片段、单幅摄影、绘画、音乐作品。

编写教科书法定许可是2001年《著作权法》增加的一项规定,这项制度实施十多年来,对于方便教科书的编写出版、推动我国教育体制机制改革产生了积极作用。但在很长的一段时间,使用作品的付酬办法却没有规定,实践中参照适用的是1999年由国家版权局发布的《出版文字作品报酬规定》。目前,这个规定已经不能适应我国经济社会的发展现状,此外,该规定仅涉及文字作品,对其他类型作品未作规定。2012年国家版权局启动相关立法工作,于2013年10月22日公布《教科书法定许可使用作品支付报酬办法》,自2013年12月1日起实施。根据该《办法》规定的付酬标准,文字作品每千字 300 元，音乐作品每首 300 元，美术、摄影作品每幅 200 元，用于封面或封底的，每幅 400 元。在与音乐教科书配套的录音制品教科书中使用已有的录音制品，每首 50 元。

随着网络技术在教育领域的应用，"编写和出版教科书法定许可"也延伸到互联网。《信息网络传播权保护条例》第 8 条规定："为通过信息网络实施九年制义务教育或者国家教育规划，可以不经著作权人许可，使用其已经发表的作品的片段或者短小的文字作品、音乐作品或者单幅的美术作品、摄影作品制作课件，由制作课件或者依法取得课件的远程教育机构通过信息网络向注册学生提供，但应当向著作权人支付报酬。"远程教育是网络技术在教育上的运用，它通过计算机网络技术，使传统课堂教学、研讨会、讲座等与远程联机教室内的学生实时互动，达到课堂教学的效果。远程教学需要制作多媒体课件，这和教科书需要使用短小作品、作品片段的性质相同。为了保证九年义务教育或国家教育规划的实施，凡以此为目的而使用作品制作课件的，可以不经著作权人许可，但应向著作权人支付报酬。同时，为了防止特定服务对象以外的其他人获取著作权作品，远程教学机构应当采取技术保护措施，将课件的使用范围限于符合条件的特定学生群体。

三、报刊转载法定许可

报刊转载法定许可是一项世界范围内较为常见的制度，该制度旨在丰富和促进公众日常获取信息的渠道、降低信息获取的成本。

我国《著作权法》第 33 条第 2 款规定："作品刊登后，除著作权人声明不得转载、摘编的外，其他报刊可以转载或者作为文摘、资料刊登，但应当按照规定向著作权人支付报酬"，这一法定许可的受益主体是报社、杂志社。报纸、期刊之间的相互转载是定期出版行业的一种常态，报纸、杂志是汇编物，出版周期短，但是更新速度快，一些涉及政治、经济的时事评论或其他有价值的文章通过转载、摘编，能够让更多的读者解其内容，满足公众的信息需求。现实生活中，一些文摘类报刊如《新华文摘》《参考消息》《读者》《人大复印报刊资料》等受到广大读者欢迎，这些文摘报刊正是依赖于报刊转载法定许可而合法存在和发展壮大的。

适用这一法定许可规定应当符合以下条件：第一，该许可使用仅适用于报纸期刊上发表的作品，不包括图书。进行转载使用的必须是报纸、期刊的出版者，被转载的作品必须是已经刊登在报纸或期刊上的作品，至于报刊转载图书作品，或者将报刊或图书上的作品集结出版图书，须取得著作权人许可。第二，作者没有不得使用的声明。一些作者在作品发表时会附带声明，称未经其许可不得使用。当作者发明声明排除法定许可使用的,报社、期刊社就不能按照法定许可使用该作品,而是应当在获得作者授权之后才能使用。第三,使用者应向作者支付报酬。依据法定许可使用作品的付酬标准是事先确定的。1993年国家版权局颁布《报刊转载、摘编法定许可付酬标准暂行规定》,依法定许可转载、摘编作品的人,应当按照这个规定向著作权人支付报酬。转载、摘编演绎作品时,除向演绎者付酬外,还应当向原作者付酬,作者稿酬的收转工作由文字作品集体管理组织即文字作品著作权协会负责。

报刊转载法定许可是否适用于网络,我国的法律规定曾有过几次反复。最高人民法院在《关于审理涉及计算机网络著作权纠纷案件适用法律若干问题的解释》(2000年)中曾经将报刊转载延伸到网络服务商,允许网站转载、摘编报刊上刊登的作品。2006年,最高人民法院对该司法解释第二次修订时删除了这一条,这样,报刊转载、摘编法定许可仅仅限于纸媒体之间,而不适用于网络平台上的转载。

四、制作录音制品法定许可

《著作权法》第40条第3款规定:"录音制作者使用他人已经合法录制为录音制品的音乐作品制作录音制品,可以不经著作权人许可,但应当按照规定支付报酬;著作权人声明不许使用的不得使用",这一法定许可又称为机械复制法定许可。依照法律规定来理解:第一,该法定许可的受益者是录音制作者,例如唱片公司、音像出版者。对于已经合法录制为录音制品的音乐作品,他们可以进行重新录制而不必经过音乐作品著作权人的同意,但需支付作品使用费。第二,该法定许可使用作品限于录制行为。音乐作品的使用和传播方式多种多样,包括歌词、歌曲的印刷复制、现场表演、录制唱片、影视配乐等,此项法定许可允许录音制作者以"录制"的方式使用音乐作品,"录制"之外其他使用方式不在法定许可的范围。例如,某音乐作品专为电视剧而创作,电视剧已公开播映,如要将电视剧中的音乐作品录制为唱片,必须经过该音乐作品著作权人的授权。第三,进一步言,该法定许可所允许的使用方式是"重新录制"。重新录制,即此前已有他人经作词者、作曲者许可将该音乐作品制作成录音制品,现允许制作者另行聘用歌手对该作品进行表演,重新录制唱片,通俗地讲就是"翻唱"。比如,李娜首唱的《天路》已录制成唱片,后由韩红演唱,某唱片公司重新录制并出版韩红专集,就可以不经过《天路》词曲作者的许可,只要向其支付作品使用费。

录音制品法定许可制度可以追溯到20世纪初,该制度的立法初衷在于禁止唱片公司垄断音乐作品。在录音技术出现之前,音乐作品的复制仅是对乐谱的印刷,留声机和唱片技术问世之后,音乐旋律和声音可以固定下来制作成唱片,听众得以通过唱片反复聆听音乐。在这种情况下,音乐著作权人只能控制其作品的印刷复制,而不能控制音乐的机械录制,这就显得不公平了。1905年,美国开始修订版权法,音乐作曲家及出版商就把握这个机会,提议在增修条款之中赋予音乐作者一项新的专有权——机械复制权,使其得以授权唱片公司机械复制其音乐作品。由于预期到立法机关会支持音乐人所主张的机械复制权,一家大型录音公司早就从几家主要的美国乐谱出版商手中买下了许多曲谱的排他性"机械录制权"。[①] 这时,如何调解录音公司和音乐版权人之间以及录音行业中各家公司之间的利益之争,一下子成为版权法修改中的难题。1909年《美国版权法》赋予音乐著作权人机械录制权,同时又以强制许可制度对该权利加以限制,最终形成了《美国版权法》第115条"制作和发行录音制品的强制许可"。依该条规定,作曲家一旦授权第一次录制,其他录制者在支付法定授权金后,就可以再次录制(重新录制)该音乐作品,而音乐版权人必须以同样的条件发放许可。"机械录制权＋强制授权"的功能在于,防止有实力的大公司和版权人签订独家录制合同,导致独家使用音乐作品制作唱片的大公司利用垄断地位提高唱片价格。《美国版权法》设计出的上述制度,后被欧洲国家模仿,德国、英国、奥地利等国家都规定了类似制度。例如,《德国著作权法》以强制许可处理音乐作品的录制,在赋予音乐作品的作者享有录制权时配套建立了强制许可,音乐被首次录制为唱片后,著作权人有义务将录制权许可给其他录制者,在协议未果的情况下,录制者在支付使用费后可以进行录制。不过,德国的录音制作强制许可原来规定在"著作权的限制"之中,2003年《德国著作权法》修改时该条被取消,并将内容放到"著作权中的权利转移"之中。这一改动的理由在于:一是音乐作品著作权人获得报酬的权利必须通过著作权集体管理组织来保障实施。由于建立了集体管理机制,著作权人的权利由集体管理组织行使,因此,这种强制许可更接近著作权的利用而不是权利的限制。二是弱化该制度的强制性,鼓励著作权人第一次授权录音以后,应以合理条件授权他人进行录音制作。从立法初衷看,制作录音制品强制许可的意义在于排除唱片公司对音乐作品的独占使用,确保音乐的再次表演以及将其制作成新的录音制品成为可能。但这种法定许可机制,本身并非录音制品的商业性制作和发行所依凭的主要手段,实际当中很少被使用,通常情况下绝大部分录音制作仍是遵循自愿机制,经著作权人许可而制作唱片的。

我国设立制作录音制品法定许可是考虑到,作者公开发表其作品,表明愿意让作品在社会上传播。所以,规定一定条件下可以不经著作权人许可使用其作品,不违背

[①] 参见〔美〕Paul Goldstein:《捍卫著作权——从印刷时代到数位时代的著作权法》,叶茂林译,台湾五南图书出版有限公司2000年版,第107页。

著作权人意愿。① 这一立法理由与其他法定许可的立法理由相同，其初衷是为了减少著作权交易成本，促进作品传播的通畅便利。

五、播放作品法定许可

《著作权法》第43条第2款、第44条规定了播放作品法定许可。《著作权法》第43条第2款规定："广播电台、电视台播放他人已发表的作品，可以不经著作权人许可，但应当支付报酬。"第44条规定："广播电台、电视台播放已经出版的录音制品，可以不经著作权人许可，但应当支付报酬。当事人另有约定的除外。具体办法由国务院规定。"这两条规定均是对著作权人的"广播权"作出的限制，只是涉及的作品不同。第43条第2款涉及的是任何作品，只要该作品已经发表，广播组织即可以使用，而第44条涉及的是包含录音制品中的音乐作品，广播组织播放已经出版的录音制品，可以不经著作权人许可但应当支付报酬。有关该报酬的具体办法，即《广播电台电视台播放录音制品支付报酬暂行办法》于2010年1月1日开始施行。播放录音制品法定许可也受到"当事人另有约定"的限制。根据权威解释，"当事人另有约定"是考虑到以下两种情形：一是著作人与广播组织双方约定不支付报酬的，可以按照约定执行；另一种情形是指，虽然表演者、录制者不享有播放录音制品的权利，不存在取得报酬的问题，但表演者、录制者毕竟对制作完成录音制品付出了创造性的劳动，因此他可以通过合同约定的形式保护自己的权益，比如在许可他人使用自己表演或使用自己录制的录音品时，明确约定不得用于广播组织的播放，被许可人违反约定的，可以根据《合同法》有关规定，要求承担违约责任。②

播放作品法定许可的受益主体是广播电台、电视台。广播组织是专业的传媒机构，担负着新闻传播、政治宣传、讯息传递的社会职能，需要大量、频繁地使用作品。如果每一次使用都要征得著作权人许可，不仅广播电视特有的传播优势将不复存在，而且广播组织所担负的社会职责以及公众获取信息的福利也会受到影响。因此，给予广播组织播放已发表作品的法定许可，既是为了减少广播组织传播信息的社会成本，也是保障公共利益的必须举措。

播放作品法定许可制度的完善。现行《著作权法》第43条第2款和第44条分别为播放普通作品的法定许可和播放录音制品的法定许可，这两种法定许可均是对作品广播权的限制，分别适用于已经发表的任何作品和录音制品承载的音乐作品，权利

---

① 参见姚红主编：《中华人民共和国著作权法释解》，群众出版社2001年版，第241页。
② 同上书，第257页。

限制的受益人是广播组织,权利受到限制的是作品的著作权人。由此可见,从表象看这两个条文似乎在重复同一个内容,因此有意见认为第44条应予以删除,其内容可以被第43条第2款所涵盖。本书作者解读如下:从立法背景来看,第44条的本意是要解决录音制品制作者和表演者是否享有广播权,或者对广播组织播放录音制品获得报酬的权利,也就是《罗马公约》规定的"二次使用报酬权"。由于不同利益主体在此问题上争议很大且难以协调,又考虑到我国对罗马公约的上述条款作出保留,在实际中要求广播组织向录制者支付报酬难以执行。正因如此,2001年《著作权法》的修订仍未赋予录制者对其录音制品享有广播权,也没有承认其对广播录音制品获得合理报酬的权利,只是要求广播组织使用录音制品应当向音乐作品的作者支付报酬。因此,第44条规定为:广播电台、电视台播放已经出版的录音制品,可以不经著作权人许可,但应当支付报酬。当事人另有约定的除外。这里的"著作权人"明显是指音乐作品的作者,而不是录音制作者,"当事人另有约定"则指向录音制作者和表演者。《著作权法》第三次修改过程中,有关方面再次提出增设录音制作者的广播权或者获酬权的立法建议,已经得到广泛认可。2020年4月提交全国人大审议的《著作权法修正案》,增加一条作为第43条,该条规定"将录音制品用于无线或者有线播放,或者通过传送声音的技术设备向公众传播的,应当向录音制作者支付报酬",同时将第44条删去。该修正案通过后,不仅可以消除第43条第2款和第44条存在的内容重复问题,而且可以从根本上解决录音制作者和表演者对录音制品的广播和表演享有的获酬权,也就意味着增设了一项新的法定许可——播放录音制品法定许可。

六、通过网络向农村提供特定作品法定许可

《信息网络传播权保护条例》设立了一种类似于法定许可,但又不是严格意义上法定许可的权利限制。第9条规定:"为扶助贫困,通过信息网络向农村地区的公众免费提供中国公民、法人或者其他组织已经发表的种植养殖、防病治病、防灾减灾等与扶助贫困有关的作品和适应基本文化需求的作品,网络服务提供者应当在提供前公告拟提供的作品及其作者、拟支付报酬的标准。自公告之日起30日内,著作权人不同意提供的,网络服务提供者不得提供其作品;自公告之日起满30日,著作权人没有异议的,网络服务提供者可以提供其作品,并按照公告的标准向著作权人支付报酬。网络服务提供者提供著作权人的作品后,著作权人不同意提供的,网络服务提供者应当立即删除著作权人的作品,并按照公告的标准向著作权人支付提供作品期间的报酬。依照前款规定提供作品的,不得直接或者间接获得经济利益。"从立法目的看,此项法定许可的意义在于公益性目的,即扶助贫困、保证农村居民对科技文化的基本需求。

从立法技术看,此项法定许可比其他法定许可更为严格,它为著作权人保留了更多的权利,对于著作权人不同意提供其作品的,应以积极的、明示的方式提出异议。有异议的,网络服务提供者不得通过网络提供其作品;著作权人没有异议的,既无语言表达又无行为表示其不同意使用其作品的,即以沉默方式构成意思表示,网络服务提供者可以使用其作品。因此,此项权利限制类似于强制许可。

编写教科书法定许可使用(考题)①

某诗人署名"漫动的音符",在甲网站发表题为"天堂向左"的诗作,乙出版社的《现代诗集》收录该诗,丙教材编写单位将该诗作为范文编入《语文》教材,丁文学网站转载了该诗。下列哪一说法是正确的?

A. 该诗人在甲网站署名方式不合法
B. 《天堂向左》在《现代诗集》中被正式发表
C. 丙可以不经该诗人同意使用《天堂向左》,但应当按照规定支付报酬
D. 丁网站未经该诗人和甲网站同意而转载,构成侵权行为

【评析】 本题考点编写教科书法定许可使用,答案是C。A项错误。某诗人署名方式并无不当,在作品上署名可以署真名、笔名、假名。B的错误隐蔽在"发表"上。所谓发表就是作品首次公开,题中的诗作在网络上首次公开,《现代诗集》将其收录,是"使用"而不是"发表"。C项正确,在教科书中汇编已经发表的作品片段或者短小的文字作品,可以不经过作者许可,但应当按照规定支付报酬。C项符合编写教科书法定许可使用条件,故选C项。D项不正确。丁网站转载该诗作,应当取得诗作者的同意,但是转载行为无须征得首次发表作品的网站的同意。该选项设置的错误之处是将作者和网站并列起来,产生干扰作用,回答问题时应当仔细读题。

---

① 2011年国家司法考试题。

第七章

著作权的利用和集体管理

【本章导读】 著作权的行使是指通过利用著作权的对象实现作品的社会效益,并使作者获得经济收益。作品利用的主要途径是以使用许可或者转让的方式授权他人使用作品。著作权使用许可或著作权转让不仅涉及著作权法,也涉及民事法律的调整,民事法律中的基本原则也适用于著作权合同。著作权集体管理是行使著作权的一种模式,它构成了著作权制度的重要组成部分。本章的内容分为三个部分:著作权的许可、著作权的转移和著作权集体管理,分别阐述著作权使用许可和转让的区别、著作权集体管理的必要性及其运行机制。

第一节　著作权的许可

一、著作权许可的概念

著作权许可是指著作权人将著作财产权中的一项或多项内容许可他人使用,同时向被许可人收取一定数额的著作权使用费,以保障实现著作财产权益。著作权人享有复制权、发行权、表演权等项权利,通常并不是自己直接利用的,而是交由专业传媒机构去出版、发行、表演、网络传播等,以实现作品的流通。发放著作权许可证,便是最常见的著作权交易形式,也是著作权人实现经济利益的主要途径。

著作权人许可他人使用的权利可以是一项或多项权利,也可以是著作权整体。从实践来看,绝大多数著作权许可是一项或几项权利的许可,而很少有著作权整体许可的事例发生。著作权许可的本质是合同关系,作者或其他著作权人为许可方,使用作品的为被许可方。使用许可关系的建立,既可以订立书面合同,也可以以口头约定或者以双方实际行为推定。

根据著作权许可的性质和特点,《著作权法》对许可使用合同的主要内容作了如下规定：

第一，许可使用的权利种类。著作权包括多项权能，复制权、表演权、信息网络传播权等，这些权利可以由被许可人独家行使，也可以分别许可给不同的被许可人行使。许可合同应当明确授权许可的是哪一项权利或是哪几项权利，也就是明确著作权人授权被许可人以何种方式使用其作品，如授权改编的，则应明确授权将原作品改编成何种形式的作品。

第二，许可使用的权利是专有使用权或者非专有使用权。专有使用权是一种独占使用权，如使用者取得某项专有使用权，就有权排除著作权人在内的任何人以同样的方式使用作品。非专有使用权是非独占的，著作权人还可以许可第三人以相同方式使用作品，自己也可以相同方式使用作品。除报社、期刊社刊登作品外，许可使用的权利是专有使用权的，应当以书面形式给予明确。

第三，许可使用的地域范围、期间。地域范围与作品类型密切相关，如图书出版一般限定在全国范围内（台港澳除外）发行，电视台播放、现场表演、展览等限制在一定地域范围内，如电视台播放限定在某一电视台信号覆盖的区域。作品的使用期限一般不超过 10 年，在此期间范围内当事人可自行约定。通常出版合同的期限较长，而表演合同、播放合同多为短期。

第四，付酬标准和办法。著作权的付酬标准也称为作品使用费，通常有三种形式：固定报酬制、稿酬制、版税制。固定报酬即由合同当事人约定一个固定数额，该数额不受作品销售情况的影响，著作权人不必承担市场风险也不可能受益于作品的畅销。稿酬制适用于文字作品，是按照字数确定的报酬，以千字为单位。版税制是以作品的单位定价乘以使用量（发行数）乘以版税率的付酬标准，此种报酬数额与作品销售情况挂钩，能够充分反映作品的市场价值。许可合同对付酬标准约定不明确的，按照国务院著作权行政管理部门制定的付酬标准执行。

二、几种著作权许可使用合同

著作权许可使用合同的种类很多，根据作品使用方式来划分主要有出版合同、表演合同、广播合同、改编合同等。我国《著作权法》仅规定了图书出版合同、报刊出版合同，以下对这两种出版合同加以说明。

（一）图书出版合同

图书出版合同是著作权人与出版者签订的有关作品出版发行的协议。在我国，从事出版活动的必须是经国家有关部门批准登记领取出版许可证的正式出版单位，即图书出版社。图书出版合同是一种独立的合同,其必然反映著作权的特点,同时具备合同的法律属性和共同点,比如具有承揽合同、委托合同的属性。图书出版合同的特征在于:出版包括复制和发行,作者向出版者交付出版的作品,出版者自负盈亏地从事制作、发行和销售复制品(图书)。根据上述特征,实践中约定由作者承担出版费或者由作者和出版社共同承担费用出版作品的,是提供劳务的合同或合作合同,而不属于出版合同。这在一些国家的立法或判例中是有明确规定的。《法国著作权法》第L132-2条规定:"所谓作者出资合同不构成出版合同,该合同属于提供劳务的合同。"第L132-3条规定:"所谓分担出资合同不构成出版合同,该合同属于隐名合伙。"《德国著作权法》也认为,出版者没有承担复制与发行义务的,不属于出版合同。认定出版合同的性质有利于保障著作权的行使和规范出版行业的秩序。出版权是作者的专有权,作者为了使作品发表和向公众传播而将作品的复制与发行授予出版者,出版者通过合同取得出版权后,负有对作品进行复制和发行的义务。图书的制作和发行是一个专业化生产过程,需要具备专业设备、专业技术力量还要有一定的资金投入。鉴于出版的一切费用、商业风险由出版者承担,出版合同通常是专有性的、长期的关系。出版者依据出版合同取得较长时间内的专有出版权,被视为类似于绝对权而受到较强的保护,既不受作者干预,又有权禁止其他出版者对作品进行复制与发行,只有这样才有利于保障出版者的利益和规范出版市场。因此,专有出版权应当来源于出版合同,非出版合同如合作合同、劳务合同中的出版者不能享有专有出版权。

根据《著作权法》第30条规定:"图书出版者出版图书应当和著作权人订立出版合同,并支付报酬。"根据国家版权局提供的出版合同的标准样式,出版合同除了遵循合同法的一般规定外,还应注意《著作权法》的以下规定:(1)著作权人应当按照合同约定期限交付作品;出版者应当按照合同约定的出版质量、期限出版图书。(2)图书出版者经作者许可方可修改、删节作品。(3)图书出版者重印、再版作品的,应当通知著作权人,并支付报酬。图书脱销后,图书出版者拒绝重印、再版的,著作权人有权终止合同。

需要说明的是专有出版权。出版是一种最古老的利用作品的方式,出版权是作者享有的一项专有权。为了将作品印刷成书,流通于市,作者须将出版权授予图书出版者,由出版商进行专业化操作,向公众发行图书。因此,出版权是以利用作品为内容的权利,出版商依据出版合同取得的出版权来自作者授权,而并非邻接权意义上的权利。实务中,作者授予出版者的出版权通常为专有出版权。专有出版权是指,图书出版者在合同约定的期间内享有排除包括作者在内的任何人再次出版该作品的权利。《著作权法》第31条规定:"图书出版者对著作权人交付出版的作品,按照合同约定享有的专有出版权受法律保护,他人不得出版该作品。"取得专有出版权的图书出版者,享有在合同有效期内和在合同约定的地域范围内以同种文字的原版、修订版出版图书的专有权利。但只得自己出版,不得许可他人出版,其他人以同样方式印刷出版享有专有出版权图书的,不仅侵害了作者的利益,也同时侵犯该出版者的利益。相应的,在专有出版合同有效期内,作者不得再次许可他人出版同一作品。只有在合同期满或出版社严重违反合同义务时,出版权才回归作者。

(二) 报刊出版合同

报刊出版合同是报纸、期刊出版者与作者约定的刊登作品和支付报酬的协议。报纸、期刊是定期出版物,具有时效性强、周期短、版面有限的特点,同时考虑出版单位实际操作的可行性,《著作权法》没有要求报社、期刊社和作者分别签订合同。通常情况下,报刊出版者发布的征稿启事约定了稿件征集、刊用的条件,系要约邀请。作者向报刊投稿即向报刊出版者发出要约,报刊社采用来稿为承诺。至此,报刊出版合同成立,征稿启事约定的条件成为合同条款,对双方当事人产生约束力。除了允许报刊出版者和作者作出约定之外,《著作权法》对报刊出版作出如下规定。

(1) 法定期间不得一稿多投。作者向报纸、杂志社的投稿一般有较强的时间性,因此作者希望报刊出版者尽早决定是否采用,如果不采用,作者可以另作他投;而报社、期刊社一方面反对一稿多投,另一方面又希望有较长的时间审稿,以便保证刊物的质量。为了解决这一矛盾,《著作权法》第33条第1款规定:"著作权人向报社、期刊社投稿的,自稿件发出之日起15日内未收到报社通知决定刊登的,或者自稿件发出之日起30日内未收到期刊社通知决定刊登的,可以将同一作品向其他报社、期刊社投稿。双方另有约定的除外。"这里所规定的时间是报刊出版者对作者投稿给予答复的法定期限,超过这个期限还没有收到通知的,作者就可以"一稿多投"。在有约定的情况下,这种约定通常写在报刊社的征稿启事中,作者向报刊社投稿视为知晓并接受有关约定,作者只有在约定期限届满之后才能将同一作品向其他报刊社投稿。

(2) 报刊出版者的转载、摘编。《著作权法》第33条第2款规定:"作品刊登后,除著作权人声明不得转载、摘编的外,其他报刊可以转载或者作为文摘、资料刊登,但应当按照规定向著作权人支付报酬。"这一规定即报刊转载摘编法定许可。转载、摘编是对作品的再次使用,是否允许使用本应当由作者控制。作者行使权利的方式是在作品刊登时附带声明,明确表示不得转载、摘编。如果没有这样的声明,即视为作者同意其他报刊转载、摘编已发表的作品,报纸、期刊就可依照"法定许可"而使用作品。实际中,某些刊物以报社、杂志社的名义刊登声明,"凡本刊发表之作品,均由本刊享有专有出版权,未经本刊同意,一律不得转载或摘编"。这种声明的法律效力是值得怀疑的,因为如果没有作者的授权,无疑是"越俎代庖",甚至会导致侵害作者享有的权利。

（3）报刊出版者对作品的文字性修改。《著作权法》第 34 条第 2 款规定："报社、期刊社可以对作品作文字性修改、删节。对内容的修改,应当经作者许可。"修改权只能由作者本人或授权之人行使,但是期刊、报纸是定期刊物,受版面及时间的限制,对稿件的使用往往要从这两个方面加以考虑,有时须对稿件的篇幅、字数做些调整。如果这种修改、删节须得到作者同意,势必会影响报刊的出版发行。因此,法律赋予报刊出版者对稿件的文字性修改。所谓文字性修改,是指不触及作品实质内容和观点的技术性修改,核对事实材料、纠正错别字、改正语法修辞错误、引文错误等。如果是作品的实质内容需要改进,应征得作者同意后加以改动或者由作者自己修改。

需要指出的是,上述报刊出版者的权利是基于报刊出版合同而产生的,权利的性质并非独立的邻接权。现行《著作权法》将出版合同及基于合同产生的权利一并规定在"邻接权"中,似有不妥。在立法技术上讲,这些权利调整到"著作权许可使用和转让合同"一章更为合理。

第二节 著作权的转移

一、著作权的转让

著作权转让,是指作者或其他著作权人将著作财产权中的一项或者几项,以合同的方式转移给他人所有。经过转让,著作权人失去部分或全部著作财产权,受让人成为新的著作权人。转让和许可使用的区别在于转让使得作者永久性地失去部分著作权,受让人取得的是著作所有。而许可使用只是使用权暂时与作者分离,被许可人取得的是一定期限内以一种或多种方式使用的权利权。在作者权体系中,鉴于著作权包含着作者的人格权利,而人格权具有不可转让性,因此著作权转让受到限制。以德国为例,法律允许作者将作品的使用权许可他人行使,但著作权不可转让（第 29 条）。《德国著作权法》规定著作权不可转让的根据来自"一元化"理论。根据一元化理论,著作权作为一个整体,是作者所拥有的权利,用来维护作者的经济利益和精神利益。作者开发自己作品的经济权利可以为其精神利益服务,同时,作者的精神权利也为其经济利益服务。于是,作者在世期间著作权不可转让,不仅对各项财产权也针对作者人格权,都不得转让。作者在死亡后,将著作权转让给继承人或者第三人是允许的。法国虽然赞同著作权全部或部分转让,但同时限制了这种转让可能给作者造成的不利影响。《法国著作权法》规定,全部转让未来作品无效(第131-1条)。转让应使作者有权按比例分享其作品销售或使用的收入(第L131-4条),还规定转让时如因侵害或对作品收益估计不足而使作者遭受损失的,作者有权对合同价款提出修订(第L.131-5条)。在版权体系中,著作权是财产权利,著作权的价值主要在于作者能把版权转移给他人,使受让人享有利用作品的权利,因而著作权的转让是财产权的应有之义。著作权的转让,可以是一项权利或者多项权利的转让,也可以是著作权的全部转让,著作权的全部转让又叫作"著作权的卖绝"。著作权转让之后,受让人还可以将著作权再次转让给他人。

我国1990年颁布的《著作权法》不允许著作权的转让,2001年法律修订之后承认了著作权的转让。允许著作财产权的转让,使著作权人行使权利的方式更加灵活,更能够适应现实生活的实际需求。为了切实保护作者的利益,《著作权法》关于转让著作权应当遵循的原则作出以下规定:第一,转让限定在财产权范围之内。《著作权法》第25条明确指出可转让的著作权是财产权利。第二,转让著作权应当以书面形式订立合同。书面合同具有保护作者利益的功能,如果著作权的转让未有书面合同,则难以认定著作权的转让,视为著作权未予转让。第三,对转让合同作狭义解释。著作权有多个权项,权利转让可以个别转让也可以全部转让,因此转让合同必须明确约定转让的权利类别。转让合同未作约定或者约定不明的,受让人取得权利不得扩展到未明确约定和订立合同时尚未出现的权利。

著作权的转让仅限于著作财产权,著作人格权"不可转让"。由此可能导致下列情形的出现:著作权中财产权转让产生了新的著作权主体,著作人格权仍然保留在原始著作权人手中,在同一作品之上,著作财产权和作者人格权相分离。这是否会影响作品的使用,妨碍著作权继受主体行使权利呢。这本是著作权制度与市场规则之间不可避免的冲突。按照诚实信用的原则,著作权转让合同的双方当事人都应当本着"谨慎维护对方的利益,满足对方的正当期待,给对方提供必需的信息"[1],保证对方真实地享有合同利益,避免出现合同目的落空的问题。因此作者在转让著作财产权后,著作人格权的行使应受到适当的限制,不得以造成受让人重大损失的方式行使人格权。例如,对于署名权,作品为普通职务作品的,可以约定由雇主决定署名方式。对于保护作品完整权,作者可以与受让人约定受让人有权按照使用目的对作品进行改动,或者对作品作出增加、缩短,或者改变作品名称。除非利用作品时对作品有重大损害,或者因改动作品导致严重损害作者名誉、作品声誉的,否则作者不可以著作人

---

[1] 〔德〕卡尔·拉伦茨:《德国民法通论》(上),王晓晔等译,法律出版社2013年版,第58页。

格权要求禁止作品的利用。

二、著作权的继承

《著作权法》第19条规定:著作权属于公民的,公民死亡后,其著作财产权,依照继承法的规定转移。《继承法》第3条规定,遗产是公民死亡时遗留的个人财产,包括属于公民的著作权和专利权中的财产权。继承、遗赠的标的是著作权中的财产利益,作者死亡时,其继承人可以取得作者生前享有的所有与作品有关的财产权利。著作权属于公民的,依照继承法转移著作权有几种形式:通过法定继承转移;通过遗嘱继承转移;通过遗赠转移;通过遗赠抚养协议转移。著作权属于法人或者其他组织的,法人或者其他组织变更、终止后,其著作权转移到承受其权利义务的法人或者其他组织。没有承受其权利义务的法人或者其他组织的,由国家所有。

作者著作权中的署名权、修改权和保护作品完整权是人身权,不可继承和转移,我国《继承法》也没有规定人身权的继承。作者死亡后,作者的修改权、署名权、保护作品完整权,可以由作者的继承人或者受遗赠人保护其不受侵犯。继承人不能积极行使更改署名、修改作品等人身权利,但是有权捍卫这些权利,要求这些权利被尊重,并可以对侵犯这些权利的行为提起诉讼。对于发表权,作者生前无明确表示的,推测作者的意思,可以发表。作者生前表示不让发表的,该作品的著作权人在保护期内原则上不得发表。但是,如果知道作者做出不发表决定的原因,并且该原因消除后,推定作者的意思,也可以发表。如果作品涉及社会公共利益,可以由国家决定发表。①

作者死亡后著作权的行使(考题)②

甲生前曾多次表示要将自己尚未发表的书稿赠送给乙,但一直未交付。后甲立遗嘱由丙继承全部遗产,但甲临终前又将该书稿赠与丁并立即交付。该书稿的发表权应由谁行使?

A. 乙　　　　　B. 丙　　　　　C. 丁　　　　　D. 丙和丁

【评析】 本题以作者死亡后其作品著作权的行使为考点,答案B。著作权具有财产属性,作者死亡后,著作权中的财产权利依照《继承法》的规定转移。作者生前未发

---

① 姚红主编:《中华人民共和国著作权法释解》,群众出版社2001年版,第137页。
② 2009年国家司法考试题。

表的作品，如果作者未明确表示不让发表，作者死亡后50年内，其发表权可由继承人或者受遗赠人行使；没有继承人又无人受遗赠的，由作品原件的所有人行使。本题中作者甲立有遗嘱，由丙继承全部遗产。按照遗嘱，丙取得包括著作权在内的甲的全部遗产。对于甲生前尚未发表的书稿，丙有权按照甲的意愿予以发表。故B是正确说法，当选。A项被排除的理由是，乙既不是甲的继承人，也不是书稿原件持有人，没有资格行使书稿的发表权。C项被排除的理由是，丁是书稿的受遗赠人并持有书稿原件，但甲的财产继承人为丙，按照《继承法》和《著作权法》的规定，继承人可先于受遗赠人行使作者遗作的发表权。

第三节 著作权集体管理

一、著作权集体管理的概念

著作权集体管理是著作权行使的一种模式，是指有关组织根据著作权人的授权，将众多著作权集中起来以自己的名义独立地进行著作权许可、收取使用费并向著作权人分配报酬。在这里，虽然名曰"管理"，但这种管理并不是国家行政机构根据行政职权实行的管理，而是非营利组织对私权的经营性管理，该非营利性机构被称为"集体管理组织"。对著作权人来说，选择权利的集体管理就像选择权利许可或转让一样，是行使著作权的一种途径或者手段。

著作权集体管理制度起源于法国，最初目的是通过集体的力量改变著作权人的弱势地位。在一些情况下，著作权的行使可以由著作权人直接与使用者协商谈判授权使用。例如，图书出版，作者和出版社可直接签订出版合同，约定作品复制发行的条件与价格。小说的改编，作者和使用者可以商谈改编使用的方式、使用范围等。但是，在更多的情况下，作者或著作权人实施权利管理相当困难，甚至是不可能的。当使用人的数量很大，使用作品的次数频繁，例如音乐作品的表演、播放，作者要面对诸多分散的使用者，逐个授权使用其作品，显然是难以应对的。如果不能授权许可他人使用，作者也就失去了获得应有报酬的机会。对于使用者来说，要大量长期地使用众多作者的作品，寻找作者——取得使用许可并对作者——支付报酬也是极其困难的。同时，作者个人相对于专业传媒机构而言交易能力欠缺，谈判地位弱，亲自管理权利的结果必然是陷于烦琐的事务当中且成本过于昂贵。面对复杂的作品使用情况和广阔的文化市场，怎样才能保证著作财产权能够很好地实施和管理呢？最好的办法是通过一个组织,它代表作者管理著作权,既为权利人服务也方便使用者,并促进著作权交易的实现。这个组织就是著作权集体管理组织,这种集中发放许可、集中收取费用、集中分配报酬的机制就是著作权集体管理。著作权集体管理组织自诞生以来,从音乐作品表演权的管理发展到戏剧作品、文字作品、美术摄影作品"小权利"的管理,已成为著作权制度中的重要组成部分。国际上的实践证明,作者和著作权人对某些作品的传播无法进行控制的情况下,采用集体管理的形式进行权利管理是比较有效的办法。集体管理组织向作品的使用者一揽子授权并收取使用费,收取的费用按照一定比例返还给作者。这样,著作权人既实现了自己的权利并获得收益,作品使用者也免去寻找作者的困难,提高了经营效率,集体管理组织起到了沟通著作权人与作品使用者的桥梁作用。

我国于 2001 年正式引入著作权集体管理制度。《著作权法》第 8 条规定:"著作权人和与著作权有关的权利人可以授权著作权集体管理组织行使著作权或者与著作权有关的权利。著作权集体管理组织被授权后,可以以自己的名义为著作权人和与著作权有关的权利人主张权利,并可以作为当事人进行涉及著作权或者与著作权有关的权利的诉讼、仲裁活动。著作权集体管理组织是非营利性组织,其设立方式、权利义务、著作权许可使用费的收取和分配,以及对其监督和管理等由国务院另行规定。"2004 年 12 月,国务院颁布《著作权集体管理条例》,对著作权集体管理组织的性质、设立、与著作权人的关系、管理范围等问题作出更为详细的规定。该法规的颁布标志着集体管理作为著作权法一个不可分割的组成部分,正式纳入《著作权法》。

二、著作权集体管理组织

著作权集体管理组织,是由作者或著作权人组成的,不以营利为目的,旨在维护精神权利并管理创作作品的经济利益的组织。[①] 我国《著作权集体管理条例》第 3 条第 1 款规定:"本条例所称著作权集体管理组织,是指为权利人利益依法设立,根据权利人授权、对权利人的著作权或者与著作权有关的权利进行集体管理的社会团体。"著作权集体管理组织通常按照作品的类别分别成立集体管理协会,如音乐作品著作权协会、音像著作权集体管理协会、文字作品著作权协会、电影作品著作权协会。我国第一家著作权集体管理组织是 1992 年底创办的中国音乐著作权协会(简称"音著协")。音著协负责集中行使音乐词曲作者的复制、表演、广播和信息网络传播的著作

---

① 参见〔西班牙〕德利娅·利普希克:《著作权与邻接权》,联合国译,联合国教科文组织、中国对外翻译出版公司 2000 年版,第 324 页。

权,为音乐作品使用者提供许可服务。1994年,音著协经国家版权局和外交部批准,加入了国际作者作曲者联合会,使我国音乐著作权人的权利在国外的实现有了组织保障,同时履行我国政府参加的国际著作权公约所赋予的国际著作权保护义务。中国音像著作权集体管理协会(简称"音集协")成立于2008年,音集协对音像节目的表演、放映、广播、出租、信息网络传播、复制、发行等权利进行集体管理。中国文字作品著作权协会(简称"文著协"),由中国作家协会、国务院发展研究中心等12家著作权人比较集中的单位和数百位我国各领域著名的作者共同发起,于2008年成立,负责集中管理会员文字作品的著作权。除了政府部门批准建立并命名为著作权集体管理协会的以外,著作权市场上存在着各种著作权权利中心,如出版社、唱片公司、版权代理公司,它们在各自的领域和作者建立了广泛的联系,掌握着大量的作品资源和权利信息,在著作权人和使用者之间起到沟通桥梁作用。这些机构虽然没有获得政府有关部门的批准成为集体管理组织,但实质上发挥着著作权集体管理的作用。

著作权集体管理组织的性质是非营利性机构,其运营过程中取得的收益在扣除活动经费之后,应该全部返还给著作权人。不能返还的,应该用于法定的文化促进事业,如改善为著作权人提供的服务和建立文化发展基金。我国的著作权集体管理组织是非营利性组织。是否从事营利性活动的区分标准在于,有关组织是否将其拥有或管理的资产用于投资,并将投资赢利向其会员分派利润。集体管理组织的活动范围非常明确,对于所收取的使用费以及其他资产,不得用于投资活动。如果从事营利性经营活动,集体管理组织要依法承担责任。

三、著作权集体管理组织与著作权人的关系

著作权集体管理组织与著作权人之间是授权与被授权的关系。著作权人和集体管理组织建立关系时,采取双方签订合同的方式由著作权人授权给集体管理组织,即"权利人可以与著作权集体管理组织以书面形式订立著作权集体管理合同,授权该组织对其依法享有的著作权或者与著作权有关的权利进行管理。权利人符合章程规定加入条件的,著作权集体管理组织应当与其订立著作权集体管理合同,不得拒绝"[①]。这种授权是什么性质的,是著作权转让、使用许可还是信托,我国法律没有加以明确。不过,根据《著作权集体管理条例》第20条规定:"权利人与著作权集体管理组织订立著作权集体管理合同后,不得在合同约定的期限内自己行使或者许可他人行使合同约定的由著作权集体管理组织行使的权利",以及集体管理组织"集中行使权利人的

---

① 《著作权集体管理条例》第19条第1款。

有关权利并以自己的名义进行活动"的规定,可以认为著作权人和集体管理组织之间的授权性质属于权利信托。在这种信托关系中,著作权人是委托人,集体管理组织是受委托人,信托财产是作品的著作权。其他国家和地区的著作权人与著作权集体管理组织建立关系时,基本上采取双方签订著作权转让合同或者信托合同的方式。这两种方式都可以使集体管理组织能够以自己的名义授权使用者使用作品,同时具有独立的诉讼主体资格,能够以自己的名义向侵权者进行法律交涉。

在广义的集体管理之下,例如出版社和作者、版权代理公司和作者的授权关系具有更大的灵活性,可以是著作权转让、著作权代理、著作权许可,也可以是依托。这些代理机构或权利中心与作者的关系,根据双方的授权模式而有所不同。

四、著作权集体管理组织的职能

著作权集体管理组织的职能是:监督有关作品的使用情况,与作品使用者谈判、签订作品使用许可合同,收取和分配使用费,寻求法律救济。此外,著作权集体管理组织也具有一定的社会文化职能,如建立作者基金,扶持优秀作品的创作和传播等。

起初,著作权集体管理的权利是音乐作品表演权和广播权。后来,随着技术的发展和市场的扩大,集体管理扩大到其他类别的作品和权利。但是基于著作权的私权属性,集体管理仍然限制在分散的、个人难以控制的"小权利"范围内。这些"小权利"具有以下特点:它的个别行使由于市场因素和技术因素的影响,是不经济、不现实的。比如文字作品的复印,使用者是潜在的、大量而分散的;音乐的播放,使用范围广泛且次数频繁,对其中的复制权、表演权,权利人都无力进行个别授权,更不可能进行监督,这样的权利就需要集体管理组织代为集中行使。按照上述标准归纳起来,处于集体管理下的权利主要有:表演权、广播权、信息网络传播权、复制权等专有权。在其他一些国家,集体管理组织管理的权利还有私人复制报酬请求权、文字作品复印报酬请求权、美术作品追续权、公共借阅报酬请求权、教科书编写报酬请求权等,这些权利是专有权之外的报酬请求权,法律规定由集体管理组织统一行使。

著作权集体管理组织的主要工作是向使用者发放许可证,收取作品使用费并将收取的费用向权利人发放。以音乐作品为例,使用者有娱乐业、服务行业经营者,有文化产业的经营者。当宾馆、歌厅、机场、酒吧等营业性场所播放音乐时,经营场所的经营者就是音乐作品使用者;当互联网公司经营的网站使用音乐时,该互联网公司是音乐作品使用者。如果他们使用的音乐作品是集体管理组织会员的作品,集体管理组织就可以与这些使用者订立著作权许可合同,收取作品使用费。

除了代表会员收取使用报酬,集体管理组织还有权收取某些非会员的作品使用费,并有义务将收取的费用分配给非会员。在我国,这种非会员的报酬主要来自"法定许可使用"。这些情形包括:《著作权法》第23条编写教科书法定许可、第33条第2款报刊转载法定许可、第40条第3款制作录音制品法定许可、第43条第2款和第44条规定的播放作品法定许可。

著作权集体管理组织还有权以自己的名义对侵犯著作权的行为提起诉讼或者请求仲裁,这是集体管理组织必须具备的主体资格。《著作权法》第8条规定,集体管理组织"可以作为当事人进行涉及著作权或与著作权有关的权利的诉讼、仲裁活动"。《著作权集体管理条例》第2条规定,集体管理组织可以自己的名义"进行涉及著作权或者与著作权有关的权利的诉讼、仲裁活动"。

理论探讨

期刊业数字化发展过程中的版权困境与治理[①]

一、数字期刊业的现状

著作权是内容产业在数字化进程中面对的共同难题。著作权问题往往是以侵权纠纷、法庭诉讼的形式引起业界的关注,如唱片公司与搜索引擎、影视公司与视频分享网站、作者与数字期刊提供商之间的纠纷。近年来,大量的网络著作权纠纷案件发生在上述领域,这些看似是版权乱象,实际上是数字科技快速发展引起产业内生产关系发生变化,而法律相对稳定、滞后所产生的矛盾冲突现象,是技术与法律之间相互关系的一种必然反映。期刊行业也不例外,新的媒体技术和产品引导着大众阅读方式的转变,手机、电子书、电纸书等成为电子阅读的终端,期刊出版业面临着产业格局的调整和向数字化转型的现状,在新的产业格局和市场环境中,遭遇版权难题是不可避免的"成长中的烦恼"。

数字新科技的融入和不断出现的终端电子产品,带动期刊业的产业格局发生了巨大变化,塑造着期刊业新的运作模式:传统期刊社为印刷媒体、网络媒体、移动平台创造内容,数字技术公司将信息内容转换为数字形态,进行整合加工并提供存放空间,通过信息网络向公众传播,用户通过各种终端设备获取内容。期刊业新的运作模式表现出以下特点:一是内容提供商和用户中间加入了专门从事内容制作加工、提供交易服务和其他客户服务的平台,这个平台就是数字技术企业,作为中间商在产业链

[①] 参见张今:《期刊业数字化发展过程中的版权困境与治理》,载《出版发行研究》2011年第3期。

条中具有重要作用;二是数字化内容可通过电子终端器接收,例如手机、阅读器等,这些新媒体是跨媒介的;三是受众的消费需求不同,市场是分众的,须有丰富多样的足量信息内容才能满足不同层次的用户需求。数字期刊业在转型过程中遇到的版权问题可以归结为两点:一是期刊图书通过数字平台向用户提供作品的行为是网络发行还是信息网络传播,二是数字平台使用期刊杂志上的文章是否必须再取得作者的授权。

二、技术平台通过网络提供作品是"数字发行"还是信息网络传播

数字期刊公司通过技术平台向读者提供数字化期刊是"网络发行"还是信息网络传播?对此,数字平台企业认为,将纸质期刊的内容通过网络进行电子版发行并收费,只是换一种渠道的销售行为,并没有对内容进行任何改变或编辑,属于"网络发行",因而不必经过作者的许可,只需向作者分配收益。对传播行为的这种误解正是数字期刊公司遭遇版权侵权纠纷的主观原因。

"网络发行""数字发行"并不是法律上的概念,也不等同于传统发行在数字环境下的延伸。著作权法意义上的发行是指以出售或赠与的方式向公众提供作品的原件或复制件。作品发行之后,购买者基于对该产品的物权便可以对抗作者在此产品上的著作权,该产品的进一步流通不再受著作权的控制。例如,已投放市场发行的图书杂志,经销商分销到另一个城市,在多家书店销售是不需要获得作者的授权的。在著作权法理论上称此为"发行权一次用尽"。但是,在数字和网络环境之下,由于作品以数字形态存在而并非固定于物质载体之上,因此公众获得的数字内容也并不像购买一本图书杂志那样有实物的占有,而是直接感受、体验。由于获得作品并不发生对实物的占有,也不享有物权,因此购买者无法以物权对抗著作权人在该产品上的著作权,作者有权控制作品在网络环境中的再次传播。因此,发行权一次用尽原则对"数字发行"是不适用的。

可以明确的是,通过网络向公众销售数字期刊属于信息网络传播行为。信息网络传播,是指以有线或无线方式向公众提供作品,使公众可以在其个人选定的时间和地点获得作品。数字期刊业者对作品的使用方式无疑符合信息网络传播的定义,网络传播数字化作品并不发生有形复制件(硬盘、光盘)的转移,而只在服务器上产生作品复制件传送给用户,导致复制件在数量上的绝对增加。由于数字复制极为便利,获得作品的用户还可以将作品再行复制、多次复制和传播。所以,网络环境下的作品传播不能适用发行权一次用尽原则,相反地,著作权人总是通过技术措施控制作品的使用以保证对每一个使用行为收取费用。

数字技术平台通过网络向公众提供期刊是发行还是网络传播,在我国《著作权

法》和司法实践中都是一个很清楚的问题。今后,新闻出版行政管理部门对数字出版与数字传播的企业采取分类管理,数字技术企业获得的会是"数字传播""数字化加工"资质,而不会是"数字发行"。数字期刊企业正确认识"数字出版""数字加工和传播"等概念规范自身行为,将有利于企业的发展和商业模式的创新。

三、技术平台如何取得作者的使用许可授权

现今许多数字技术平台和传统期刊社之间建立了合作关系,由期刊社获得作品的信息网络传播权授权,再通过合作协议将这一权利转让给数字技术平台,数字技术平台将作品网络传播的收益与期刊社及作者分成。这种模式对于数字技术公司来说具有便利性、可操作性且交易成本较低,但问题在于,期刊出版者应当具有合法的权利来源,保证期刊作品的网络传播不会受到作者著作权的质疑。因此,应当从源头上保证作品的合法来源,即保证期刊出版者与作者签订的报刊出版合同合法有效。

报刊出版合同订立和履行的通常做法是:期刊社发布征稿启事,载明作品使用的条件、使用方式、稿酬标准等著作权事项;作者投稿,推定其接受该条件;期刊社采用稿件,则"启示""声明"中载明的条件即成为合同条款,对双方均产生约束力,有关著作权事项的约定属于合同的一部分,当事人应予遵守。在这种情形下,报刊出版者发布"启示""声明"属于要约邀请,作者的投稿属于要约,稿件被录用则是对要约的承诺,报刊出版合同由此成立。在此种合同订立的过程中,作者虽没有使用明示的、书面的方式向期刊社授予许可使用权,却通过有目的、有意义的积极行为(投稿)作出了意思表示,这种授权许可方式属于行为的默示许可。

我国法律承认以默示形式进行的法律行为。我国《民法典》第135条规定:"民事法律行为可以采取书面形式、口头形式或者其他形式……"最高人民法院《关于贯彻执行〈中华人民共和国民法通则〉若干问题的意见(试行)》第66条规定:"一方当事人向对方当事人提出民事权利的要求,对方未用语言或者文字明确表示意见,但其行为表明已接受的,可以认定为默示……"默示许可制度的优点在于,它一方面基于权利人的意思自治——默示许可是基于权利人在先行为而产生效力,权利人有权选择参与或者不参与这种默示许可;另一方面,默示许可大大节省了被许可人的交易成本,被许可人不需要一对一地与权利人缔约,而仅基于权利人的特定在先行为就可达成合意,从而降低了前缔约成本,创造了更有效率的资源流通模式。同时,默示许可保障了权利人的经济受偿权,被许可人需要向权利人支付合理的对价。这些特点使得在数字期刊产业中引入信息网络传播权的默示许可制度具有可行性。

除了行为的默示,还有一种沉默的默示,表现为行为人既无语言表示又无积极行为的消极形式,在法律有特别规定或当事人有约定的情况下,视为当事人的沉默已构成意思表示,由此使法律行为成立。通过沉默的默示推定意思表示而建立合同关系的机制,是一种"不明示反对则自动适用",无异于将制定规则和实施规则的权利赋予一方当事人,而有可能向另一方强加义务,侵害其合法权利。因此,根据沉默来推断当事人的意思表示应当十分慎重,没有法律规定或者当事人约定的情况下不得适用。著作权法中的沉默的默示许可仅存在于《信息网络传播权保护条例》第9条,"通过信息网络向农村地区提供特定作品"①。依此规定,在法律法规有特别规定的情况下,作品一经创作完成且公之于众后,只要作者事先未申明拒绝对作品的利用并且经过合理的公告期后,作者没有发表相反的声明或没有其他行为表示,沉默即可推定作者许可他人对作品的使用。作为一种补偿,使用人应向作者支付报酬。

《信息网络传播权保护条例》规定的沉默方式的许可,其目的是为了填补城乡信息差距,满足农村人口享受科技文化成果的需求,是著作权使用许可的一种制度创新。它带给人们进一步思考是,沉默方式的许可是否能够适当扩大,适用于特定领域如国家数字图书馆建设、大型数据库建设,这不仅是《著作权法》未来修改过程中将会面临的一个重要问题,也是从事数字内容服务的实际部门所关注和期待的。

四、谋划合作探索新型授权模式是解决数字版权难题的根本出路

数字化和新媒体并没有从根本上改变创作者、传播者、使用者三方的利益关系。版权保护的最终目的是促进作品推向市场,实现作品的文化价值和经济利益,使得各方都从中获得利益。对作者而言,著作权不是只用来对付侵权的"狼牙棒",而应成为获得利益的砝码。作品走向市场被广泛传播并由此产生经济收益是著作权价值的最终体现,即使面对先使用后授权,著作权人所期待的也不只是一纸胜诉判决,更希望写在纸上的权利变成现实的可得利益。对传播者而言,作品及内容是数字出版的源头活水,获得使用许可并向著作权人支付报酬是信息产品市场化运作需要付出的经营性成本。数字期刊业要在新的市场环境中生存和发展,必须首先处理好与作者的关系,兼顾产业各个参与者的利益,使产业链中每一个环节每一方主体都具有经济动力去进行创作和传播活动。对于社会公众来说,通过网络更便捷地获取丰富的信息内容,已成为现代生活中不可或缺的组成部分。获取信息内容及服务和购买其他商品一样,将其视为一种消费行为和生活方式的理念已经逐步形成。由于根本利益一致,创作、传播和使用作品的各方完全有可能通过简化授权程序和降低授权成本,来

---

① 该条规定,为扶助贫困,通过信息网络向农村地区的公众免费提供几种特定的作品时,网络服务提供者应当在提供前发布使用公告,由著作权人提出异议,著作权人没有异议的,网络服务提供者可以提供其作品,并支付报酬。提供作品后,著作权人不同意提供的,网络服务提供者应当立即删除该作品,并按照公告的标准向著作权人支付提供作品期间的报酬。

解决数字版权的难题。

如前所述,著作权许可使用合同存在多种模式,传统的由著作权人与使用者直接协商、订立合同的模式仅是其中之一,而且由于难以胜任"海量作品"需要"海量许可"的现实要求、缔约成本太高,在著作权许可使用合同中所占的比例正在逐渐减少。相形之下,由集体管理组织代位进行授权、要约授权、默示许可等新的授权模式则逐渐兴起,各有其生存领域。这些合同模式的出现,是著作权人和使用者为了满足交易的需要而在实践生活中自发创立的。正如哈耶克所说:"人们之所以选择通过某种交易模式来实现自己的目的,乃是因为这种交易模式能够允许不同的个人和组织根据各自不同的知识和技能追求各自的目标。"[①]这些新型的著作权许可模式具有存在的合理性。我们应当对这些模式给予充分的宽容,不仅应当承认运用这些模式进行的著作权许可使用具有相应的法律效力,而且应当鼓励、推动创作者、传播的媒体、商业开发者根据实际需要采用这些新的商业模式,使各方能够节约成本、达致共赢。为了实现这一点,可以从多方面进行努力,例如促进著作权集体管理组织的发展和完善,推广授权要约的适用并且鼓励相关行业协会出台比较详细具体的授权要约示范文本。立法上应当将规范的重点置于合同的内容,以使著作权人经济权益的最终实现具有法制保障。

现实中,报刊出版合同是数字期刊业的权利来源,期刊版权的默示许可应由期刊出版者发力。期刊出版者与著作权人的合同关系通常体现在征稿启事中,此一约定应本着自愿原则,以尊重作者的使用权和获得报酬权为前提,写明使用作品的一系列条件、使用作品的方式、报酬标准及其支付方式,对于传统出版以外的某些使用方式如信息网络传播、数字出版等,应予重点标明,以提示作者注意。如明示"作者向本刊社投稿时,若未明确作出予以反对的声明,则视为许可与本刊社存在合作关系的网络服务提供商通过网络传播其作品"。此外,期刊出版者还需要通过其他方式解决或者补救"老作品新权利"的矛盾。信息网络传播权是2001年出现的新权利,在此之前出版的期刊在网络上传播的仍须获得作者信息网络传播权的授权,为此,期刊社可以发布公告通知作者联系授权事宜,同时应当建立作品使用费清算基金,用来支付先前作品网络传播的使用费补偿。期刊协会应发挥引导作用,推动期刊行业内形成标准化的使用许可合同,一旦形成标准加以实施,期刊社就可依据行业内交易习惯,在刊登作品同时取得在网络上利用作品的许可。

现实新型的期刊经营模式中,数字技术平台正发挥着重要作用。作为产业链的

---

① 参见熊琦:《网络著作权授权使用之合理性初探》,载《电子知识产权》2006年第12期。

中间商,数字技术企业拥有先进的数字技术,良好的网络运行平台和成熟的市场网络是推动产业格局调整升级的中坚力量;作为直接面对消费者的数字内容服务商,数字技术企业客观地担当着平衡作者、传播者和使用者之间利益平衡的角色。因此,建立起使用许可与商业模式相结合的著作权授权和利益分配模式,数字技术企业具有举足轻重的地位。商业模式实质上构成了一个著作权使用许可,不论是"汉王"的"二八分成"政策,还是方正阿帕比公司依托技术优势提供附加价值为作者创造收益的方案,都是吸引作者选择加入的条件。在现有法律框架下,依托于商业模式的使用许可应当考虑到各方面的利益,并且使所有利益方都有知情和表达的机会,这样建立起来的规则才符合先授权后使用的基本规则,才能成为利益有关方共同遵守的有约束力的规则。

中国音像著作权集体管理协会诉北京圣金娱乐有限公司侵犯著作权纠纷案[①]

音像著作权集体管理协会(以下简称"音集协")是经国家著作权局批准成立的著作权集体管理组织,成立于 2008 年 6 月 24 日。2008 年 7 月至 11 月,音集协分别与新时代公司等九家公司就涉案音乐电视作品签订《音像著作权授权合同》,依法取得《懂你》等 45 首涉案音乐电视作品的放映权、复制权,并有权以自己的名义对侵权行为提起诉讼,被告圣金公司未经权利人许可,也未支付费用,在其营业场所的点唱机中完整地收录了音集协管理的上述 45 首音乐电视作品,侵犯了权利人的放映权、复制权。现音集协提起诉讼,要求圣金公司停止侵权,删除涉案音乐电视作品,赔偿经济损失及合理费用共计 20 万元。

法院认为,电影作品和以类似摄制电影的方法创作的作品是指摄制在一定介质上,由一系列有伴音或者无伴音的画面组成,并且借助适当装置放映或者以其他方式传播的作品,其著作权由制片者享有。本案涉及的音乐电视作品,属于摄制在一定介质上,由一系列有伴音或无伴音的连续画面组成,并需借助适当装置放映或以其他方式传播的作品,系以类似摄制电影的方法创作的作品,故其著作权应由制片者享有。

音集协分别与新时代公司等九家公司就涉案音乐电视作品签订的《音像著作权

---

① 北京市海淀区人民法院民事判决书(2008)海民初字第 31950 号。

授权合同》系双方真实意思表示,合同内容未违反法律、行政法规规定,合法有效。音集协对《懂你》等45首涉案音乐电视作品享有放映权、复制权。

圣金公司在其经营的歌厅点歌设备中使用音集协享有著作权的《懂你》等45首涉案音乐电视作品,应取得音集协的合法授权,并应向其支付著作权许可使用费,但圣金公司并未举证证明其获得相关授权并支付了著作权许可使用费,故本院认为圣金公司侵犯了音集协依法享有的著作权。

圣金公司应立即停止侵权,并依法承担向音集协赔偿经济损失的侵权责任。

著作权集体管理(考题)①

某影视中心在一电视连续剧中为烘托剧情,使用播放了某正版唱片中的部分音乐作品作为背景音乐。中国音乐著作权协会(音乐作品著作权人授权的集体管理组织)以该使用未经许可为由要求制片人支付报酬。该协会的要求被拒绝后,遂向法院起诉。下列说法哪些是错误的?

A. 播放行为是合理使用行为
B. 播放行为侵犯了音乐作品著作权人的表演权
C. 播放行为侵犯了录音制品制作者的播放权
D. 中国音乐著作权协会不是正当原告

【评析】 本题考点为音乐著作权及其权利的集体管理。音乐著作权人的表演权包括对现场表演的控制和对机械表演的控制。该影视中心将音乐作品作为背景音乐,是一种机械表演行为,由于未经著作权人的许可,侵害了著作权人的表演权。A项表述是错误的,当选。B项正确,不选。录音制品制作者没有播放权,因此也不存在侵犯其播放权的问题,C项表述不正确,当选。中国音乐著作权协会是音乐作品著作权集体管理组织,根据《著作权法》第8条规定,该协会可以自己的名义参加诉讼,故D项表述不正确,当选。

---

① 2004年国家司法考试题。

第八章

著作权的侵权与救济

【本章导读】 著作权是一种排他性权利,任何人未经权利人许可而实施了受专有权控制的行为,均构成对著作权的侵害。权利的救济,是指在权利受到侵害时法律给予的补救。著作权是民事权利,对著作权的救济以民事救济为主要方式,另有行政救济与刑事救济方式。《著作权法》第五章列举了常见的侵害著作权的行为,规定了侵犯著作权应承担的民事责任,设立了保障执法的救济措施,如"诉前停止侵害令"等。本章主要阐明侵害著作权行为的表现形式、网络上侵害著作权的行为及其法律责任。

第一节 侵害著作权的行为

一、侵害著作权行为的概念

侵害著作权的行为,是指未经著作权人许可,又无法律上的根据,擅自行使受著作权人专有权控制的行为。侵害著作权行为包括两方面的含义:未经著作权人的允许违反法律的规定而擅自行使了著作权人的权利,如未经著作权人同意擅自发表作品、在网络上传播作品的行为;或者违反法律的规定而妨碍了著作权人权利的实现,如故意阻挠著作权人发表、表演其作品的行为。《著作权法》第47条、第48条列举了具体的侵犯著作权的行为。第47条规定的侵权行为多发生在创作领域,侵权行为所损害的主要是著作权人的利益,包括侵害著作人身权和侵害著作财产权的行为,该类侵权行为的法律责任以民事责任为主。第48条列举的侵害行为发生在作品传播领域,行为人以谋取非法利益为目的,侵害行为不仅侵犯了作者的著作权、传播者的邻接权,同时还损害了社会公共利益。该类侵权行为除承担民事责任外,还应受到行政处罚,构成犯罪的追究刑事责任。

我国《著作权法》以列举侵权行为的方式规定侵害著作权的行为,使得著作权侵权行为与第10条规定的著作人身权和著作财产权大致对应。这种列举式的规定指明了著作权侵权行为及其表现形式,也为司法认定侵权行为提供直接的法律依据,但也带来一些问题。一方面,法律条文重复。《著作权法》第10条规定了著作权人享有的权利,如复制权、信息网络传播权、改编权等,这些权利界定了作品的使用方式即著作权的范围,定义了著作权人有权禁止的行为类型。当他人使用作品的行为落入著作权的范围,并且符合一般侵权行为要件,该行为即构成侵害著作权的行为。在《著作权法》第10条列举式规定的前提下,第47条、第48条又列举式地规定了侵权行为的具体表现形式,这样一来不免产生法条重复。另一方面,权利内容和侵权行为之间的不一致。从理论上讲,列举具体侵权行为时若不能与权利内容相对应,将会导致没有法定权利为基础而将某些行为认定为著作权侵权,使人无端得咎,而且从实践角度看也会出现解释上的困难和法律适用上的模糊。例如,第47条第(5)项"剽窃他人作品"的侵权行为,在著作权的权利内容的规定中并不能找到禁止剽窃、何谓剽窃的规定。从侵权责任法的逻辑来看,侵权行为的概念通常采用"权利内容"加"侵权行为特征"加"法律责任"的方式界定:权利内容是由法律规定的受保护的人身权、财产权和合法利益,系请求权的基础;侵权行为的特征是指侵权行为构成要件,包括行为违法性、主观过错、致人损害等要件。按照这一逻辑,侵害著作权的行为是指,未经著作权人许可,又无法律上的根据,擅自行使受著作权人专有权控制的行为。其中"受著作权人专有权控制的行为"因为已经体现在著作权权利条款之中,并不需要在侵权行为中一一列举。而著作权侵权行为的基本特征,即过错和违法性,以及侵害著作权的法律责任,则是侵权行为和法律责任一章的条文应当予以明确规定的。

二、侵害著作权行为的种类

（一）侵害著作人身权的行为

我国《著作权法》第47条规定了应当承担民事责任的11种侵权行为,前四项涉及著作人身权,这些行为是侵害发表权、侵害署名权、侵害修改权、侵害作品完整权的行为。

1. 侵害发表权

侵害发表权是指未经著作权人同意,擅自公开作者未曾公开的作品的行为。凡是保护发表权的国家如日本、德国,未经著作权人的许可而擅自发表其作品的行为均构成侵权。但是,在某些情况下未经作者授权而公开作品并不侵害发表权,如美术作品原件的受让人向公众展示作品原件的,视为展示行为(发表)已取得了作者的同意。

我国《著作权法》也作了类似的规定,《著作权法》第18条规定:"美术等作品原件所有权的转移,不视为作品著作权的转移,但美术作品原件的展览权由原件所有人享有。"此外,作品的首次公开与作品的使用方式密不可分,因此侵害发表权大多同时侵犯著作财产权。如未经作者许可将其未发表的作品在网络上传播的,既侵犯了作者的发表权,也构成对信息网络传播权的侵犯。

2. 侵害署名权

未经作者同意,任意改变作者的署名;没有参加创作,为谋取个人名利,在他人作品上署名;未经合作作者许可,将与他人合作创作的作品当作自己单独创作的作品发表的,均构成侵犯署名权的行为。与上述行为相关,出版、发行、表演、改编此类侵害署名权的作品的,也将构成对作者署名权的侵害。有一种侵犯署名权的行为,即我国《著作权法》第48条第(8)项规定的"制作、出售假冒他人署名的作品的"行为,假冒他人署名是指将作者的姓名使用在并非其创作的作品上,即伪作、假画之类。这种假冒行为最常见的是临摹名家绘画、书法,借用名人之名,将作品冒充为名家之作,目的是"借"名家的声望抬高伪作、假画的身价,以获取利益。2001年《著作权法》修订时将此项规定中的"美术"二字删除,规定凡是制作、出售假冒他人署名的作品,包括美术作品,也包括其他作品,均属于侵犯署名权的行为。不过,学界对此种违法行为的性质有不同意见。有观点认为该假冒署名的本质是一种不正当竞争行为,理由是署名权是随作品创作而产生的,作者既然没有创作作品而被他人冒用姓名,受到侵害的是姓名权。假冒者使用他人姓名是利用被假冒者的名誉、声望,通过销售作品而非法牟利,构成以不正当手段从事竞争的行为,因此假冒署名的行为属于反不正当竞争法所禁止的行为。另有观点认为,仿冒署名行为侵害作者的姓名权。本书作者认为,制作、出售假冒他人署名的作品,首先侵害了他人的姓名权,同时损害了被署名人的署名权,是一种侵权行为的竞合。试想,如果被署名人从不具有作者身份,没有创作过好的作品,假冒者为何要将伪作、假画假冒为他的作品呢?假冒署名的作品流通于市,对被假冒者名誉的评价以及对其作品都会产生负面影响,而这些人格利益不仅受姓名权的保护,也是著作人格权法所保护的利益。因此,将假冒署名的行为规定在《著作权法》中并无不当。当然,在未来《反不正当竞争法》对假冒署名的行为加以规制的情况下,《著作权法》可以不再对此种行为作出规定。

3. 侵害修改权和作品完整权

歪曲篡改他人作品,未经作者同意擅自删改作品的内容、增添材料、破坏作品的真实性,以及无端改变作品表现形式的行为,都是对保护作品完整权的侵害。任何人修改作品都要经过作者的许可,即使是出版社、报社、期刊社也不例外。《著作权法》

第 34 条规定:"图书出版者经作者许可,可以对作品修改、删节。报社、期刊社可以对作品作文字性修改、删节。对内容的修改,应当经作者许可。"当然也有例外,在有些情况下不得不改变作品的行为不构成侵权。例如,著作权人许可他人将其作品摄制成电影作品和其他视听作品的,视为已同意对其作品进行必要的修改,但这种改动依然不得对原作品进行歪曲、篡改,以至于损害作品的声誉和造成对作者或著作权人名誉的损害。

(二)侵害著作财产权的行为

使用他人作品,应取得著作权人的同意并支付报酬,在无法律规定的豁免情形下,未经著作权人同意而使用其作品构成侵害著作财产权的行为。侵害著作财产权的行为可分为以下几种:

1. 擅自使用

擅自使用是指未经著作权人许可又无法律上的根据,行使受著作权控制的行为。具体地说,即以复制,表演,播放,展览,摄制电影、电视、录像或以改编、翻译等方式使用他人的作品。上述行为中,非法复制是最普遍的一种侵权行为,如盗版图书、盗版音像制品都是非法复制行为的结果。非法复制品在市场上流通,冲击正版作品的市场,给著作权人利益造成损害,而保护著作权的核心就是要禁止非法复制作品的行为。《著作权法》第 48 条第(1)项、第(3)项至第(5)项规定的侵权行为,如未经著作权人许可,复制、发行、表演、放映、广播、汇编、通过信息网络向公众传播其作品的;未经表演者许可,复制、发行录有其表演的录音录像制品的;未经录音录像制作者许可,复制、发行其制作的录音录像制品的;未经许可,播放或者复制广播、电视的,均属于侵害复制权的行为。

2. 剽窃、抄袭

剽窃、抄袭均指将他人的作品或者作品的一部分据为己有,两者的本质相同,区别在于抄袭是直接的,而剽窃是间接的。抄袭表现为较大量地、甚至整段地照抄他人的作品,抄袭者不作任何改动或者仅作少量无关紧要的改动;剽窃是窃取他人作品中那些具有独创性的内容和思想观点,将他人作品的内容改头换面,如将他人的论文调换章节,变动句子顺序,更换个别词语,不加标注,不作区分,使之貌似自己的创作。《著作权法》第 47 条第(5)项列举的侵权行为"剽窃他人作品",删去了"抄袭"二字,原因是剽窃和抄袭实质相同,剽窃是一种侵害著作权的行为,也是违反学术道德的不良行为。

3. 应当支付报酬而未支付的

使用他人作品原则上要由使用者与著作权人签订许可使用合同,并支付报酬。

此外，还存在按照法律规定使用作品无须经过许可，但必须支付报酬的情形，即法定许可使用作品。法定许可对于著作权人而言是将专有权降格为报酬请求权，获得报酬亦是著作权人的法定权利，因此使用者按照法定许可使用作品，应当支付报酬而未支付的，构成对著作权人财产权利的侵犯。如果使用者与著作权人签订许可使用合同，使用人没有按照合同约定向著作权人支付报酬的，属于违约行为，而非侵犯著作权的行为。违约行为可以适用《著作权法》第54条的规定，依照《民法通则》《合同法》承担民事责任。

4. 侵害邻接权的行为

侵害邻接权的行为也分为侵害人身权与财产权两种情形。侵害人身权的行为涉及表演者，表演者享有表明表演者身份和表演形象不受歪曲的权利，对这一权利的侵害表现为隐藏或变更表演者的身份，对表演者的形象进行歪曲、丑化等。邻接权是财产性权利，侵犯邻接权就是侵害作品传播者的经济利益。侵害行为主要表现形式为，未经权利人许可擅自使用表演、音像制品、广播节目和版式设计。《著作权法》第47条第(9)项规定的未经出版者许可，使用出版的图书、期刊的版式设计；第(10)项规定的未经表演者许可，从现场直播或者公开传送其现场表演，或者录制其表演的行为；第48条第(2)项至第(5)项规定的出版他人享有专有出版权的图书的；未经表演者许可，复制、发行录有其表演的录音录像制品，或者通过信息网络向公众传播其表演的；未经录音录像制作者许可，复制、发行、通过信息网络向公众传播其制作的录音录像制品的；未经许可，播放或者复制广播、电视的，均属于侵害邻接权的行为。

(三) 其他违法行为

《著作权法》第48条第(6)项、第(7)项规定了其他违法行为：规避或破坏技术措施、破坏权利管理信息的行为。这些行为严格说来并不是对著作权的侵权行为，无法归类于上述侵犯著作权行为的某个类型之中，但是它们又和著作权保护有关，故而在《著作权法》中予以规定。

1. 规避和破坏技术措施

技术措施是用来防止、限制他人未经许可接触和使用作品的有效技术、装置或者部件。技术措施是一种技术手段，是为了保护作品、表演、录音录像制品的信息网络传播权而采用的一种自力救济手段。从功能来看，技术措施可以分为两类：(1) 控制接触的技术措施，如密码术，令使用者只有在付费或者获得许可后才能接触作品；(2) 控制使用的技术措施，如防拷贝措施，可用以制止用户连续大量地复制作品。最常见的技术措施是数字加密措施，例如PDF格式的文件中设置的技术措施，使得用户可以浏览文件，但不能复制其中的内容；再如，正版音像制品所采用的加密技术，可以防止他人复制其中的数据。《信息网络传播权保护条例》第 26 条将技术措施定义为："技术措施,是指用于防止、限制未经权利人许可浏览、欣赏作品、表演、录音录像制品的或者通过信息网络向公众提供作品、表演、录音录像制品的有效技术、装置或者部件。"

技术保护措施本身不是作品,并非著作权的保护客体,但为了有效地保护网络环境中的著作权和相关权利,有必要给予技术措施以适当的法律支持,确保技术措施的运用被遵守,作者得以通过技术手段维护其著作权。《世界知识产权组织版权条约》《世界知识产权组织表演和录音制品条约》两个互联网条约均授权各成员国通过国内立法给予技术措施适当的保护和有效的法律救济措施,可以是民法也可以是行政法、刑法。我国《著作权法》将规避和破坏技术措施的行为视为侵犯著作权的行为,第 48 条第(6)项规定:"未经著作权人或者与著作权有关的权利人许可,故意避开或者破坏权利人为其作品、录音录像制品等采取的保护著作权或者与著作权有关的权利的技术措施的,法律、行政法规另有规定的除外。"《信息网络传播权保护条例》对技术措施作了更为具体的规定,第 4 条第 2 款规定:"任何组织或个人不得故意避开或者破坏技术措施,不得故意制造、进口或者向公众提供主要用于避开或者破坏技术措施的装置或者部件,不得故意为他人避开或者破坏技术措施提供技术服务……"据此,我国法律禁止两种规避技术措施的行为:一是避开或者破坏技术措施的行为。避开是指绕过技术措施,使该措施不对行为人发生作用,但不损害技术措施的功能;破坏是指损毁技术措施,使得技术措施对任何人都失去效用。二是制造、进口或者向公众提供主要用于避开或者破坏技术措施的装置或者部件的行为。《著作权法》将规避技术措施的行为作为违法行为加以规定,其法律效力是行为人即使没有侵害著作权,依然要为其规避技术措施的行为承担法律责任。

法律、法规规定的可以避开技术措施的情形,大致有以下几种[①]:

(1)为学校课堂教学或者科学研究,通过信息网络向少数教学、科研人员提供已经发表的作品、表演、录音录像制品,而该作品、表演、录音录像制品只能通过信息网络获取;(2)不以营利为目的,通过信息网络以视障人士能够感知的独特方式向其提供已经发表的文字作品,而该作品只能通过信息网络获取;(3)国家机关依照行政、司法程序执行公务;(4)在信息网络上对计算机及其系统或者网络的安全性能进行测试,或者进行加密研究或者计算机软件反向工程研究。上述情形下,可以避开技术措施,但不得向他人提供避开技术措施的技术、装置或者部件,不得侵犯权利人依法享

---

① 参见《信息网络传播权保护条例》第 12 条。

有的其他权利。

2. 破坏权利管理信息

权利管理信息是与作品一起使用,用以识别作品、权利人身份和许可条件等内容的信息,这一信息可以是可读的文字,也可以是表示上述信息的数字或者代码。《信息网络传播权保护条例》将权利管理电子信息定义为:"权利管理电子信息,是指说明作品及其作者、表演及其表演者、录音录像制品及其制作者的信息,作品、表演、录音录像制品权利人的信息和使用条件的信息,以及表示上述信息的数字或者代码。"权利管理信息与作品结合在一起,可以有效地起到公共通知的功能。① 未经权利人许可故意删除或者改变权利管理电子信息,会造成公众不知道作品的作者是谁,著作权归属于谁,还会削弱著作权人对使用者的合理约束,而保护权利管理信息能够减少侵权行为发生的可能性,保障作品使用的安全性。《世界知识产权组织版权条约》和《世界知识产权组织表演和录音制品条约》两个条约均对作者及相关权利人的权利管理信息作了规定,主要针对"未经许可删除或者改变权利管理的电子信息"的行为,要求规定适当和有效的法律补救办法,制止这种不法行为。我国《著作权法》规定了权利管理信息的保护,第 48 条第(7)项规定:未经著作权人或者与著作权有关的权利人许可,故意删除或者改变作品、录音录像制品等的权利管理电子信息的,应承担民事侵权责任,必要时还承担行政责任。《信息网络传播权保护条例》对权利管理信息的保护作了更为具体的规定,第 5 条规定:"未经权利人许可,任何组织或者个人不得进行下列行为:(1) 故意删除或者改变通过信息网络向公众提供的作品、表演、录音录像制品的权利管理电子信息,但由于技术上的原因无法避免删除或者改变的除外;(2) 通过信息网络向公众提供明知或者应知未经权利人许可被删除或者改变权利管理电子信息的作品、表演、录音录像制品。"

综上,在著作权领域,技术保护措施和权利管理信息是著作权人用来管理自己权利的技术手段,这些技术手段也是受著作权法保护的。避开技术措施和删除权利管理信息的行为虽然没有直接侵害著作权或相关权利,但是两种违法行为使得权利人的著作权处于极易被侵害的状态或者难以管理,无法有效运作的状态,可能导致著作权人的利益受到损害。从行为性质上讲,避开技术措施和删除权利管理信息的行为可认定为帮助侵权,即为他人实施侵权行为提供便利。因此,《著作权法》明确禁止这种不法行为,对于侵害行为的定性具有重要意义。同时,非法破解技术措施的行为在网络安全方面还会给电子商务、网络金融、个人信息安全带来威胁,因此也是其他相

---

① 参见崔国斌:《著作权法:原理与案例》,北京大学出版社 2014 年版,第 872 页。

关法律法规高度重视和加以规范的行为。

侵害著作权的行为（考题）①

甲从书画市场上购得乙的摄影作品《鸟巢》，与其他摄影作品一起用于营利性展览。丙偷偷将《鸟巢》翻拍后以自己的名义刊登在某杂志上，丁经丙同意将刊登在该杂志上的《鸟巢》又制作成挂历销售。对此，下列哪一选项是正确的？

A. 甲无权将《鸟巢》进行营利性展览

B. 丙的行为构成剽窃

C. 丙的行为侵犯了乙的发表权

D. 丁应停止销售，但因无过错免于承担赔偿责任

【评析】 本题考点是正当使用行为和侵害著作权行为的判断。甲从书画市场上合法购入乙的摄影作品《鸟巢》，甲享有该作品的展览权，A项表述不正确，不选。丙偷偷将《鸟巢》翻拍后以自己的名义刊登在某杂志上的行为构成对他人作品的剽窃，B正确，当选。乙已经将作品发表且出售，其对《鸟巢》作品的发表权不复存在，因此丙不可能再侵犯乙的发表权了，C项不正确，不选。D项中丁将该摄影作品制作成挂历进行销售的行为是非法复制，构成侵权，应当承担停止侵害、赔偿损失的法律责任。D项表述不正确，不选。本题是单选题，答案 B。

侵害著作权的行为（考题）②

王某创作歌曲《唱来唱去》，张某经王某许可后演唱该歌曲并由花园公司合法制作成录音制品后发行。下列哪些未经权利人许可的行为属于侵权行为？

A. 甲航空公司购买该正版录音制品后在飞机上播放供乘客欣赏

B. 乙公司购买该正版录音制品后进行出租

C. 丙学生购买正版的录音制品后用于个人欣赏

---

① 2008年国家司法考试题。
② 2012年国家司法考试题。

D. 丁学生购买正版录音制品试听后将其上传到网络上传播

【评析】 本题考点是侵害音乐作品著作权的行为。答案为 ABD。首先要注意，题干中指明选项的四种行为都是未经许可而实施的，所以我们须判断出四种行为中哪些是可以不经权利人许可，也不必支付报酬的使用行为。可以发现，只有 C 项所说的行为是法律允许的个人使用，应排除在侵权行为之外。ABD 三种行为均是受著作权控制的行为，使用者应当经过权利人许可并且支付报酬。未经权利人许可而实施的行为，属于侵权行为。故答案为 ABD。

侵犯著作权的行为（考题）[①]

甲电视台模仿某境外电视节目创作并录制了一档新娱乐节目，尚未播放。乙闭路电视台贿赂甲电视台工作人员贺某复制了该节目，并将获得的复制品抢先播放。下列哪些说法是正确的？

A. 乙电视台侵犯了甲电视台的播放权
B. 乙电视台侵犯了甲电视台的复制权
C. 贺某应当与乙电视台承担连带责任
D. 贺某应承担补充责任

【评析】 本题考点为甲电视台被侵害的权利是"播放权"还是"复制权"。就电视台而言，播放权是对其节目信号享有的禁止他人播放的权利，本题中甲电视台录制的节目尚未播放就被他人复制了，所以其受到侵害的是电视节目的复制权，而不是播放权。应当选 B。贺某与乙电视台共同实施了侵权行为，应当与乙电视台承担连带责任。选 C。本题是多项选择题，答案为 BC。

第二节 互联网上侵害著作权的行为

一、侵害信息网络传播权行为的概念

互联网上侵害著作权的行为主要指向信息网络传播权。信息网络环境下著作

---

① 2010 年国家司法考试题。

的保护十分复杂,如何确定信息网络传播权的内容、权利限制,网络上传输的侵权作品谁来承担责任,该法律责任的构成要件等都是需要解决的问题。因此,在我国《著作权法》原则性地规定了著作权人的信息网络传播权之后,国务院制定了《信息网络传播权保护条例》,最高人民法院颁布并两次修订《关于审理侵害信息网络传播权民事纠纷案件适用法律若干问题的规定》(以下简称《信息网络传播权法释》),这些法律法规是对信息网络传播权进行保护更为具体的法律依据。

信息网络环境中侵害著作权的行为有两种形态:一是通过网络直接实施侵害著作权的行为。《著作权法》赋予作者、表演者、录音录像制作者享有信息网络传播权。《信息网络传播权保护条例》第2条规定:"权利人享有的信息网络传播权受著作权法和本条例保护。除法律、行政法规另有规定的外,任何组织或者个人将他人的作品、表演、录音录像制品通过信息网络向公众提供,应当取得权利人的许可,并支付报酬。"违反上述法律规定,未经许可,通过信息网络提供作品、表演、录音录像制品,即构成侵害信息网络传播权行为。二是共同侵权行为,是指网络服务提供者通过网络基础设施或者网络服务为他人实施的侵权行为提供实质性帮助,且主观上有过错的侵权行为。《信息网络传播权保护条例》规范的行为主要是网络服务提供者从事的网络服务行为,即"间接侵权"行为,按照《信息网络传播权保护条例》的规定,"网络服务"分为接入服务、缓存服务、存储服务、搜索和链接服务四种类型。网络接入服务、缓存服务是提供接入互联网的服务,如中国电信、中国移动所提供的网络接入服务就是提供信息传输的"公共通道",这种服务活动一般与信息内容没有关系,服务提供者并不控制信息内容。存储空间服务,是指服务提供者设立一个发布信息的系统,允许用户将信息存储在网络空间中,以供其他用户获取,典型的存储空间服务如BBS、博客空间等服务。搜索链接服务也叫"信息定位服务",此种服务为用户提供信息编目、索引、搜索和链接服务,但并不存储信息内容,如"百度""谷歌"等提供的搜索引擎、网络链接服务。上述网络服务中的后两种,即存储空间服务、搜索链接服务对用户发布和获取信息有一定的控制力,与网络传播行为的关联度较高,是网络上共同侵权行为的主要来源。因此,存储空间服务和搜索链接服务是《信息网络传播权保护条例》重点规范的行为。

二、网络服务提供者实施的侵权行为

直接侵害网络传播权的行为,是指未经著作权人许可,将作品以数字化形式置于网络服务器中,使公众可以在其个人选定的时间或地点在线浏览或下载作品。网络服务提供者直接上传作品内容,未经著作权人许可的,都构成直接侵权。从网络服务商的类型看,自行采集和上传内容的服务商通常是提供内容服务的网站,其"上传"作品就是向公众提供作品,符合信息网络传播的要求。但应注意,是否"提供"作品并不以特定服务商身份而定,而是以其具体行为而定,不管是网络内容提供者还是网络服务提供者,只要实施了通过网络提供作品的行为,就可能构成直接侵害信息网络传播权行为。例如,搜索引擎服务商提供搜索链接时,还提供网络快照,就不能简单地将其归为"内容提供"还是"服务提供"的类别。在具体案件中,需要对网络服务商的行为进行分析,才能确定其行为是直接实施了侵权行为还是为他人侵权行为提供帮助。此外,如果网络服务提供者与他人以分工合作等方式共同提供作品,构成共同侵权的,网络服务商也是直接侵权行为人。

网络用户也可能成为提供作品的主体,如网络用户通过设置共享文件或者利用文件分享软件等方式,将作品置于信息网络中,使公众能够在个人选定的时间和地点下载、浏览或者其他方式获得的。如将作品置于个人电脑硬盘的共享区或将作品制成BT"种子"的行为属于"上传",构成"网络传播行为"。

信息网络传播权也受到某些限制,在例外的情形下,通过信息网络向公众提供作品可以不经著作权人许可,不向其支付报酬,并不构成对权利的侵害。《信息网络传播权保护条例》第6条规定了8种权利例外的情形,这些情形与《著作权法》第22条"权利的限制"的内容基本一致。除了"个人使用"不能适用于信息网络,"免费表演"和"对公共场所艺术品的使用"不存在信息网络传播的方式之外,其他例外情形均属于权利的限制在信息网络中的延伸。

信息网络上直接侵权行为与侵害著作权的行为性质完全相同,都是未经权利人许可,又无法律根据而实施了受专有权控制的行为。因此,直接侵权行为的定性及其法律救济,适用《侵权责任法》《著作权法》中有关侵权行为与法律责任的规定。直接侵权在互联网发展初期曾是网络上侵害著作权行为的主要形态,由于侵权风险较大,加之网络应用技术的迅速发展,将作品直接上传至信息网络的服务提供者已经越来越少。网络上侵害著作权的行为更多地表现为共同侵权,即为他人实施的侵害著作权的行为提供帮助。

三、网络服务商共同侵权

(一) 共同侵权的概念及主要形态

信息网络环境中,网络服务商的法律责任主要不是因为"上传"行为直接侵害了信息网络传播权,而是教唆、帮助他人实施侵权行为,构成共同侵权,从而应当承担连带民事责任。对网络服务提供者共同侵权,知识产权学界比较流行的说法是"间接侵权"。我国侵权责任法有共同侵权责任的规定,但没有"间接侵权"的概念,在民法和侵权责任法理论中,"间接侵权"是共同侵权的一种。共同侵权行为分为共同加害行为和教唆、帮助他人实施加害行为。共同加害行为是指,在实施侵害行为时所有共同加害人都处于同样的地位,共同实施了具体的侵害行为,其作用相同或大致相当。共同加害行为是狭义的共同侵权,也是实践中最为常见的、典型的共同侵权的形态,例如在网络著作权领域,网络服务提供者与他人以分工合作等方式向公众提供作品,构成共同侵权行为,属于共同加害行为。共同侵权的另一种形态是教唆、帮助他人实施加害行为。教唆者,即造意者,指唆使或策划他人实施侵害行为的人,帮助者是为实施侵害行为提供必要条件的人。信息网络上的共同侵权,最常见和典型的形态是网络服务提供者在提供网络服务时教唆或者帮助网络用户实施侵害信息网络传播权行为,即教唆侵权、帮助侵权。从网络传播的原理讲,任何在网络环境中发生的直接侵权行为,都离不开网络服务商的基础设施和技术服务。在网络服务商提供的服务中,自动传输和自动缓存与信息内容没有关系,服务商并不控制信息内容,因而与网络传播行为的关联度很低,法律也无须特别考虑如何阻止这些机构在提供服务时从事侵权活动。存储服务和搜索链接服务对于用户发布和获取的信息具有一定的控制力,与信息网络传播行为的关联度高,因而是法律所规范的主要服务类型。《信息网络传播权保护条例》中"网络服务提供者"的注意义务、免责条件、法律责任等一系列规则规范,主要针对存储服务和搜索链接服务的提供者。在这种情况下,学术界便将共同侵权中教唆、帮助侵权作为一个单独的侵权行为类型,称为"间接侵权"并给予高度关注和专门研究,也就导致一些人将间接侵权与共同侵权相区别,以为"间接侵权"是一种新的独立的侵权行为类型。

下面是《信息网络传播权保护条例》规定的两种主要的网络服务提供者共同侵权:

1. 网络存储服务

网络存储服务是提供开放的网络平台,许可用户自行上传信息并对外发布,而网络服务商并不直接将信息内容置于网络平台上传播,也不对用户上传的内容进行审查或实质性改动。《信息网络传播权保护条例》第 22 条规定:网络服务提供者为服务对象提供信息存储空间,供服务对象通过信息网络向公众提供作品、表演、录音录像制品,并具备下列条件的,不承担赔偿责任:(1)明确标示该信息存储空间是为服务对象所提供,并公开网络服务提供者的名称、联系人、网络地址;(2)未改变服务对象所提供的作品、表演、录音录像制品;(3)不知道也没有合理的理由应当知道服务对象提供的作品、表演、录音录像制品侵权;(4)未从服务对象提供作品、表演、录音录像制品中直接获得经济利益;(5)在接到权利人的通知书后,根据《信息网络传播权保护条例》规定删除权利人认为侵权的作品、表演、录音录像制品。实践中常见的网络平台共同侵权的情形是,网络用户将他人的小说上传到网站的"文库"中或将音乐、影视剧上传到视频分享网站,平台服务商因此成为被告,被要求为其网络平台上侵权作品承担责任。在这类案件中,平台商是否构成共同侵权,关键要看其是否存在过错,如果平台商没有过错,亦即不知晓他人侵权行为的存在,则不构成共同侵权,可以免除赔偿责任。其他免责条件:一是网络服务商尽到明确标示义务,即"明确标示该信息存储空间是为服务对象所提供,并公开网络服务提供者的姓名、联系人、网络地址";二是网络服务商未改变用户上传的作品,如果平台商对信息内容进行改变,积极主动地进行信息内容的存储和传播,平台商就可能成为直接实施侵权行为人,而不是侵权行为的帮助者。

2. 网络链接服务

从技术角度而言,链接是向浏览器发出的代码指令,通过该代码指令,可以实现向另一网站或者同一网站其他部分的跳转。从网络用户角度看,链接的功能是引导网络用户访问被链接内容的网站,设置链接为访问者提供了一种浏览网上既存内容的便捷手段。网络用户虽然可以通过设链网站看到网上的内容,但提供内容的人并不是设链者,而是登载被链接内容的网站。一般来讲,设置链接行为并非直接传播,而是为传播和获取提供帮助。链接服务提供者在什么情况下要为网络上存在的侵权作品承担责任呢?《信息网络传播权保护条例》第23条对此作出规定:"网络服务提供者为服务对象提供搜索或者链接服务,在接到权利人的通知书后,根据本条例规定断开与侵权的作品、表演、录音录像制品的链接的,不承担赔偿责任;但是,明知或者应知所链接的作品、表演、录音录像制品侵权的,应当承担共同侵权责任。"《信息网络传播权法释》第7条第3款也明确规定:"网络服务提供者明知或者应知网络用户利用网络服务侵害信息网络传播权,未采取删除、屏蔽、断开链接等必要措施,或者提供技术支持等帮助行为的,人民法院应当认定其构成帮助侵权行为。"上述法律规定中指出,设链者的主观过错是共同侵权的核心要件。实践中,网络链接服务商共同侵权的典型案例,如明知或应知被链接的第三方在实施直接侵权行为,而对其存有侵权影视作品或音乐的网站设置链接,引导用户进入这些网站获得所需的内容。在这里,提供侵权作品的网络用户是侵权行为的实施者,为侵权作品设置链接的网络服务商是侵权行为的帮助者,虽然设链行为并不是直接提供侵害著作权的作品,不可构成网络传播行为和直接侵权,但是却实施了网络传播的帮助行为。正是由于服务商的辅助传播活动,引导更多的用户可以方便地从被链接网站或服务器获取著作权内容,加速和扩大了网络传播的范围,因而与被链接网站构成对网络传播权的共同侵权。

（二）网络服务提供者的过错

网络服务商共同侵权的核心要件是主观过错,包括对于网络用户侵害信息网络传播权行为的明知或者应知。网络服务提供者只有在知道或应当知道直接侵权行为的存在,却没有及时采取删除侵权内容或断开侵权内容链接措施的情况下,才构成帮助侵权。主观过错是行为人内心状态,只能通过其客观的外部行为加以判断,为了使"过错"标准客观化,得以通过直观和具体的外部行为来确定主观过错,《信息网络传播权保护条例》设立了一个"通知—删除"的规则来认定网络服务商的主观状态。按照"通知—删除"规则,著作权人认为第三方正通过网络服务商所提供的网络服务侵害其信息网络传播权,可以向该网络服务商发送书面通知,要求删除侵权内容或者断开与侵权内容的链接。网络服务商在接到著作权人符合要求的通知后,应当立即删除涉嫌侵权的内容或者断开与侵权内容的链接,并同时将侵权通知转交第三方。第三方接到侵权通知后,认为其提供行为合法的,可以提交书面说明,要求恢复被删除的内容或者恢复与被断开内容的链接。① 通知—删除规则在一定程度上解决了主观过错难以确定的问题。信息网络上作品和相关内容呈海量且在流动变化之中,提供网络服务的中间商既没有直接上传内容,也无法准确地预判第三方使用作品的行为是否构成侵权。在这种情况下,要证明网络服务商对他人侵权行为"明知或应知",困难很大,法律风险很高。而让著作权人向网络服务商发出侵权通知,从而将网络服务商的主观状态从"不知晓或无法知晓"变为"明知或应知"状态,这样网络服务商删除或者断开侵权内容的,不承担共同侵权责任。相反,网络服务商未采取删除、断开链接等必要措施,主观上具有明知或者应知的过错,应当认定其构成共同侵权。

"通知—删除"规则是作为推定过错的一个手段,但并非认定主观过错的唯一标准,即使在没有侵权通知的情况下,仍可以从网络服务提供者提供服务的性质、经营状况、从业能力、专业知识等因素综合考虑,认定其对侵权行为的存在是否"明知或者应知"。如果侵权事实十分明显,网络服务提供者作为专门从业机构不可能不意识到该侵权行为的存在,但仍然为第三方侵权活动提供网络服务的,即使没有著作权人的通知,也可以认定网络服务提供者主观上具有过错,应当承担共同侵权责任。最高人民法院《信息网络传播权法释》第9条对认定网络服务提供者是否构成应知需综合考虑的因素规定如下:(1)基于网络服务提供者提供服务的性质、方式及其引发侵权的可能性大小,应当具备的管理信息的能力;(2)传播的作品、表演、录音录像制品的类型、知名度及侵权信息的明显程度;(3)网络服务提供者是否主动对作品、表演、录音

---

① 《信息网络传播权保护条例》第14—17条。

录像制品进行了选择、编辑、修改、推荐等;(4)网络服务提供者是否积极采取了预防侵权的合理措施;(5)网络服务提供者是否设置便捷程序接收侵权通知并及时对侵权通知作出合理的反应;(6)网络服务提供者是否针对同一网络用户的重复侵权行为采取了相应的合理措施;(7)其他相关因素。

上述法律文件还对存储空间和搜索链接服务提供者主观过错的认定分别作出规定。搜索链接服务提供者提供网络服务时,对热播影视作品等以设置榜单、目录、索引、描述性段落、内容简介等方式进行推荐,且公众可以在其网页上直接以下载、浏览或者其他方式获得的,可以认定其应知网络用户侵害信息网络传播权。① 提供信息存储空间服务的网络服务提供者,有下列情形之一的,可以认定其应知网络用户侵害信息网络传播权:(1)将热播影视作品等置于首页或者其他主要页面等能够为网络服务提供者明显感知的位置的;(2)对热播影视作品等的主题、内容主动进行选择、编辑、整理、推荐,或者为其设立专门的排行榜的;(3)其他可以明显感知相关作品、表演、录音录像制品为未经许可提供,仍未采取合理措施的情形。②

网站侵犯著作权的行为(考题)③

王琪琪在某网站中注册了昵称为"小玉儿"的博客账户,长期以"小玉儿"名义发博文。其中,署名"小玉儿"的《法内情》短文被该网站以写作水平不高为由删除;署名"小玉儿"的《法外情》短文被该网站添加了"作者:王琪琪"字样。关于该网站的行为,下列哪些表述是正确的?

A. 删除《法内情》的行为没有侵犯王琪琪的发表权
B. 删除《法内情》的行为没有侵犯王琪琪的信息网络传播权
C. 添加字样的行为侵犯了王琪琪的署名权
D. 添加字样的行为侵犯了王琪琪的保护作品完整权

【评析】 本题考点为网站侵害著作权的行为,答案 ABC。A 项和 B 项是正确表述,当选,难点在 CD 两项。C 项涉及署名权,什么样的行为侵害作者的署名权,首先要知道署名权的内容。署名权,即表明作者身份,在作品上署名的权利。作者行使署名权可以在作品上使用自己的真名实姓,也可以使用笔名、艺名、假名,不管以怎样的

---

① 最高人民法院《信息网络传播权法释》第 10 条。
② 最高人民法院《信息网络传播权法释》第 12 条。
③ 2013 年国家司法考试题。

方式在作品上署名,作品使用者都应当尊重作者的意思,未经作者许可不得改变作者的署名方式。本题中作者以昵称为笔名发表文章,某网站在使用作品时添加作者的真实姓名,这种做法违背了作者在作品上使用姓名的意愿,属于侵犯作者署名权的行为。D 项涉及作品完整权,即保护作品不受歪曲、篡改的权利。本题中某网站并没有擅自改变作者的作品,谈不上歪曲篡改。故 D 项不选。

侵犯计算机软件著作权的法律责任(考题)[①]

甲公司委托乙公司开发印刷排版系统软件,付费 20 万元,没有明确约定著作权的归属。后甲公司以高价向善意的丙公司出售了该软件的复制品。丙公司安装使用 5 年后,乙公司诉求丙公司停止使用并销毁该软件。下列哪些表述是正确的?

A. 该软件的著作权属于甲公司

B. 乙公司的起诉已超过诉讼时效

C. 丙公司可不承担赔偿责任

D. 丙公司应停止使用并销毁该软件

【评析】 本题考点是计算机软件著作权保护。答案 CD。逐项分析如下:接受他人委托开发的软件,其著作权的归属由委托人与受托人签订书面合同约定;无书面合同或者合同未作明确约定的,其著作权由受托人享有。本题中甲公司委托乙公司开发一个软件,没有明确约定著作权的归属,依照上述法律规定,该软件的著作权属于受托方乙公司,故 A 项表述不正确。侵犯著作权的诉讼时效为两年,自著作权人知道或者应当知道侵权行为之日起计算。本题中在丙公司使用软件 5 年后乙公司向法院起诉,并不一定超过诉讼时效,因为丙公司的使用是持续的,乙公司在其使用持续过程中知道存在侵权行为之日起提起诉讼的,并不因为侵权行为的持续时间长而超过诉讼时效。B 项表述不正确。CD 两项是关于软件最终用户法律责任问题。根据《计算机软件保护条例》规定,软件的复制品持有人不知道也没有合理理由应当知道该软件是侵权复制品的,不承担赔偿责任;但是,应当停止使用、销毁该侵权复制品。本题中,丙公司是善意取得软件复制品的,可以不承担赔偿责任,但应当停止并销毁该侵权软件。CD 两项组成一个正确的完整的表述,故答案 CD。

---

① 2013 年国家司法考试题。

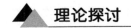
理论探讨

网络上第三人版权责任的构成要件[①]
——兼评索尼案"实质性非侵权用途"标准

数字时代的到来使得第三人共同侵权责任成为一个备受关注的版权问题,第三人责任也称为间接责任。在这种责任关系中,网络服务商是直接侵权行为之外的第三人,由于其为他人实施的侵犯版权的行为提供实质性帮助,或教唆、引诱他人实施直接侵权行为,构成帮助侵权,应与直接侵权行为人承担连带责任。在过去,从Napster、Groskter 到百度案、飞行网案,网络服务提供者一次又一次被推上被告席,为他人侵犯版权的行为承担责任。随着连绵不断的诉讼,第三人版权责任的法律讨论更加深入,诸如间接侵权行为的认定标准、第三人责任的归责原则和构成要件、间接侵权与侵权行为法的关系等,成为讨论中的热点话题。由于网络上侵犯版权的行为总是与信息技术有关,作为被告的网络服务提供者往往是新技术的开发者,因而美国最高法院在索尼案中确立的"实质性非侵权用途"标准常常被置于讨论的中心地位。对技术提供者来说,索尼标准无疑是数字时代技术创新的大宪章,而对版权人来说,索尼标准是致命伤,威胁着他们的核心资产及商业模式。[②] 凡此种种,无不涉及间接侵权行为与一般侵权行为是什么关系,第三人版权责任的标准究竟如何确定,本文试图通过对美国版权案例的梳理,从版权法丰富的法学背景以及立法过程,寻求解答问题的思路,和学界同仁共探讨。

一、第三人版权责任的起源

版权法第三人责任源于侵权行为法。自 1790 年版权法制定后的两个世纪里,美国法院依靠普通法中侵权行为法的原则来确定版权责任,并在侵权法原理和学说的基础上加以发展,形成了第三人责任的两个分支:帮助侵权责任和替代责任。1976 年版权法肯定了第三人版权责任制度,其中帮助侵权责任在案件审理中得到更多的运用,成为第三人责任制度中的主要责任形态。

1. 帮助侵权(contributory infringement)

版权责任建立于侵权法的基础之上。根据侵权法,由于共同行为而造成的损害,由共同实施损害行为以及帮助、教唆或鼓励损害发生的人承担侵权责任。早期的版

[①] 参见张今:《网络上第三人版权责任的构成要件》,载《华东政法大学学报》2007 年第 4 期。
[②] Peter S. Menell & David Nimmer: Unwinding Sony, UC Berkeley Public Law Research Paper No. 930728. Date Posted: September 19, 2006. Last Revised: September 30, 2006.

第八章 著作权的侵权与救济

权案例中，法官很自然地参照侵权法，用类推法使帮助行为人承担侵权责任。1892年，在 Fishel 诉 Luekel 一案中，原告为一个地图作品的版权所有人，被告为该地图的购买者，他试图通过印刷公司复制再版该地图，因此被请求承担侵犯版权的责任。被告以自己并没有"印刷或出版"版权作品为由，拒绝承担责任。法庭援引侵权法原则，把责任范围扩大到授意侵犯版权的人。法庭指出："证据表明被告从原告处购买图片，尔后将它们提供给印刷公司，要求制作复制件并指示应如何去做。因此被告作为共同侵权行为人应当承担责任。"[1] 同一时期联邦法院也处理了一些由多方参与的版权侵权案件，运用侵权法原理，法庭将责任范围扩大到因果关系链条中的每一个人，提出了这一类诉讼中的侵权原则：被告及其他侵权行为人构成了联合侵权，这些当事人（出版商、包装商、销售商）都要承担连带责任，因为侵犯版权是一个侵权行为，每一个参与其中并从中分享利益的人都要承担版权所有人遭受的全部损失，不仅要共同承担，而且要个别承担。[2]

美国最高法院第一次认同帮助版权侵权是在 1908 年的 Scribner 诉 Straus 一案。本案中，出版商 Scribner 起诉了零售商 Macy，请求禁止被告以低于美国出版者协会规定的零售价销售 Scribner 的版权作品。尽管最高法院最终维持了下级法院的判决即原告由于举证不足而败诉，但最高法院对此问题的考量体现了将帮助责任作为版权责任制度的一部分的认同。最高法院在 3 年后的 Kalem Co. 诉 Harper Brothers 案中再次认可了帮助侵权责任在版权法的可适用性。法庭基于帮助侵权（共同侵权）理论支持了原告的请求，判定被告通过广告鼓励他人对版权作品进行复制，构成帮助侵权。[3]

本次判决之后，侵犯版权的帮助责任直到 20 世纪 60 年代才有了重大发展。在哥伦比亚唱片公司诉 Mark-Fi 唱片制作一案中，音乐出版商起诉了直接侵权人即盗版唱片的制作人（一个叫 Mark-Fi 唱片的公司），同时也起诉了其他几个为侵权提供帮助的单位，包括 Mark-Fi 的广告代理机构、为盗版唱片播放广告的广播电台以及包装邮寄这些非法物品的公司。由于 Mark-Fi 是一家专以盗版为业的小公司，在以低价出售唱片之后即销声匿迹，连传票都无法送达，案件的焦点集中在后面三个被告身上。三被

---

[1] 53F. 499(S. D. N. Y. 1892). 转引自 Peter S. Menell & David Nimmer: Unwinding Sony, UC Berkeley Public Law Research Paper No. 930728. Date Posted: September 19, 2006. Last Revised: September 30, 2006.

[2] Richard C. De Wolf, An Outline of Copyright Law. 1925. p.161.

[3] 被告是一电影制片商，其未经授权就筹划将原告享有版权的小说改编为电影，由于当时版权法只是禁止对作品进行戏剧改编，原告只能向公开表演作品的人追究直接侵权责任，因此，基于帮助侵权起诉未经授权的制片人。222 U. S. 55, 62—63（1911）. 转引自 Peter S. Menell & David Nimmer: Unwinding Sony UC Berkeley Public Law Research Paper No. 930728. Date Posted: September 19, 2006. Last Revised: September 30, 2006.

告辩称,它们并没有参与 Mark-Fi 的侵权行为,也不能控制它的行为或者直接从侵权行为中获利,请求法院作出有利于自己的判决。法庭认为,该案涉及的是共同责任的问题而不是控辩双方所理解的替代责任问题。法官参照侵权法论述本案间接版权责任的构成:"由于侵犯版权构成一个侵权行为,因此普通法侵权责任的概念对确定法定版权救济范围有着重要的意义。根据普通法的基本原则,各个明知侵权而参与或促成侵权行为的人应当与主要侵权人共同承担责任,该原则可适用于根据版权法提出的诉讼。"本案中三个被告从"可疑的低价"即可知或者应知 Mark-Fi 制造的是盗版唱片,却分别为 Mark-Fi 提供服务,应当对该侵权行为负连带责任。在认定间接行为实施者承担责任的同时,法官 Weinfeld 还注意到了盗版的经济因素:"盗版唱片不是最近才产生的,早在 20 世纪 50 年代早期,它就已经是这个行业所公认的邪恶行为。大约十年前,上诉法院就注意到它的存在。原告指出了现实中盗版的一种典型形式——通常这种行为都是由一个很小的、不值得信赖的、具有可疑财政背景的企业实施的,这些企业的经营期限只是足以使他们非法获益的期间,当他们被诉诸法院情势紧急时,就销声匿迹了。"[①]此案的判决不仅是版权领域共同责任制度成型化的起点,法官对侵权现象经济因素的分析还揭示了共同侵权责任运用于版权法的现实基础。

版权帮助侵权的定义最终成形于 1971 年"戈什温"案。[②] 本案中,被告 Columbia 艺人管理公司掌控着一批艺术表演者,公司的经营活动之一是推动地方机构在社区举办音乐会,公司旗下的演员照例会参加音乐会的演出,而公司的收入主要来源于演出门票的分成。由于该公司旗下的演员时常表演一些未经授权的音乐,结果 Columbia 公司被版权所有人指控有帮助侵权行为和替代责任。审理此案的第二巡回上诉法院支持原告的请求,认为 Columbia 公司在明知旗下的演员未经许可表演版权作品的情况下,仍然为举办音乐会起了主要作用,应当为其演员负侵权责任。法庭引用 Mark-Fi 一案支持其判决,并进一步阐述了判决的理由:"在明知是侵权行为情况下,引诱、促成或实质性地帮助他人进行侵权行为,将构成帮助侵权,需承担责任。"

通过一系列案例的审理,帮助侵权及其共同责任的标准逐渐清晰起来。帮助侵权是指,行为人意识到直接侵权活动的存在,而教唆、参与或者为第三人实施该侵权行为提供实质性帮助。构成帮助行为有两个核心条件:第一,知道侵权行为存在,即

---

① 转引自 Peter S. Menell & David Nimmer: Unwinding Sony, UC Berkeley Public Law Research Paper No. 930728. From http://www.ssrn.com,2007 年 1 月 18 日访问。

② Gershwin Publishing Corp. V. Columbia Artists Management Inc 443F2D1159(2dCir. 1971). See Alfred C. Yen Sony, Tort Doctrines, and the Puzzle of Peer-to-Peer; Peter S. Menell & David Nimmer: Unwing Sony, UC Berkeley Public Law Research Paper No. 930728. Date Posted: September 19, 2006. Last Revised: September 30, 2006.

第八章 著作权的侵权与救济

帮助行为人主观上有过错;第二,以引诱、促使或者以提供物质手段的方式帮助侵权,即有帮助行为。1979年美国法学会编撰的《侵权法重述》对共同侵权责任作了系统地阐释:一个人对他人侵权行为给第三人造成的损害后果承担赔偿责任,如果(a)其行为与他人侵权行为一致,或按计划行动,或者(b)知晓他人的行为违反义务而给予实质性帮助或鼓励他人采取行动,或者(c)向他人提供实质性帮助的,其行为本身构成对第三人义务违反。上述标准的前两点指出了间接侵权责任的要件:第一个要件是共同行为。《侵权法重述》将其界定为,按照协议,与特定的行为保持一致,以实现特定的结果。协议无须书面,可通过暗示或行为表示出来。共同行为是构成产生共同责任的基础,侵犯版权是一个侵权行为,所有有关的人都共同和单独地负有责任,共同行为以共同参与为特征,也包括帮助、教唆或者鼓励侵权的行为。尽管帮助等行为的一致性较弱,但仍属于共同行为,因为它反映了行为人的主观故意。第二个要件是主观意图。仅有帮助行为而缺少行为的一致性认识是不够的。法律要求行为人知道他人的侵权行为,并提供实质性帮助或鼓励的,构成共同侵权。正如《侵权法重述》注释的那样:知晓侵权行为而建议、鼓励行为人实施侵权,与直接参与或帮助侵权的效果是一样的。如果其鼓励或帮助是引起侵权后果的实质性因素,则视为侵权行为人,需对侵权行为的后果承担责任,无论行为人是出于故意还是过失,也不论直接行为人是否知悉其行为是侵权的。

2. 替代责任(vicarious liability)

第三人责任的另一个类型是替代责任。替代责任由雇主责任——雇主为雇员的侵权行为承担责任——发展而来。19世纪末,法院主动地将雇佣责任原则应用到版权案件中。例如,在一个地图出版商诉一家报社的案件中,原告以被告在报纸上刊登了其版权作品为由诉侵犯版权,被告辩称对侵权材料的刊登并不知情,因而可免除责任。法庭依据雇主应当为其雇员的过错行为而导致的侵权负有责任这一原则,轻而易举地驳回了被告的抗辩。[1]

在版权领域正式确立替代责任始于"夏皮罗"一案。[2] 本案的原告夏皮罗起诉两被告制造、销售未经授权的非法唱片。第一被告 Jalen 公司直接从事了制造、销售行为,第二被告 H. L. Green 公司则是一连锁店的经营者,Jalen 公司就在他的连锁店中销售非法唱片。原告针对 Jalen 公司的指控非常简单,联邦地区法院认定 Jalen 公司

---

[1] 95F. 656 (D. C. al. 1899). See Peter S. Menell & David Nimmer: Unwing Sony, UC Berkeley Public Law Research Paper No. 930728.

[2] 316 F. 2d 304 (2d Cir. 1963). 转引自 Alfred C. Yen: Sony Tort Doctrines, and the Puzzle of Peer-to-Peer, From http://www.ssrn.com, 2007年1月24日访问。

应承担侵犯版权的责任,但却驳回了原告对第二被告的诉讼请求。原告不服提起上诉,第二巡回法院在 Green 公司即连锁店主人的归责问题上产生了激烈的争论。Green 公司和 Jalen 公司是出租人和承租人的关系,双方签订的协议规定,Green 公司允许 Jalen 公司在 Green 连锁店中销售唱片,Jalen 公司将销售额的一定比例作为酬金给付 Green 公司。所有销售的非法唱片都是由 Jalen 公司订购并付款的,Green 公司没有参与销售甚至对唱片的侵权情况一无所知。地区法院之所以拒绝让 Green 公司承担责任的理由就是,他们之间并不存在雇主与雇员的关系。然而,第二巡回法院突破了雇佣关系的限制,认定了第二被告的侵权责任,法庭认为在某些并无雇佣关系的情况下,也应适用雇主责任。"现实中有许多情形能够适用雇主责任原则,而这些情形并非理论上的雇主—雇员关系。当监管的权利和能力明显地和直接经济利益结合在一起的时候,即使事实上并不知晓版权受到损害,课以非法行为的获利者承担版权责任可使版权法的目的得以最好的实现。"① 为了支持判决结果,法庭进一步指出:让 Green 公司承担责任将鼓励与其类似的其他企业预防侵权或者确保制止侵权。如果不作这样的判决,企业有可能将侵权行为委托给独立缔约方,从而逃避侵权责任。②

"夏皮罗"案是一个里程碑式的判例,其重要意义在于开创了版权领域替代责任的先例。从此,"经济利益"取代了"雇佣关系"成为第三人为他人直接侵权承担责任的构成条件。在"夏皮罗"案之后,版权替代责任的标准开始确立:第一,责任人有能力监控和制止侵权活动;第二,责任人从他人的侵权活动中获得了直接经济利益。这一标准在后来的案件中被多次引用,并且通过逐步削弱"监控能力"和"经济利益"的限制对其作出更为宽泛的解释。

《侵权法重述》将替代责任归入代理/企业责任,责任的基础是企业或代理人因控制或激励他人特定活动并从该活动中获得利益。替代责任促使企业通过实施有效监管来控制侵权行为的发生,从而更加公正而高效地分配了侵权行为造成的损失。

经过漫长的判例积累和理论总结,间接责任在侵权法体系内获得相当成熟的发展,以至于在 1976 年版权法立法过程中,有关侵权责任的条款被认为不需要很大的改动。立法过程中两次提到间接责任标准时,一致的意见是坚持业已存在的原则,包括通过司法判决而不断丰富的原则。在众议院的立法报告中,侵权法被多次提及,以从

---

① Id at 307, See Alfred C. Yen: Sony Tort Doctrines, and the Puzzle of Peer-to-Peer, http://www.ssrn.com, 2007-1-24.

② Id. at 308-09, See Alfred C. Yen Sony, Tort Doctrines, and the Puzzle of Peer-to-Peer, http://www.ssrn.com, 2007-1-24.

根本上支持版权法的侵权责任条款。① 对于共同侵权责任,众议院的报告强调:"如果侵害作品是由两个或者两个以上共同侵权造成的,法律将使其负连带责任。"对于替代责任,国会特别审议并否决了一个主张免除舞厅等管理者因提供设施使用而导致责任的提案。② 1976年版权法立法过程清楚地表明,依靠侵权行为法原理和学说逐渐形成的版权间接责任制度得到版权法的认可,是法院审理案件应当遵循的法律依据。

二、第三人版权责任的发展

1984年的索尼案是1976年版权法以后第一个版权间接责任的案件,也是由美国最高法院作出的最有影响的一个判决。

当时,制片公司作为版权人起诉制造录像机的索尼公司,请求索尼公司应当对用户非法录制电视节目承担帮助侵权责任。案件经过地区法院和第九巡回上诉法院审理,分别作出结论相反的两个判决,索尼公司因此上诉至美国最高法院。审理本案的最高法院法官最终以5:4微弱多数作出两项结论:一个是录像机的家庭用户录制电视节目属于合理使用;另一个是索尼公司对可能通过录像机造成的版权侵权不承担责任。在间接责任的认定上,多数法官的结论未引起争议,但其得出结论的理由和逻辑推理却成为许多年来争议不断的焦点。原来,多数派法官认为,版权法中没有明确的帮助侵权的规定,也不存在根据这样的理论施加责任的判例,因而基于专利法和版权法的历史联系,参考专利法的原则和判例。按照专利法上的"通用商品原则"(staple article of commerce),销售"一种可广泛用于合法用途的通用商品",不是帮助侵权。由于索尼公司制造和销售的家庭录像机能够具有实质性非侵权用途,因此,索尼公司向公众出售这种设备并不构成帮助侵权。就这样,"实质性非侵权用途"被奉为索尼原则,它不仅保护了当时的新兴技术,而且成为后来出现的新技术产业的避风港,在有关数字版权的侵权纠纷案件中占据了中心地位。

Napster案是数字时代第一个版权间接责任的案件。案件所纠缠的P2P技术,毫无疑问既可用于广泛的合法用途,也可用于侵权用途。尽管它当时被主要用于搜索和下载未经许可的音乐文件,但其能够具有合法用途是不容抹煞的。要想追究该项技术提供者的帮助侵权责任,不论是版权人或是法官都面临着"实质性非侵权用途"的障碍,而Napster公司正是主张依照索尼标准来免除其帮助侵权的责任。法官认识到,如果因为计算机和网络可以被用来从事侵权而禁止使用,违反了索尼规则,也会不当地限制与侵权无关的活动。然而,Napster公司的软件以及中央索引功能事实上

---

① 《美国版权法》第501条"侵权版权"规定为,侵犯第106条至第118条的版权所有人或第106条之二(a)款规定的作者的专有权,或者违反第602条规定从国外进口复制品或录音制品的人,系版权或作者权的侵权人。
② See Peter S. Menell & David Nimmer: Unwing Sony, UC Berkeley Public Law Research Paper No. 930728.

方便了侵权作品的疯狂传播,具有帮助行为。法庭巧妙地绕开了索尼原则,将法律视角关注于 Napster 的经营方式和网络系统的技术特点,从而推定 Napster 公司具有帮助侵权的意图[1],同时有能力制止而没有制止用户的侵权行为,具备了共同侵权的两个核心条件,因而必须承担共同侵权责任。此外,基于 Napster 系统中央服务器提供文件检索服务,完全有能力从其检索目录中找到侵犯版权的文件,而且有权利阻止非法用户登录在 Napster 系统,符合替代责任所要求的"监管的权利和能力"要件,Napster 还应负替代责任。

在成功追究 Napster 的责任后,新一代 P2P 文件共享技术产生和发展起来。用户之间的文件共享直接在终端——终端之间发生,P2P 技术提供商对用户如何使用技术不再进行任何的监督和控制,让技术提供商承担帮助侵权责任就不那么容易了。Grokster 案[2]是继 Napster 案之后有关版权间接责任的又一个重要案例,此案的原告是音乐和电影版权人,被告是几家软件厂商。原告诉称被告免费向用户提供 P2P 软件,而这些软件被用来分享的文件大多数是受版权保护的,被告作为技术提供者应对用户的直接侵权行为承担责任。被告的抗辩理由同样是其软件具有实质性非侵权用途,依照索尼原则不产生帮助侵权的责任。地区法院和上诉法院遵循索尼原则,均判定被告不构成帮助侵权,原告不服上诉至最高法院。美国最高法院因此而有了索尼案二十年后首次在版权帮助侵权问题上发表意见的机会,也不得不对索尼原则所产生的困惑作出新的解读。

最高法院在判决中指出,索尼案从不意味着排除源自普通法的以过错为基础的责任规则。当证据不仅能证明被告知晓产品可被用于侵权用途,而且能证明被告有指示、鼓动侵权的言论时,索尼案的通用商品原则将不能阻止责任。(上诉)法院错误地理解了索尼案的判决,将其理解为当一种产品能够具有实质性合法用途时就不能判决制造者为他人利用该产品进行的侵权性使用承担帮助责任,这一错误认识的根源在于忽略了"鼓励侵权行为意图的证据"。判决意见强调,从早期案例发展而来的帮助侵权的规则在今天并没有不同,有关鼓励直接侵权的证据,诸如通过广告宣传一种侵权用途或指示如何从事侵权性使用,都可表明被告具有帮助侵权的意图。将责任建立在故意的、有过错的表述和行为基础上的规则并没有损害合法的贸易或打击具有合法前景的创新。[3] 上述判决的确发人深省,也迫使我们追问:美国最高法院究

---

[1] A&M Records, Inc. V. Napster, Inc. 239F, 3d 1004(9th Cir. 2001).
[2] Metro-Goldwyn-Mayer Studios, Inc. V. Grokster, Ltd. F. 3d 1154, (9th Cir. 2004).
[3] 米高梅制片公司等上诉人诉 Grokster 公司等美国最高法院判决。本文中有关该案件判决的引用,来自王迁博士提供的中文译本,谨致谢意。

竟是对索尼原则进行重新解读,还是推翻了索尼原则。

三、"回归"侵权行为法

从数字时代以来一连串的版权间接责任案例中我们看到一个极为有趣的现象:每一个案件的争议点都集中在"实质性非侵权用途"上。一方面,被告无一例外地援引索尼案创立的避风港免除责任,而法庭又都绕过索尼原则,使被告最终不能免责,这一现象引起我们对索尼原则的可适用性的怀疑。当我们置身于个案之外,理性地回顾版权间接责任的法理背景和发展过程,所看到的是依靠侵权法的原则确定版权侵权责任,不仅是法官长期以来的司法实践,也得到版权立法和法学理论的提升形成了系统的法律原则和规范体系。这本来应当成为解决版权侵权责任的基本法律依据。另一方面,我们对科技的道德评价是,技术本身是中性的,任何技术都有正负两个方面,既可用来造福社会又可用来破坏社会秩序。就传播领域的每一个技术而言,从复印机、录像机到计算机、点对点网络技术,哪一个不是既有广泛的合法用途,又可用于侵权非法活动?正如索尼案少数派法官指出的,只有那些最缺乏想象力的制造商才不能证明一种设备不能够具有实质性非侵权用途。在这样的情景中,索尼案所确立的标准二十年来从未被直接适用于版权间接责任的认定,就毫不奇怪了。相反,由于不是建立在侵权法理论和学说的基础上,索尼标准使得间接责任的法律适用误入歧途,并造成版权责任与侵权法理论之间产生了不和谐,这又是我们不得不承认的事实。

美国最高法院对索尼案的重新解读,与其说澄清了对索尼标准的某些误解,不如说是通过对版权间接责任标准的重申和对侵权法原理的诠释,承认将"实质性非侵权用途"作为版权间接责任的标准是一个失误。认识到这个失误,消除了对它的崇拜和依赖,才有可能使版权责任在侵权法丰富理论和统一原则的指导下得到合乎法理和顺乎逻辑的发展运用。一方面,我们应当坚持版权第三人责任,无论是制度来源还是理论依据都须建立在侵权法的基础之上。帮助行为构成共同侵权责任,以行为人的主观过错以及共同参与或帮助、教唆、引诱侵权行为为特征。主观过错包括明知或应知侵权行为存在,没有主观过错,单纯帮助说会使技术提供者在劫难逃,而没有帮助行为将无法证明主观过错。替代责任是一种严格责任,责任标准是,具有监督和管理的权利和能力以及从侵权行为中获得经济利益。另一方面,在技术更新换代不断加快,新产品不断涌现的社会环境中,版权间接责任的发展可以在侵权法框架内寻求理论和制度的支持。例如,作为侵权法分支的产品责任法可以为新技术的应用提供一个合理的责任标准。产品责任中的合理设计义务、瑕疵产品责任,不仅可使技术提供者承担因制造或销售设计上有瑕疵的产品而造成的损害赔偿责任,更有利于激励技术开发者通过完善设计,采取适当技术措施来预防和减少侵权行为的发生。现实中一些涉及网络技术的版权案件已运用产品责任的理念作为责任标准,只是这些做法尚缺乏法理分析,或许这正是版权第三人责任研究中应当予以关注的问题。

理论探讨

抄袭他人文章的观点,是否侵犯著作权①

原告文章《不是落后挨打,而是腐败挨打》发表于1999年1月20日《探索与争鸣》杂志。被告于2008年1月3日在中文网刊载《重读近代史:挨打必因"落后"?》一文,该文的观点"近代中国不是落后挨打,而是腐败挨打"与原告文章的观点相同。原告认为被告文章观点与原告相同,但未注明来源于原告文章,该行为构成抄袭,侵犯了原告的署名权、改编权,将被告诉至法院。

本案的争议焦点为:(1)涉案文章《不是落后挨打,而是腐败挨打》的观点是否受著作权法保护?(2)被告是否侵犯原告的署名权和改编权?

关于争议焦点(1),法院认为:著作权法保护的客体是作品。我国《著作权法》所保护的作品是指文学、艺术和科学领域内具有独创性并能以有形形式复制的智力创作成果。《著作权法》保护的是对思想具有独创性的表达,并不保护作者在其作品中所反映的思想。本案中原告仅就文章的观点主张权利,而原告文章中所体现的"近代中国不是落后挨打,而是腐败挨打"的观点是全文的主题思想,属于思想的范畴,不属于《著作权法》规定的作品保护范围,不受《著作权法》的保护。本案中,涉案的两篇文章虽然均以"近代中国为何挨打"为主题进行论述,并得出"近代中国因腐败挨打"的结论,但是在文章内容、整体框架、材料选取、论据编排、论证方法等具体表达方式上并不相同,原告对此也予以认可,故应当认定涉案的两篇文章系原、被告以不同的表达方式各自独立创作完成的作品,不存在被告对原告文章观点的抄袭。

关于争议焦点(2),法院认为:我国《著作权法》规定,著作权人享有署名权、改编权等人身权和财产权。署名权指作者表明自己作者的身份,在作品上署名的权利。改编权指改变作品,创作出有独创性的新作品的权利。被告作为《重读近代史:挨打必因"落后"?》一文的作者在文章上署名是行使法律所赋予的权利,而非侵犯原告的署名权。另外,原告承认《重读近代史:挨打必因"落后"?》一文的结构、内容等与原告

---

① 上海市杨浦区人民法院民事判决书(2008)杨民三(知)初字第65号。

撰写的文章不同,因此被告文章是由被告独立创作完成而并非对原告文章的改编,未侵犯原告的改编权。法院驳回原告的诉讼请求。

第三节　侵害著作权的法律责任

《著作权法》第47条列举多项侵权行为时同时规定,侵权行为"应当根据情况,承担停止侵害、消除影响、赔礼道歉、赔偿损失等民事责任"。第48条列举各项侵权行为,不仅侵害了著作权人的权利而且扰乱了文化市场秩序,损害了社会公共利益,因而该条规定的侵权行为人除承担民事责任外,还可以给予行政处罚,构成犯罪的,追究刑事责任。

一、侵害著作权的民事责任

侵害著作权的行为应当根据情况承担下列民事责任:

1. 停止侵害

停止侵害是指,责令侵权人立即停止正在实施的侵害他人著作权的行为。停止侵害是著作权人一项重要的权利救济措施,对于消除不法状态,防止损害的发生或扩大有十分重要的意义和作用。让加害人承担停止侵害的民事责任的唯一条件是行为人违反法律实施了侵害知识产权的行为,而且该侵权行为仍在继续。也就是说,只要行为人实施了侵害知识产权的行为,不管是否造成了损失,也不管行为人有无过错,权利人都可以请求法院判令行为人停止侵权行为。如果侵权行为已经停止,即失去了判令停止侵权的基础和必要,那么只能考虑是否可以令行为人承担赔偿损失的民事责任。

停止侵害是侵权行为认定后侵权行为人承担的民事责任,在此之前权利人也可以申请法院下达停止侵害的禁令,这种"禁令"是一种临时措施。依据《著作权法》第50条第1款规定:著作权人或者相关权利人有证据证明他人正在实施或者即将实施侵犯其权利的行为,如不及时制止将会使其合法权益受到难以弥补的损害的,可以在起诉前向法院申请采取责令停止有关行为的措施。停止侵害的临时措施发生在起诉之之前,因而有着严格的程序规定,既要消除侵权的不法状态,防止损害的发生或扩大,又要防止权利人滥用权利,给被申请人带来损害。根据《民事诉讼法》的规定,申请人在申请以裁定形式责令被申请人停止侵权行为时,必须提供证据证明是著作权人或者相关权利人,证明他人正在实施或者即将实施侵犯其权利的行为;申请人必须提供担保,申请人在法院采取临时措施后,应当在 15 日内提起诉讼,15 日内不起诉的,法院应当解除所采取的临时措施。

2. 消除影响和赔礼道歉

这是指侵害著作权行为给权利人造成的人身权利侵害而适用的责任方式。消除影响和赔礼道歉是非财产性责任,主要适用于侵害作者人身权利所引起的后果。例如,对他人作品进行歪曲篡改,造成作品声誉和作者名誉遭受负面影响的,应当采取登报等适当方式向作者公开致歉,消除给作者造成的不良影响。这种责任方式在具体适用时不妨碍权利人就已经发生的精神或物质的损害请求赔偿,而且适用的原则是,侵权行为造成影响的范围多大,就应在多大的范围内消除影响、赔礼道歉。

消除影响和赔礼道歉的责任形式,在一些国家中也有范例。如《德国著作权法》第 103 条的规定:"按照著作权法起诉的案件,被判决胜诉一方为表明合法利益有权要求公布判决,相关费用有败诉一方承担",这就是一种"消除影响"的方式。《日本著作权法》第 115 条"恢复名誉等的措施"规定:"作者或者表演者可以在请求代替损害赔偿或者在请求损害赔偿的同时,请求故意或者过失侵害作者人格权或者表演者人格权的侵权行为人采取适当的措施,以确保作者或者表演者身份,修正或者恢复其名誉或者声望",这一规定十分明确地指出了名誉恢复是对著作权人人格权利的救济方式之一。

3. 赔偿损失

赔偿损失是侵权行为人造成著作权人经济上的损失时,应以自己的财产补偿因其行为给著作权人所受到的经济损失。赔偿损失是一种普遍适用的承担民事责任的方式,著作权法上的赔偿损失和民法、侵权责任法确定的损害赔偿制度的原则是完全一致的,即赔偿损失的前提条件是行为人具有过错。我国知识产权法的损害赔偿责任均采过错责任原则,《著作权法》中虽然没有明文规定过错为赔偿损失的必要条件,但分析法律的有关条款就会发现,那些须承担赔偿责任的行为,都是以行为人的过错为前提条件的。《著作权法》第 53 条规定:"复制品的出版者、制作者不能证明其出版、制作有合法授权的,复制品的发行者或者电影作品或者以类似摄制电影的方法创作的作品、计算机软件、录音录像制品的复制品的出租者不能证明其发行、出租的复制品有合法来源的,应当承担法律责任。"该条中的法律责任是指损害赔偿责任,行为人承担责任的前提条件是具有过错,认定过错的方式为过错推定。最高人民法院《关于审理著作权民事纠纷案件适用法律若干问题的解释》第 20 条第 1 款更加明确地规定:"出版物侵犯他人著作权的,出版者应当根据其过错、侵权程度及损害后果等承担民事赔偿责任",这说明《著作权法》上赔偿损失的责任以具有过错为构成要件。

赔偿损失主要适用于侵害著作财产权的行为,也可以适用于侵犯著作人身权的侵权行为。例如,歪曲篡改著作权人的作品,致著作权人名誉损害,造成严重后果的,著作权人有权要求侵权人给予金钱赔偿。著作人身权受到损害的赔偿损失责任,是造成著作权人的精神利益的损害,以财产补偿的形式进行救济。这种精神损害抚慰金仍然是侵权责任中的赔偿损失,但它所救济的对象不是财产的损失,而是受害人人格权受到的损害,这些权利中的精神利益损失的赔偿。最高人民法院2001年发布的《关于确定民事侵权精神损害赔偿责任若干问题的解释》规定,侵犯姓名权、肖像权、名誉权、荣誉权等人身权利的行为,受害人有权要求精神损害赔偿。其中没有明确规定著作人身权利可以要求精神损害赔偿,但是,如果我们能够认识到署名权、作品完整权所保护的利益是作者的姓名、作者的名誉,那么侵害作者的署名权、保护作品完整权,导致著作权人人格利益受到严重损害的,著作权人可以请求精神损害赔偿。

侵害著作权的赔偿数额,法律规定了三种计算方法。第一,按照权利人的实际损失计算。侵犯著作权或者与著作权相关权利的,侵权人应当按照权利人所受到的实际损失给予赔偿。根据最高人民法院《关于审理著作权民事纠纷案件适用法律若干问题的解释》,"实际损失"可以根据权利人因侵权所造成复制品发行减少量或者侵权复制品销售量与权利人发行该复制品单位利润乘积计算。发行减少量难以确定的,按照侵权复制品市场销售量确定。第二,按照侵权人的违法所得计算。实际损失难以计算的,可以按照侵权人的违法所得给予赔偿,违法所得一般是指侵权人因侵权行为所获得的利润。赔偿数额还应当包括权利人为制止侵权行为所支付的合理开支,此合理开支包括权利人为调查侵权行为的证据所支付的费用,也包括适当的律师费。第三,法定赔偿。权利人的实际损失或者侵权人的违法所得不能确定的,由人民法院根据侵权行为的情节,判决给予50万元以下的赔偿。根据最高人民法院《关于审理著作权民事纠纷案件适用法律若干问题的解释》,法院在确定法定赔偿额时,应当考虑作品类型、合理的使用费、侵权行为的性质、后果等情节综合确定。

以上三种计算赔偿额的方式在适用时应当按照规定的先后顺序,只有当前一种计算方式无法确定赔偿额时,才能适用后一种计算方式。

二、侵害著作权的行政责任

《著作权法》第48条对一些侵害著作权的行为规定了行政处罚责任。这些行为不仅侵害了著作权人的权益,同时还欺骗了广大公众,损害了社会利益,破坏了正常的文化市场秩序。也就是说,须承担行政责任的是一些较为严重的、同时损害公共利益的侵权行为,有权对侵害著作权行为作出行政处罚的机关是著作权行政管理部门。著作权行政管理部门实施行政处罚,适用《行政处罚法》规定的一般程序,必须查明事实才能给予行政处罚,在作出行政处罚之前要告知当事人依法享有的权利。作出行政处罚的决定要制作行政处罚决定书,加盖有作出行政处罚决定的行政机关的印章。行政处罚的种类有:没收违法所得,没收、销毁侵权复制品,并可处以罚款;情节严重的,著作权行政管理部门还可以没收主要用于制作侵权复制品的材料、工具、设备等。国家版权局1997年公布《著作权行政处罚实施办法》,对著作权行政处罚作了更为详细的规定。根据这一规范性文件,对于个人处以2万元以上的罚款,单位处以10万元以上的罚款,当事人有要求听证的权利。当事人对地方著作权行政管理部门作出的行政处罚不服的,可以向该部门的本级人民政府或者上一级著作权行政管理部门申请行政复议。如对国家版权局行政处罚不服的,可以向国家版权局申请行政复议。根据《著作权法》第56条的规定:"当事人对行政处罚不服的,可以自收到行政处罚决定书之日起3个月内向人民法院起诉,期满不起诉又不履行的,著作权行政管理部门可以申请人民法院执行。"

侵权行为人承担民事责任和承担行政责任的关系。著作权行政管理部门对侵权行为进行行政处罚,要让侵权人承担完民事责任后才能给予处罚,也就是被侵权人获得民事赔偿优先。否则,侵权人受没收违法所得等行政处罚后,丧失了承担民事责任的能力,使被侵害的著作权人不能得到充分有效的赔偿,会给著作权人带来不利后果。

三、侵害著作权的刑事责任

侵害著作权的行为主要追究侵权者的民事责任。但当侵权行为同时严重损害公共利益和国家利益,如大量制作盗版图书、计算机软件、电影加以贩卖的,严重地损害著作权人的权益,扰乱了文化市场和经济秩序时,同时还影响对外贸易和对外科学文化交流与合作,损害了国家利益。这些严重的侵权行为用民事的和行政的制裁手段是不足以制止的,有必要动用刑罚手段加以制裁。我国1990年9月制定的《著作权法》并未规定侵犯著作权的刑事责任,当时的《刑法》也没有"侵犯著作权罪"。1997年《刑法》修订时专设一节"侵犯知识产权罪",其中第217条"侵犯著作权罪"规定:"以营利为目的,有下列侵犯著作权情形之一,违法所得数额较大或者有其他严重情节的,处3年以下有期徒刑或者拘役,并处或者单处罚金;违法所得数额巨大或者有其他特别严重情节的,处3年以上7年以下有期徒刑,并处罚金:(1)未经著作权人许可,复制发行其文字作品、音乐、电影、电视、录像作品、计算机软件及其他作品的;(2)出版他人享有专有出版权的图书的;(3)未经录音录像制作者许可,复制发行其制作的录音录像的;(4)制作、出售假冒他人署名的美术作品的。"第218条"销售侵权复制品罪"规定:"以营利为目的,销售明知是本法第217条规定的侵权复制品,违法所得数额巨大的,处3年以下有期徒刑或者拘役,并处或者单处罚金。"2004年最高人民法院、最高人民检察院《关于办理侵犯知识产权刑事案件具体应用法律若干问题的解释》第5条进一步对《刑法》第217条、第218条的"违法数额较大""有其他严重情节""违法所得数额巨大""有其他特别严重情节"等用语做了司法解释。据此,实施侵犯著作权行为,违法所得数额在3万元以上,属于"违法所得数额较大";非法经营数额在5万元以上的,或者侵权复制品数量合计在1000张(份)以上的,属于"有其他严重情节";违法所得数额在15万元以上的,属于"违法所得数额巨大";非法经营额在25万元以上的,或者侵权复制品数量合计在5000张(份)以上的,属于"有其他特别严重情节"。实施《刑法》第218条规定的行为,违法所得数额在10万元以上的,属于"违法所得数额巨大"。非法经营数额,是指行为人在实施侵犯知识产权行为过程中,制造、储存、运输、销售侵权产品的价值。已销售的侵权产品的价值,按照实际销售的价格计算。制造、储存、运输和未销售的侵权产品的价值,按照标价或者已经查清的侵权产品的实际销售平均价格计算。侵权产品没有标价或者无法查清其实际销售价格的,按照被侵权产品的市场中间价格计算。